浙江省哲学社会科学重点研究基地（民国浙江史研究中心）课题成果（编号14JDMG01Z）

浙江省思想政治理论课名师工作室资助出版

（1903-1949）

# 近代浙江警察史研究

JINDAI ZHEJIANG JINGCHASHI YANJIU

◎ 易继苍 史 奕 著

ZHEJIANG UNIVERSITY PRESS
浙江大学出版社

# 序

纵观世界历史，警政史是一个国家历史的重要组成部分。由"警察国"走向"法治国"，这是人类社会进步的表现，在建设法治社会的过程中，始终伴随着警察制度的变迁。

鸦片战争后百余年的中国，处在由传统社会向近代社会转轨和过渡的历史时期。浙江对外开放的时间以及各种新政展开的步调，与近代中国现代化进程基本保持了一致。浙江近代警政建设亦在此大背景下启动进程，警察制度的变革完善以及在全省城乡的普及程度等各方面均位居全国前列，对中国现代警察制度的建立具有深远意义，对近代浙江的政治、经济和社会等各方面产生了重要影响。

《近代浙江警察史研究（1903—1949）》将近代浙江警察制度演变置于中国社会现代化大背景中，运用辩证唯物主义和历史唯物主义的理论框架和分析视角，既充分考虑到近代中国政治、经济、文化各因素的决定性作用，又十分关注欧美、日本等国思想资源的导入及其影响，既把近代浙江警政建设作为警察制度完善的基础和主要动力，又将中国近代警察编制、财政、教育等作为警政建设的重要方面和途径，较为全面、系统地论述了浙江近代警察体制产生、发展和演变的历史。

与同类研究相比，可以发现该书三个比较明显的特点：

其一，史料翔实、探研深入。晚清以降，中国社会舆论愈加发达，报刊、地方志书为作者研究认识当时社会提供第一手资料。本书通过对史料的进一步挖掘，理清近代浙江创办警政的过程和具体施行情况，指出警察体制发展对浙江社会的近代化转型产生了直接而深远的影响，有着重要的学术意义。

其二，与整体研究相比，专题性的研究更有利于警政问题的深入探讨，填补了地方警政研究的空缺。本书的专题研究包括各阶段警察机构的设置和沿革、警政思想的来源和输入、警察经费装备的筹措等，在其性质职能、组织机构、管理体制、业务范围、法制建设等方面呈现出近代警察制度的特征。

其三,具有鲜明时代感和现实价值。以史鉴今,本书通过对各阶段警察体制衍变的得失总结与评价反思,揭示出近代警察作为社会政治制度的重要组成部分,其体制发展如何适应并推动社会发展。这对于新时代进一步完善警察体制与警务机制,使之真正成为促进国家发展、推动社会文明不可或缺的力量,并随国家的发展不断地完善自身,具有重要借鉴意义。

"干在实处、走在前列、勇立潮头",新时代浙江精神要求在警政体系的革新与衍变研究中,更要秉承传统文化,弘扬法治精神,加强理论与实践的融合。在发展路径上,既要进行审慎的理性建构,使各种制度在法治实践中不断接受检验,并以此为我国的法治建设探索新的发展路径;又要注重警务实践中经验的不断积累,尊重并充分利用现有制度的有益资源,在历史指引下促进成熟法治体制的早日形成。从这个意义上说,本书的探索还只是一个初步的尝试,期待学术界能涌现出更多的成果。

金普森

2019 年 7 月于杭州

# 前　言

鸦片战争以降,来自西方政治、经济、文化和宗教的"冲击",几乎一夜之间改变了中国社会的走向与中国思想的主题。对于拥有 5000 多年灿烂历史的中国而言,这场持续的、长时间的"冲击",对普通底层民众来说是一场无尽的苦难,对于知识分子而言则是精神上的崩溃与煎熬。面对西方的"冲击",先进的中国人倡导"师夷之长技以制夷",力主"去伪、去饰、去畏难、去养痈、去营窟"[①],高举中学为体、西学为用的大旗,但甲午海战中国的惨败,让先进的中国人终于认识到打败中国的并不是西方的技艺,而是西方的制度。一部分开明的官绅和知识分子开始倡议学习西方的制度,采用西方的警察制度亦在其中。

中国维护社会治安的机构和官吏古已有之,但警察称谓及其相关制度则是近代西学东渐的产物。租界的警察已经存在,其制度的优良以及西方警政思想在中国的传播,使得中国的近代警察应运而生,并于戊戌变法时期在湖南试办新式警政。庚子之役后,1901 年 9 月清政府谕令各省督抚、将军裁绿营改练常备、续备、巡警等军,正式宣布创办警政。1902 年 5 月,清政府裁撤善后协巡总局,改设内城工巡总局,明确将警务职能置于首位,实为清末创办官方警察机构的肇始。在北京、天津等地创办警政取得成功后推行全国,此后历经北洋政府时期、南京国民政府时期,近代警察制度不断得到完善和发展。1903 年,浙江在省城杭州成立巡警局,同年成立警察军,并颁布《浙江试办警察章程》,这是浙江近代警察制度之始。由此,经过北洋政府时期、南京国民政府时期,浙江的警察及其制度已初具规模,并且走在全国前列。目前学界对浙江的警察史缺乏详细的研究,除了浙江省公安厅主编的《浙江公安简志(清末民国时期)》和《清末浙江警政建设述论》《民国时期浙江"警保合一"政策研究》

---

① 《魏源集》(上册),中华书局,1976 年版,第 207 页。

《1945—1949 年浙江警政研究》三篇硕士论文外,到目前为止还没有专门的著作出现。民国时期浙江警政建设取得了一定的成就,在全国警政建设中占有重要的地位,无论是在制度的建设和完善方面、在全省城乡的普及方面还是在警察教育方面,都位居全国前列。因此,进一步挖掘史料,弥补浙江警政研究这一薄弱环节,也正是本研究展开的目的和意义之一。

　　本研究通过对各种地方史志和报刊资料的爬梳,理清清末、民国时期浙江省创办警政的过程和具体施行状况,包括其间警察机构的设置和沿革、警察队伍的来源和建设、警察种类和职能、警察经费的筹集情况等,揭示近代浙江警政创建的特点以及对浙江社会发展产生的重大影响。有关近代浙江警政的文献资料多为条文、形式、表层的概述性论述,且相当零散,这使得该课题研究有很大难度。本研究以近代浙江警政发展的时间为线索,以重大警政变革为节点,试图厘清近代西方警察制度进入浙江的过程,浙江筹办警务的相关人士是如何理解、接受、运用近代西方警察制度的,近代警察制度与浙江传统治安制度如保甲等制度产生怎样的联系,近代警察制度在浙江确立后其形式与内容上有哪些特点,近代警察制度在当时的浙江社会中发挥着怎样的实际功效、产生怎样的实质性影响等问题。

# 目　录

# 第一章　近代中国警察制度的创立

1829 年,罗伯特·皮尔(Robert Peel)向英国议会提出建立新型警察制度的议案并提出建立近代警察的"建警十二原则"和"警务九原则",英国议会通过了该议案并颁布了具有划时代意义的《伦敦大都市警察法》,创立英国伦敦大都市警察厅,即苏格兰场。学术界公认伦敦警察厅的建立是世界近代警察制度建立的标志。鸦片战争后,中国被强行卷入世界资本主义的洪流,随着西学东渐,一批最早了解西方的先进中国人开始介绍西方的文明。尤其是学习西方的第一个阶段失败以后,先进的中国人开始从主张学习西方的技艺转而主张学习西方的技艺与制度并举,西方社会的各种思想、制度开始大规模传入中国,这其中也包括西方近代的警察制度。"西方文化挟裹着炮火轰鸣的凌厉之势而来,震撼了中国人的世界。在忙乱惶恐的抗拒、被迫接受、再思与追赶的过程中,西学东渐蔚为大观。"①西方近代警察观念在这一时代背景下与纷繁多样的西学一道传入中国,中国近代意义上的警察(police)概念最早经由日本传入中国②,经过近代中国各方人士的奔走呼号与实践,经历了从被动接受到主动认知的历程,最终促发了现代社会须臾不可或缺的警察制度在中国蹒跚而立。

## 第一节　混乱与冲突:传统治安体制的式微

中国传统社会虽无"警察"之名,却具有诸多"警察"之实。这些"警察"在

---

①　彭雪芹:《近代中国早期警察观念探析》,《河南大学学报(社会科学版)》,2009 年第 6 期,第92 页。

②　鄞裕坤:《现代警察研究》,商务印书馆,1946 年版,第 8 页。

维护社会秩序、保证社会稳定、为统治阶级服务的基本职能方面与近代意义上的警察并无二异。据考证,中国"警察"早在尧舜时期就已萌芽,夏、商、周时期已初现雏形①。周朝是整个奴隶社会时期官僚体制中警察职能发挥比较完备的朝代,其警察职能主要由"司马""司徒""司寇"等官员行使②,秦汉以后至清朝覆亡,随着中央集权不断强化,中国传统警察也走向集权化。整个传统社会都重复着打天下与守天下的循环,历代统治者都十分重视维护社会结构与社会秩序的稳定,不惜将大量的政治资源投入到社会秩序的维持中。传统中国的历朝历代承担警察职能的主要是从中央到地方的各级官僚机构与文武官员、兼顾"擒奸捕盗,庇护部民"警察职能的军队及国家认可的层出不穷的民间组织,清代亦是如此。

　　清代的社会治安的维护力量主要由三部分构成:一是官方机构与各级官员。具有全国治安职责的政府机构主要有兵部、刑部、都察院、大理寺、内务府等机关。各级政府官员都有管理地方社会治安之责,督抚与各道、府、厅、州、县各级长官皆负有"决讼断辟""讨猾锄奸""劝农赈贫""督补江海防务""兴养立教"的使命。二是军队,清朝承担警察职能的军队主要是八旗与绿营兵。清王朝嫡系部队八旗兵的一半驻扎于京城及其周边地区以拱卫京师,而绿营兵则不能参与京师禁卫,"八旗集中驻屯,务求其合,绿营则分散驻屯,务求其分"③。驻扎各省的绿营兵除了肩负"建威销萌"的镇守职责外,还承担了大量的差役任务,"清代差役,专以绿营负担"④。差役任务主要为解送、守护、缉捕、察奸、缉私、承催、特别差役⑤等七项,不难看出这些任务大多为警察职能,这种以兵兼差、以兵充警的特征为清朝维持社会治安的一种常态。三是各地方基层组织也具有维护社会治安之责,最为典型的就是乡兵团练与保甲。乡兵团练是地方乡绅自办的武装组织,秉承以本村之人守护本村之地的原则,主要承担把守本村院落、防火防盗、巡更执勤的治安职能,是基层社会中维护社会秩序一支重要的力量。保甲制度作为一种带有军事、治安性质的户籍管理制度,自宋代始就成为国家控制地方基层的一项基本制度。它以"户"为组织的基本单位,设户长;十户为甲,设甲长;十甲为保,设保长。清代,其基本编制方法为"十户立一牌头,十牌立一甲头,十甲立一保长","出则注明所往,入则

---

①　胡存忠:《中国警察史》,中央警官学校警政高等研究班《讲演汇编》,第81-93页。

②　朱绍侯:《中国古代治安制度史》,河南大学出版社,1994年版,第8-11页。

③　罗尔纲:《绿营兵志》,中华书局,1984年版,第6页。

④　罗尔纲:《绿营兵志》,中华书局,1984年版,第4页。

⑤　罗尔纲:《绿营兵志》,中华书局,1984年版,第252-253页。

稽其所来。面生可疑之人，非盘诘的确，不许容留"①；其主要目标是"凡甲内有盗贼、邪教、赌博、赌具、窝逃、奸拐、私铸、私销、私盐西面、贩卖硝磺，并私立名目、敛钱聚会等事，及面生可疑、形迹诡秘之，责令专司查报，户口迁移登记并责随时报，于门牌内改填，换给门牌"②；其根本目的是"自城市达于乡村，使相董率，遵约法，查奸仇，劝微行。善则相共，罪则相反，以保安息之政"③，采用稽出入、注门牌、互相监督、连坐等方式维持治安④。保甲制度就可使高度分散的乡村居民整体上纳入国家控制体系之中，达到"制一人足以制一家，制一家亦足以制一乡一邑"，从而实现保境安民的理想目的。以共同担保、共同承担责任的株连方式，"强制地使平民百姓之间实施横向的水平监视，以达到有效的社会控制"⑤。

晚清时期，中国社会由盛转衰，社会治安持续恶化。乾隆以降，人口不断增长而经济却持续衰退，财政状况日趋恶化。再加上统治阶级内部承平日久腐化堕落，残酷剥削压榨百姓而致民变四起，社会阶级矛盾激化，帝国昔日的辉煌已成明日黄花。而此时的欧洲以英国为代表的工业革命爆发，建立了当时世界上最为先进的资本主义制度，极大地解放了社会生产力，提高了劳动生产率，国力迅速提升并迅速走上了世界殖民的道路。这样，东方帝国的迅速衰败，而西方列强的迅速崛起，就使近代以来，东西方的差距越拉越大，形成了西强东弱的格局，使东方从属于西方。在中国遭受"突然中落的巨变"时期，西方列强在坚船利炮的掩护之下侵入中国，国家遭遇到前所未有的生存危机。处于内忧外患的 19 世纪的中国经历了一次巨大的、史无前例的崩溃与衰落的悲剧，"这场悲剧是如此缓慢、无情而又彻底，因而它就愈加痛苦。旧秩序为自卫而战，它缓慢地退却，但始终处于劣势；灾难接踵而至，一次比一次厉害，直到中国对外国人的妄自尊大、北京皇帝的中央集权、占统治地位的儒家正统观念，以及由士大夫所组成的统治上层等事物，一个接一个被破坏或被摧毁为止"⑥。随着中华民族堕入近代的屈辱与彷徨，处于风雨飘摇中的清政府面临

---

① 《清朝文献通考》卷二十二，职役考二。
② 《刑部条例》《皇朝政典类纂》《近代中国史料丛刊》，文海出版社补影印本，第21页。
③ 萧一山：《清代通史》，中华书局，1985年版，第634页。
④ 王宏伟：《晚清州县保甲组织探析：以直隶为中心》，《求索》，2006年第3期。
⑤ 王先明、常书红：《晚清保甲制的历史演变与乡村权力结构——国家与社会在乡村社会控制中的关系变化》，《史学月刊》，2000年第5期。
⑥ ［美］费正清：《剑桥中国晚清史(1800—1911)》(上卷)，中国社会科学院历史研究所编译室译，中国社会科学出版社，1985年版，第4页。

来自各方面的严峻挑战,整个社会陷入一片动荡之中,传统的社会治安体制逐渐失效,流民滋生、民乱不断是其常态。清政府对社会的控制力逐渐减弱,社会治安压力重重。

清末社会治安形势恶化并逐渐失控主要有如下几个方面的原因。其一,清末吏治腐败,阶级矛盾激化,从而引发严重的社会危机和严峻的社会治安形势。吏治腐败是传统中国的顽疾,"中国一部二十四史,实是一部贪污史"[①]。时值晚清,吏治腐败全面蔓延,渗透至社会生活的各个方面。皇权至上的传统造成封建专制体制无法根除腐败滋生的温床,"考中国败弱之由,百弊丛积,皆由体制尊隔之故"[②]。晚清官场奢靡成风,结党营私,享乐主义盛行,清廷大小官员,上食国家俸禄,下榨黎民百姓,以致民不聊生,不仅社会各阶层对清政府深感失望,而且就连汉族官员也对政府产生了不满情绪。晚清时期,政府的腐败与无能将那些对清政府尚抱有幻想的知识分子、汉族官员进一步推向了其对立面,不仅没有缓和终清一朝的满汉矛盾,反而进一步加深了满汉矛盾。清末维持社会治安的官僚体制及各级官员,及其依靠的主要力量八旗与绿营兵业已腐败不堪,甚至在抢劫之案频发之地,虽"汛署近在咫尺",肩负本地治安之责的八旗、绿营却"既不缉盗,亦不会勘,一若毫无责成"[③]。清朝的社会治安体制以维护统治阶级的利益为其根本出发点,这与近代意义上的警察以维护社会公共秩序、个人自由与权利的宗旨是完全水火不相容之事。因此当清末社会矛盾不可调和之际,其维持社会治安的各种力量流于形式也是可想而知了。与此同时,清末社会治安机构职能分散,职责不清,互不统属,各自为政,号令不一,治安管理大权沦为各治安机构各自捞取利益的工具。其二,社会矛盾激化、社会秩序混乱,传统治安体制面临前所未有的挑战。晚清,人口的急剧膨胀为社会治安带来巨大压力。据统计,1741 年全国人口为 1.42 亿人,至 1851 年已增至 4.32 亿人了[④]。人口的迅速增长与各种自然灾害及多年的战乱交织在一起,广大的社会底层民众面临巨大的生存困境,他们不得不背井离乡寻求一线生机。大量民众涌向城市,人口的迅速集聚大大超越了城市的承载能力,城市出现大量的流民,他们为了生存而沦为盗贼、娼妓、流氓等。大批流民平时皆无职业,专事游荡,设阱陷人,专以非法制举动,恐吓之手

---

① 王亚男:《中国官僚政治研究》,中国社会科学出版社,1981 年版,第 117 页。
② 康有为:《康有为政论集》(上),中华书局,1981 年版,第 219 页。
③ 《袁世凯奏议》(下),天津古籍出版社,1987 年版,第 1441 页。
④ [美]费正清:《中国:传统与变迁》,吉林出版社,2008 年版,第 432 页。

段,借端敲诈勒索财物。即便是穷乡僻壤,为了利益的争斗亦是械斗频现,视为故常。处于水深火热中的普通民众,唯有揭竿而起以求生路,传统中国的王朝周期律再次上演,太平天国农民起义席卷了大半个中国,其规模之大、持续时间之长都前所未有。长期的社会骚乱又进一步加剧了社会的无序与动荡,整个社会躁动不安,清朝政府处于风雨飘摇之中。其三,外敌入侵与自然灾害频仍致使社会治安形势更是雪上加霜。鸦片战争以降,西方所谓的文明国家凭借其坚船利炮频频入侵中国,战争一个接着一个,偌大的帝国毫无还手之力。战争造成大量人口失业沦为流民,且因"失业之故,遂作奸犯科,无所不为,无所不至""强壮者流为盗贼,老弱者转于沟壑"①。而严重的自然灾害使社会治安形势更加恶化,饥民遍野,游勇成群,灾民们或举旗反抗,或沦为流民,或沦为盗贼"公行抢劫,毫无顾忌"②。

　　然而,面临着"实为数千年未有之变局"③,处于内忧外患之中的清政府却政治没落、吏治腐败、庸散,导致民变四起,社会治安急剧恶化,传统的治安体制仍旧墨守成规、毫无作为,已完全不能适应社会的急剧变化而面临崩溃,"二十行省之中,乱机遍伏""土崩之势,今已见端"④。清朝社会治安体制沿用的是传统的城乡合治的管理形式,形成了一种由各级政府、军队、民间力量三方合作、共管的社会治安管理模式。如前所述,政府与军队已不能承担社会治安的职责,就连在传统治安体制中发挥重要作用的民间力量业已走向崩溃。维持社会治安的民间力量主要是由士绅组织或主导的团练与保甲,团练平时为民,战时为兵,与保甲制度互为表里。团练的主要职责是"御外盗",但因其缺乏严密的组织与训练,战斗力极差,"一闻贼至,即溃散奔遁",且内部管理混乱,百弊丛生,"不安分者,则大肆淫抢,比贼尤甚"⑤。及至发捻之乱被平之后,团练被清政府几乎尽数裁撤。而承担清政府维持社会治安基础力量的保甲制度也穷途末路。保甲制度作为中央政权神经的末梢,其政治权威自上而下,这与地方乡土宗法自治的传统相背离,导致政治空间与社会空间的紧张对立。"国家一面要利用宗族力量来维持乡村社会秩序,一面又担心宗族势力的膨胀会影响其对乡村社会的管理;宗族一面配合国家行政维持着基层社会秩

---

① 《大公报》,光绪二十八年九月二日。
② 朱寿朋:《光绪朝东华录》第3册,中华书局,1958年版,第3633页。
③ 李鸿章:《李文忠公全集·奏稿》,卷24。
④ 《国风报》,第18期,1910年8月5日。
⑤ 《重庆府札发整顿团练指陈厉害以励民团告示》,同治朝,微缩号5,卷601。

序,一面又对国家权力的挤压表示不满,而竭力维持其在乡村的生存空间。"①
19世纪中期以来,清朝统治陷入了来自内外的双重夹击,中国传统的小农经
济开始解体,乡村经济迅速衰败致社会秩序陷于混乱,保甲遭遇非常棘手的功
能性障碍,本为惠民之举的保甲制度逐渐沦为病民之害,"认真办事者,百无几
人"。于是"人人要钱,事事有弊,敛百姓之财不能理百姓之事",造成"索贿争
先捕贼则落后矣"②的局面。由此,"保甲流弊,防盗不足,扰民有余"③,"它已
失去了创造者们理想中的统治功能"④。

　　综上,传统中国的社会治安体制已百弊丛生,不能适应晚清社会巨变中急
剧恶化的社会治安形势和不断涌现的新的社会矛盾与问题,急需突破藩篱,这
客观上为近代警察制度的诞生提供了动力。

## 第二节　洋务与变法:西学东渐进程中警政思想的输入

　　鸦片战争以后,来自西方政治、经济、文化和宗教的"冲击","几乎一夜之
间改变了中国社会的走向与中国思想的主题"⑤。对于拥有5000多年灿烂历
史的中国而言,这场持续的、长时间的"冲击",对普通底层民众来说是一场无
尽的苦难,对于知识分子而言则是精神上的煎熬与崩溃。面对西方的"冲击",
当时先进的中国人所做出的"回应"就是洋务与变法。

　　但当西方列强打开传统中国的大门之后,传统的帝国并未革新图变以应
危局。《南京条约》刚刚签订,道光皇帝的第一反应就是下令沿海撤军,清朝上
下又回到文恬武嬉的状态,魏源、林则徐等带着"师夷之长技以制夷"的理性救
国的呐喊也在无声无息中消亡了。当圆明园的大火褪尽了古老帝国的天朝荣
光,灾难再次降临、悲剧重演之时,以知识分子和开明官员为主的士大夫阶层
才深深感到切肤之痛。盲目自大的天朝上国终于承认技不如人,开启了一场

　　① 沈成飞:《保甲制度与宗族势力的调适与冲突——以民国时期的广东地区为例》,《福建论坛》
(人文社会科学版),2016年第6期。
　　② 《鄂垣创行警察示》,《申报》,1902年6月9日。
　　③ 《袁世凯奏议》(中),天津古籍出版社,1987年版,第604页。
　　④ [美]杜赞奇:《文化、权力与国家——1900—1942年的华北农村》,江苏人民出版社,1996年
版,第37页。
　　⑤ [美]列文森:《儒教中国及其现代性命运》,郑大华等译,中国社会科学出版社,2000年版,第
8页。

轰轰烈烈的由政府主导的"以中国之伦常名教为原本,辅以诸国富强之术"[①]的洋务运动,以期实现富国强兵的目的。但持续了30多年的以"练兵""制器"为主要内容的洋务运动随着中日甲午海战北洋水师的全军覆没而宣告破产,自1840年以来经历了半个多世纪的探索,中国人终于又认识到打败中国的并不是西方的技术而是其制度。随着资产阶级力量的不断壮大,维新派高举变法的旗帜,希冀打破传统制度的桎梏,学习西方的制度与文化力挽狂澜于既倒。在西方文化的冲击和亡国灭种的严重民族危机之下,变法图强、立宪救国的声音就变得越来越响亮。由是,先进的知识分子开始关注、研究、传播西方的包括警察制度在内的政治制度,并且认为"而欲收变法之效,行宪之基,又非厉行警察不为功"[②]。

## 一、早期官绅对西方警察的介绍

中国人对西方警察最初的认知主要出自一批出使或者是游历西方的官绅,他们最先接触到西方警察,对西方警察作了一些零星记载与介绍。

1866年,在总税务司赫德的牵线搭桥撮合下,在主持总理各国事务衙门的恭亲王奕䜣的大力支持下,清朝政府终于派出了近代史上第一个出使欧洲的政府考察团。该团由时任山西襄陵县知县的斌椿,率同文馆学生四人、两名英国人及一名法国人组团出使欧洲。他们从天津大沽口出发,途经越南、新加坡、斯里兰卡,然后经埃及由陆路前往地中海,游历欧洲数十国,逗留近百日。回国后,斌椿将所见所闻著书为《乘槎笔记》,书中对欧洲各国做了精彩的记述。在《乘槎笔记》中,斌椿首次对欧洲警察进行了描述:巴黎"街市繁华,器局阔大",斌椿把警察视为"看街之兵","皆黑衣红裈,持杖鹄立","往来梭巡无间";已有300万人的伦敦虽"人口稠密"但却是"楼宇整齐""街道洁净,车毂击,人肩摩"的"泰西大都会"。维持秩序的警察等"街衢弁兵""皆穿红衣黑裤,服饰新鲜,马匹雄壮,各持杖巡守无间"[③]。《乘槎笔记》被认为是近代中国知识分子最早亲历欧洲的记述,也是国人最早对近代警察的形象描述。

中国近代著名改良思想家王韬是"第一个既受过中国经典训练,又在西方度过一段有意义时光的中国学者"[④],1867—1870年,王韬在欧洲的游历考察

①　《校邠庐抗议》卷下,津河广仁堂校刻本,清光绪九年,第8页。
②　郭宗蕃:《中国警察法》上册,重庆警学编译社(旧),1947年版,第4页。
③　斌椿、谢清高:《乘槎笔记》,载《走向世界丛书》,湖南人民出版社,1981年版,第19、23页。
④　[美]柯文:《在传统与现代性之间——王韬与晚清改革》,雷颐、罗检秋译,江苏人民出版社,2003年版,第2页。

是其生命历程中的一个重要阶段。游历西方的经历使他眼界大开,学习西方、变法自强的思想随之酝酿成熟。王韬西行途中游览的第一个大城市是法国首都巴黎,他笔下的巴黎"为欧洲一大都会。其人物之殷阗,宫室之壮丽,居处之繁华,园林之美胜,甲于一时,殆无与俪"。此种繁华而有序的场景与"密同梭织,立道左,无不威严"的"巡丁"在公共场所弹压喧闹、维持秩序关系密切,这是王韬对巴黎警察的直观印象①。

1876 年(光绪二年),清政府委派在宁波海关任职的李圭取道日本漂洋过海参加在美国费城举办的"万国博览会",这是中国人第一次走出国门专程参加世博会。李圭借这次参加费城博览会的机会,历时 9 个月,行程 8 万里,还顺道参观了美国华盛顿和纽约、英国伦敦、法国巴黎,后取道里昂、马赛,过地中海、红海、印度洋,最后返回上海。旅途中李圭署名"环游地球客"在《申报》连载《东行日记》,后来成书为《环游地球新录》。李圭在书中记载亲赴纽约警察局参观,并且对警察的换班交接,警员如何处置缉捕的罪犯等具体的警务操作都有记载。这是中国最早关于西方警务的记载,只不过李圭仍称警察局为巡捕房,警员为捕快而已。在伦敦,李圭为其井然有序的社会秩序惊羡不已,"行人往来,肩摩踵接,安静无哗",日本"各街设巡捕,若上海然,而皆为日人,衣泰西服色。即洋商租界巡捕,亦皆日本自为之,非西人也"②,为近代上海痛失警权而悲叹不已。

1861 年,清政府设立总理各国事务衙门,由此改变清初建立的东亚朝贡外交体制,开启了中国外交近代化的序幕。清政府开始向"蛮夷"小国派遣外交使臣,郭嵩焘、刘锡鸿、黄遵宪等人是近代中国的第一批外交官,他们目睹了西方社会的政治、经济与文化,也留意到了西方的警察与警察制度并记录在各自的著述中。虽其描述碎片化,认识也极为肤浅,而且仍比照"天朝上国"的文物制度描绘西方的警察为"弁兵""巡丁""巡捕"等,但为中国人了解西方的警察打开了窗口。1876 年,因"马嘉里事件",郭嵩焘代表清政府,向英国谢罪,从而成为中国首位正式派往国外的官员,并常驻伦敦和巴黎,于 1879 年卸任回国。在英法期间,郭嵩焘目睹了西方文明的强盛,深切感受到遭遇三千年未有之变局的大清帝国与大洋彼岸那个国度的差距,明确指明如何与西方国家相处并毫不留情地批评大清帝国的弊端,提出了许多真知灼见,招致"天朝上国"几乎举国谴责。郭嵩焘虽以"谤毁遍天下,而吾心泰然"而自解,但其作为

---

① 王韬:《漫游随录》,钟叔河主编《走向世界丛书》,岳麓书社,1985 年版,第 83 页。
② 李圭:《环游地球新录》,钟叔河主编《走向世界丛书》,岳麓书社,1985 年版,第 279、318 页。

"一个寂寞的引路人"[①]并未唤醒沉睡的朝廷而令人扼腕。毫无疑问,郭嵩焘同样惊羡于西方的器物文明,难能可贵的是,其是当时为数不多的关注西方物质文明为什么强盛的中国人,所以在英法期间,他开始大力关注西方的政治文明,其中对英、法警察制度也有所关注。从郭嵩焘的日记中可以发现,他受邀参观英、法的警察局并做了一些零星的记载,在1876年12月首次提到警察,"略考英文,世职亦分五等……巡捕波里司"[②],与前述游历官绅相比,郭嵩焘不仅描述了对西方警察的直观感受,而且开始对西方警察制度进行分析。他记载了伦敦警察署的机构设置和社区分署情况;警察巡查的区域面积情况;警察的作用等;并详述了失物招领的处理细则:"凡雇佣马车遗置什物其中,必由其马车送缴巡捕总司,或由某处上车,或由某处下车,一并呈报。巡捕总司即行通知,并致送章程单四款。"[③]

此外,与郭嵩焘出使英国的副使刘锡鸿到伦敦后,同样依靠职务之便对警务制度有翔实的记录;还有在国外度过了25个春秋,从事外交活动40年之久的张德彝,也介绍了伦敦警察的管理机制与职能分设,以及俄国警察肩负指挥交通、监督卫生、缉拿罪犯等职能的情形[④]。早期的官绅目睹了西方强盛的政教、文物,详细地记录反映了一个东方所未知世界的方方面面。他们对于西方警察的介绍虽不系统、全面,但为国人提供了西方警察的直观印象。

## 二、早期改良派的警政思想

资产阶级改良派形成于19世纪70年代,他们与洋务派一样都是以林则徐、魏源、龚自珍、冯桂芬等为代表的开始睁眼看世界的早期启蒙思想家的继承者,主张洋务以求振兴,热情鼓吹"中学为体,西学为用"。他们在对待中学与西学的具体态度上大胆揭露和批判传统政治法律制度的弊端,不仅主张学习西方技艺,而且主张学习西方政治法律制度。早期改良思想家的主要代表人物有王韬、薛福成、马建忠、郑观应、陈炽、何启、胡礼恒等。改良派在提出一系列经济、政治、教育改革思想的同时,提出要对中国传统社会治安体制进行系统地改革,主张引进西方的警察制度,对警察的职能与作用,创办近代警察的途径与方法都进行了较为系统的论述。

---

① 汪荣祖:《高瞻远瞩者的寂寞:郭嵩焘与晚清政局》,《史林》,2017年第2期,第86页。
② 郭嵩焘:《郭嵩焘日记》卷二,湖南人民出版社,1981年版。
③ 郭嵩焘:《伦敦与巴黎日记》,第471、491页。
④ 张德彝:《随使英俄记》,岳麓书社,2008年版,第671-680页。

第一,改良派详细论述了建立近代警察的必要性。改良派认为中国传统社会治安体制弊端丛生,难以肩负起维持社会治安的责任。"地方之所以安良民者,责在巡差捕役",而巡差捕役"竟至绝无其人。案发巨宗,乃从而悬赏格、出花红、靠线人拘凶手,费时既久,耗财亦多"①,"差役之积重难返,民受其害、官被所蒙"②。然考西方国家秩序井然皆因"西法通都大邑,俱设巡捕房,分别日班、夜班,派巡捕站立街道,按段稽查。遇有形迹事疑及斗殴、拐骗、盗劫等情,立刻拘往巡捕房,送官究办"③。西方警察制度各方面都优于中国现行的社会治安制度,要改变中国混乱的社会治安"莫要于仿照西法,设立巡捕",学习移植西方的警察制度才能"藉以防患于未然,杜乱于无形也","实于地方民生大有裨益"④。改良派甚至将设置巡捕上升到抵御外辱的高度,而实现"广工商之利以生之,兴教养之道以变化之,稔恶者无所容,民日善迁"⑤的目标。

第二,改良派详细论述了近代警察的主要职责。改良派指出维持社会治安是警察的首要职责。巡捕要勤于巡查街道,遇有劫掠、斗殴、匪徒猖乱等情事要及时制止、弹压,无法制止的要及时上报。"若不幸有匪徒猖乱,非一二帮办巡捕所能弹压,则总巡可尽调合邑巡捕,仍申请县官联衔飞请近处军营调兵协助"⑥。警察职能之二为清查户口。在总巡捕署或帮办处设立注册司,辖内居民必须前往注册,将辖内屋宇编列门牌,居住者将姓名、性别、职业、年龄等信息于册内详细注明随时备查。如是"不仅为捕务然,凡公行选举、查究保家、辨明证据、分别良歹、发给牌照、邮信代交等事,俱藉此而行"。守法之民就能"安其所居,乃能乐其业也"⑦。警察职能之三就是整顿街道,保障卫生和交通畅通,"疏通渠道,街衢必洁,稽查必严"⑧。

第三,改良派提出了创办近代警察的途径与方法。仿行西法建立近代警察制度,改良派提出了自己的主张。首先在机构设置方面,每个县设置一总巡捕官,设帮办1至3人于每一集镇、乡村、墟场,每一帮办统御捕役数人至数十人不等,形成总巡捕官、帮办、捕役的管理体制。其次"各帮办驻扎之所,必设

① 何启、胡礼恒:《中国宜改良新政论议》,清光绪二十年版。
② 夏东元:《郑观应集》《巡捕》(上册),上海人民出版社,1982年版,第513页。
③ 夏东元:《郑观应集》《巡捕》(上册),上海人民出版社,1982年版,第512页。
④ 夏东元:《郑观应集》《巡捕》(上册),上海人民出版社,1982年版,第512、513页。
⑤ 陈炽:"巡捕",《庸书》外篇,卷六。
⑥ 夏东元:《郑观应集》《巡捕》(上册),上海人民出版社,1982年版,第513、514页。
⑦ 何启、胡礼恒:《中国宜改良新政论议》,清光绪二十年版。
⑧ 陈炽:"巡捕",《庸书》外篇,卷六。

电线或德律风以达总巡官署,俾消息之传递灵通,不难随机应变也",保证各层级之间信息、指令的畅通。再次尚应加强警察内部管理,严格纪律,防止警察腐败。平日需严加约束巡捕,制定严格的规章制度和奖惩制度,"盖舞弊营私及胥役之长技,非大惩小戒,雷厉风行,不能绝欺蔽之端,而收振作之效"①。

早期改良派关于在近代中国建立警察制度的设想,是近代中国最早的警政建设理论。改良派比较系统地揭露了传统社会治安体制的弊端,论述了建立近代警察制度的必要性与具体操作办法,为清末开始大规模建立近代警察制度奠定了一定的理论基础。

### 三、维新派的警政思想

甲午海战的惨败,暴露出清政府的腐败与无能,洋务派在清廷内部也饱受诟病。与此同时,西方列强纷至沓来,掀起了瓜分中国的狂潮,救亡图存成为摆在中国社会各阶层面前的首要命题。维新派在反省洋务派失败的主要原因的基础上得出一个结论:"政治改革与技术革新相比应占首要地位。"②因此,维新派提出政艺并重、以西政为要的改革主张,认为以日本明治维新为蓝本进行全面、彻底、迅速的改革方可挽大厦于即倾。所有改革之要当为变革传统政治结构与官僚体系,以"官制为先""变事而不变法,变法而不变人,则与不变同耳"③,政治改革为改革成败的关键所在。作为政治体制改革重要一环,警政改革在维新派心目中占有十分重要的位置。维新派代表人物中对警政论述较为完备的是康有为与黄遵宪。康有为在主张"维新"的奏折中多次提到设巡捕、办警务、练巡警的问题,黄遵宪则把创设警察视为"万政万事根本""为新政之根柢,若根柢不立,则无奉行之人,而新政皆成空言矣,故首注意于是"④。

首先,维新派积极肯定西方警察制度在社会治安管理上所发挥的巨大作用,认为警察是一切内政的基础,积极主张在中国建立近代警察制度。康有为感叹中国警察有其名而无其实,"天津设有看街巡丁,然似是而非,名实不符,有其外观无其实效也",认为"览西人宫室之瑰丽,道路之整洁,巡捕之严密,乃

---

①　夏东元:《郑观应集》《巡捕》(上册),上海人民出版社,1982年版,第514页。

②　[美]费正清等编,中国社会科学院历史研究所编译室:《剑桥晚清史》下册,中国社会科学出版社,2007年版,第336页。

③　梁启超:《戊戌政变记》,广西师范大学出版社,2010年版,第85页。

④　梁启超:《湖南广东情形》,《戊戌政变记》,广西师范大学出版社,2010年版,附录2。

始知西人治国有法度"①。在维新新政措施中，康有为上疏建议"设巡捕、整市场"，将设立警察作为治理国家的前提。"查各国为治，先整巡警"②，并将设立巡警与训练新军放到同样重要的地位，新军御外辱，巡警靖内乱。黄遵宪认为西方国家社会安定，社会秩序良好与警察的作用密不可分，"余闻欧美诸国，入其疆，皆田野治，道途修，人民和乐，令行政举，初不知其操何术以致此，既乃知为警察吏之功"③。所以中国应该废除传统治安体制而移植西方警察制度，悉数裁撤衙役、汛兵，易以警察，给予优厚俸禄并严格限制其权力，"有国家者欲治国安人，其必自警察始"④。

其次，维新派详细论述了警察的职责。康有为认为警察应该承担维持秩序、交通管理、户籍管理、消防、卫生等方面的职能，凡"道路、巡捕、卫生、济贫、崇教"等政、俗之政，皆为警察职责范围⑤；黄遵宪更是明确概括了警察总的职责在于保护人民，"一去害，二卫生，三检非违，四索罪犯"⑥。警察的具体职责为：抓捕违法犯罪者；帮助"逢急难者""醉人、疯癫人"；熟知辖区内道路、交通、居民状况；维持秩序，为政权服务，凡"横议、聚党结社、诽谤朝政、煽惑人心者，禁之罚之"⑦；维持交通安全、食品安全，解决民生问题，消防救火；等等。除了强调警察在维护社会治安、巩固国家统治上的作用外，黄遵宪还强调了警察应具有诸如交通管理、卫生、助民、消防等"保民""卫民"的职能。难能可贵的是黄遵宪已注意到警察要对民权予以保护，"警察者，治民之最有实力者也。苟无保民之意贯注于其中，则百数十辈啸聚之虎狼，助民贼之威，纵民贼之欲，苛政之猛，必且驱天下之大乱"⑧。

再次，维新派强调对警察的选拔任用和严格管理。康有为认为近代警察制度是否能顺利实施达到其设计的初衷，关键在警员选拔与任用上。因此他主张建立良性警察遴选机制，在知识、素质、能力等方面的佼佼者方可充任警察，不能简单地将"营勇"改充巡警，只有"其识字明敏、通解事理者"方可"改充

① 康有为：《康南海自编年谱》，中国史学会主编：《戊戌变法资料》（第四册），神州国光社，1953年版，第115页。

② 《上清帝第五书》，《戊戌变法资料》（第二集），第230页。

③ 黄遵宪：《日本国志》卷十四之《职官志》（二），岳麓书社，2016年版，第550页。

④ 沈云龙：《近代中国史料丛刊续编》（第10辑），台北文海出版社，1971年版，第421页。

⑤ 萧一山：《清代通史》（第四卷），华东师范大学出版社，2006年版，第583页。

⑥ 黄遵宪：《日本国志》卷十四之《职官志》（二），岳麓书社，2016年版，第545页。

⑦ 黄遵宪：《日本国志》卷十四之《职官志》（二），岳麓书社，2016年版，第547页。

⑧ 陈铮：《黄遵宪全集》，中华书局，2005年版，第570页。

巡警,以资县乡之防虞"①。黄遵宪则更加强调对警察权力及其日常行为进行严格规范,防止警察权力被滥用。警察要规范外在形象,"凡巡查皆服西服,持短棍以自卫,携呼笛以集众,怀手帖以记事"。警察"毋得聚饮,毋得吸烟,毋得私斗哄争,毋得踞坐,毋得贷借,毋得泄漏,毋得虚捏,毋得凌辱人,毋得受贿"。凡属警察官吏,皆毋得贪功,毋得泄露他人隐私,"非持有长官令状,不得径入人家"。同时,黄遵宪也极力主张提高警察待遇,警察"饮食出于私,衣服取之公",做到赏罚分明"勤者有赏赐金,死者有吊祭金,病者有疗治金"②。

## 第三节　湖南保卫局:中国近代警政的滥觞

中国近代意义上的警察机构诞生于公共租界,1854 年租界工部局建立租界警察,虽其只是充当列强在租界内维护统治和秩序的工具,但其客观上亦为中国近代警察体制的产生提供了一个样本,是西方近代警察制度进入中国的一个窗口,促发了清末警政思想的萌芽,1876 年出版的《沪游杂记》对上海租界警察就有介绍③。1895 年上海士绅成立一个名为"南市马路工巡局"的市民自治组织,该组织仿照租界警察建立了一支约 60 人的警察队伍④,但这只能说是中国传统捕快尝试向近代警察转变的过渡。真正将中国传统治安模式改头换面,完全接受西方近代警察制度的改造而建立的中国近代第一家正式警察机构非湖南保卫局莫属。

戊戌维新期间,湖南新政领全国风气之先,湖南保卫局的成立就是湖南新政中办理最有成效和具有广泛影响力的新政举措。1897 年 6 月,黄遵宪在翁同龢的举荐之下出任湖南长沙盐法道,兼署湖南按察使,掌典湖南刑狱及治安。在时任湖南巡抚陈宝箴的支持之下,黄遵宪主持创设了湖南保卫局。梁启超在《嘉应黄先生墓志铭》中写道:"先生时方以湖南盐法道署按察使,与陈公勠力殚精,朝设而夕施,纲举而目张。而其尤为先生精心所措注者,则曰保卫局⑤"。该局从 1898 年 3 月历经曲折创立总局始至 1898 年底"全行裁峻"止,其存在的时间尚不足一年,但其是近代中国仿照西方资本主义制度而建立

---

① 康有为:《康有为全集》(第二卷),上海古籍出版社,1992 年版,第 87 页。
② 黄遵宪:《日本国志》卷十四之《职官志》(二),岳麓书社,2016 年版,第 547-550 页。
③ 葛元煦:《沪游杂记》,上海书店出版社,2006 年版。
④ [美]魏斐德:《上海警察:1927—1937》,章红等译,上海古籍出版社,2004 年版,第 15 页。
⑤ 陈铮:《黄遵宪全集》,中华书局,2005 年版,第 570 页。

的第一个正式警察机构,迈出了西方警政思想本土化实践的第一步,为以后清末新政中全国近代警察的创办提供了宝贵经验。保卫局颁布了《湖南保卫局章程》《湖南迁善所章程》《保卫局增改章程》《保卫局公启》《保卫局分局员绅职事章程》《巡查长职事章程》等一系列章程。其中《湖南保卫局章程》最为重要,是中国近代意义上的第一部警察法律制度。

为什么说湖南保卫局是中国近代警察之发轫,近代警察究竟有何特征?多数研究警察科学的学者都认同警察的发展史可划分为古代警察和现代警察①,划分的依据就是警察的权力合法性的获得及其是否实现了职业化。古代警察权力的合法性获得是依据迷信、禁忌、传统和习俗,体现的是至高无上的王权意志,而现代警察权力的合法性获得是依据国家的宪法与法律;古代警察没有实现职业化,亦没有专门的培训和训练,"而现代警察则是一种专门的职业,有特定的组织法律约束,接受专门的训练,并行使明确的专门职责"②。随着资本主义的高速发展,社会分工越来越专业化与精细化,且资产阶级与无产阶级的矛盾进一步激化,传统的警察体制已不适应新的社会治安的需要,"警察改革是城市革命和工业革命双重压力的结果。'法律和秩序的崩溃与工业革命的成功是齐头并进的',这使警察遇到新的秩序问题",现代警察被创造出来首先不是为了阻止犯罪,而是为了控制工人阶级和保护资产阶级的利益,"许多大城市以空前规模迅速地发展,它们被看作是犯罪和混乱的温床"③。因此,为了维护资产阶级的统治地位,剥削和镇压无产阶级,反抗、应对暴民的骚乱和不断增长的犯罪,现代警察应运而生。现代警察制度的诞生当首推英国伦敦大都市警察厅,即苏格兰场在 1829 年的成立。根据《大都市警察法》《城市合作法案》《郡县警察法案》等一系列法案建立的英国警察与传统警察相比有本质的区别,英国警察具有警察职能独立化、警察组织系统化、警察职权法治化、警察职业专业化和警察装备专门化等特点,这也就成为判断其是否为现代警察的标准。对照以上五条标准,依据湖南保卫局的章程、职能、组织结构等规定,可以得出湖南保卫局是具有警察现代性特征的近代中国第一家正式警察机构的结论。

特征一,警察职能独立化。传统警察没有一个统一、专业、独立的机构,警

---

① 王大伟:《英美警察科学》,中国人民公安大学出版社,1995 年版,第 151 页。

② 王智军:《警察的现代性:概念、发轫及特征》,《江苏警官学院学报》,2004 年第 5 期,第 142 页。

③ [英]罗伯特·雷纳:《警察与政治》,易继苍等译,知识产权出版社,2008 年版,第 18-20 页。

察职能由各级行政机构、军队、民间力量共同行使，警察没有从笼统的王权、政务、军务、裁判中分离出来，也就没有形成集中统一、结构稳定、职能独立的警察机关。而现代警察的基本职能就是为公众维持社会治安、执行法律和提供服务。《湖南保卫局章程》第二条明确规定保卫局的职能为"去民害，卫民生，检非违，索罪犯"。

保卫局维持社会治安的职能主要体现在预防犯罪和控制犯罪的条文上，《章程》第十六条规定必须加强所辖区域昼夜值班巡逻："凡各局巡查，概分为两班，每日分六次，每四个钟点换班"，在巡逻期间要及时查究任何可疑的人员，预防犯罪；倘遇"杀人放火者，斗殴伤者，强窃盗者，小窃偷摸者，奸淫拐诱者，见则捕之""聚众结会，刊刻谣帖，煽惑人心者，见即捕拿""街区扰攘之所，聚会喧杂之事，应随时弹压，毋令滋事"①。保卫局提供社会服务的职能主要体现在对民众的保护与救援、交通管理、清理街道之职能上。保卫局章程就规定"凡行路之人，无论天灾人事，遇有急难，即趋救之，醉人，疯癫人，迷失道路者，即送归其家"，残疾人、老幼妇女、远方过客等需加意维护。"车担往来，碍行道伤人物者，应设法安排，毋令滋事。道路污秽，沟渠淤塞，应告局中，饬司事者，照章办理"。

特征二，警察组织系统化。警察组织的系统化是警察现代性的重要体现，主要包括警察组织内部层级的划分、各级职权的大小、部门之间的具体分工、管辖范围以及建立各种规章制度等方面。保卫局的机构设置分为总局、分局、小分局三级体制，"城中分东西南北，设分局四所，城外设分局一所，共分局五所，每所辖小分局六所，共设小分局三十所"。保卫局详细规定各级的人员配置，总局设总办会办各1名，分局设局长、副局长各1名，每个小分局则设理事委员和理事各1名，另设巡查长1名，巡查吏2名，巡查14名。保卫局明确各分局的管辖地段，将省城内外按街道划为30段，由所在地段内的小分局管辖各地段。另设迁善所5所，附属于五所分局。

保卫局内部层级之间职权明确，管理系统比较严密，各级官员隶属清晰，分工科学，这是警察职能顺利实行的基本保证。总局为保卫局的最高领导机关，各分局听从总局差遣，对总局负责。总局设总办1人，"一切事务，均归稽管"②，该职务由巡抚下文任命，初由黄遵宪兼任。总办下设会办大员、绅员各1人，会办大员会同总办"稽查局中一切事务"。会办绅员，是绅士体系中的最

---

① 《湖南保卫局章程》第十六条。
② 《湖南保卫局章程》第四十条。

高领导,负责会同总办践行"管理稽查各局委绅,各局巡查,一切事物,凡系支发银钱,清理街道,招募巡查之事"。总局另设官职委员 4 人、委绅 2 人负责具体事务,保卫局的决策机构由议事绅商 10 人组成,一切章程由绅商议定交抚宪核准后由总局照办执行。由此可见,总局的人事制度安排采用官绅并立的体系,且其职责分工明确,官主"判断讼狱、缉捕盗贼、安置犯人之事",绅主"局中发银钱、清理街道、雇募丁役之事"①。分局局长由同通州县班充任,绅商 1 名充任副局长,局长主要工作在于督率在局各员遵章办事,绅商副局长主管"出入银钱,收支器物",并要求在局中居住。总局和分局还应根据需要设立书职、丁役、杂役等职员若干②。小分局为保卫局基层组织,执行具体警务。设理事委员 1 人,负责局务,审理和处理一些轻微案件。小分局另设"巡查长一名,巡查吏二名,巡查十四名"。巡查受巡查长督率与节制,巡查吏"专司侦查事务,搜索犯罪",每小分局有巡查 14 名,湖南保卫局整个序列共 420 名③。

　　特征三,警察职权法治化。警察的权力来源于法律,法无授权不可为是其最高原则。现代警察的显著特征就是警察权出自法律并在具体警务中执行法律。警察职权法治化的第一层含义就是警察机构的设立和警察职权的界定必须以法律为依托。从这一层面讲,湖南保卫局的设立及职权范围的设定完全是依照《湖南保卫局章程》而设,虽该章程不能称之为国家意义上的法律,但在彼时的中国,完全可以认定其是长沙一隅设定的警察"法律"。第二层含义就是具体的警察行为必须是基于法律的授权。湖南保卫局在这方面也有严格的规定,例如在管辖权方面,章程规定保卫局仅对刑事案件有管理权而不得插手民事案件,"凡地方人民,或因口角斗殴滋事,申诉到局者,准由理事委员劝解和解,不能和解者,送分局办理,或与地方有所损害,或于人民有碍平安者,经人告发,亦准由理事委员传问,系本局应办理公事,即送分局办理,其户婚、田土、争讼之事,本局不得过问"。再如为防止侵犯公民权利滥用警察权力,章程规定"非持有局票,断不准擅入人屋";"不准受贿,亦不准受谢;不准携伞执扇;不准吸烟,不准露坐;不准聚饮;不准与街市人嘈闹戏谈"等④。

　　特征四,警察职业专业化。一般认为 1829 年罗伯特·比尔建立伦敦大都市警察厅标志着警察职业化的起点,20 世纪 20 到 30 年代的美国警察专业化

---

　　① 《湖南保卫局章程》第四条。
　　② 《湖南保卫局章程》第二十八、二十九、三十一、三十二条。
　　③ 《湖南保卫局章程》第八、九、十九、二十条。
　　④ 《湖南保卫局章程》第二十四条。

运动进一步推进了警察职业化的进程,20 世纪 30 到 70 年代年代欧美各国的警察现代化运动后,各国警察进入一个警察职业专业化的划时代历史时期①。成功推动欧美警察职业化进程的是西方第三次警务革命的领军人物,被美国警界称为"现代警务之父"的奥古斯特·沃尔默(August Vollmer)②。沃尔默主张以职业化为中心的警务改革,提出了现代警务管理的概念,认为警察的首要任务是控制犯罪,必须是一个高素质、高效率的精英组织③。有学者将美国警察的职业化之路分为四个阶段:第一阶段:警察被当成一份 job(工作),为职业化发端期;第二阶段:警察被看作一种 occupation(职业),为职业化发展期;第三阶段:警察成为一种 profession(专业),为职业深化期;第四阶段:未来发展趋势,新职业化④。现代警察职业化体现如下特征:专职、需接受专业化的培训、愈益明细的专业化分工、职业薪俸的独立和保障。对照现代警察职业化的上述特征和《湖南保卫局章程》,可以得出湖南保卫局已初步具备现代警察职业化的特征。

除了前述湖南保卫局建立了一整套完整的自上而下的行政层级组织系统,并且具有各层级之间分工明确、职权清晰的警察职业化特征之外,保卫局尚具备下述几个职业化的特征:第一,保卫局按照职能分工和职位不同建有详细的薪酬等级制度。"本局除议事员绅,及本局总办不支公费外",其余职员从总局会办官到最底层巡查的薪酬从支银 120 元到 4 元不等,"凡巡查长、巡查吏、巡查,饮食衣服,均由官给"。第二,保卫局实行比较严格的人员选用制度,尤其是对巡查(类似今天的普通警察)的任用要求严格。巡查的产生需由董事根据章程规定的七项条件推荐产生,"一需年在二十岁以上,三十岁以下者;二需曾经读书识字,粗通文理者;三需身体强健,能耐劳苦者;四需性质和平,不尚血气者;五须有保人;六需考验;七不准以曾经犯罪之人充当"⑤。第三,保卫局颁布了严格的奖惩与升迁条例。例如章程规定巡查"不准受贿、亦不准受谢""不准吸烟、不准露坐、不准与街市人嘈闹戏说""内处同事,外对众人,务以

---

　　①　王大伟:《欧美警察科学原理》,中国人民公安大学出版社,2007 年版。

　　②　Gene E Carte. Police Reform in the United States: The Era of August Vollmer,1905—1932. UNIVERSITY OF CALIFORNIA PRESS. 1975。

　　③　王春梅:《警察职业专业化探源——从英美警察的专业化谈起》,《公安学刊》(浙江警察学院学报),2010 年第 5 期,第 98-101 页。

　　④　栗长江、吴新明:《美国警察之职业化路径》,《人民公安》,2015 年第 11 期,第 46-48 页。

　　⑤　黄遵宪撰、吴振清等整理:《黄遵宪集》下册,《保卫局章程》第 10 条,中华书局,2003 年版,第571 页。

虚和、忠信笃实为主""非有局票不许入人屋"等。所用各类人员,"如不遵章程,不能称职"者,皆经各级官、绅查明"即行撤换"。

特征五,警察装备专门化。现代警察装备专门化主要体现在两个方面:一是统一的制式服装,这是警察现代性的外在表现,统一着装被认为是现代警察产生的外在表征;二是警察执行任务的物资装备特定化,例如特定的交通工具、技术装备、专用器械等。湖南保卫局章程就规定,执勤之时必须穿官服,其他时间不得穿用,"凡巡查皆服西服,持短棍以自卫,携呼笛以集众,怀手帖以记事",夜间执勤可带木棍,只可自卫不能打人。由此可见,湖南保卫局装备专门化虽不可与现代警察同日而语,但也具备现代警察装备专门化的基本特征。

综上,湖南保卫局实为中国近代第一家正式的警察机构,对于稳定长沙社会治安、促进公益事业的发展做出了重要贡献。"保卫局开办以来,各局员绅倍极勤慎,日夜严饬巡丁,渲巡街市,城中无赖痞徒,渐皆敛迹""城厢内外,人心贴然,已有成效可观"①。以至长沙城内外"盗贼敛迹,地方大靖"②,受到"工商界交口称善"③。湖南保卫局虽然最终被裁撤,但其是西方先进警政理论在中国的第一次实践,为后来清政府在全国推行警政建设提供了样板,揭开了中国警政近代化的序幕。

# 第四节　从各自为政到集中统一:
## 清末遍地开花的警政实践

盛极一时的戊戌变法只给中国留下了一摊殷红的血迹,义和团运动的兴起及庚子之役,八国联军占领京津,中国再次签订了丧权辱国的条约。民族危机与清政府的统治危机日趋严重,"中国自甲午以来,积弱甚矣,复当大衅,创巨痛甚,财绌力竭,益贫益弱"④,内外交困中的清政府不得不重拾变法维新的旗号,正式下诏变法,实施新政以图挽救危局。1901年4月,清政府成立督办政务处全面筹划、督办新政事宜。同年8月,慈禧也不得不宣称"惟有变法自

---

① "保卫近闻",《湘报》第124号,光绪二十四年六月二十三日。
② 王家俭:《清末民初我国警察制度现代化的历程(1901—1928)》,台湾商务印书馆,1984年版,第80页。
③ 余秀豪:《现代警察行政》,上海中华书局,1948年版,第6页。
④ 《袁世凯奏议》(上册),天津古籍出版社,1983年版,第268页。

强,舍此无他策"①。清末新政是涉及政治、经济、教育等方面的全方位改革,而警政则史无前例地被提到了事关所有改革成败的高度。无论是朝廷、官员还是士绅皆达成高度一致,师法列强警政以图自强渐成共识,"办理新政,莫要于巡警一事;巡警设,则不特保安之效可彰,亦于自治之基已立"②。清末状元张謇认为"警政为革新庶政之先路,犹车轮之有轨也""警政不先,不足言内政"③,并明确提出师法日本建立警政。张之洞认为警察"为推广新政之基,责任所关,极为重要"④。清政府最终也谕令各省督抚速办巡警"不准视为缓图,因循不办"⑤,中国近代警政建设由此正式起步。

## 一、工巡总局:近代中国官办西式警察机构的开端

庚子之役后,慈禧太后挟光绪帝亡命西安,联军"特许军队公开抢劫三日",此前维护京津社会秩序的步军统领衙门、五城兵马司等治安机构名存实亡,京城"人心浮动,抢劫横行",社会治安迅速恶化,"查京师地面自遭兵燹之后,土匪纷纷抢掠,闾阎骚扰,民不聊生";在"数百万生灵嗷嗷待哺,觅食维艰,穷蹙情形,不堪言状"的同时⑥,急剧恶化的社会治安也严重威胁到各列强在京城的统治,"各国驻京兵官会议,办理设立巡捕事务,定通行章程数则"⑦,组织洋兵巡逻以求尽快恢复秩序;而留守京城的官员、士绅出于对自身安全的考虑和责任感使然,也渴望尽快恢复京城秩序。由是,在民众、列强、政府与官绅的共同努力下成立了一个维持京城秩序的组织——安民公所。

但不久安民公所的控制权"便落入了侵略者手中,其所长、事务官均由外国人担任,安民公所也就成了帝国主义列强镇压中国人民,维持殖民统治的侵略工具"⑧。《辛丑条约》签订后,联军撤出北京,安民公所遂被裁撤。为了维持京城的治安和公共秩序,清政府设立善后协巡总局。但该组织功能庞杂,集市政、司法、巡警职能于一身,开办一年左右,因效果不佳,清政府于 1902 年 5 月裁撤善后协巡总局,改设内城工巡总局,内设工程、巡捕之局,巡捕局有巡

---

① 胡绳:《从鸦片战争到五四运动》(简本),人民出版社,1981 年版,第 416 页。
② 曾荣汾:《中国近代警察史料初编》,台北警官学校印行,1989 年版,第 239 页。
③ 《张謇全集》《政治》第一卷,江苏古籍出版社,1994 年版,第 529-530 页。
④ 苑书义等主编:《张之洞全集》(第 6 册),河北人民出版社,1998 年版,第 4196 页。
⑤ 朱寿朋:《光绪朝东华录》(第 5 册),中华书局,1958 年版,第 4935 页。
⑥ 故宫博物院明清档案部:《义和团档案史料》(上册),中华书局,1979 年版,第 552、606 页。
⑦ 沈云龙:《近代中国史料丛刊·拳变系日要录》,台北文海出版社,1969 年版,第 127 页。
⑧ 郭玉家、马学春:《清末新政与中国警政近代化》,《许昌学院学报》,2003 年第 3 期。

警、巡长、巡捕各若干名。工巡总局的职责包括工程和巡捕,掌管京内警察及土木工程事务。工巡总局主要执行京师内的警察事务;审决"杖"以下之犯罪;处理简易民事案件;受理京控案件;审理关系外侨的民刑案件;经营土木工程事务。工巡总局所设立的工程巡捕事务大臣直隶于皇帝①。由此可见,工巡总局亦是集市政、警察、司法于一身的混合机构,但明确将警务职能置于首位,实为清末创办官方警察机构的肇始。

## 二、成功的范例:警政建设的直隶模式

1901 年 9 月,清政府发布上谕命令各省督抚、将军裁绿营改练"常备、续备、巡警等军""一律操习新式枪炮,认真训练以成劲旅,正式宣布创办警政"②。从 1901 年到 1904 年,全国各地纷纷创办警政,遍地开花,清末地方警政进入初创阶段。但这一时期的警政实践缺乏全国统一的领导与管理机构,警政建设具有很大的盲目性,各省大多自行其是,主要围绕改造旧式军队和保安组织而展开,有的省份甚至只是将旧式军队改换一下名称而已。这一时期在地方警政的实践中,卓有成效者首推袁世凯在直隶仿照日本警察模式所建立的一整套警察制度,后逐渐成为中央及各省建立警察制度所仿效的直隶模式。

1901 年,袁世凯调任直隶总督兼北洋大臣,鉴于"直隶自庚子以来,民气凋伤,伏莽未靖"的严峻社会治安状况,且联军撤兵以后"匪徒乘间思逞,情形较内地尤为紧要,是非举办巡警无以靖地面而清盗源"③的现实状况,袁世凯认为"非速行巡警,不足以禁暴诘奸,周知民隐"④,遂参照日本模式组建巡警。袁世凯委派心腹赵秉钧为总办,于保定创立警务总局,重金聘请日本警视厅警官三浦喜传为警务顾问协助制定巡警章程。"省城保定创设警务总局一所,分局五所,遴委干员筹办,挑选巡兵五百人,分布城厢内外"。后又令赵秉钧创办警务学堂,聘请日本警官为教官,"责令巡兵分班学习,并令警务各官弁入堂讲习,务令心知其意,足以督率巡兵,庶几将来可逐渐推广,由省会而遍及外府州县"⑤。1902 年 8 月,八国联军交还天津,为破解列强提出的在距天津 20 华里以内不得驻军的无理要求,袁世凯遂将其编练的新军数千人改编为巡警(经与

---

① 夏敏:《晚清时期中国近代警察制度建设》,《江苏警官学院学报》,2003 年第 4 期。
② 朱寿朋:《光绪朝东华录》(第 4 册),中华书局 1958 年版,第 4719 页。
③ 天津图书馆、天津社会科学院编:《袁世凯奏议》(下册),天津古籍出版社 1987 年版,第 1055 页。
④ 天津图书馆、天津社会科学院编:《袁世凯奏议》(中册),天津古籍出版社 1987 年版,第 605 页。
⑤ 天津图书馆、天津社会科学院编:《袁世凯奏议》(中册),天津古籍出版社 1987 年版,第 604 页。

各国公使多次磋商,列强同意巡警可以例外)。天津交割后,袁世凯饬留 1500
人就地成立南段巡警局,以赵秉钧为总办。其后袁世凯又在河北贾家口设立
北段巡警局,以保定巡警学堂为基础,成立"北洋巡警学堂"。1904 年,袁世凯
又奏设了天津四乡巡警总局这一基层警察管理机构。这样就形成了在直隶辖
区设立巡警总局,下设南、北两段巡警局负责警务,警务学堂和巡警传习所负
责教育与培训,天津四乡巡警局维护当地社会秩序的社会治安体制,至此直隶
的近代警政基本成型。直隶警察创办以后,效果显著,社会治安大为改观,"按
照章程行之两月,地方渐臻静谧,宵小不至横行,似已颇有成效"①。"天津交
还后,巡警更加整顿,道路更见清洁,实出人意料之外,倘中国各处皆然,何患
不自强而为天下之强国耶?"②清政府亦认可直隶办警的成效,认为其"于保卫
地方一切甚属妥善",虽不能做到"道不拾遗,夜不闭户,而贼益敛迹闾阎,又安
当知巡警之效验"③。清政府遂于 1902 年 9 月 16 日发布上谕"著各直省督抚
依照直隶章程奏明办理""不准视为缓图,因循不办"④,直隶模式始在全国
推广。

　　1908 年《大公报》评论道:"中国之警察,以北洋为第一,此天下公言,非阿
论也。"直隶警政模式取得巨大成功,对于全国警政建设的大规模展开具有重
大示范意义,直隶警政在以下几个方面成果突出,具有开创性的意义。

　　第一,警察机构设置完备,职权明晰。直隶警政起步早、发展迅速,到
1905 年,全省各州县陆续禀告已设警 90 余处,大体完成了城乡警政的机构设
置。直隶警政的快速发展迫切需要一个统一的机构统领全省警政建设,"筹办
通省巡警,必先设一总汇之区,以资提挈……应于保定省城设立警务处,以臬
司督理其事"⑤。1906 年袁世凯在保定设立直隶警务处,由保定工巡局总办吴
筱孙为督办,统一领导全省警务,负责"整理全省警务及各职员进退更换委派
之事"⑥。警务处内设行政股、司法股、保安股、会计股、编译股等五股,股下设
所,专司侦查、交通、消防、卫生等各职。直隶警务处还设有总稽查、暗查、高等
探访若干员专司警务督察。警务处的设立一改过去直隶警务互不统属、各自

---

　　① 天津图书馆、天津社会科学院编:《袁世凯奏议》(中册),天津古籍出版社 1987 年版,第
604 页。
　　② "译件",《大公报》,1902 年 9 月 22 日。
　　③ "巡警局示",《大公报》,1905 年 5 月 21 日。
　　④ 朱寿朋:《光绪朝东华录》(第 5 册),中华书局 1958 年版,第 4935 页。
　　⑤ 国家图书馆分馆:《(清末)时事采新汇选》(第 15 册),北京图书馆出版社,2003 年版,第 8164 页。
　　⑥ 甘厚慈:《北洋公牍类纂》,台北文海出版社,1966 年版,第 553 页。

为政、管理松散的状况,也是全国较早设立的旨在统一规划、指导、管理全省警政的行政机构,使直隶警政迈上了一个新台阶。

第二,直隶建警十分重视建章立制,规范警察行为。警察行政需要相关的法律法规对警察行为予以规范,袁世凯在直隶建警阶段颁布了一系列法律法规,对巡警的职能、机构设置、等级、任用、待遇、教育、给假、保障、考核、奖励、惩戒、制服等都做出了详细规定。如《保定警务局站岗规矩》《保定警务局巡逻规矩》《保定警务局旅店管理法》《保定警务局颁定旅店货宿客商册式规则》《天津巡警总局试行裁判办法》《天津南段巡警总局现行章程》《天津四乡巡警章程》等,推动了近代警察制度的规范化与法制化,其中《天津南段巡警总局现行章程》《天津四乡巡警章程》两部章程意义尤为重大。

《天津南段巡警总局现行章程》对警察的职责范围、机构设置、纪律要求等各方面都做了比较详细的规定,是近代中国第一部比较完备的警察立法,该章程也得到清政府的认可并在全国推广。事实上,各地警政都是以该章程为蓝本仿建而成。章程"总纲"除规定了总局的设置处所及管辖范围等外,尤其阐明了设立该局"专以保护一般人民,维持治安为宗旨"。"局制"对总局的内设机构及相应主管事项做出了详细规定。"权限"明确了凡是妨害治安、有违局章者皆属该局管辖,但户婚、田土、钱债、细故等民事案件由地方审判厅办理。对违警者处惩戒、罚金、拘留三种处罚,并详细规定了每种处罚的适用情形。"职守"详细规定总局、局长、区长、巡长、巡警等各级人员的主要任务。"办法"下分要领、内务办法和外务办法三节,内容十分庞杂,事无巨细地规定了巡警处理内外日常警务的具体办法,可视为巡警处理警务的操作手册。"通则"规定了巡警的章服、礼节、容装、佩剑等注意事项。"赏罚"则根据不同官阶规定记过、撤差、详参、责、革、斩六种惩戒方式和记功、奖叙、赏花红、提拔、赏功牌五种奖励办法。"额数"规定所有工作人员每月应支的饷银。

1904年,袁世凯奏设了天津四乡巡警总局,管辖天津境内所有县镇乡村,下设8个分局15个区,每区约3000户居民,采用"以村计户保举警员,官督绅办,自筹经费"①的"官督商办"模式,官方总督警务,而筹款、募警、发饷等某些具体工作则由士绅来经办。这一办警模式迅速在直隶各州县、乡镇推广。《天津四乡巡警章程》是由赵秉钧拟定的一部创办乡村警察所应遵循的基本规则,是天津四乡巡警执行警务的基本办事规则。《天津四乡巡警章程》除了规定四乡巡警所管辖的范围、职能与权限、赏罚法则之外,尤其值得称道的是该章程

---

① 《大公报》(第978号),1907年5月16日。

结合农村警务的实际,制定了一套切实可行的警务规则,打通了上层社会与底层民众沟通的障碍,形成了良性的上下沟通对话机制,主要表现在以下两点:一是在巡警的选拔任用上。巡警数量的多少,依据村庄的大小结合贫富状况而定,"殷富之区按五十户挑巡警一名,穷僻之区按百户挑巡警一名",其遴选标准除了"以年力强壮,粗识字义者为合格;吸食洋烟,素不安分及曾当官役者概不准允"外,必须由村董"各在本村挑选、保充",且巡警工食费用"斟酌地方情形由村董核定",所有款项"皆责成绅董管理,官不经手"①。由此看出地方士绅在巡警选用与管理上其作用举足轻重,"以本地方之人办本地方之事因势利导启不致有隔阂之虞矣"②。其二,在四乡巡警职能的设定上充分考虑了农村的特点。例如在警察执勤上,与城市警察注重站岗不同,农村警察重在巡逻。章程罗列了诸如践踏破坏庄稼、疑似偷窃骡马牛等 14 条巡逻注意事项;符咒治病骗钱者、卖不熟或腐烂果物有碍卫生者等六类有伤风化、有碍卫生的违警行为应立即制止查办;应现行保护幼童稚女失迷等需救护者;为成熟稼禾堆集场园者、有人砍锯园树木时等 12 种行为提供预行保护。

　　第三,重视警察教育,提升警察素质。袁世凯在直隶兴办警政的过程中,充分认识到警务人才的重要性,其在兴办警政的过程中大力发展警政教育,取得较为显著的成效。其一,初步形成了建制化的警察教育体系,形成了警察教育以短期培训与高等教育相结合的教育模式。1902 年,袁世凯在上光绪皇帝的《创设保定警务局并添设学堂拟定章程呈览折》中就提出"拟更添设警务学堂一所,责令巡兵分班学习,并令警务各官升入学堂讲习,务令心知其意",并将警察教育视为"全省警务基础",而且要求"凡警务官长必须学堂出身"③。同年 7 月,保定警务学堂在直隶省城保定成立。不久,天津警务学堂创立,其体制结构均与保定警务学堂相同。为满足"创办警察之急需",保定、天津警务学堂都具有临时性、速成性的特点,以 2~6 个月的短期培训为主。1903 年,袁世凯将原有的保定警务学堂并入天津警务学堂组建建制化的北洋巡警学堂,学员主要学习警察法、中国律例、外交史、国际法、法政、警察律例等内容。其二,警察教育强调教学内容的精细化、专业化。保定、天津警务学堂学制短,课程安排较为简单,多为从警的一些入门课程,学习课程少且招生条件宽松,主要内容是培训警员以应急,具有速成班的意味。合并后成立的北洋巡警学

① 天津图书馆、天津社会科学院:《袁世凯奏议》(下册),天津古籍出版社 1987 年版,第 1172 页。
② 吴庆坻:《杭州府志》(卷一百七十六,巡警),民国二十三年影印本。
③ 天津图书馆、天津社会科学院:《袁世凯奏议》(中册),天津古籍出版社,1987 年版第 105、615 页。

堂实行了一些必要的改革,延长学制至一年与两年(兵学生一年,官学生两年),学习课程内容丰富、系统,并且按照学员类型的不同有着明确的分工。各类课程设置为:历史、地理、国文、生理等补习课,行政法、刑法、民法、宪法、商法、国际警察法、警察学、外交史等专业必修课,日语、测绘等拓展性的随意课,课程设置相对合理。北洋巡警学堂还建构了详细的培养方案,将学习计划分为三等,对应着四学期不同的授课方向。学习计划包括初等、中等、高等,其中,初等、中等在第一、二学期分别完成,而高等则分三、四两个学期完成①。可见北洋巡警学堂在制度设计上更加强调教育内容的精细化与专业化。除正规的学堂教育外,袁世凯在直隶还主张对巡警实行补习教育,"巡警挑齐后,由巡官在本区择适中之地,按日调集区内巡警讲授警察各法及操练各法"②,并且按照巡警学习掌握程度的高低,择优培养、录用、提拔。"总局高等学生即由分局挑取程度较优之长警来堂学习,分局学堂按三班更替学习。头二班教以警务规矩、算学等课,三班教以口授警察及白话字课、算学"。并且警务学堂有着严格的考勤制度:"学生因病请假不能到堂者须于教授功课之前由班长呈报以便稽查。"③在教员选择上,袁世凯高度重视师资的选拔任用,尤其认同日本教员,袁世凯从 1903 年创办北洋巡警学堂始,便聘请日本人三浦喜传担任总教习,主要任务是造就训练通省巡警官兵,培养高级的警察人才。其三,直隶警政尤其重视对基层警察的培训教育。袁世凯命令直隶所辖各州、县必须设立巡警传习所(后改名巡警教练所),使警察教育普及于各州县。各州县之教练所的教员皆为北洋巡警学堂的毕业生,教习警兵,借以养成警察专业人才。在《天津四乡巡警章程》中就明确规定被选中的巡警上岗前必须集中培训两个月,主要学习各种警察法令及技能操练,学习考核优秀者方可担任巡长,以巡警的学习成绩等次核定其职务等级。

### 三、巡警部、民政部、巡警道:清末近代警察制度的基本确立

在内忧外患、各种矛盾错综复杂且不断激化的历史转折关头,行将就木、奄奄一息的清王朝做出了一个历史性的无奈选择:开始效法日本,实行君主立宪,希冀挽救清王朝的统治、消除革命危机以巩固皇权。尤其是清政府真正感受到全面实行"西化"的日本在国家实力上的强大,日本已从中国眼中的"藩外

---

① 一年制的兵学生每三个月为一学期,二年制的官学生每半年为一学期。
② 天津图书馆、天津社会科学院:《袁世凯奏议》(中册),天津古籍出版社,1987 年版,第 1170 页。
③ 甘厚慈:《北洋公牍类纂》(卷七),台北文海出版社,1997 年版,第 538 页。

贡属"变成了同属于东亚的"改革先驱"。出于"深虑民教不和,地方多难,非整顿内政不足以睦邦交"①的忧虑,清政府着手进行政治改革。从 1905 年至 1911 年止,清政府着手"预备立宪",1905 年载泽、戴鸿慈、端方等五大臣奉命前往日本、欧美各国考察政治。五大臣归国后,清政府遂于 1906 年 7 月宣布"预备仿行宪政",以求达到"大权统一于朝廷,庶政公诸舆论,以立国家万年有道之基"的目的。"预备立宪"进程中的官制改革和律法修订,为清末警政建设提供了一个良好的环境,并且建警也逐渐成为宪政的基本要素。这一时期,清末警察在警察立法、组织机构建设、警察教育等各方面都取得长足的发展,现代警察制度基本形成。

第一,中央和地方两级警察机构的统一。自从清末试办警政四年多以来,各地纷纷效仿,全国各地形形色色的警察机构遍地开花。但"各省警政虽已先后创行,而编制各殊,章程互异。不独精神未能统一,即形式亦复差异"②。全国警政建设没有统一的管理机构和明确的实施方案,各地警察机构的名称、机构设置、章程、管理、职能、权限等各方面参差不齐、各自为政,十分混乱,"或名立而实不至"③。由此,建立全国统一的警察领导机构就势在必行。

事实上,早在 1902 年广东巡抚岑春煊就建议朝廷设立一个全国性的警察机关以指导全国警政建设,但被清廷所拒。1905 年发生的五大臣出洋考察被炸事件造成朝野震动,清廷遂决心加强巡警建设。同年 9 月 3 日,权臣袁世凯就曾上疏建议成立巡警部,保荐其亲信徐世昌为尚书、赵秉钧为侍郎,10 月 8 日,慈禧照准。巡警部的成立标志着近代中国第一个全国性警察机构的诞生。巡警部成立后开展了三项主要工作:一是整合京师警政,接收和改组了工巡总局。二是逐渐完善了巡警部的内部机构设置,颁布《巡警部官职章程》。巡警部下设 5 司、16 科、1 个司级机务所和 11 个下属机构,该部"大小相杂,事权相属,各专责成,相当完密"。其职权范围甚广,"举凡全国的警政、保安、风俗、交通、户籍、卫生、消防、营业管理、市区的自来水、电话、医学学堂、巡警学堂、警官的运用与考核等均归其监督,指导或管辖"④。三是负责规划、制定全国警

① 赵士英:《论警察教育》,《浙江警察杂志》1914 年第 10 期,第 11 页。
② "宪政编查馆考核直省巡警道官制细则折",光绪三十四年四月二十九日《政治官报》(第 209 号)。
③ "岑春煊奏折",转引自韩延龙、苏亦工等:《中国近代警察史》(上册),社会科学文献出版社,2000 年版,第 131 页。
④ 王家俭:《清末民初我国警察制度现代化的历程(1901—1928)》,台北商务印书馆,1984 年版,第 38、40 页。

政方案,对各省警政建设负有指导、监督职责,"在朝廷中央设立巡警部,不仅使中央有了统一的警政机构,而且在其监督和指导下,全国警政向统一化、专门化方向发展"①。1906 年 11 月,清政府开始进行官制改革。官制改革方案拟定者奕劻等人认为"考各国之制,以警部独称者甚希,而内部不立者则竟无有。臣等以为不若改巡警部为内务部,凡户部、工部之关于丁口、工程者,皆并隶之"②。清廷应允了该建议,并制定《侦缉队章程》,据此章程将巡警部改组为民政部,于民政部下设警政司,专管警政,但警政司基本上是由原巡警部缩编而成。

　　1907 年 7 月 7 日,清廷公布外官制改革方案,这标志着清政府直省官制改革正式启动。在警政改革中,该方案明确"增设巡警劝业道缺,裁撤分守分巡各道",各省增设巡警道,专管全省警察事务。民政部根据直省官制改革方案拟定了各省巡警道官制及分课办事细则,但巡警道缺的任免大权仍掌握在地方督抚手中。最早设立巡警道的为奉天、湖北两省,至清朝灭亡,全国 22 个省中,除吉林、黑龙江两省的警务由民政司管理,新疆未设巡警道外,其余 19 个省均设立巡警道这一机构。巡警道官制及分课办事细则中明确要求各省设巡警道长官一员,巡警道内设警务公所,下设总务、行政、司法、卫生四科,各厅州县设立警务长一员,并于各分区各置区官一员,区官以下设巡官、巡长、巡警,所有原设总理警巡事务等局,与巡警道职掌重复者,应即一律裁撤③。

　　第二,奠定了中国近代警察法制建设的基础。清末警察法制建设几乎是与警政建设同步的,在巡警部成立之前,清政府主要是以谕令的形式指导各地的警政建设,并未有相关的全国统一的法令予以规范。随着全国性警察机构——巡警部的成立,颁布全国性的警察法令已具备基本条件,警察法制建设的进程明显加快。这一时期颁布的大量由中央制定通行全国的抑或由地方制定规范某一地区的警察法令,涉及警察组织法规、行政警察法规、司法警察法规等内容。据统计,由巡警部、民政部和京师巡警总厅制定发布的治安行政法令就不下二百种④,为近代警察法制建设奠定了基础。

　　1905 年至 1911 年,清政府颁布的警察法规主要由三类组成:一是组织法

---

　　①　刘锦涛、王香莲:《论清末创建近代警察制度的历史功效》,《兰台世界》,2011 年第 13 期,第 17页。

　　②　故宫博物院明清档案部:《清末筹备立宪档案史料》(上),中华书局,1979 年版,第 371 页。

　　③　"民政部奏拟定直省巡警道官制并分科办事细则折","民政部拟定各省巡警道官制并分科办事细则折"。《政治官报》册六,第 129、489、490 页。

　　④　任惠华:《治安行政法》,法律出版社,2003 年版,第 29 页。

规类,主要包括警察机构的设置、编制、人事任免、各部门权限划分、招募、训练、奖惩、纪律、经费来源等方面的规定,如《巡警部管制章程》《民政部管制章程》《民政部及巡警厅权限章程》《直省巡警道管制章程》《巡长、巡警勤务章程》《巡警禁令》等。二是警察行政法规类,此类法规可分为中央和地方两层级的立法。中央警察行政法规立法主要借鉴日本、欧美成文法,聚焦在户口、治安法规、结社集会、言论控制四个方面。为加强户籍管理,清政府制定和颁布了《调查户口章程》《清查户口章程》等章程,全国户口管理渐趋统一,且尤其重视程序性规则的制定,体现出户籍管理立法由注重实体性规范向注重程序性规则的转变。违警罚法使警察权力的运行向规范化和程序化迈进。清政府于1906年,仿照日本制定了《违警罪章程》,开创了近代中国违警罚法之先河,该章程经修订后命名为《大清违警律》,于1908年颁布。该法规在我国法制史上首定罪刑法定原则,"凡本律所未载者,不得比附援引"[1],强调犯罪与刑罚皆应依据法律的明文规定,堪称中国法制史上具有划时代意义的变革。《大清违警律》详列六条关于违警处罚程序的内容,体现出该法通过正当的程序性规范来限制警察权力以保障人权的巨大飞跃。此外,为加强政治控制,清政府还颁布了《结社集会律》《大清报律》等法规。三是警察司法法规类,执行警察司法职能的法规包括侦查、逮捕及行使部分司法权的规定,使警察的司法权行使有法可依。

上述警察法规的制定发生在清末修律运动期间,清政府吸收和借鉴了近代西方警察制度的法治理念,在从传统治安体制向近代警察制度转变的历史节点上,形成了初具规模与体系的近代警察法制制度,突破了中国传统诸法合体的窠臼,开启了警察依法行政的新局面,表明清末警政已踏上法制化、规范化的轨道。

第三,初步形成了系统的近代警察教育体系。清末警政建设过程中,为了保证警政的顺利展开,清政府初步建成了从中央到地方的警察教育机构,主导培养了各类警察人才,以满足维护社会治安和国家安全的需要。并且从中央到各地方都十分重视警察职业教育,创建了一大批警察教育培训学校,近代警察教育制度得以初步形成,标志着警察向职业化跨出了重要一步。清末警察教育始于京师、直隶两省,早在1901年"清末新政"伊始,清政府就创办了京师警务学堂,聘请日本人川岛浪速为校长,此为近代中国第一所警察学校。袁世凯在直隶建警时将警察教育作为全省警政的基础,他先后创办了保定警务学

---

[1]　《违警律》,《政治官报》(第九册),第4页。

堂、天津警务学堂,后于 1903 年初两校合并,更名为北洋巡警学堂。京师、直隶两省警察教育的实践,为当时急速发展的警政建设提供了急需的警务人才,效果明显,其后各省的巡警学堂皆以两地为蓝本,到 1908 年前,已有 20 余省设立巡警学堂。上述巡警学堂多为速成班,学制不一,课程设置简单,许多省份还开办了警察教练所、警务传习所、警士学堂等短期警察培训教育机构。为解决警察教育的上述问题,清政府于 1906 年开始着手举办高等巡警教育,将京师警务学堂改为京师高等巡警学堂,改革课程设置,延长学制。1908 年 10 月,为了对全国的警察教育体制进行统一规划,民政部颁布了《各省巡警学堂章程》。至此,全国的警察教育基本得以统一,巡警学堂分为初、中、高三个层次,初步形成学历教育和职业培训双轮驱动的警察教育格局。

　　近代警察制度的形成是近代中国社会转型的重要产物之一,从最早租界警察的出现到近代中国警察制度基本确立大约经历了半个多世纪的发展。晚清,在中央政府的倡导之下,地方警政建设异彩纷呈。浙江的近代警察与警察制度亦起源较早,1900 年浙江巡抚翁曾桂就在保甲机构的基础上筹建警察机构,1903 年在省城杭州成立巡警局,同年成立警察军,并实施《浙江试办警察章程》,这是浙江近代警察制度之始。后经过北洋政府时期、南京国民政府时期,浙江的警察及其制度已颇具规模,并逐渐走在全国前列。

# 第二章 清末的浙江警察(1903—1911)

近代中国的民族危机自海上而来,处于沿海的浙江也就自然是最早受到西方文化制度强烈冲击的区域,近代意义上的浙江警察可以追溯到这一时期浙江各通商口岸的巡捕房。鸦片战争后签订的《南京条约》《中英五口通商章程》《中美望厦条约》使得宁波成为开放港口,道光末年(1850年)即由当时的宁绍台道拨绿营兵8人,改称巡捕,驻江北岸,由英国人格林统辖设立了巡捕房。1865年,宁波江北岸巡捕房成立,由英国人担任高级警务人员,受关税税务司节制[①],1909年经与英国交涉收回巡捕权,改巡捕房为鄞县巡警局。1876年《烟台条约》签订后,温州辟为通商口岸,英国人设立温州江心屿巡捕房。1895年甲午战争结束后签订的《马关条约》"开沙市、重庆、苏州、杭州为商埠,日船得沿内河驶入以上各口,搭客载货"[②]。日本人取得在杭州日租界的领事裁判权和片面最惠国待遇[③],设立了巡捕房,订立了巡捕房章程,到1903年5月,改称日警署。这些外国人在宁波、温州、杭州设立的维护商埠治安的巡捕房可谓是浙江设立最早的近代意义上的警察机构。

## 第一节 巡警局、警务处、巡警道:近代浙江警察的发轫

1901年9月13日,清廷下发谕令,要求各地创办巡警,然各地对于警政认识不尽一致,执行情况不一,实际收效甚微。清廷也只是派人到各地考察,认为警察制度可行,并未周密安排、详细部署、统一组织,下达的谕令也只是号

---

① 民国《鄞县通志》一,《政教志·警务》。
② 马关条约第四条,1895年4月13日。
③ 1896年《通商行船条约》第二十条至第二十二条,1903年《通商行船续约》第十一条。

召各省向直隶学习,"依直隶章程奏明办理",因此多数地方政府包括浙江在内大都应付了事并未有实质性举措予以推进。1902 年 10 月 17 日,清廷依据兵部和内务部的奏章下达上谕要求全国各地裁撤绿营,改设巡警。时任浙江巡抚翁曾桂于 1903 年 6 月 25 日"将常备亲军营奉旨改为警察军,于省城长庆寺设巡警局"[①],并且制定了名为《浙江试办警察章程》的指导性文件,此为浙江近代警察之滥觞。章程规定,当时全省于省城设一省会巡警总局,下设分局五所,分局分段管辖,分局下设公所二十五处。另外水旱城门十六处分别设立各自的巡查机构,归属总局直接管辖。而城门外的市政虽未设立警察机关,但有"分派杭州协暨抚标官弁制兵分地驻防"[②]。这个最初的机构虽叫巡警局,但仍是"委藩臬两司为坐办",设有"浙江警察军统带"并在"统带下设统带总稽查、武巡官等职"[③],无论是从官员配置还是官员称谓上都可以发现所谓"警察军"和"巡警局"只是一个名称变化而已,形似而神非。

　　翁曾桂之后的历任浙江巡抚都是墨守之辈,并未对浙江的警政建设做出进一步的变革。直到 1905 年,清政府在中央设立了巡警部以领导、规划、指导全国的警察机构之后,全国的警政建设逐渐统一,之前各自为政的混乱状态逐渐得到扭转,包括各地警察的名称、机构、人员编制等日趋一致。从 1906 年正月开始,为了符合中央政府的统一规制,浙江撤销了警察军的建制,成立全省巡警总局,将办公地点由长庆寺移至西大街铜元局故址(今杭州市凤起路西)。藩臬两司与巡警局的关系从"坐办"变成了"督办",其下并未设置各类科室等二级机关,但职责有所划分,并设置了各类官职(见第二节)。同时,在杭州、宁波开办了巡警学堂(详见第三节),用以招募、培训基层巡警。虽然在浙江地方通志和《中国近代警察史》等一些文献中,关于当时浙江警察机关的名称是全省巡警总局还是省城巡警总局存在不同的说法,但有一点是共同的,那就是不管冠以何名,当时政府所谓的全省警察机关其实管辖范围仅局限于省城,各府、州、县的地方警察机关还未设立。从某种意义上说,这无非是浙江近代警政在省城的一个试点而已。

　　清朝末年,在革命力量不断壮大的情况下,为了维护清廷统治当政的保守

---

　　① 　余绍宋:《重修浙江通志稿(标点本)》,浙江省地方志编撰委员会整理,方志出版社,2010 年版第九册,第 5802 页。

　　② 　邬兴华、陈品贤:《浙江警察简志》,浙江省公安志编撰委员会,浙江省公安厅文印中心印刷,2000 年 5 月,第 159 页。

　　③ 　余绍宋:《重修浙江通志稿(标点本)》,浙江省地方志编撰委员会整理,方志出版社,2010 年版第九册,第 5802 页。

派被迫走上了改革的道路。但正因为是被迫的、非主动的,所以其改革措施都未能经过深思熟虑,改革只是一块缝布,哪里有漏洞就往哪里补。这在作为新鲜事物的警察机关的的设立上表现得尤为明显。所以,巡警部成立仅一年后,1906 年 11 月 6 日,清廷又将巡警部改为民政部,下设警政司。1907 年 7 月 7 日,清廷根据奏报情况汇总觉得各省的办警情况不甚得力,于是再次下令在中央警政司外由各省增设巡警道,专管警政。同年 8 月,浙江就向各县下令,要求各地筹款设立巡警局,将新式的警察制度向全省推广开来。自浙江要求各地设立巡警局以后,浙江警察机关就如雨后春笋般建立发展起来,各地建立警察机关的大致时间可以参见本章附录表 2-1-1。到 1910 年,"全省 11 府 78 个县普遍建立巡警机构,同时单独成立海塘巡警局"①。清廷在 1907 年就下令各省成立巡警道,但浙江省实际上是在 1910 年 3 月间在各县已陆续建成巡警局的基础上,才将全省巡警总局(一说省城巡警总局)改为省会巡警局。同年 7 月,时任嘉兴府知府的杨士燮被委为全省巡警道总办,巡警道才正式设立。在此之前从 1907 年到 1910 年的 3 年间,浙江尽管未设置巡警道,但在 1908 年 11 月 8 日曾设立警务处作为全省统一的警察机关。警务处仿照当时在全国办警领先的直隶而设置,负责领导、规划、指导全省的警政事务。警务处和巡警道都是为了加强全省的巡警力量应时而设的。

在各县的警察机关也纷纷建立后,随着巡警事务的增多和在社会治安方面所发挥的作用日益凸显,浙江警务处机构的设置开始依据职能需要逐渐细化、设置分支机构。由图 2-1-1 可见,警务处下设 5 科 2 处,即行政科、司法科、教练科、会计科、文牍科和稽查处、参事处,各科之下还设若干所。其主要职能对应为:行政科主管考核、保安、交通、水巡、测绘;司法科主管律法、审讯、提调;教练科主管编撰、编译、训练和考验;会计科专管内务会计;文牍科主管文件收发、校核、档案等。

浙江巡警道设立时,其官署名称实为浙江省警务公所,在史料中称巡警道者和省警务公所者皆有出现就是这个原因。巡警道当时下设总务、行政、司法、卫生 4 科,科下设股。总务科负责机要编档、议定章程、考核分配、经费核发、报告统计及警察教育事项;行政科负责治安、户籍调查、市政道路、消防救援、纠风易俗等警察业务;司法科负责拘押拘捕、调查采访、提调审讯、违警处理等;卫生科则负责清洁清道、检疫防疫、医务医疗等事务。通过对警务处和

---

① 邬兴华、陈品贤主编:《浙江警察简志》,浙江省公安志编撰委员会,浙江省公安厅文印中心印刷,2000 年 5 月,第 25 页。

巡警道的对比我们可以发现,行政科和司法科的设置与职能基本未变,而把统计、汇总、财资的事务合并成为总务科,将卫生监督管理职能单独列为卫生科。这种划分方法逐渐成为警察机构设置的主流,在历次的警务变革中变动都不大,尤其是总务、行政、司法3科,可以称为当时警察机构的"三驾马车"。卫生职能到南京国民政府时期逐渐从警察业务中分离出去,成为一个单独的与警察机关同级的民政机构。

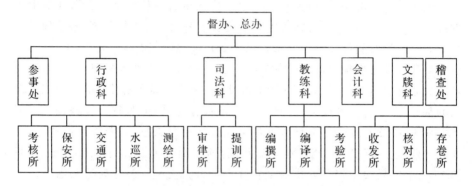

图 2-1-1　浙江省警务处内部组织机构图①

　　自从设置了统管全省警政事务的警务处和巡警道后,浙江省会的警察机关就从一个全省的警察机关转变成了地方警察机关。当然,由于省会城市的特殊性,其存在意义就变成了"专办省城巡警事宜,以为各府厅州县模范"②。而正是因为省城巡警总局从浙江创办警察开始就兼领全省的警察管理业务,所以可以说当时警务处的组织架构是效仿省城巡警总局而设。省城巡警总局当时设稽查、发审、文牍、会计、消防等5科,下面还设有2个消防队和传习所、补习所等。

　　1908—1911年,为了挽救摇摇欲坠的政权,清政府开始预备立宪,各地成立咨议局,进行政治体制改革且各项改革方案多变。就浙江警政而言,从省城巡警局的名称和组织结构的变更就可看出端倪。1909年3月,省城巡警总局改名为省会巡警局;1910年6月,省会巡警局与仁和、钱塘两县警政合并又改为浙江仁钱巡警局;1911年3月,浙江仁钱巡警局被撤,按统一要求改为省城警务长公所。在辛亥革命前,省城的警察机关已经在原来的机构上又增设了

---

①　据《浙江全省警务处章程》,《浙江日报》1908年11月12日绘制。

②　《三月浙抚奏筹办巡警情形》,陈文騄修《杭州府志》,卷176,《巡警》,民国14年(1925)。

探访队、水警队、教练所、拘留所。省城警察的管辖区域范围也发生扩展,并入仁和、钱塘两县,大体上分成了四乡和城关两个巡警区,下设分局,分局下设分区,每区又设巡所,形成了总局—分局—分区的三级警察机构设置模式。当时城关巡警区下辖5个巡警分局(上城、中城、下城、江干、湖墅)、12个警区、48所巡警公所;四乡巡警区下辖6个巡警分局、18个警区、72所巡警公所。

在巡警道建立之初,省城外的各厅、州、县的巡警局改为巡警总局。后随着警察机关向乡镇延伸和巡区的扩大,1911年改各地巡警总局为警务长公所,名称以地名冠前。其下所辖城镇分区设分所,但不以地名冠之,而是以第一、第二等序号区别。各地方警察机关大都仿照省会警察机关设置下属机构,但其机构设置简单,绝大多数县的警察机关其内部权责的分工还远未有发展到需要像省会警察机关那样分设内部机构的程度,像山会巡警局[1]那样内设总务、卫生、行政、司法4科的地方警察机关已属凤毛麟角。

## 第二节　从弁兵到警察:新身份与新职责

晚清警政的建立以朝廷发布的上谕为准则,并无任何统一标准、制度、法规予以规划与指导。因此,晚清警政的开展基本是以省为单位,各行其是、各自为政。即使到了1907年全国统一设立巡警道后,也少有与警察编制等相关的全国纲领性指导文件出台。

### 一、省城巡警总局的人员构成

浙江在1903年改建警察军、成立巡警总局之时发布的《浙江试办警察章程》中较为详细地规定了最初浙江警察的编制,将警察分为城外城内、文官武官几大类。在城外是“将所有水旱城门及城外各乡镇驻巡之文武员弁兵丁一律改为警察,由局总办提调随时稽考勤惰”[2],在城内则是设立由官弁制兵组成的“警察弁兵”[3],而其他的总局、分局、公所内人员都属于文官体系,所以浙

---

①　光绪32年绍兴初办巡警时将山阴县和会稽县合并办理,称为山会巡警局。《绍兴市志》第3册,绍兴市地方志编纂委员会编,浙江人民出版社,1996年版,第1713页。

②　邬兴华、陈品贤主编:《浙江警察简志》,浙江省公安志编撰委员会,浙江省公安厅文印中心印刷,2000年5月,第161页。

③　邬兴华、陈品贤主编:《浙江警察简志》,浙江省公安志编撰委员会,浙江省公安厅文印中心印刷,2000年5月,第159页。

江警察主要来源于旧官僚和旧军人。

省城巡警总局由布政、按察两司督办,杭嘉湖道协同办理,但这两级官员只是挂名而已,真正主持工作的是 2 名总办(相当于道员)和 1 名提调(相当于知府)。同时,杭州知府兼任巡警总局的会办提调,仁和、钱塘两县知县兼任总稽,在巡警总局下属的分局中则设立文总巡官(相当于州县官员的级别)。由此可见时任浙江巡抚的翁曾桂在最初试办警察时还是比较重视的,巡警总局具有一个比较高的行政级别。省城巡警总局成立后,"委候补道刘磊祺、戴启文为总办,试用知府宗舜年提调其事"①,旧式官员为警察事务的真正负责人。不要说那些管带、武巡官纯由旧式军官转入,就是那些第一线的警察也多来自"常备亲军"。很明显,这些人都属于旧官僚队伍。从文总巡官、文分巡官等在《浙江试办警察章程》中明确对应的级别如"同通州县""首领佐杂"等内容来看,巡警总局的主要官员亦是来源于旧式官僚体制。旧官僚调任新警察机关任职至少有两个好处:第一,巡警局能迅速开展工作。因为当时在警察业务方面,不要说是浙江省,就是全国也很难找出有研究、有心得的人来办理,更遑论有实践经验的专业人才。警察是一个集行政机关和暴力机关于一体的特殊机构,从旧官僚中抽人调任可以减少初建警察时来自旧官僚体系的阻力并控制住这个机构。第二,能明确警察机关的地位。从旧官僚中委任警察官吏的好处是官员的品级能够延续一致,各项待遇容易落实,同时,这也就确定了新成立的警察机关的层级。通过《浙江试办警察章程》确定的文官体系,我们可以明确当时的省巡警总局直属于浙江省衙门,为道台一级,但其实际工作受制于杭嘉湖道台衙门而高于杭州知府衙门。

巡警总局的所有定编人员数量和级别对照情况见本章附录表 2-2-1。从表中可见,在武官方面,初建的省城巡警总局共改编了原来的常备亲军一营375 名,另外招募 51 名(其中巡捕兵 50 人,教练帮带 1 名),再加上原有在城门驻防的武官 120 名,共计 546 名作为执行警察任务的基本力量。巡警总局所需官员,除了从旧式官僚体制内的官员中委任、调任、改任外,剩余基层办事人员主要通过招募方式录用。招募录用的人员主要有三类,包括:建警之初在总局、分局中的下层杂役人员,如局差、号房、护勇、差役、灯夫、厨夫等;水旱城门中听候差遣的巡丁、水手等;为增加人手,在相当于正规军编制的警察弁兵中再续招募的巡捕兵。

---

① 邬兴华、陈品贤主编:《浙江警察简志》,浙江省公安志编撰委员会,浙江省公安厅文印中心印刷,2000 年 5 月,第 175 页。

### 二、地方警察机关的人员构成

浙江在省城建立警察军后,浙江各地对办理警政投入了极大的热情,不仅关注,而且愿意去实施。很多地方士绅都主动向当地政府的主官申请开办警政,维护地方治安。从自发开始办警到1907年浙江巡抚下令要求全省各地开始办警,浙江的警政一直是稳步发展,从慢走到快跑,但这种短时间内的警政的迅猛发展带来了人员的紧缺和经费的支绌。浙江巡抚增韫曾说过"筹办警务,一患于人才缺乏,一患于经费支绌"①。为了解决这一问题,清末浙江地方创办警政也采用了"官督绅办"这一全国其他地方举办警政的成功经验,"官"和"绅"也就成为当时浙江地方警察组成人员中的最为重要的两类人员。

在官的方面,一般而言各地都是由知县兼领地方警察的最高长官,具体事务则由知县改任县内绿营官吏或是任命下属官吏担任警察机关的巡长、副巡长。如1903年浦江县参照省巡警总局,开办警政,由知县兼巡警总办;金华县在1904年改革绿营兵丁编制,试图转变为警察体制;象山县于1904年开办警政,设置了正副巡官②;到1906年,永嘉县也开始招募警察,创办警局,长官也是由知县兼任③……不管对警察这一"新"事物抱以何种态度,各地方官僚机构都必须参与其中,尤其是在1906年中央要求地方办警和1907年浙江推广实施后达到高峰④。

而地方士绅参与共建地方警政则一般有两种情况。一种情况是主动与地方官员协商,迫切推动警政在当地创办。如1907年湖州士绅钮家蕃和当地太守拟在城内改设警察巡街,但因经费问题中断,在第二年又有其他士绅申请开办⑤;诸暨县由地方士绅楼晋、陈时夏筹款,参照省巡警章程在枫桥设立巡警⑥。这种情况取决于地方士绅是否具有开阔的眼界、开明的精神和务实推动的能力三个条件。在当时乡民愚昧、保守、整体素质低下的情况下,士绅能接受"警察"这一新事物,而且积极参与,则非具备开明精神不可。而仅仅有意愿,却不能去组织实施,不具备提供所需人、财、物的能力,警政也不过是个美

---

① 《三月浙抚奏报筹办巡警情形》,陈文騄修《杭州府志》卷176《巡警》,民国14年(1925)。
② 佚名:《续修浙江通志采访稿》,不分卷。
③ 《永嘉县志》,永嘉县地方志编纂委员会编,方志出版社,2003年版,第937页。
④ 据附表2-2-1统计,1906年浙江建警县共计27个,1907年浙江建警县共计10个,2年内建警县份占全部县的48.7%。
⑤ 《湖绅拟禀办警察》,《浙江日报》1908年6月30日。
⑥ 《巡警道扬遵饬详复诸暨县枫桥镇业已招募试办文》,《浙江官报》宣统二年第十九期。

好的愿景。不过同时具备上述三个条件的士绅较少,所以由民间士绅自发襄助官方发起警政建设的并不多。另一种情况是地方长官下令创办警政时要求各地的士绅名流参与其中,以期借助士绅在基层治安管理中的独特优势以保证地方警政的顺利推行。士绅在维护地方秩序方面具有较高的威望,是传统保甲制度的中坚力量。士绅深植于当地,熟悉地方事务,他们就是乡村中的"土官",其话语权甚至高于县府官员。与此同时,晚清时期朝廷国库空虚,百业凋敝,官员腐败,地方财政状况更是千疮百孔,维持旧有官僚机构的正常运转已是捉襟见肘,根本无力来支撑像警政这样一个全新机构的支出。而士绅财力雄厚,要求他们参与警政建设就是最为便捷的筹款方法,不仅能从士绅处筹款,还能利用其威望扩大筹款范围。

　　随着警政的不断发展,地方士绅虽然逐渐淡出了地方警察体系,但以"官""绅"为基本力量构成的清末浙江地方警察机构领导层的形态还是基本延续到了辛亥革命爆发前。警察机构中专为士绅设置了"巡董"或"警董"的职务。在浙江省创办警察之初,士绅不称"巡董",而是设"总董、绅士一员,支薪二十元"[1],隶属于巡警总局,但在具体职责规定中,却未见对该职务的具体描述。到各地开始陆续"官督绅办"编练警察后,士绅就任"巡董"或"警董"职务的现象屡见不鲜。"巡董"或"警董"是为士绅量身定制的,它既不是真正的官员,也不是警察,但要为办警服务,是官方借重地方民间力量推进警政的关键。"巡董"的产生有两种途径:一是由地方官员委派,寻找当地有名望的乡绅担任。新昌县最初就是"县令苏耀泉奉省令创办警察局,委任俞绅往钦为正董,吕绅钟杰为副董,警察十余名"[2]。二是地方官员授权乡绅组织选举后担任。如秀水县"由商学界发起,假兴仁善堂开会,公举局董,……商学各界咸推陶溥仁、杨慕二君担任"[3]。不管是哪一种形式,"巡董"的主要职责即为地方建警筹款,从招募人员到购置装备为建警"拉赞助"。除了对警政事务享有建议权外,其余的人事、稽查等具体警察业务,"巡董"们一般无权过问。当然,如果是以地方士绅为主建立警察机构,那么"巡董"的职权就会很大,"绅办警政,巡董除了筹款外,在知县的节制监督下,掌管一切警政"[4]。

---

　　① 邬兴华、陈品贤主编:《浙江警察简志》,浙江省公安志编撰委员会,浙江省公安厅文印中心印刷,2000年5月,第158页。

　　② 民国《新昌县志》卷1,《建置·新制》。

　　③ 《警董被举仍不肯担任之原因》,《浙江日报》1908年8月11日。

　　④ 许雪溢:《清末浙江警政建设述论》,浙江大学硕士学位论文,2008年,第24页。

### 三、普通警察的来源

清末的警政建设是自上而下展开的,所以在警察人员配置上最完整最到位的是警官,而在基层警察的配置上则较弱。同时,因为警官所需数量少还是比较容易从官僚体系内转化,而基层警察需求量大,又有诸如"年龄""健康""身家""文化"等较高的要求,难以大批量录用。再加上当时社会上对警察这一新的职业不甚了解,在多数百姓的眼中,这不过是另一类"小吏"或是"小兵",对其不屑一顾,就造成巡警的难以招募。

浙江地方警察主要来源于"改编"和"招募"。"改编"是沿袭浙江巡警总局创办时的方式,一般是对原有的绿营弁兵进行改编。平阳县建立警政之初就是以协营兵兼充警察;玉环楚门镇则是在改组旧团防的基础上,创办起巡警的①。"招募"则是在公布巡警的薪酬待遇、招募条件后进行公开募集。但为了募集到足够的人员,官员们往往对所谓的招募"标准"睁一只眼闭一只眼。因此,许多地方的巡警来源于地方上的无业游民、市井无赖,其"品类驳杂,程度甚低,多不识字,任其虎噬狼吞,腐败不堪"②。无论是改编还是招募警察都是为了短期内建立起警察队伍而采取的方法,不适合警政建设的长期发展要求。在有识之士的推动下,浙江开始加强警察教育,创办警察学校,其中一个很主要的目的就是让参加过警察教育的毕业生成为基层警察的骨干力量,逐步提高警察队伍的素质。

### 四、清末浙江警察的分类及其职责

浙江建警第一份纲领性文件《浙江试办警察章程》中将警察分为巡警(负责维持治安)、卫生警察(负责街道卫生)、消防警察(负责火政)三类。其中巡警分为步巡和水巡,步巡在陆地、城市中巡逻、维护秩序,水巡在水域驾驶船只巡逻、维护秩序。由于浙江是"鱼米水乡",又是沿海省份,所以,浙江的水巡还包括了河道和海岸巡逻。水巡是在 1909 年全省警务处行政科下设水巡所后建立起来的,为河道水巡。1910 年,海塘巡警局的设立标志着海岸巡逻成为浙江警察工作职责之一。而卫生警察、消防警察都是从步巡中分化出来的专业警察。

清末建立警察的主要目的就是淘汰以绿营团防为主的陈旧的社会治安体

---

① 玉环县编史修志委员会编纂:《玉环县志》,汉语大词典出版社,1994 年 3 月版,第 442 页。

② 《警察腐败》,《浙江日报》1908 年 7 月 1 日。

系,建立一个能够有效维护地方治安、政权稳定的社会治安新体系。在浙江警察的建立之初,时任浙江巡抚翁曾桂就说"浙江滨临江海,枭匪出没靡常,抑且户口殷繁,土客杂处,良莠不齐,盗劫时闻,虽经举办保甲,立法既未周密,日久渐成具文,亟应改弦更张",所以举办警察"诘奸除暴,保商安民,辑患无形,镇慑不轨"①等,一言蔽之就是维护治安。在浙江试办警察之初,警察的职责中最重要的内容就是查办"居民斗殴、争闹、滋事等情""会匪、盗贼、游勇以及著名地棍,随时访实查拿解送总局核办"②。《浙江试办警察章程》第三章就很明确地规定警察的职责除缉匪治安外,还有其他三大工作职责,一是清查户口,二是清理街道,三是预筹火政。但是其他一些诸如"户婚、田土、钱债讼案及人命案件,自有地方官经理,本局毋庸过问"。随着各地警政的迅速展开,警察的职能也越来越丰富,除上述三项职责之外,许多原政府衙门从未接触并纳入管理的新事务,都成为新成立的警察机关的职责之一。如1908年6月设立省城市立禁烟局后,禁烟(鸦片)就成为警察的新职责。此外,添置路灯、收容流民等市政民政工作也成了省城警察和一部分县地警察的工作内容。警察除了承担行政职能外还承担部分司法职能,1907—1910年在浙江省警务处的存续期间,警务处就设有司法科,主管律法、审讯等。到1911年左右,浙江基本建立了省、县的审判厅(监察厅),明确设有司法警察的岗位,还制定了《司法警察职务细则》,规定其有提押、维持法庭秩序、搜查逮捕等职责。

## 第三节　警察教育:被忽视的重要一环

浙江第一个警察教育机构成立于1906年春,时任巡抚张曾敭设立浙江巡警学堂,从建立警察机关到设立警察教育机构,浙江整整用了3年的时间。早在1902年,清廷下达建警上谕时,京师、直隶、天津就已经设立了警察教育机构——警务学堂。而且当时清廷下达上谕的动因也正是袁世凯将保定警务学堂章程和直隶办警方法一同上呈,袁世凯认为警察教育为建警的前提,清廷也认可其方案。上谕发布后,很多省份在建立新式警察机关的同时,也开始创办

---

①　邬兴华、陈品贤主编:《浙江警察简志》,浙江省公安志编撰委员会,浙江省公安厅文印中心印刷,2000年5月,第175页。

②　邬兴华、陈品贤主编:《浙江警察简志》,浙江省公安志编撰委员会,浙江省公安厅文印中心印刷,2000年5月,第162页。

警察教育机构。如1903年山东就派员到京津的警务学堂学习警察教育机构的创办经验、组织方式,同时也准备将派遣之人充作本省的警察教育的师资。四川总督、广东巡抚岑春煊更是认为办警应先办警察教育,首先成立了四川通省警察学堂,然后再办理警政①。相比而言,浙江警察教育的起步较晚。

## 一、初创时期的浙江警察教育

1906年春,浙江在杭州西大街铜元局初创巡警学堂,隶属于省巡警总局,由总办袁思永兼任总负责人,丁德威任学堂监督。浙江之所以在创设警察教育机构上表现迟缓,应当是与当时的主政官员有较大关系。在清末的历任浙江巡抚中,只有翁曾桂略有"开明"的名声,其余的都以保守见长,因此清末浙江一直是比较遵循中央政策的一个省份。1905年11月,巡警部要求各地"将近年办理警察章程及警察学堂是否设立,警兵共有若干,经费如何筹给并现在所办巡警实在情形"②造具详细清册上报后,浙江主政官员才开始筹建警察教育机构。

浙江巡警学堂分为官、兵两班,分别训练培养警察官员和基层巡警。其中,所谓的官班,采用的学制是"一年卒业",招收学生的来源主要是"浙之文武候补官员、缙绅之士",且"皆由官府优给膏火"。而兵班的学制则是"三个月卒业",每班"名额百余人,备充巡士之用"③。官班第一期共招收了36人。1907年巡警学堂更换王丰镐和张良楷为继任负责人和监督,续招了第二期的官班42人。同年,开设通学班,共计招收学员92人。由于科举停止,很多读书人为谋求出路就投考了警察,这些人具有较好的文化知识,但不是候补官员,所以就开设这一特别班,该班学制短于官班长于兵班,为六个月。1906年10月,宁波提督吕本元创办宁波巡警学堂,最初选址湖西,后搬至鄞县。宁波巡警学堂也分为官班、兵班。官班招收学员40名,以绿营、行营现职人员入校听讲④。而兵班则与省巡警学堂有所区别,称为"普通班",学制一年半,普通班主要招收各营子弟,但必须通过考试方能肄业。1907年2月,湖州因"巡警系

---

① 施峥:《中国近代警察教育研究》,浙江人民出版社,2015年版,第196页。
② 《巡警部请饬各省照办巡警筹解协款有关文奏》,中国第一历史档案馆藏。
③ 余绍宋:《重修浙江通志稿(标点本)》第九册,浙江省地方志编撰委员会整理,方志出版社,2010年版,第5834页。
④ 《营员选习巡警》,《浙江日报》1908年12月12日。

团防改设,各兵不谙规则"①,也开办了湖郡警监学校,同样有两班,其名称分别为官班、绅班,总计入校肄业的有 70 余人。为了更好地学习警政办理经验,浙江省在 1906 年 7 月间还曾派遣了 5 名官派留学生和 2 名自费留学生渡海而东前往日本学习警政,以期学成归国后能够提升浙江警政水平,这在当时也算是一个开明、进步、走在时代前列的举措了。

初创时的浙江警察教育很明显地表现出了地方自治、各自为政的特点。无论是警察教育机构的名称,还是招收人员的范围、学制时间等都不统一。但各地一致认为警察教育是必要而不可缺少的,办警必定要办警察教育,各警察教育机构都按培养目标的不同而分别设班,分设警官和普通巡警班是通行做法,且一般警官的学制长于巡警,要求更高。

## 二、初具规模的警官与巡警教育

1907 年冯汝骙履任浙江巡抚,对浙江的警政做了部分改革,在警察机关方面设立了警务处,而在警察教育方面较之以前要重视许多。为了提高警察质量落实警察教育,浙江省颁布规定自 1908 年 2 月起"通省各府州县警务人员,未经学习毕业者,不得充当,嗣后统归省城总局派委巡警学堂毕业官学生,或由州县指名禀请,以杜流弊"②。冯汝骙又采纳幕僚梁建章和谷钟秀的意见,新增设立了警察教练所,委任祝绍箕为所长,并且通令各县开办巡警教练所。在他的要求下,浙江省城还筹建了警务研究所,巡警学堂的卒业学员都要到研究所中轮班研习以提高警察的业务能力。可惜的是,冯汝骙在 3 月份即改任江西巡抚,他在浙江的警政改革进程中断。不过在他的新政影响下,浙江各县还是陆续建立起了警察教育机构,加快了浙江警察教育的发展。就全省而言,警察教育虽初具规模,但仍然存在不少问题。其一,名称规范失于统一。各地警察教育机构名称各异,如"教练所""讲习所""传习所"等名称均有出现。其二,学制失于统一。虽然大部分县的"教练所"都是三个月训期,但如诸暨县因僻远山乡,经济困乏,于是裁撤商办保卫局,改设巡警传习所,只对原有的40 名团勇进行裁汰,培训一月后就分布站岗③。其三,创办方式失于统一,甚至出现警察教育机构民办的情形,如温州乐清劝学所总董吴绅,在劝学所下增设警察讲习所,学制三个月,招生有数十人,并且由劝学所发给毕业修业文凭。

① 《倡设巡警教练所》,《浙江日报》1908 年 10 月 11 日。
② 《各省内务汇志》,《东方杂志》,第五卷第一期。
③ 《警兵站岗》,《浙江日报》1908 年 11 月 6 日。

金华府太守则与一董姓商绅,在城内设立警察教练所,在金华下属各县原有的巡警中挑选合格人选培训①。其四,办学失于长效。湖州在1907年开办的湖郡警监学校只办了一个班就停办,而后又设立巡警传习所。温州、乐清等地的"讲习所"也没办多久,"毕业者数十人,旋停办"②。

　　1908年10月,民政部在考察各省的警政后认为各省"所拟章程、编制、课程多未一律,若不亟为厘订,恐已设者难昭划一之规,未设者亦无以立率由之准"③,于是颁布了《各省巡警学堂章程》开始统一各省的警察教育。这个章程"正式明确了各省于省城办理警官教育,于各府、州、县办理警士教育的指导方针"④。按其规定,省城设立的是高等巡警学堂,各府、州、县设立的是巡警教练所。高等巡警学堂是培养警官的教育机构,一般学制为3年,但是考虑到警察制度刚建立不久,急需警官人才,因此章程也允许各省可以设置学制为1年的简易科,在名额上章程规定各省自定但不得少于50人。而对于巡警教练所,章程规定学制为1年,名额自定,生源要求是本地人且"年在二十岁以上,身体健全,粗通文理"⑤。根据《各省巡警学堂章程》的要求,新任浙江巡抚增韫于1909年春在原巡警学堂的基础上设立了全省高等巡警学堂,学堂不再招收官班和兵班,而是分成3年制正科班和1年制简易科班。学员的入学资格为"现任或候补佐杂及举贡生员或中学以上毕业者方得入选",录取正科生100人,而简易科生则只有3人。在浙江省执行《各省巡警学堂章程》时,因为全省只保留了高等巡警学堂为警官教育机构,其余学校不能培养警官,原宁波巡警学堂新班37名未毕业学生就转至高等巡警学堂旁听,其中15人愿意继续学习并最终获得了高等巡警学堂的肄业资格⑥。

　　浙江省的巡警教练所也于1909年通令各府、州、县建立,但因各地经济、地理条件不同也使得各地巡警教练所情形各异。浙江省分步建立教练所,"先

　　①　《毕业请奖之学批》,《浙江日报》1908年7月1日;《倡设巡警教练所》,《浙江日报》1908年10月11日。
　　②　余绍宋编:《重修浙江通志稿(标点本)》第九册,浙江省地方志编撰委员会整理,方志出版社,2010年版,第5834页。
　　③　《民政部奏拟各省巡警学堂章程折》,《大清法规大全》卷17"教育部·巡警学堂",北京政学社1909年版,第1页。
　　④　施峥:《中国近代警察教育研究》,浙江人民出版社,2015年版,第202页。
　　⑤　《民政部奏拟各省巡警学堂章程折》,《大清光绪新法令》第9册,(清)商务印书馆编译所编,宣统元年(己酉1909年)。
　　⑥　余绍宋编:《重修浙江通志稿(标点本)》第九册,浙江省地方志编撰委员会整理,方志出版社,2010年版,第5835页。

就各府厅州县城厢办起,为第一期考选合格巡警入教练所,一面量予教练,一面实地练习,俟略有程度,再行举办镇埠巡警为第二期;其第二期考选之巡警仍调入教练所,即以第一期已受教育之巡警分派各镇埠,作为模范;其第三期四乡巡警办法以此类推,则事以循序而有成款,以分筹而易集矣"①,至 1910年 7 月,浙江各州县已全部设立了巡警教练所。巡警教练所通常设"所长一人,教务委员一人,以教习兼充;教习一人,以高等警务毕业者充之;督操一人,由巡警局指派精于操法者兼充;庶务委员一人";报考生源需满足"1.年龄在20 岁以上 40 岁以下;2.身家清白,无他习染嗜好,及确有妥实担保者;3.身体强壮,能耐劳苦者;4.粗通文字,堪受教练者(必文理清通,如仅识数字形模,不得谓之粗通)"等条件;教练所设置的课程包括国文、法律、警察学、地方自治、操法等②。

## 第四节　财政经费:扼住警政的无形之手

清末朝廷腐败,民众负担沉重,财政难以维系。浙江 1903 年开始创办警察时直接改编了原常备亲军而建,所以对于警察的财政支持也不是额外增拨,而是源于对原有经费的转移。但毕竟在建警过程中必定要增加部分新人员和新机构如教习、局内文书、杂役等,而且还要新招募弁兵,均要发放薪饷,同时成立的总局、分局等机构也要维持日常开支。所以,尽管经费增加得有限,但"以原有保甲款项及向设常备亲军薪粮抵算外,不敷银三千余两,其开办制备一切费用尚不在内",为解决资金问题,只能"暂饬藩司借款,将来据实造报作正开销"③。

对于省城的警察机关来说,财政问题还是相对容易解决,有各县解款和省城繁荣的工商业支撑,不管是募款还是借款,毕竟能涓流成河,因此基本都是以官款拨付为主,在 1908 年省城的警察甚至还有一次月饷的增发④。相对而言,各县的警务经费筹措就比较艰难,其筹措主要存在三种形式:一是乡绅垫

---

　　①　《三月浙抚奏报筹办巡警情形》,陈文骉修《杭州府志》卷 176"巡警",民国 14 年(1925)。
　　②　《仁钱巡警教练所规则》,《浙江官报》宣统三年第 11 期。
　　③　《护理浙江巡抚翁筱山大中丞陈浙省开办警察情形摺》,光绪二十九年七月初四,载于《申报》1903 年 8 月 26 日。
　　④　陈伟:《杭州公安大事记:1850—2002》,杭州市公安局印(浙内图准字(2003)第 108 号),2003年版,第 8 页。

款。在"官督绅办"的建警模式下,县警察机关通过设置"警董"可以获得乡绅捐赠筹募的一部分经费。但这毕竟不是长效机制,最多只是在创办警察机关的过程中的不确定行为,或是临时救急的手段,向乡绅募集过多、过频会导致民众反感,使民众对警察本就不高的信任度降低。二是"抽捐"。在实际的运作过程中,县一级警察机关的经费筹措方式主要依靠"抽捐",也是中国历史上各朝各代筹款而屡试不爽的招数。"捐"可以用在社会经济的各领域,如温州平阳县办警抽的是"亩捐","民间买田一亩捐钱一百文,岁可得钱一千串左右"[①];湖州办警抽的是"茶捐","于茶业中,每碗加抽钱两文,按日由局派人分驰各茶店盘检,照茶码核收"[②];秀水王江泾镇则是抽"酒捐","以酱园业售卖之热酒每碗代收捐钱一文"[③];甚至有的竟把主意打到了应当被禁的鸦片上,试图抽"膏捐",因"寓捐于禁,为饮鸩止渴之计"[④]而被制止。抽捐的形式多样、名目繁多,不过"大约以商捐、店捐、铺捐为大宗"[⑤]。大略是因为不管何种商业,店铺在县城、镇都相对集中,且店家所在难以变动,警察巡查方便盘诘征收。三是违警罚款。1908年4月,清政府颁布《违警律》,该律主要对政务、公众危害、交通、通信、秩序、风俗、身体及卫生、财产等8类83款事由进行处罚,处罚的主要方式是拘留和处以罚金。后来,浙江巡警道又配套制定了《浙江省城巡警局、区适用违警律规则》和《浙江州县巡警局、区适用违警律规则》。这部分因违警而罚没的金额,虽然根据《违警律》的规定应当"专为赏恤巡警之需",需"禀明巡警道方准动用"[⑥],但通过巡警道的批复也能补充成为办警的经费,只不过因罚没金额为1角以上,15元以下,总额并不多。仁钱巡警局自1908年11月至1910年7月"违警罚款项下洋五百五十七元六角六分八厘六毫"[⑦],违警罚金还不足以支撑起警察费用,只能作为补充。当然,这些地方警务经费的筹措不太可能是使用单一方法来实现的,以上的三种方法往往是结合使用,同时各种铺捐也组合使用,这样才有可能形成较为稳定和长期的经费来源,从而保障地方办警能够顺利进行。表2-4-2中,反映了1910年建德县

①　《收取亩捐筹办警察》,《浙江日报》1908年11月22日。

②　《加抽茶捐补助警察经费》,《浙江日报》1908年12月16日。

③　《警捐阻挠》,《浙江日报》1908年11月27日。

④　《请拨膏捐细充补警费不准》,《浙江日报》1908年6月15日。

⑤　余绍宋编:《重修浙江通志稿(标点本)》第九册,浙江省地方志编撰委员会整理,方志出版社,2010年版,第5849页。

⑥　《浙江省城巡警局区、适用违警律规则》《浙江省州县巡警局、区适用违警律规则》,《浙江官报》宣统三年第2期。

⑦　《仁钱巡警局详省城巡警局移交节存洋元已照数收取文》,《浙江官报》,宣统二年第三十一期。

的警政经费来源明细。其中，虽无违警罚金项，但乡绅筹款与各种抽捐构成建德警政经费的主要来源，其中粮捐占比最多，占县巡警总局总金额的40％；而水巡的经费则全部来源于抽捐。

表 2-4-2　1910 年建德县警政经费来源①

| 县巡警总局 | | 水巡 | |
| --- | --- | --- | --- |
| 经费来源 | 数额（银币：元） | 经费来源 | 数额（银币：元） |
| 铺捐 | 400 | 点埠费 | 108 |
| 裁移民壮工食 | 208 | 妓船捐 | 150 |
| 二成善后捐 | 700 | 埠头规费 | 120 |
| 粮捐（每元 20 文） | 1200 | 茶碗捐、猪肉捐 | 306.8 |
| 巡董筹垫 | 486 | 共计 | 684.8 |
| 共计 | 2994 | | |

　　整体来看，经费紧张和没有统一财政规划是此时警政财政的主要特点，这也是滋生各种警察弊政的原因。其一，乡绅垫款容易引发警权旁落。所谓"拿人的手软"，如果乡绅募款、筹款只是解燃眉之急或是并不在警务经费中占有重要份额，则这种弊端还无法显现。但一旦警务经费主要由乡绅来解决，乡绅在地方警务中无疑就会占据一个重要地位，他们的一举一动都会影响到地方的警政事务。如在黄岩，王姓士绅"把持盘踞，警务大权通归王绅掌握"②；金华兰溪的警董唐兆茗更是"向用警兵充当私臣，着巡兵与仆役无异"，且言"尔等皆我所用，饷由我筹，何故不听候我的差使"③。此种情形正是由警政财权被控而引发。其二，抽捐取款的方式虽不会产生警察控制权转移，但不仅建警一事需要抽捐，而且政府各项工作多有摊派。因此抽捐的弊病是极大地加重了民众的负担，不适当的抽捐内容、抽捐比例及"捐"的征收方法，都会导致政府与民众的矛盾激化。结果就会形成为了维护治安而兴办警政，但为了兴办警察却又引发动乱的悖论。1909 年 10 月，杭州市总商会就曾率众商跪求免除警捐④。据统计，1908 年 5 月至 12 月浙江各地抗捐事件在《浙江日报》的报道中就有 12 起，其中抗交警捐的就有 5 起，占 42％，且出现商人罢市，或更加

---

① 《建德县志》卷十二，《武备·警政》，转引自许雪溢：《清末浙江警政建设述论》，浙江大学硕士学位论文，2008 年，第 28 页。

② 《警务公所调查台州府属宣统元年冬季分警务情形》，《浙江官报》宣统二年第十一期。

③ 《警董破坏警章》，《浙江日报》1908 年 9 月 10 日。

④ 《抚部院增批杭省众商跪求免警捐由》，《浙江官报》宣统元年第十三期。

激烈的冲突性事件;仁和县塘栖镇还发生警察局被捣毁事件。多县的警务经费筹措遭遇困境,警察的财政状况不容乐观(如表 2-4-3 所示)。其三,违警罚款充作警务经费的弊端则更容易造成权力的滥用,警察披挂着"执法"的外衣实施"创收"。很多地方虽然声称官费办警,实际上主要采取的是就地抽捐的方式,当抽捐入不敷出时,警察当局就会包庇社会不良现象并滥收滥罚。如当时已有彩票舞弊案件被曝光,按理不得继续发售,但杭州就曾有人"以报效警察经费为辞""每月缴公费洋六千元"和"每月报效公费洋二千元"[1]得以庇护且继续开售。同样需查禁的赌博也有人"愿认罚洋百元,充作地方公用"[2]而免于牢狱。

表 2-4-3　1908 年 5 月至 12 月浙江各地抗捐事件[3]

| 时间 | 地点 | 事件 |
|---|---|---|
| 1908 年 7 月 | 省城 | 钱业禀请免缴加捐 |
| 1908 年 7 月 | 东阳县 | 警察腐败,各店铺拒不交纳所派警察费 |
| 1908 年 8 月 | 钱塘县留下镇 | 兴学筹抽茶捐,拨入武康学堂,茶店罢市 |
| 1908 年 10 月 | 湖州 | 肉业难再加捐充警费,联名上书知府求免,如若不允,则罢市 |
| 1908 年 10 月 | 秀水县王江泾镇 | 酱园业呈控警员勒捐,县令、商会协商后,仍拒不缴纳 |
| 1908 年 11 月 | 仁和县塘栖镇 | 警员勒捐,千余人捣毁警局 |
| 1908 年 11 月 | 定海县 | 酒捐,学堂商会被毁 |
| 1908 年 11 月 | 归安县菱湖镇 | 绅董借名婴堂,私收鱼捐,致激公愤,具禀省宪 |
| 1908 年 12 月 | 湖州 | 警员勒捐,引发冲突 |

为了缓和国内主要矛盾,风雨飘摇中的清政府迫于压力宣布预备立宪、仿行宪政,在中央设资政院,在地方设咨议局。1909 年 10 月浙江也成立了省咨议局,主要由热心改革、在社会中具有一定威望的民众代表组成以讨论浙江地方的重要政事。对于如何创建警政,咨议局的议员们深知警政建设欲有突破,首要的任务就是解决办警经费这一顽疾。在各方呼吁下,《筹办浙江巡警经费议案》[4]应运而生,它也是清末浙江比较完整的一个办警经费预算的整体性规划。该议案着眼长远,给出了浙江应建立覆盖全省的厅州巡警总局、镇埠巡警

① 《禀办彩票之风闻》,《浙江日报》1908 年 12 月 11 日。
② 《抚部院增批桐庐县禀请将罚款拨充水巡经费由》,《浙江官报》宣统二年第十二期。
③ 据《浙江日报》1908 年 5—12 月各期统计。
④ 《筹办浙江巡警经费议案》,《辛亥革命杭州史料辑刊》第九册,杭州文史研究会、民国浙江史研究中心、浙江图书馆编,国家图书馆出版社,2011 年版,第 527-537 页。

分局、四乡巡警区段的完整预算方案(具体如表 2-4-4 所示)。这是一个宏大的计划,以宣统元年的实际情况看离规划的目标天差地远,此时甚至连四乡巡警还是一片空白。所以,议案提出达到规划的最终时限为可能的宣统七年即1915 年[1]。届时需建 76 所厅州巡警总局,预算费用 381198.4 元;需建 156 所镇埠巡警分局,预算费用 402792 元;需建 535 所乡巡警区段,预算费用780635 元。而且该议案还设置了一个中间节点,用于考查规划实行的情况,就是在宣统三年要求应当达到预期规划的三成左右。

表 2-4-4　清末浙江警政建设规划预算[2]

| | | 规划目标(宣统七年) | 宣统三年目标 | 实际情况(宣统元年) |
|---|---|---|---|---|
| 厅州巡警总局 | 局数 | 76 | | 76 |
| | 人数 | 3254 | | 2631 |
| | 经费 | 381198.4 | 114359 | 190347* |
| 镇埠巡警分局 | 局数 | 156 | | 未知 |
| | 人数 | 3110 | 933 | 828 |
| | 经费 | 402792 | 120837 | 190347* |
| 四乡巡警区段 | 局数 | 535 | 160 | 无 |
| | 人数 | 7490 | 2247 | 无 |
| | 经费 | 780635 | 234190 | 无 |

* 当时统计数据为厅州与镇埠合计经费

　　《筹办浙江巡警经费议案》虽提出了建警规划和预算,但并未给出筹款的具体办法,只表示"各厅州县所报筹款……捐目既多筹措不易,其中难免不无苛细病民之处,故……择其易集巨款,而又不至骚扰民间者,妥议筹费方法以为先事之预备"[3],因此后续的多个关于警政的议案都是以此规划为蓝本商讨如何筹措警政经费而提出意见。在第一届咨议局会议通过的《裁撤民壮护勇卫队代防弓兵提拨工食饷项并移缉捕经费充办巡警案》中采用《筹办浙江巡警经费议案》的"年需一百五十六万四千六百余元"办警预算,指出应该裁撤各种旧式维持社会治安人员以补充巡警,该提案认为"各属民壮有名无实徒糜公

---

　　① 这只是当时的预计,宣统年号在宣统三年即告废止。
　　② 《筹办浙江巡警经费议案》,《辛亥革命杭州史料辑刊》第九册,杭州文史研究会、民国浙江史研究中心、浙江图书馆编,国家图书馆出版社,2011 年版,第 533-535 页。
　　③ 《筹办浙江巡警经费议案》,《辛亥革命杭州史料辑刊》第九册,杭州文史研究会、民国浙江史研究中心、浙江图书馆编,国家图书馆出版社,2011 年版,第 537 页。

项""各道府厅州县衙门向设护勇卫队亲兵等名目以之防御匪寇则不足以之扰害治安则有余""各厅州县衙门之代防及各巡检衙门之弓兵……有名无实""缉捕经费一项久归中饱"①,所以与其这样占用相应的人员编制和银饷,不如裁撤以补充巡警。在另外咨议局的议案中,也有提议裁撤水巡总办的,认为现有的经费无法购置足够的巡船,导致"枭匪出没绝无所用",且"一邑之大设船两艘于事无益于费有亏"②。而同时,购置巡船支出的经费却可以用于招募普通巡警数十人,所以打算弃水巡而增加陆巡的力量。

清末的浙江警政建设取得了一定的成效,尤其是在警政经费的筹措上,但方法却并非很多,而且效果亦不明显。正如前述议案提出了解决方案并要求全省自 1910 年正月初一即开始实施,但仍捉襟见肘,即使"裁撤绿营提用饷项外不敷尚巨"③。由此可见,当时警察的财政情况已经到了举步维艰的地步,已经成为警政发展的瓶颈,而后发生的革命更是让原有的规划荡然归零。

## 第五节　落后中奋起:清末浙江警政建设评析

晚清时期试办与推行的警政建设开启了中国现代警政建设的大门,但正像世间万物初现时一样总要有一段摇摆不定、不断变化的过程。总体而言,浙江在清末的警政建设取得了一定的成绩,虽然存在诸多问题,但基本上还是与全国警政建设同频共振。归纳起来,清末浙江警政建设虽存在警政人员素质低下、依赖上层官员的推动、警政经费不足等问题,但其在警察组织建设与警察网络覆盖、警察教育、警察经费保障等方面都取得了重要成绩,大有奋起直追、后来居上之势。

---

① 《裁撤民壮护勇卫队代防弓兵提拨工食饷项并移缉捕经费充办巡警案》,《辛亥革命杭州史料辑刊》第九册,杭州文史研究会、民国浙江史研究中心、浙江图书馆编,国家图书馆出版社,2011 年版,第 183 页。

② 《沈文华建议案(嘉秀水巡改革建议案)》,《辛亥革命杭州史料辑刊》第九册,杭州文史研究会、民国浙江史研究中心、浙江图书馆编,国家图书馆出版社,2011 年版,第 365 页。

③ 《裁撤民壮护勇卫队代防弓兵提拨工食饷项并移缉捕经费充办巡警案》,《辛亥革命杭州史料辑刊》第九册,杭州文史研究会、民国浙江史研究中心、浙江图书馆编,国家图书馆出版社,2011 年版,第 183 页。

## 一、主要问题

### 1. 严重依赖上层官员的推动

早在 1901 年直隶就开始了试办警察,清廷在 1902 年也下达上谕要求各地裁撤绿营,改设巡警,但在这一系列近代中国警察诞生的关键时间节点上却无浙江的声音。这并非是浙江无人认识与知道"警察"这一新鲜事物,毕竟在杭州有日租界,在宁波有江北的英租界,租界内都有西式警察机构,只是因为当时浙江的行政主官墨守成规,惯性地以上级"命令"为准。1902—1903 年,时任浙江巡抚是满洲贵族伊尔根觉罗·诚勋;1903 年建立浙江巡警的浙江巡抚是翁曾桂,但是仅仅 4 个月后便卸任;浙江巡抚空缺 2 年后在 1905 年由张曾敫接任;1907 年换为瑞兴;冯汝骙 1908 年担任了一年的浙江巡抚,然后由钮祜禄·信勤接手。结合前述浙江警政发展进程可以发现在保守的满蒙贵族任浙江巡抚或浙江巡抚空缺时,正是浙江警政无所作为之时,而在翁曾桂和冯汝骙担任浙江巡抚时期,由于二人对于建警的积极作为,浙江警政快速发展。由此可见,浙江在晚清时期的警政建设严重依赖于上层官员的推动,如果没有出现翁曾桂和冯汝骙这样相对开明的官员,恐怕浙江警政的发展更要滞后于全国,"某地方警政是否发达,往往由该地方行政长官的素质决定"①。

### 2. 从警人员整体素质低下

浙江警察的来源先天不足,最初主要由清朝的兵弁"转制"而来,虽然是在很大程度上缓解了财政的压力和来自旧官僚体系的阻力,但也造成了警察机构的低效行政和整体的素质低下。晚清的八旗兵早已腐化堕落却占据警察的编制,致使外部优秀人员无法进入警察组织,而且很多雇员、杂役等警政从业人员本是无业游民流氓地棍。如据当时报载建德县建有习艺所关押犯人使其劳作习艺而改恶从善,但负责的杂役自己就"本属军流人犯,竟在所内私开小押铺,押当物件以贼货居多,因之该邑窃案,破获殊难"②。虽然部分巡警接受过或长或短的警察教育以及一部分有志于警政改革的先行者在不懈努力,警察的整体素质在不断提高,但总体上浙江警察的素质是较低的。警政弊端丛生,警察以权谋私腐败盛行,报载"建德水上巡警……查有商船某客,装运黄豆八九石,豆内藏私土十五包……县令谕将私土销毁,查拿其客,照章惩办。闻

---

① 韩延龙、苏亦工等:《中国近代警察史》(上册),社会科学文献出版社,2000 年版,第 138 页。
② 《浙江日报》1911 年 2 月 17 日。

黄豆即搬至警局,变卖充公,某客当即远逃无踪"①。

3. 财政供给不足严重制约警政发展

浙江警政的发端时期正值大清王朝的最后挣扎时期,从另一个角度看,清廷裁撤绿营改设巡警也是其试图通过改革以挽救岌岌可危的统治的一种尝试。大凡在每一个朝代的末期,税收上"横征暴敛",社会严重"贫富不均",官员"贪腐腐化"等导致的财政危机已成必然,此时新政策实行往往就陷于财政困顿的窠臼。浙江警政最初以绿营改警,经费可"以原有保甲款项及向设常备亲军薪粮抵算"②,然而实际情况却是经费缺口甚巨,只能由政府出面借款。这就导致了有钱的绅商自然而然地参与到警政的筹建过程中,这其中一些"有抱负"的绅商的参与有利于开民智,但那些"钻空子"想要过过"官瘾"的土豪劣绅则成为清末警政的一大弊病,进一步腐蚀了本已腐朽的清王朝政权。这种财政困难下的办警无疑是极易导致警政效能低下和腐败滋生的,同时对民众经济的剥削也在事实上增加了民众遵守警察法令的难度。

## 二、主要成绩

1. 较早成立了省一级警察机构

浙江近代警政的建设虽起步较晚,其成效未必能比得上当时地方警政建设业有成就者如直隶、山东、四川、武汉等省③,但1903年开始建立的浙江省巡警局和从表2-1-1中反映的浙江各地警察机关建立时间来看,可以发现浙江的整体警政建设水平还是卓有成效的,全省警政推进迅速,在一定程度上扭转了"白昼使刀杖,悍然寻仇,官吏不能禁"④"地方治安毁尽,人如草芥"⑤的严峻社会治安形势。

2. 地域覆盖范围广,地域之间的警政建设水平较为平衡

浙江的警察机关设立不仅在时间上迅速,而且在地域上几乎全覆盖,到1909年,就有76个县建立了警察机构。更为重要的是,浙江的警察机关设立从一开始就没有局限于省城以及县城,在浙江省于1903年设立警察军的同时,杭州府海宁州就自筹经费成立了巡警所,并在峡石、长安、袁花、诸桥、斜桥

---

① 《浙江日报》1912年8月9日。

② 《护理浙江巡抚翁筱山大中丞奏陈浙省开办警察情形摺》,光绪二十九年七月初四,登于《申报》1903年8月26日。

③ 据韩延龙、苏亦工的《中国近代警察史》认为这几省当时警政较为发达。

④ 《浙声——新浙江与旧浙江》,《浙江潮》,浙江同乡会杂志部,1903年第1期,第171页。

⑤ 攻法子:《敬告我乡人》,《浙江潮》,浙江同乡会杂志部,1903年第2期,第3页。

五个乡镇设立了分所①。也就是说,浙江的警察建设至少从机构设置角度来看,在其创建之初就基本形成了省—县(州)—乡(镇)三级体制。在县以下也设立警察的分支机构在当时全国的警政建设中是不多见的,这样的做法有些许"激进"的味道,但其效果也显而易见,对于维护地方的治安发挥了重要的作用。可以说浙江的警政建设在县级层面迈步较早、覆盖面很大。

3. 警察职能逐渐明晰,警察教育初现体系

明确了警察的首要职能在于维护社会治安、巡逻管辖区域,改变乡团保甲在维护社会稳定方面的"徒拥虚名","此亟应办理巡警以杜匪患"②。此外,警察负有调查户口、编查船舶、整饬消防、管理营业场所、清洁道路等职责,此时警察种类的划分并无严格的边界,但已按其职责划分为巡警、卫生警察、行政警察等种类。此外,浙江警察教育从无到有且初步形成巡警初等教育与警官高等教育相结合的体系,课程设置比较合理,为其后浙江的近代警察教育的快速发展奠定了基础。

---

① 余绍宋编:《重修浙江通志稿(标点本)》,浙江省地方志编撰委员会整理,方志出版社,2010年版,第5804页。

② 《抚部院增据巡警道详全省厅州县巡警及汇报人户总数成绩咨宪政编查馆、民政部查照文》,《政治官报》宣统三年第38期。

# 本章附录图表

表 2-1-1　浙江省各县警察建立时间①

| 地区 | 县名 | 开办时间 | 地区 | 县名 | 开办时间 |
|---|---|---|---|---|---|
| 嘉兴府 | 嘉兴县 | 光绪三十年 | 绍兴府 | 山阴县（现属绍兴市越城区、柯桥区 | 光绪三十二年 |
| | 秀水县 | 光绪三十年 | | 山阴县（现属绍兴市越城区、柯桥区） | 光绪三十二年 |
| | 嘉善县 | 宣统二年 | | 嵊县 | 光绪三十二年 |
| | 海盐县 | 宣统元年 | | 上虞县 | 光绪三十二年 |
| | 平湖县 | 光绪三十年 | | 新昌县 | 光绪三十三年 |
| | 石门县（即崇德县，现属桐乡市） | 光绪三十二年 | | 诸暨县 | 宣统元年 |
| | 桐乡县 | 宣统二年 | | 余姚县 | 光绪三十三年 |
| | | | | 萧山县 | 宣统元年 |
| 湖州府 | 长兴县 | 光绪三十三年 | 台州府 | 黄岩县 | 光绪三十一年 |
| | 孝丰县 | 光绪三十二年 | | 临海县 | 光绪三十二年 |
| | 安吉县 | 光绪三十四年 | | 太平县（现温岭市） | 光绪三十二年 |
| | 德清县 | 光绪三十三年 | | 天台县 | 宣统元年 |
| | 武康县 | 光绪末年 | | 仙居县 | 宣统元年 |
| | 乌程县（现湖州市吴兴区） | 光绪三十三年 | | 宁海县（民国南田县，含现三门县） | 光绪三十一年 |
| | 归安县 | | | | |
| 严州府 | 建德县 | 光绪二十九年 | 宁波府 | 定海县 | 宣统元年 |
| | 桐庐县 | 光绪三十二年 | | 象山县 | 光绪三十年 |
| | 分水县（现属桐庐县） | 宣统元年 | | 慈溪县 | 宣统二年 |
| | 寿昌县 | 光绪三十三年 | | 镇海县 | 宣统元年 |
| | 遂安县（现属淳安县） | 光绪三十二年 | | 奉化县 | 光绪三十一年 |
| | 淳安县 | 宣统三年 | | 鄞县 | 宣统元年 |

① 资料来源为各县县志及警察历史资料,但各文献记载不完全一致,略有出入,取其时间较早者列人。

**续表**

| 地区 | 县名 | 开办时间 | 地区 | 县名 | 开办时间 |
|------|------|----------|------|------|----------|
| 杭州府 | 富阳县 | 光绪三十四年 | 金华府 | 永康县 | 光绪三十二年 |
| | 余杭县 | 光绪三十二年 | | 浦江县 | 光绪二十九年 |
| | 新登县(现属富阳市) | 光绪三十二年 | | 武义县 | 光绪三十二年 |
| | 昌化县 | 光绪三十二年 | | 义乌县 | 光绪三十四年 |
| | 临安县 | 宣统二年 | | 金华县 | 光绪三十年 |
| | 於潜县 | | | 汤溪县 | 光绪三十二年 |
| | 钱塘县 | 光绪三十二年 | | 兰溪县 | 光绪三十二年 |
| | 仁和县 | 光绪三十二年 | | 东阳县 | 光绪三十三年 |
| | 海宁州 | 光绪二十九年 | 温州府 | 乐清县 | 光绪三十四年 |
| 处州府 | 丽水县 | 光绪三十二年 | | 平阳县(含现苍南县) | 光绪三十二年 |
| | 青田县 | 宣统元年 | | 永嘉县 | 光绪三十二年 |
| | 缙云县 | 光绪三十二年 | | 瑞安县 | 光绪三十三年 |
| | 松阳县 | 光绪三十三年 | | 泰顺县 | 光绪三十四年 |
| | 宣平县(现属武义县) | 宣统元年 | | 玉环厅 | 光绪三十四年 |
| | 遂昌县 | 光绪三十一年 | 衢州府 | 开化县 | 光绪三十二年 |
| | 龙泉县 | 光绪二十九年 | | 常山县 | 光绪三十年 |
| | 庆元县 | 宣统元年 | | 龙游县 | 光绪三十一年 |
| | 云和县 | 光绪三十一年 | | 江山县 | 光绪三十二年 |
| | 景宁县 | 宣统元年 | | 西安县(现衢州市衢江区) | 光绪三十二年 |

表 2-2-1　杭州试办警察时的编制规划①

| 职务 | 岗位 | 参考级别 | 人数 |
|------|------|----------|------|
| 总办 | 总局 | 道员 | 2 |
| 提调 | 总局 | 知府 | 1 |
| 总教习兼总司稽查 | 总局 | 州县 | 1 |

①　邬兴华、陈品贤:《浙江警察简志》,浙江省公安志编撰委员会,浙江省公安厅文印中心印刷, 2000 年 5 月,第 156-160 页。

续表

| 职务 | 岗位 | 参考级别 | 人数 |
|---|---|---|---|
| 总教习兼文案发审 | 总局 | 州县 | 1 |
| (文)总巡官 | 城内分局 | 州县 | 3 |
| (文)总巡官 | 城外分局 | 州县 | 2 |
| (文)总查官 | 水旱城门 | 州县 | 2 |
| 帮教习兼帮办文案 | 总局 | 首领佐杂 | 1 |
| 帮教习兼经管收支 | 总局 | 首领佐杂 | 1 |
| (文)分巡官 | 城内公所 | 首领佐杂 | 19 |
| (文)分巡官 | 城外公所 | 首领佐杂 | 6 |
| (文)分查官 | 水旱城门 | 首领佐杂 | 16 |
| 统带官 | 总局 | 管带 | 1 |
| 武巡官 | 上、中、下城 | | 8 |
| 随局差遣 | 总局 | 武弁 | 1 |
| 医官 | 总局 | / | 2 |
| 总董/绅士 | 总局 | / | 1 |
| 稿书 | 总局 | / | 2 |
| 清书 | 总局 | / | 2 |
| 号房/把门 | 总局 | / | 2 |
| 局差 | 总局 | / | 9 |
| 护勇 | 总局 | / | 15 |
| 厨夫杂役 | 总局 | / | 4 |
| 书识 | 城内分局 | / | 3 |
| 局差 | 城内分局 | / | 12 |
| 护勇 | 城内分局 | / | 15 |
| 差役 | 城内公所 | / | 38 |
| 灯夫 | 城内公所 | / | 38 |
| 巡目 | 城内公所 | / | 19 |
| 巡兵 | 城内公所 | / | 152 |
| 伙夫 | 城内公所 | / | 19 |

**续表**

| 职务 | 岗位 | 参考级别 | 人数 |
|---|---|---|---|
| 书识 | 城外分局 | / | 2 |
| 局差 | 城外分局 | / | 8 |
| 护勇 | 城外分局 | / | 10 |
| 差役 | 城外公所 | / | 12 |
| 巡目 | 城外公所 | / | 6 |
| 巡兵 | 城外公所 | / | 48 |
| 伙夫 | 城外公所 | / | 8 |
| 书识 | 水旱城门 | / | 2 |
| 护勇 | 水旱城门 | / | 8 |
| 司事 | 水旱城门 | / | 1 |
| 差役 | 水旱城门 | / | 32 |
| 总巡查兵 | 总局、各分局 | / | 164 |

# 第三章　北洋政府时期的浙江警察
## （1912—1927）

北洋政府统治的 16 年间，军阀混战、割据称雄、政府更替频繁、社会治安混乱，时人常比之于春秋、三国、南北朝、五代，"今之时局，略似春秋战国时之分裂，中央政府之对于各省，犹东周之对于诸侯也。南北相攻，皖直交斗，滇蜀不靖，犹诸侯相侵伐也"[①]。但北洋政府十分重视警政建设，在"划一警制"思想的指导下对全国警政大力整顿。中央设内务部为全国警察的最高机关，下设警政司主管全国行政警察、高等警察和著作出版三项事务。首都改组充实京师警察厅、废除步军统领衙门、设立京师军警联合公所，地方警察机构建成省区警务处、省会和商埠地方警察厅、地方警察局、县警察所等比较完整的警察网络，改造保甲、地方保卫团和商团等传统的基层武装组织使其置于警察的掌控之下逐渐成为警察的辅助组织；警察内部分工逐渐细化，警种呈现多样化；制定颁布各类警察法规，警察制度逐渐走向法制化；警察教育逐渐体系化、规范化、层级化，始终贯彻"统一教育，集中警权"[②]的警察教育方针。总之，北洋政府统治时期是我国现代警察体制形成与发展的一个重要历史时期。

## 第一节　一波三折：中央政局影响下的浙江警察机构变革

辛亥革命后，汤寿潜出任浙江军政府都督。1912 年 1 月 1 日，中华民国临时政府成立后，汤寿潜便赴任交通总长，由蒋尊簋继任都督一职。袁世凯就任总统后，于 1912 年 7 月 23 日任命其亲信，时任陆军第五军军长的朱瑞出任

---

[①] 杨荫杭：《老圃遗文辑》，长江文艺出版社，1993 年版，第 12 页。
[②] 韩延龙、苏亦工等：《中国近代警察史》，社会科学文献出版社，2001 年版，第 413 页。

浙江都督,蒋尊簋被迫辞职。浙江政府在短短半年内更换了3任最高领导。因而此时间段内的浙江省警察机关在辛亥革命爆发后,除了由军政府设立政事部(不久改为民政司)掌管警察外,其他各级组织基本没有变动,此时浙江当局的主要任务以维护社会秩序、保持社会稳定为主。

虽然警察的组织机构大致未变,但浙江军政府在成立后即刻将警察机关的名称进行了改变,以示与原清政府警察机关的区别:改省城巡警总局为杭州府警察署,其下设机构也分别称为分署、派出所;原各地的警务长公所改称为警察署,乡镇警察分所称为分署或派出所。中华民国临时政府成立后,浙江于1912年6月间召开了临时省议会,决定自1912年7月1日起杭州府警察署改名为浙江省会警察局,分署改称分局,派出所名称不变。省会警察局内设各科和消防队,下设分局4个,派出所10个[①]。至于其他地方,"各县设警察署,商埠和繁荣市集设分署等由署长和县知事合议报民政司核准"[②]。警察组织仍旧隶属于民政司,但省会警察局和县警察署的隶属方式有所不同。省会警察局是"直隶民政司办理省会警务"[③],县警察署是"隶属于民政司受县知事之指挥监督"[④]。1913年,北洋政府要求军政分离,因而浙江新成立了都督府以管军,成立行政公署以管政。民政司成为行政公署的下属机构,而警察组织则一律直隶于行政公署。此时浙江警察机构设置中,有一点值得关注:省城警察局内设有单独的司法科,但县内却始终没有。1912年的浙江省政府公报显示,有多篇提法司对县政府"司法警察"的申戒文案。而各县司法警察的"负责人"则是当时负责地方审理判决的提法司。这说明浙江当时的县一级"司法警察"已实际存在,但没有独立机构,而是隶属于各县政府。

北洋政府统治时期,内务部警政司主管全国警政。袁世凯从练新军、办警政中崛起,深知警政对政权的重要性。袁就任总统后首先采取的措施就是通过心腹改组了内务部,牢牢掌握了中央警权,然后着力对地方警察机关进行改革。他的继任者也继承了这一传统,北洋政府在1913年到1918年的6年间,

---

① 《都督公布浙江省会警察官制复议修正案》,《浙江军政府公报》,1912年6月3日,第112册,第3页。

② 部分民国史料说此时的县警察机构已从警察署更名为警察事务所,经考证为1913年1月后方才更名,以当时政府公报为准(《都督公布浙江省会警察官制复议修正案》,《浙江军政府公报》,1912年6月3日,第112册)。

③ 《都督公布浙江省会警察官制复议修正案》,《浙江军政府公报》,1912年6月3日,第112册,第5页。

④ 《都督公布浙江省会警察官制复议修正案》,《浙江军政府公报》,1912年6月3日,第112册,第4页。

曾先后三次发布命令要求地方警察机关进行改革。

　　第一次始于 1913 年 1 月 8 日,中央发布《划一地方警察官厅组织令》,随即浙江于 1913 年 4 月 9 日发布了《浙江省行政公署训令第四百十二号(令发划一现行地方警察官厅组织令由)》,不折不扣地执行了中央的组织令。该组织令内容包括:省会及商埠地方按现行巡警官制不变,"均改设警察厅,承内务总长及该省或该道行政长官之命办理该省会或该商埠警察行政事务",其余"各县地方之办有巡警者设警察事务所由该知事监督指挥之",将"各县警察署名称改为警察事务所,警察署长名称改为警察事务所所长;分署改为警察分事务所;分署长改为警察分事务所所长;各派出所名称既不与中央法令相抵触,无庸变更,警官名称一律改为所员"[①]。经历此番改革,浙江改省会警察局为浙江省城警察厅,夏超任厅长。当时的省城警察厅设在杭州太平坊,其内部的组织如本章末附录中图 3-1-1 所示。同时,宁波自清末开埠后,成为全国最为重要的商埠口岸之一,亦于 1914 年 5 月间设立了宁波警察厅,其管辖权限也发生了变化,不再由县知事指挥监督,而是直隶于更高层级。根据《宁波警察厅办事细则》规定"本厅直隶于会稽道道尹",但有很多工作其实是与省会警察厅一样,直隶于民政长的。宁波警察厅设立后下设 3 科 2 区,其中第 1 区有 5 个分驻所,第 2 区有 4 个分驻所。根据北洋政府内务部公报,1914 年浙江省巡按使向内务部报告筹设永嘉警察局,因为永嘉在当时也是一处繁荣的商埠,且是瓯海道的道尹驻所。1915 年 1 月 20 日内务部批复同意设立警察局的意见,认为与《地方警察厅官制》"第一条之规定尚属相符,应即照准设置",只是人员配置"应比警察厅酌减"[②]。第一次警政改革后浙江警察组织不断完善,成效斐然。

　　1914 年 8 月 29 日北洋政府开始了第二次警政改革。当时袁世凯的北洋政府击败了革命派发动的"二次革命"和白朗起义,表面上实现了国内的统一。为维护政权,加强监控,袁世凯决定再次改革警察机关,随即连续发布了《地方警察厅官制》和《县警察所官制》等命令。这次改革是袁世凯完全掌握政权后实施的,并彻底贯彻了他的执政思路。首先是在年初,省政府改称巡按使公署,最高行政长官从民政长改为巡按使。警察机关方面,将县警察事务所又重更名为警察所,下属机构为分所,名称也从以往常见的东、西、南、北以方位区

　　① 《浙江省行政公署训令第四百十二号(令发划一现行地方警察官厅组织令由)》,《浙江公报》,1913 年 4 月 11 日,第 413 册,第 5-8 页。

　　② 胡珠生:《温州近代史》,辽宁人民出版社,2000 年版。

分,变为冠以地名。其实,在 1914 年 5 月至 6 月间,浙江省一度有自己的改革思路,希望"除省会商埠外其余各县警察事务所一律改组警察局",并且已经行文"于下月一号实行"[①],但恰逢中央在 8 月 29 日发布《地方警察厅官制》和《县警察所官制》,省会商埠称厅,县称所,浙江只能放弃。浙江省警察机关此时的改革,除名称变化外还有如下几点:其一,裁并县以下的地方警察机关。受当时"减政主义"影响,将原有部分警费用于支持成立直属警备小队,同时,北洋政府为了加强中央集权,要求省公署将警备队的固有经费又解递到中央,从而造成经费短缺,警察机关被大量裁并,首当其冲的就是最基层的警察派出所。但地方上对此颇有抗拒,吴兴县的县知事和警察所长、孝丰县和瑞安西乡的公民在同一时间分别致电浙江省巡按使,要求缓撤派出所。他们认为派出所一旦撤除会马上造成盗匪四出或是商铺混乱的局面。浙江省在此时期被撤的除了县以下警察机关外,还包括了省警察教练所、水警传习所等警察教育机关。其二,在各县成立直属于县知事的警备小队。据时任浙江省巡按使屈映光(前任民政司长)报大总统的《尊章改编县属警队大致就绪谨将办理情形并缮具章程请鉴核文》所言[②],浙江遵照中央命令,在将防营改为警察的同时,在省内各匪患较多的县内,成立由县知事直接管辖的警备小队,补警察不足。其三,成立地方保卫团,以补警力不足。根据北洋政府发布的《县警察官制》第一条规定"县警察所管理县区域内之警察事务,但县无设所之必要时得以保卫团代之",在不违背中央的要求和保障地方安全的情况下,浙江省在 1914 年出台了《地方保卫团条例》,明确"凡县属未设警察地方因人民之请求及县知事认为需要时,得报明各省长官设立保卫团"。从此以后,这成了民国时期的一个传统,只要是警力不足,地方上就会成立保卫团或类似的地方民兵组织,以期保证地方安全。1913 年浙江省会警察厅组织机构变动情况、具体各区变动后情况,见本章末附录图 3-1-1,此时省城警察厅兼第一区警察署下属各所职能进一步细化,且各分驻所多以所在地区命名。

　　第三次警政改革大约发生于 1915 年 7 月。第二次的改革使得袁世凯加强了对警政的掌控,但是也暴露出了各地警察机关分散而各自为政的弊病。内务部随即呈报袁世凯,由袁世凯同意并发布了《各省整顿警察办法大纲》。其中最核心的内容就是要求各省建立能够统一警政的警务处。浙江省于是在

---

　　① 《纪事·警察事务所一律改局》,《浙江警察杂志》,浙江警察协会出版.1914 年第 10 期,浙江图书馆孤山路古籍部藏。

　　② 《浙江警察杂志》1914 年第 16 期,浙江警察协会出版,浙江图书馆孤山路古籍部藏。

巡按使公署下设立了浙江全省警务处,同时改杭州省城警察厅为省会警察厅。

　　1915 年 12 月袁世凯称帝遭到全国各阶层的一致反对,各地的护国运动、倒袁浪潮一浪高过一浪,袁世凯也于第二年 6 月去世。于是全国从中央到地方,政局激烈动荡。引发浙江政局急剧变动的主要牵头人则是时任省会警察厅厅长夏超[①],此时期的浙江警察对浙江政局的走向发挥了主导作用,也间接导致浙江警察机构的变动频繁。成立于 1915 年的浙江警务处,其目的在于掌理全省警务,但是实际的警察大权仍然掌握在省会警察厅中。袁世凯称帝后,浙江警界以省会警察厅为首倾向于护国,遭到当时浙江都督朱瑞的反对。省会警察厅在厅长夏超带领下联合周凤岐、吕公望等及杭甬部分军队先发制人,于 1916 年 4 月 11 日晚发起政变,围攻督军署,朱瑞仓皇逃走,随后 5 月 5 日,夏超等人逼迫巡按使屈映光辞职,另推吕公望任都督,后兼任省长。

　　警察在浙江政治变革中发挥的作用令人心生警惕,因此吕公望主政后,将警务处一分为二,以削弱警务处的权力。吕公望设民政厅掌管各县的警察机关并委任心腹王文庆为厅长;另设警政厅统一掌管剩余的省会警察厅、宁波警察厅、内河水上警察厅和外海水上警察厅,夏超任警政厅厅长兼省会警察厅厅长。此方案出台不久,1916 年 11 月,浙江省遵照中央规定又撤除了民政厅、警政厅的设置,并恢复警务处设置,由夏超任处长。但此举实际为架空夏超权力而特意安排,表面上是按照中央《各省整顿警察办法大纲》的《警务处组织法》执行,实际上警务处只是一个空壳,内部只设有秘书室和四个科,对外县警务只具有视察权。而最重要的省会、宁波、内河、外海 4 厅及警备队则更换厅长,并直属于省长,其他地方警政事宜则由省长公署设警政秘书掌理。内部的权力斗争导致浙江警察机关动荡不已,最终酿成严重后果。1916 年 12 月 26 日开始,"夏鼓动军警界反对,新任厅长傅其永到职,被警厅员警打成重伤,杭州警察相约罢岗"[②],随后夏超又联合各方力量驱逐了初任省长的吕公望。1917 年 8 月警务处与省会警察厅合署办公,夏超担任警务处长兼任省会警察厅厅长。经过权力角逐,虽然全省警务处和省会警察厅的纷争停息,但县一级

---

　　① 夏超(1882—1926),字定侯,浙江青田人,父祖皆前清秀才,以教馆为业,但其考入杭州武备学堂,1906 年加入同盟会,被推举为同盟会浙江支部长。辛亥浙江独立后,夏超担任都督汤寿潜幕僚,后被举荐出任杭州警察局长。局改厅后,任浙江省警察厅长,后又兼任警务处处长。1924 年齐卢战争时,夏超倒戈支持军阀孙传芳获胜,因此被任命为浙江省省长,其权势达到顶点。1926 年北伐军自广州北上,势如破竹,夏超再次倒戈宣布浙江独立,但被孙传芳击败,在撤退途中被捕并被杀于宋梅村。

　　② 陈六才:《留两浙正气　成一代完人——论张载阳对浙江的贡献》,《绍兴师专学报》,1995 年第 15 卷第 2 期,第 25 页。

的警察机关仍不稳定。1917 年,在齐耀珊任省长后,主张在县政上由县知事集权,除长兴煤矿警察外,裁废了众多的审理检察所。各县的警察所所长一职不再由专人担任,而是由县知事兼任。各县的警察事务则是由县知事保荐一名警佐协助处理,这名警佐也就纯粹变成了知事的掾属之一。甚而有县知事取消警察所等机关,减少警察员额,让警察入县署办公,对警察像传唤杂役一般使用,从而达到侵吞、贪污警察薪饷的目的。这一状况大约持续了 3 年时间,致使浙江各县的警政建设不进反退,引起了普通民众和警界人员的极大不满。直到 1920 年,浙江警察协会借中央政府召集全国警务会议之机联名向省警务处提出整顿方案,经呈报省长与内务部同意后,浙江省境内恢复各县警察所所长专人专任,由县知事予以监督的旧日办法,各县的警政状况才略有改观。此后,浙江警察机关除增设部分机构外,未曾再有重大调整。如 1925 年将 1917 年成立的永嘉警察局改为温州警察局,1923 年成立了绍兴警察局,在警务处下设立直辖保安队,"组织几与正规军无异"①。

　　齐卢战争时期,夏超倒戈支持孙传芳,使孙军兵不血刃占领杭州。1924 年,孙传芳保荐夏超出任浙江省长,因为夏超的警察出身,浙江的警察建设获得政府的大力支持,加之浙江警察机关的设置相对完善,警察装备快速更新,遂使浙江的警政建设达到一个阶段性顶点,前述警务处下辖保安队就是在此时期建立加强的。夏超在浙江政坛素有不倒翁之称,其在任省长时,大力扩充警察队伍,将保安队扩充为三个总队,每一总队下辖三个大队,人数达 8 千人,相当于一个混成旅②。时值孙传芳部占据苏、鄂、皖、赣、闽,随着夏超与孙传芳矛盾加剧,夏超遂有反戈之意。到 1926 年国民革命军开始北伐,夏超秘密联络北伐军,响应国民革命。1926 年 10 月 16 日,夏超通电广州国民政府,表示接受其委任的国民革命军第 18 军军长和浙江民政长职务,"为浙人谋解放,倡义东南",宣布浙江自治③。但因作战失利,历时一周而失败,夏超被捕遭杀害。当时夏超的武装反孙力量,其核心就是保安警察队,因而革命失败后,浙江的警察力量也遭到了北洋军阀的打击,"保安警察队完好之器械,悉为携去,损失颇大"④。

　　①　余绍宋:《重修浙江通志稿(标点本)》第九册,浙江省地方志编撰委员会整理,方志出版社,2010 年版,第 5807 页。
　　②　《革命后军阀统治时期的浙江政局》,《浙江文史资料》,第 1 辑。
　　③　《申报》1926 年 10 月 22 日。
　　④　余绍宋:《重修浙江通志稿(标点本)》第九册,浙江省地方志编撰委员会整理,方志出版社,2010 年版,第 5807 页。

　　北洋政府统治时期,浙江省内除普通警察机关外,还有诸多警察辅助机关,如1912年建立的教导、改造罪犯的罪犯习艺所等。另外,在温州属境内设有旧温属护商警察局,其作用在于"旧温属洋面辽阔,保护往来商船不可无特定之警察以辅水警之不逮"①,并隶属于外海水上警察厅,驻地在温州永嘉。而在宁波警察厅下还设立了"保良局",并"以救济被拐或流落妇孺为宗旨"②。

　　如果我们把目光聚焦于浙江省的最高警政管理机关,通过第二章清末浙江警察机关的变迁和本节所述内容,可以整理出如表3-1-1所示的一个发展轨迹:从清末浙江建立警察机关开始,到北洋政府统治期间,浙江省的最高警政管理机构经历了由警务处(专)—巡警道(专)—政事部/民政司(兼)—行政公署(兼)—警务处(专)—民政厅(兼)/警察厅(专)—警务处(专)的变化。由此变化轨迹可见,浙江省最高警政管理机关的名称有所不同,但明显是将警察事务作为专项事务或民政事务之一。警察机关的领导机构摇摆不定,表明浙江警察制度建设一直处于不断探索阶段,警察制度尚未成熟、稳定。

表 3-1-1　浙江省最高警政管理机关

| 时间 | 1908年11月 | 1910年7月 | 1911年11月 | 1913年7月 | 1915年8月 | 1916年5月 | 1916年11月 |
|---|---|---|---|---|---|---|---|
| 主管机构 | 警务处 | 巡警道 | 政事部/民政司 | 行政公署 | 警务处 | 民政厅/警察厅 | 警务处 |

## 第二节　推陈出新:水上警察机关的成立与演化

　　北洋政府统治时期,浙江的警察体系基本实现了从省到县、乡的全覆盖,并且其在社会治安方面的作用也基本得到了公众的认可,当然,这仅限于陆面地区。浙江的地理环境是多山多水,其西南部地区有"七山二水一分田"之说,北部地区素称"江南水乡",东部濒临大海,许多民众长期生活在水面上,因而水路的治安查缉历来是浙江治安工作的重点之一。清末,陆上绿营官兵整编为警察后,各类河段和海面巡防的水师却始终未变,即使后来民国成立后,仍保留其水师编制。借第一次警务改革的契机,浙江省改编浙江水师为水上警察机关,并

---

　　① 《修正旧温属护商警察局暂行章程》,《浙江警察杂志》1914年第15期,浙江警察协会出版,浙江图书馆孤山路古籍部藏。
　　② 《宁波警察厅修正保良局章程》,《浙江警察杂志》1914年第16期,浙江图书馆孤山路古籍部藏。

且依据其职能范围,分为浙江内河水上警察厅和浙江外海水上警察厅。当时全国仅有安徽、江苏、浙江、江西、山东、湖北、福建7个省份设有水上警察机关,而同时设立2个水上警察机关的只有安徽、江苏和浙江3省,其余四省仅有1个水上警察机关①。虽然民国时期编撰的《重修浙江通志稿》等文献多标注浙江水上警察机关的成立是1914年8月北洋政府要求进行第二次警察机关改革以后的事,但实际上自1913年始,北洋政府便着手对前政权遗留下来的准军事化组织进行改编,同年浙江军政府发布《都督府令——都督朱令水上警察筹备处文》②命令着手筹备浙江水上警察机关。据《浙江警察杂志》的记载,《浙江省水警暂行编制条例》在1913年12月间就已发布,而且在此之前,"各情形已迭志报端,兹觅得《水上警察暂行编制条例》照录"③。内河、外海警察厅于1914年1月1日起正式成立,水上警察厅接受省民政厅管辖。

## 一、内河水上警察厅的成立

内河水上警察厅主要人员来源于原嘉兴防卫水师五个营、湖州防卫水师六个营和大关、绍河、钱江水师三个营,共计改编了十四个营的水师官兵,其管辖范围为"旧杭、嘉、湖、绍四属内河及上江、瓯江"④等水域。

浙江内河水上警察厅最初设立于杭州拱宸桥。由于"水上警察厅管域往往自数百里至千里而遥,如厅下即便为署,则区域辽广未免鞭长莫及"⑤,所以厅以下设立了2总署14分署。总署设总署长,由原水师统领改任,分署则设分署长,由原水师管带改任。至于署的名字则是"定名为浙江内河水上警察第几署"⑥。其中第一至第四署为大关、绍河、钱江水师三个营改编而成且直属于内河水上警察厅,基本在杭绍一带巡弋;第五至第九署归第一总署管辖,分布在嘉兴地区;第十至第十四署则归第二总署管辖,分布在湖州地区。

与陆路警察不同的是,水上警察的出巡基本是以船舰为主,船舰多寡是水上警察组织实力强弱的决定因素。内河水上警察厅成立时拥有浅水兵舰5

---

① 据《浙江警察杂志》1915年各期内容统计。

② 《都督府令——都督朱令水上警察筹备处文》,《浙江公报》,1913年4月6日,第408册。

③ 条例出现于《浙江警察杂志》1913年第4期,该刊为月刊,第4期为当年最后一期。

④ 《浙江省水警暂行编制条例》,《浙江警察杂志》1913年第4期,浙江警察协会出版,浙江图书馆孤山路古籍部藏。

⑤ 《浙江水上警察编制理由从录》,《浙江警察杂志》1914年第5期,浙江警察协会出版,浙江图书馆孤山路古籍部藏。

⑥ 《浙江省水警暂行编制条例》,《浙江警察杂志》1913年第4期,浙江警察协会出版,浙江图书馆孤山路古籍部藏。

艘,名称分别为御武、共和、致果、飒麾、宣节[①];巡船 408 艘,除第十四署巡船为 18 艘外,各署巡船各为 30 艘。船型也有所变更,"因炮船不适时代之需要,均一律改为飞划船"[②]。

## 二、外海水上警察厅的成立

外海水上警察厅则是改编自沿海水师,其管辖范围为"旧宁台温及乍浦洋面"[③],后出于装备原因,其巡逻管理范围仅限于近海洋面。鉴于浙江海岸线较长,外海水上警察厅也下设 2 总署,由外海水师中、南两路分统处改编而来。另外在 2 总署下还设有 11 分署,采用分区管理,其基本组织架构和分署的命名方式与内河水上警察厅相同。

外海水上警察厅因巡弋海面,因而其兵舰配置要高于内河水上警察厅,共有超武、永福、永定、永安、永靖、新宝顺等 6 艘兵舰[④]。其中新宝顺排水达 300 吨,长135 米,宽 18 米,速度为 10 节[⑤],这在当时算较为先进的兵舰,也是外海水上警察的主力舰。此 6 艘兵舰因自身装备较为先进、战斗能力较强,成为 11 个警署之外的独立巡游队。其编制如下:第一巡游队(超武舰)、第二巡游队(新宝顺舰)、第五巡游队(永定舰)、第六巡游队(永安舰)均直属于厅;第三巡游队(永福舰)隶属于第一总署;第四巡游队(永靖舰)隶属于第二总署。另外还有大小钓船75 艘用于巡航,配置给各署,虽然数量上不如内河水上警察厅,但性能较优[⑥]。

## 三、水上警察机关的演化

内河、外海水上警察厅的内外机构的详细设置及各机构的管辖和驻地情

---

① 5 艘巡舰名称有两种说法,根据清末命名的统一性原则,文中采纳的舰名源于:《浙江水上警察厅署队驻泊地点表》,《浙江警察杂志》1914 年第 5 期,浙江警察协会出版,浙江图书馆孤山路古籍部藏。另一种说法中,共和舰为中华舰,其余名称不变,源于余绍宋:《重修浙江通志稿(标点本)》第九册,浙江省地方志编撰委员会整理,方志出版社,2010 年版,第 5827 页。

② 胡正斌:《水警沿革》,《水警必读》,1933 年版,浙江省水上第一大队编,浙江图书馆孤山路古籍部藏。

③ 《修正旧温属护商警察局暂行章程》,《浙江警察杂志》1914 年第 15 期,浙江警察协会出版,浙江图书馆孤山路古籍部藏。

④ 张永竹:《浙江省水陆各级公安机关沿革史略(十五)》,《警察杂志》1935 年第 32 期,浙江省警察协会出版,浙江图书馆孤山路古籍部藏。

⑤ 《浙江省水上警察第二大队新宝顺巡舰摄影·说明》,《浙江民政月刊》1934 年,浙江图书馆孤山路古籍部藏。

⑥ 《浙江水上警察厅署队驻泊地点表》,《浙江警察杂志》1914 年第 5 期,浙江警察协会出版,浙江图书馆孤山路古籍部藏。

况可以参见本章附录表 3-2-1。两个水上警察厅的内部机构设置基本一致,下设三科,按序号称为第一、第二、第三科,其职责参照省会警察厅的总务科、行政科、司法科设置。除了上述机构设置外,内河、外海水上警察厅还各设直属的巡游队,一般就如上述由各自的主力巡舰担任,以便于巡查。巡游队的名称也是冠以序号,称为浙江内河水上警察第几巡游队和浙江外海水上警察第几巡游队。内河、外海水上警察厅的人员主要来源于对原水师的改编,除了在机构上对原水师作适当调整外,另一重要的任务则是裁汰冗员。成立伊始,内河水上警察厅就裁汰了原水师官兵近五分之一,警员人数是按每艘巡船官长、警员 9 人配置(第十四署有太湖快船 12 艘,每艘配置为 12 人),加上厅内警员等,全厅共计约 4000 人[1]。外海水上警察厅的警员数量少于内河水上警察厅,除去兵舰上的警员人数外,有水警 1211[2] 名,全厅警员数在 2000 以内。无论是内河水上警察厅还是外海水上警察厅,就人员数量来说都已超过省会警察厅,是浙江最为庞大的警察组织。经过精简,水上警察厅相较水师而言人数大量减少,而经费拨给却没有大幅变动,因此水上警察厅的警员薪饷反而得到了提高。表 3-2-2 列出了水师改警后的薪饷变化,一等薪资增幅约三成,较其余两级增幅最高,其余二等、三等薪资增幅几乎相同,“各级官长之薪水,亦略有增加,因斯时之生活程度,较前增高也”[3]。1913 年,水警的薪饷待遇又做了调整,通过表 3-2-3 可见水警的薪饷区分更细,等次更多。署队长一级除分为 6 种等级外,拥有薪水和活支两项经济来源,并且总体薪饷水平较高,此举亦促使水师在转制过程中得以保持稳定。

表 3-2-2　水警改编前后普通警员(士兵)月饷比较情况表[4]

|  | 一等 | 二等 | 三等 |
|---|---|---|---|
| 原水师 | 6.4 元 | 6 元 | 5.6 元 |
| 新水警 | 8 元 | 7 元 | 6.5 元 |
| 增幅 | 25.0% | 16.7% | 16.1% |

---

[1]　胡正斌:《水警沿革》,《水警必读》,1933 年版,浙江省水上第一大队编,浙江图书馆孤山路古籍部藏。

[2]　据 1913 年 11 月的统计为 1444 名,《浙江警察杂志》1914 年第 5 期,浙江警察协会出版,浙江图书馆孤山路古籍部藏。

[3]　胡正斌:《水警沿革》,《水警必读》,1933 年版,浙江省水上第一大队编,浙江图书馆孤山路古籍部藏。

[4]　改编自胡正斌:《水警沿革》,《水警必读》,1933 年版,浙江省水上第一大队编,浙江图书馆孤山路古籍部藏。

表 3-2-3　1913 年内河/外海水警薪饷统计[①]

| 职务 | 类别 | 甲种<br>一等 | 乙种<br>二等 | 丙种<br>三等 | 丁种<br>四等 | 戊种<br>五等 | 己种<br>六等 |
|---|---|---|---|---|---|---|---|
| 署队长 | 薪水 | 100 | 90 | 80 | 70 | 60 | 50 |
| | 活支 | 60 | 50 | 40 | 30 | 20 | / |
| 巡官 | 月饷 | 24 | 18 | / | / | / | / |
| 巡长 | 月饷 | 15 | 13 | 12 | / | / | / |
| 巡警 | 月饷 | 11 | 10 | 9 | 8 | 7 | 6.5 |

　　但好景不长,1914 年冬,财政经费的缩减导致浙江水上警察的第二次改革,因为外海水上警察厅的规模本不及内河水上警察厅,其警员、巡船相对浙江广阔的海域而言显得相对薄弱,因而本次改革主要是针对内河水上警察厅。内河水上警察厅曾经裁撤了 60 艘巡船,虽然在 1915 年秋又恢复了 30 艘,但所有的警员数还是裁减了 6% 至约为 3700 名[②]。1916 年 4 月,内务部令水上警察的编制改为区队制,这是水上警察的第三次改革。内河水上警察厅和外海水上警察厅同时改制,将总署与署改为区与队。总署长改为区长、署长改为队长,巡官则改为分队长,巡长改为水巡长,警士改为水巡。不过这次改革只是名称上的变化,实际的警察经费、警员名额、警官职务等均无任何变化[③]。

　　从 1922 年开始,内河与外海水上警察厅组织机构等方面陆续发生了一些变化,此番变化主要因为军阀之间军事冲突加剧,军事对抗导致更多税捐首先用于维持军费开支,办警经费缩减无法满足原有机构运行。首先是外海水上警察厅裁撤了区级编制,所有船舰编为 5 个大队,直辖于厅。在 5 个大队下设了 31 分队,并大幅减少水警数量至 545 名[④]。又遇此时永定、永福两艘兵舰的失修报废,永靖、永安两艘兵舰的沉没导致原有兵舰损失三分之二,原本不多的巡钓船只剩 39 艘,舰船的减少进一步加剧了水警的裁减态势。为维持必

　　① 警官分类为甲至己种,巡官、巡长、巡警为警士,分类为一至六等。《浙江内河/外海水上警察薪饷活支类别表》,《浙江警察杂志》1914 年第 5 期,浙江警察协会出版,浙江图书馆孤山路古籍部藏。
　　② 胡正斌:《水警沿革》,《水警必读》,1933 年版,浙江省水上第一大队编,浙江图书馆孤山路古籍部藏。
　　③ 胡正斌:《水警沿革》,《水警必读》,1933 年版,浙江省水上第一大队编,浙江图书馆孤山路古籍部藏。
　　④ 按惯例兵舰上的人员应未计入。张永竹编:《浙江省水陆各级公安机关沿革史略(十五)》,《警察杂志》1935 年第 32 期,浙江省警察协会出版,浙江图书馆孤山路古籍部藏。

要的警备力量,外海水上警察厅购置了永平、海静、海平 3 艘新的兵舰①。其次,于 1925 年秋季内河水上警察厅着手缩减巡船和警员编制。由原每队 30 艘巡船的配置,第一区各队(即第一总署各署)减为 16 艘,第二、三区各队减为 20 艘,每艘巡船则增加巡警一名。总计共裁减巡船百余艘、巡警 900 余名,相较 1915 年时,又减少了四分之一,此时共计仅有 2900 名左右的内河水上警察。但同一时期的外海水上警察厅却有所扩充,从 5 个大队扩编到 6 个大队,下属 49 个分队,巡钓船也增加到了 56 艘,水警达 758 名②。

## 第三节　秩序初显:警察编制的定型

自浙江警政事务开展以来,警察的出现已多为社会所接受和认同,虽然很多时候警察机关仍未能完全取代旧有的部分治安机构,比如巡防营、乡镇保甲等,且在相互的职权上也时有冲突,但警察机关已逐渐成为社会不可或缺的组织,并且逐渐职业化,其组织机构、职责等逐渐固化。

### 一、北洋政府统治前期的警察编制

北洋政府统治时期,警察分为"警察官"和"警士"。1912 年 6 月 3 日,经浙江省临时议会表决通过,浙江军政府公报公布了《都督公布浙江省稽查官制复议修正案》《都督公布浙江省会警察官制复议修正案》《浙江省警察职员官俸复议修正案》等文件。这几份文件对浙江警察机关的人员编制、警察官制的等级和薪酬做了详细规定(表 3-3-1)。按规定,警察的薪饷会依据其职级、所在县的等级而有所不同,其中除省会警察局和一等县警察署的警察职务层级比较完善,而且薪饷待遇均维持较高水平外,二等和三等县的警察署则明显机构简化、编制减少,只设有 4 种职务类别。

《浙江省警察官制等级复议修正表》确定了警察官的薪酬等级(表 3-3-2),从表中数据可以发现虽然修正案中提到了巡长、巡警,但都未列入该表中。因基层警察不能称为"官",且不受相关法律法规保护,算是"无名无份"。而能够

---

　　①　张永竹编:《浙江省水陆各级公安机关沿革史略(十五)》,《警察杂志》1935 年第 32 期,浙江省警察协会出版,浙江图书馆孤山路古籍部藏。
　　②　按惯例兵舰上的人员应未计入。张永竹编:《浙江省水陆各级公安机关沿革史略(十五)》,《警察杂志》1935 年第 32 期,浙江省警察协会出版,浙江图书馆孤山路古籍部藏。

作为"警察官"的最低条件是"巡警或法政学校一年以上"同时"曾任巡长三年以上"①,至于普通的警员则宽松许多,只是规定署长以下警员名额由署长和县知事合议报民政司核准与任用,"警察官"对普通警员的任用有很大操控空间。由于普通警员的薪资待遇没有明确规定,因而与明文规定的"警察官"的官俸也相差甚多②。由此观之,警察编制两极分化严重,"警察官"和普通警员无论是在社会地位还是经济收入上都有相当大的差距。

表 3-3-1　浙江省警察官薪酬表③

| 职务 | 薪酬 | | | |
|---|---|---|---|---|
| | 省会警察局 | 一等县警察署 | 二等县警察署 | 三等县警察署 |
| 局长(署长) | 120 | 70 | 60 | 50 |
| 分局长(分署长) | 60 | | 40 | |
| 科长 | 50 | | / | |
| 消防队长 | 50 | | / | |
| 科员 | 36 | | / | |
| 警官 | 40 | | 30 | |
| 稽查员 | 36 | | / | |
| 书记 | 20 | | 16 | |

表 3-3-2　浙江省警察官制表④

| 等级 职务 | 一等三级 | 二等一级 | 二等二级 | 二等三级 | 三等一级 | 三等二级 | 三等三级 |
|---|---|---|---|---|---|---|---|
| 省会警察局 | 局长 | 分局长 | 各科科长 消防队长 | 各科科员 稽查员 | 警官 | | 书记 |
| 各县警察署 | | 署长 | 分署长 | | 警官 | | 书记 |

　　1912 年到 1914 年间,浙江对于各级警察机构的人数核定并无统一的标准,除了对"警察官"数量有所控制外,对基层"警士"数量的把控,主要视财政

---

① 《都督公布浙江省警察官制复议修正案》,《浙江公报》1912 年,第 112 册,第 4 页。

② (1)《都督公布浙江省稽查官制复议修正案》,(2)《都督公布浙江省会警察官制复议修正案》,(3)《浙江省警察职员官俸复议修正案》,均出自《浙江军政府公报》第 112 册,1912 年 6 月 3 日。

③ 《浙江省警察职员官俸复议修正表》,《浙江公报》1912 年,第 112 册,第 14-15 页。

④ 《浙江省警察官制等级复议修正表》,《浙江公报》1912 年,第 112 册,第 15 页。

情况而定。从横向比较看,各县财政状况不同,其警察数量就相差较大;纵向而言,"至民国二年……在地方长官受经费之影响厉行减政",警察编制在整体上发生了缩减,"警界人员因此去职者已以数百记"①。如本章附录表 3-3-3 中 1914 年的统计直接表明了这种状况。缩编后警察数量超过 300 人的,仅有杭县、嘉兴、吴兴、绍兴、鄞县等 5 个县,全部在浙东北;超过 100 的有海宁、平湖、镇海、萧山、余姚、金华、衢县、乐清、诸暨等 9 个县,半数也在浙东北,这其中还不包括杭州市的省会警察局的 1410 名警察②。如此的警力配置,从侧面说明当时浙江警政的发展不平衡,浙东北的警政建设水平远高于浙江其他的地区。另外,几个警察数量最少的县(附录表 3-3-3)一般警察的保有数为 23 人,如新登、昌化、南田、仙居、汤溪、寿昌、分水、泰顺、龙泉、庆元、景宁、宣平等,这是基于当时流行但非标准的警察基本配置单位——"棚"③。一棚警察的标准是 10 名警士,1 名警长④(非警察官),共计 11 人。如果一个县只设城区警察驻地,那么一般就会配备 2 棚警察,另加一名警佐指挥,于是就有了 23 名警察的人员配备。1914 年鄞县警察所改设为宁波警察厅后也是沿用了这样的基本配置,"每乡警察分署均仅各有长警 23 名""陆上长警仅各 11 名"⑤。直到 1916 年警务处成立后,浙江对警察编制就基本实行了以县为单位来确定县警察棚数的编制方法。如宁波警察厅在 1916 年申报的警察编制就是"每分驻所警察 10 名,三等警长 1 名;每分署设二等警长 1 名秉承署员处理一切事务并指挥督察本分署长警之勤务;至区警察署则于二等警长以上设一等警长 2 名秉承署长处理一切事务并指挥督察本署长警之勤务"⑥。北洋政府统治时期战乱频发,财政屡弱,而警察编制数量受财政影响极大,且警察数量难以满足实际警务需求,因而各县主官只能以增加警佐的办法弥补警察数量不足。1920 年的新闻曾经报道浙江很多尚算繁荣的县内,警佐人数大大超过内务部的规定,达到 10 余人。其原因是额定警员不足,各县警察官不仅以此来增加人手,也以此来任用亲近人员或是作为利益交换,遂成一大弊端。虽然后来沈金鉴担

---

　　① 《浙江省警务处训令第 676 号(今各属据浙江高等巡警毕业生是请各属警所雇员应以警校毕业人员充任由)》,《浙江警务丛报》1917 年 5 月第 2 期,浙江警察协会编,浙江图书馆孤山路古籍部藏。

　　② 《浙江警察杂志》,1915 年第 17 期,浙江警察协会出版,浙江图书馆孤山路古籍部藏。

　　③ 棚之单位自清末即有,民国成立后一直沿用,于改制后以分驻所为最小驻警单位。

　　④ 警长只是高一等的警士,不列入警察官,1917 年后这一职务名称变更为巡官。

　　⑤ 《详巡按使请酌派警队驻扎四乡文》,《浙江宁波警察厅警务概略》,浙江宁波警察厅出版,1918 年 1 月,浙江图书馆孤山路古籍部藏。

　　⑥ 《浙江宁波警察厅警务概略》,浙江宁波警察厅出版,1918 年 1 月,浙江图书馆孤山路古籍部藏。

任省长后限定每县的警佐人数为 4～6 人,学习警佐 2～4 人,但其实是对现有情况只能是既往不咎,后续不再增加,并未能有太大改变①。

　　除数量上的变化外,浙江警察的编制在构成内容上也发生了转变。首先,是消防队正式纳入警察编制。虽然清末浙江颁布办警章程时,警察就有防火职责,但其具体执行的消防人员都来自民间组织,警察只是负责指挥,并无任何专业警察从事消防工作。中华民国建立后,警察内部正式设置消防机构,但人员极少,绝大部分地方的消防工作还是依赖民间的义务救火组织。尽管如此,警察内设机构中还是将消防正式列入警察编制,如省会警察厅的消防队长就列为警察官,而“各县城之消防队隶属于该县之警察所,镇埠之消防队隶属于该镇之警察分所,受各该警佐之指挥监督”②。其次,警察编制中分离出了独立的卫生警察。浙江警察建立伊始就有监管卫生的职责,与消防警察类似的是一直没有专门的警察配置,而与消防警察不同的则是卫生警察还没有民间组织可供警察机关指挥、驱策。时至 1920 年,省会警察厅率先定期招考卫生警察,此时的卫生警察从原有警察中进行招募,要求“得有精勤证或服务满二年以上,品行端正,谙熟卫生事宜”③等条件。再次,设立了铁路警察。1920年沪杭甬铁路管理局改编为铁路警察,定名为护路队,增设一名总巡统辖全路警务④。毕竟从前仅是在各路段设有一名巡官,在浙江境内的仅有驻甬巡官和驻杭巡官。当然此时针对铁路警察的管理,不完全归属于省警务处,但接受其指导。除以上三者外,还有一些特殊警察编制,如宁波警察厅下聘有洋人稽查,其聘金为二等警正 1 员、三等警正 2 员、二等侦探 4 员薪饷之和⑤。

　　①　《本省新闻·各县警佐员额之规定》《浙江警察杂志》,1920 年第 38 期,浙江警察协会出版,浙江图书馆孤山路古籍部藏。
　　②　《浙江各县消防队规则》,《浙江警务丛报》,1917 年 8 月第 5 期,浙江警察协会编,浙江图书馆孤山路古籍部藏。
　　③　《本省新闻·定期考试卫生警察》,《浙江警察杂志》,1920 年第 37 期,浙江警察协会出版,浙江图书馆孤山路古籍部藏。
　　④　《本省新闻·实行改编铁路巡警》,《浙江警察杂志》,1920 年第 38 期,浙江警察协会出版,浙江图书馆孤山路古籍部藏。
　　⑤　《本省新闻·宁波警厅应缓裁西稽查之理由》,《浙江警察杂志》,1920 年第 38 期,浙江警察协会出版,浙江图书馆孤山路古籍部藏。

## 第四节　循序渐进:警察职责的变化与发展

　　北洋政府时期警察的勤务方式并无甚变化,无非采用守望制和巡逻制。其中,守望制是指在固定地点进行警戒,多用于县城或乡镇的繁华地点或是在政府、仓库等重要战略地点。巡逻制则是在一定的区域内定时巡行、查访。它们的优缺点都极为明显,不是空间范围过小就是时间空档太大,因而北洋政府时期浙江警察的勤务方式主要在于对守望制和巡逻制的改良运用。中华民国成立后,警察的职能基本沿袭了清末时期初建警察时的内容,但也出现了一定的变化。北洋政府时期的浙江警察除了承担传统警察职责之外,还主要承担了以下几个方面的职能。

　　其一,赋予了警察民主监督的职能。中华民国建立之初,警察首先扮演了一个民主监督的角色。中华民国成立后,中央政府随即通令全国要求开展地方选举,各县、省建立议会,要求警察维护选举秩序,监督权力更迭。在浙江省地方选举章程中明确规定两类人不得参加选举,一是担任县府公职的人,二是担任警察的人。"虽已通令全国各检察厅严行检举,然无监督选举之权颇难发见其罪,相应咨请贵部特转行京内外有监督职权之行政及警察官吏于此次选举之际遇有为刑律第八章各条之所为者即向各检察厅分别举发以重公权等。因相应电达希即查照并迅速转饬各该选举监督暨所属警察官吏一体遵照……"①。担任县府公职的人不能参加选举是因为要组织地方选举事项,是工作人员。警察之所以不能参加选举,就是因为要承担地方选举的监督工作。

　　其二,禁烟。鸦片战争以后直到清朝覆灭,民间鸦片泛滥成为困扰中国人的一大难题。虽然很多志士仁人都看到了这种情况,一再呼吁禁绝鸦片,但这一流弊绝非是朝夕可禁。更何况清政府对于禁绝鸦片一事并未重视,甚至动过以鸦片补贴财政短缺的念头,因而虽然清政府一再保证说要禁绝鸦片,实际却是采取放任自流的态度。直到中华民国建立后,革命党人立刻把禁烟列入政府的重要任务之一,并将其作为实现民族振兴的重要举措。浙江省政府自1912年建立伊始,就通过并实行了禁绝鸦片法和其修正案。省以及省内各县

---

　　① 《都督朱令民政、提法司准内务部总长电选举时遇有触犯刑律者按法究办文》,《浙江公报》,1912年10月25日,第256册,第3页。

成立戒烟局或禁烟监察委员会,收纳烟民强制戒烟,由民政司全权负责①。并且各地戒烟局或禁烟监察委员会均由地方主官亲自负责,同时为保证戒烟效果,民政司内也有负责医疗卫生的相关部门专门办理戒烟药的专买专卖。

而在禁烟工作的实际操作中,警察不可或缺,着"各该县知事督同警察署长、禁烟局董实力奉行"。因禁烟牵扯利益重大,易受到强大阻挠,因而必须出动强制力量。而禁烟局多是半官方组织,且内部职员较少,多由名望乡绅负责,亦无政府职员,因此必须有警察作为必要的强制力量为后盾。警察一方面调查或受理举报,抓捕贩卖鸦片的私贩、吸食鸦片的瘾君子和关停烟馆;另一方面维护禁烟药市场的正常秩序。由警察负责调查、检查售卖禁烟药店的资质,根据民政司提供的专卖执照,核查地方药店的进货渠道和价格,避免售卖假药或是额外加价②。

其三,户籍管理。户籍管理是警察的重要职责之一。虽然清末时浙江的办警章程中有明确的户籍清查的条例,但在动荡年代未能得到很好地实施。中华民国成立后政府即着手摸清人口底数,进行人口核查,不过限于警察机构设置参差不齐,只能抓大放小,首先从重点城市做起。1912 年 11 月 11 日,浙江省议定在省会杭州进行第一次居民户籍普查,并于 12 月公布了调查规则。其目的是"调查居民人数、身份、异动并访察其行为及现状",规则明确调查户口"以警察局长分局长为监督","以现在各派出所所辖区域为区域,由该管警官督率长警办理"③。可见此时户籍管理的全部事务都由警察机关负责,成为警察的重要职责之一。从规则的制定而言,当时的户籍登记制度要求还较为完整。一方面,调查中所用的《户口调查表》《户口调查册》《户口异动簿》《户口统计表》《报告簿》等既包含了供居民填写的表格,也提供了警察机关用以汇总统计的表式;另一方面,规则还细致地规定了警察上报的报告应该分为《户数统计表》《口数统计表》《铺户住户空户别统计表》《甲乙丙号户别统计表》④《年龄别统计表》《职业别统计表》《籍贯别统计表》《出生死亡月报表》《婚嫁月报表》《迁徙月报表》。然而这种设计在当时的情况下难以持久,警察队伍自身的不稳定、警员的缺乏、社会的动荡都使得警察的户籍管理一职只实现了一部

---

① 《都督公布浙江省实行禁绝鸦片法修正案》,《浙江公报》,1912 年 6 月 13 日,第 122 册。

② 禁烟工作的开展记录散落于 1912—1913 年各期《浙江公报》与《浙江警察杂志》中。

③ 《民政司拟定浙江省会第一次调查户口规则》,《浙江公报》,1912 年 12 月 15 日,第 306 册,第19 页。

④ 甲号指户主有资产、职业、身份良好的住户;丙号指户主曾受刑或不务正业品行不良的住户,其余的归为乙号。

分,其中特别是各县的户口清查基本难以实现。

其四,"清乡剿匪"。北洋政府时期浙江警察还有一个特别的职责,就是"清乡"。所谓"清乡",即清除乡间不安因素。自 1912 年发布《清乡办事条例》以来,"清乡"一直持续到北伐发生,包括"农党,抗租抗捐者""妄言二次革命者""盗匪"等,都是当时北洋政府眼中的不安定因素。而"清乡"并非完全是警察的工作,包括军队、地方武装也参与其中,但以警察为主要力量。首先,一般的"清乡"工作划归给民政司,"得于司内添设专员办理",同时民政司也是警政的主管机构。其二,县内都成立县"清乡委员会",县内的强制性力量也只有巡防和警察,警察自然就成为"清乡"的重要力量。其三,"清乡"工作还会由省政府特派"督办"和"会办"。督办、会办的权力甚大,督办可"对于所辖清乡区域内巡防统领、陆军团长、各县知事以下均用令";会办可"对于所辖区内之巡防统领、县知事均用咨,清乡委员、警署长均用令"。也就是说无论是督办还是会办,对于警察都可以用命令的形式直接调用①。

"清乡"对于维护社会稳定发挥了巨大作用,打击地方小军阀、啸聚山林的土匪强盗等措施都在一定程度上维护了地方治安。但同时,也有部分当权者把"清乡"当成了自己打击政敌、镇压民众的手段,为维护自己的不当利益,随意安置罪名,侵犯民众的正当权益。如 1921 年 9 月 27 日,北洋军警以"清乡"名义镇压了"萧山衙前农民运动",李成虎等领导者被逮捕并遭杀害②。时值第二次国内革命战争,浙江萧山衙前建立了全国第一个农民革命组织——衙前农民协会,发表了《衙前农民协会宣言》和《衙前农民协会章程》,活动区域涵盖了现萧山、绍兴和上虞三个县的 80 多个村和 10 万农民。"清乡"工作也执行了部分户口清查的工作,北洋政府用清查—甄别—清乡—再清查的方式来巩固其对基层的统治。类似采取"清乡"维持地方治安的手段还很多,其中大部分都纳入了警察的职责范围,如对民间结社的控制,成立社团申请及社团改名等都需要报警署备案。然而这种高压统治方式起到的只能是反效果,也成为当时警察不受欢迎的一个重要因素。

北洋政府时期,警察的职责进一步扩展,各级警察厅、警察局等陆续制定了各项规章制度。这些制度一方面规范了警察工作,另一方面也可视为对警察职责的规范。本章附录表 3-4-1 列出了部分当时省级的警察法规和省会、宁波警察厅等机关的自定法规。很显然,警察的职责已经渐成体系,更为明确

---

① 《清乡办事条例》,《浙江公报》,1912 年 12 月 20 日,第 311 册,第 11 页。
② 《走近萧山——档案文化史料展》,杭州市萧山区档案局(馆),2013 年 10 月。

和完善,内容包含了治安、交通、卫生、市政、消防等。值得注意的是,经过比较,在 1920 年发布的很多"省级"法令规章其内容与原先在省会警察厅实施的法令是一样的,只是略作修改,将名称从"省会警察厅××规则"改为"浙江省××规则"。究其原因,一来是省会警察厅是浙江警政最规范也是业务最完善的警政单位,二来是夏超长期担任浙江省会警察厅长兼浙江警务处长,他在任时推动了浙江警察职责规范化的发展。

## 第五节　稳扎稳打:警察基础教育的体系化

清末的浙江警察教育虽已起步,但随着辛亥革命的爆发,政局动荡,进展并不大。不过浙江一方面通过派遣留学生去西方学习警政,另一方面通过自己培养的警官简易班毕业学员来为警察事业输送人才。辛亥革命后,由于北京政府对于警官教育的政策是"统一教育,集中警权,注重实用,以期整饬地方警政"[1],因此 1912 年 10 月内务部颁布法令停止了所有省份自办的警官教育。浙江省的高等巡警学堂最后一期学员毕业后即停办,但浙江对普通警察的教育却并未呈现明显的断档,反而较之以前更加完备。

### 一、普通警察教育机构概况

浙江光复后,革命军政府刚刚稳定就拟定了新的《浙江省警察教练所章程》和《浙江全省警察署警察分署派出所附设补习所章程》,于 1912 年 5 月即行颁布实施。警察教练所和警察补习所的主要区别在于教练所是面向社会招募人员,是对从未从事过警察职业的人员进行警察业务的培训和训练,从而使其具备担任警察的初任资格,也就是岗前培训学校。而补习所招募的人员是在职警察,根据当时公布的章程规定其设立目的是"惟关于警察各种规章一切法令时有发布,既未经教练所之教授而操演,尤为长警所不可间断。亟宜另设补习所,在教练所毕业派出服务各长警得以随时轮流传习,以补其不足而为一时权宜之计。暂行挑选补充警察者亦稍得加以训练"[2],这也就是警察在职进修学校。所以这两个警察教育机构的章程内容就大不一样,其组织机构和学习训练的课程设置完全不同。

---

① 施峥:《中国近代警察教育研究》,浙江人民出版社,2015 年版,第 213 页。
② 《民政司呈送浙江全省警察补习所章程文》,《浙江公报》,1912 年 5 月 8 日,第 88 册,第 3 页。

　　第一,省警察教练所概况。省警察教练所由浙江民政司负责,其组织并不复杂,原设所长1人,教员6人,会计、庶务、书记各1人。不过由于警察教练所的教师学员都采用寄宿制,为分担教员压力,所以在民政司拟定章程呈送上级批复后获准进行修正,可再增加1名舍监兼任教员。

　　警察教练所面向全省招生,招收的学员每班达到300名,毕业后由民政司颁发毕业证书。其招收学生的资格主要参照内务部的标准,有11项指标:1)年龄在25岁以上,35岁以下;2)身高五尺二寸①以上;3)胸围有身长四分之一以上;4)体重在75斤以上;5)肺活量在2100升以上;6)左右手各能提重三十斤以上;7)听力在五丈外能辨别一般谈话;8)视力能在二丈二尺外辨别七分楷字;9)文理通顺;10)品貌端正;11)言语清楚。与内务部的标准相比,浙江对报考学员要求有所放松,原定为“20岁以上,30岁以下”,但考虑到“中国学生年龄往往以小报大”,且年龄太小“仪表既不足,而脑力未充,判断力自然薄弱,遇事必无从应付”②,就将正式章程中的学生年龄资格的上下限各提了5岁。

　　警察教练所在教学上还是采用了理论与实践相结合的方式。根据章程,学员学习时间是6个月,其中在教练所内学习4个月,实习2个月。在教练所内的学习也明确规定每周理论授课24小时,18小时为操练。在课程的安排上基本遵照内务部制定的规范,共开设刑法大意、违警律、地方自治大意、警察要旨、行政警察大意、司法警察大意、刑事诉讼法大意、各项规行章程、算学、地理、公牍、精神讲话、礼式、操法、柔术、剑术等16项课程,但这些课程并没有统一的教材,都是由教员自行制定。和清末的警察教育相比,这时的警察学习科目更加翔实、细化,这也从侧面反映出警察教育不断走向职业化、专业化,对警察这一职业的研究日益精深,对警察的专业化要求更为明显。而且在这些课程中首次出现了“精神讲话”这一科目,也就是明确对警察要进行政治教育,强调了警察对政权维护的重要性。

　　警察教练所的经费由省财政单独拨付,而且较为充足,除了教员薪酬、办公费用外,“学生服装、膳费、笔墨纸张、课本一律由所给拨”③。不过警察教练所后因种种原因曾经中断,直到叶焕华任警务处处长后,于1925年10月在余杭天目下院又再设立浙江省警察教练所,夏次石为教育长,当年招收学员604

---

① 按传统木尺,折算数据应为现160cm左右。
② 《浙江民政司呈送修正巡警教练所章程文》,《浙江公报》,1912年5月1日,第81册,第7页。
③ 《浙江民政司呈送修正巡警教练所章程文》,《浙江公报》,1912年5月1日,第81册,第9页。

人①，警察教练所又得以恢复。

第二，宁波警察教练所概况。继省警察教练所之后，1916年9月11日，宁波警察厅成立宁波警察教练所，"巡按使核准添设预备警五十名设所教练，毕业后分派服务，将原有长警轮流调所教练"②。宁波警察教练所规定的学习时间为3个月，每期定额招生50名。但其学员不仅仅是预备警员，而且可以"就巡警中未毕业者更番调入以谋普及"，所以是兼具了补习所的职能。该所配置的职员专任的只有主任兼教员1名、舍监1名，其他教员若干名和值日警员2人都是由厅内其他职员兼任和轮派，机构极为精简。在宁波警察教练所中，学员的教练科目有9项，包括：警察大意、违警罚法、卫生警察要旨、服务规则、警察法令、精神讲话、算术、射击法、体操。至于其经费，虽然是巡按使批设，但并未有独立预算，其经费在宁波警察厅的预备费中列支③。

第三，警察补习所。依据《浙江全省警察署警察分署派出所附设补习所章程》可知警察补习所其实是一个统称，可以设在各县警察署甚至是其下属的警察分署和派出所内。由于是在职进修的性质，所以警察补习所的培训对象就没有太多的要求，只是明确了两点：一是新招的警察实习生由教练所训练不归补习所；二是现任的警察必须由各级警察机关设立补习所训练。由于对学员的要求不高，补习所的组织就显得比较简单，仅设教习一名、体操教习一名，而且全部是由警察署内部警员兼任。理论教习是"由署长、分署长、警官兼充"；体操教习则是"由署长、分署长、警官兼充或由曾经教练所毕业之警长择优充之"④。这其实也意味着一个补习所虽然有两个教习名额，很可能事实上都由署长、分署长或警官一人兼充。课程设置分为理论课和操课，且操课必须占授课时间的50%。理论课也没有像教练所那般规定细致，只是在实际工作中要用到的"各种警察章程法令、各种临时通令、各该本处地理为主"。所谓的"精神讲话"也是"如有余闲"才执行做，充分体现了培训的实战性。

举办警察补习所的都是基层警察机关，使得其经费极为紧张，这也成为其教习人员一律兼任的根本原因。因为"警务职官兼充，概不另支薪水"，可以节省经费开支。如此，警察补习所真正需要开支的就剩一些书籍纸笔一类"由公

① 《本省新闻·警察教练所毕业记》，《浙江警察杂志》，1926年第104期，浙江警察协会出版，浙江图书馆孤山路古籍部藏。

② 《浙江宁波警察厅警务概略》，浙江宁波警察厅出版，1918年1月，浙江图书馆孤山路古籍部藏。

③ 《警察教练所章程》，《浙江宁波警察厅警务概略》，浙江宁波警察厅出版，1918年1月，浙江图书馆孤山路古籍部藏。

④ 《民政司呈送浙江全省警察补习所章程文》，《浙江军政府公报》第88册，1912年5月8日。

家购置发给"①。

　　从时间上来说警察教练所 6 个月的培训只能算是获得勉强上岗资格,而补习所的培训时间更难保证,而且"上有政策,下有对策",县和县以下的补习所多半是表面文章。为此在 1917 年 4 月浙江省警务处还专门发文,要求所属各县警察局遵照简章办理警察补习所,但"调查各县服务警察,大抵出自临时招募,曾受充分教育者甚鲜,故其成绩亦不逮省城远甚。推其原因约有数端:一因各县经费支绌,生活程度又与省垣不同,故警察薪饷不如省垣之厚,一切服装器械亦不如省垣之备,凡毕业于省城之教练所者决不愿服务于各县。一因各县风气未开,闾里以充当警察为耻,即设立教练所而乡党自好之士多不肯出而从事,且警额无多,因陋就简无足怪已"②。

　　第四,省警察传习所概况。1916 年 11 月各省成立警务处后,12 月内务部下发令要求"于省会设立警察传习所一处",该传习所直隶于警务处长。这是对原各级警察补习所的加强,可以看作是警察补习所的省级组织,是中央提升警察素质的重要举措。根据章程规定,传习所设所长 1 人,教务主任 1 人,教员若干,会计兼庶务 1 人,文牍兼管课 1 人。其中所长由警务处长兼任,教务主任和教员也是由在职警官兼任。

　　在学员招募资格上,传习所规定三类人可以入读:1)现任警佐及巡官;2)在警察学校一年以上毕业者;3)在法政学校一年半以上毕业者。这明显体现出其"补习所提高班"的性质,传习所的学员都必须是由各警察厅和县警察所保送推荐,第二、三类学员还必须经过测验才能入学。同时传习所也对每期保送的人数进行限定:第一类学员各厅限保送 10 名,各县限保送 1 名;第二、三类学员保送总数不得超过第一类学员人数的三分之一。警察传习所的课程也很丰富,主要有现行法令大意、违警罚法释要、勤务须知、刑法释要、侦察心得、地方自治释要、简易测图、舆图略释、户籍调查法等。

　　第五,水警传习所概况。无论是警察教练所还是警察补习所,都是针对陆上普通警察开设的。1913 年 4 月,浙江开办水上巡警传习所旨在提高改编自水师的警员素质,正如时任浙江都督朱瑞所说,"本省内河外海各水师官长勇夫,既奉部令,概行仍旧,而警察之学识,率未问津,应服职务,难望履行,若非及图补救,则徒负水上警察之虚名,而非实行改编之本旨,惟各区人数众多,不

----

　　① 《民政司呈送浙江全省警察补习所章程文》,《浙江军政府公报》第 88 册,1912 年 5 月 8 日。
　　② 赵士英:《论警察教育》,《浙江警察杂志》1914 年第 10 期,浙江警察协会出版,浙江图书馆孤山路古籍部藏。

能同时施教,职处详加筹议,拟先从官弁入手,设立水上警察传习所,分期抽调各区现役官弁入所肄业,以期灌输警学,养成水上警察人才云"①。水警传习所以水上警察中的下级警官——哨官(清代的水师 10 人为一队,8 队为一哨,4 哨为一营)为培训对象,"正副哨官为正课,哨长为附课,区分两班,每营哨官三名中抽出一名就学,哨长四名,抽出一名,均四个月为毕业"②。水警传习所每期都会有学员在毕业前被分派到水上警察厅下设各署进行实习。为此,内河水上警察厅还特别制定了《浙江内河水上警察见习生规则》,明确见习生的工作内容和待遇,体现出了对水上警察教育的重视。

## 二、警官教育

浙江警政发展进程中在强调对基层警察教育的同时也十分重视高级警官的教育。北洋政府发布《警察学校组织令》对"全国的警察教育自是成为一元化,统归中央办理"③,将警官教育收归中央,由于招生名额有限,其毕业生不能满足各省对于高级警官人才的需求。浙江主要采取两种方式力求化解对高级警官人才的需求问题。其一,极力争取警官高等学校的毕业生分配名额。比如在 1920 年的警官高等学校第 12 班毕业生分配中,所有学生分配给了 26 个省份,能够分到 10 名毕业生以上的只有 6 个省份,依次是直隶 13 人、安徽 13 人、浙江 12 人、湖北 12 人、江苏 11 人、山东 11 人,浙江是分配人数最多的省份之一④。其二,自创"警务研究所"培养警官。1915 年,浙江向内务部报告,要求成立省警务研究所,并制定了相关章程。浙江给出的理由是"虽就目前而论警务人才尚不虞其缺乏,惟是世界日进于文明、人民之程度愈高、社会之情形愈赜而警察之责任亦愈烦愈重",避免因警官经验学识不足,而应"专以造就水陆警察已成人才"⑤以备不时之需。

在《浙江警务研究所章程》中规定,研究所的学员名额为每期 80 名,6 个月毕业。其入学资格有 4 类:1)曾经考取甲乙二种警官的;2)曾经担任水陆警

① 《申报》,1913 年 4 月 5 日。

② 董纯朴:《民国水上警察制度考略》,《黑龙江史志》,2009 年第 4 期,第 48 页。

③ 王家俭:《清末民初我国警察制度现代化的历程 1901—1916》,台北台湾师范大学《历史学报》第 10 期,1982 年 6 月,第 50 页。

④ 《公文·内政部布告第 12 号》,《浙江警察杂志》,1920 年第 37 期,浙江警察协会出版,浙江图书馆孤山路古籍部藏。

⑤ 《浙江巡按使咨陈内务部设立警务研究所制定章程请备案文》,《浙江警察杂志》,1915 年第 17 期,浙江警察协会出版,浙江图书馆孤山路古籍部藏。

正、警佐、警备队管带、副官、哨官、哨长 2 年以上,因裁缺、辞职而离开但没有记过停职等处分的;3)在巡警学校半年以上毕业或法政等其他学科毕业的;4)在陆军学校半年以上毕业,担任警官一年以上的。学员入研究所学习需通过入所测验,研究所派专门人员教授警察、军事两科,主要内容有政治学习、警察学、军事学、法律法规、侦探学、野外演习和行政公文等。学员毕业后会按原来资格(警种、警官职级)及成绩分派至水陆警察机关或警备队。警务研究所具有事实上的警官学校性质,其组织结构及人员薪酬如表 3-5-1 所示。从表中可以发现研究所的结构简单,工作人员比较精干。而且相比而言,所长和教员的薪饷是比较优渥的,要高于许多县警察所的警察官员(可参考本章附录表 3-6-2)。除此以外,研究所学员每月可获 8 元津贴,这在当时并非普遍现象。警务研究所的培训教育时间并不长,和警察教练所一样只有 6 个月,但其生源优于警察教练所,就是按警官人才目标进行培养。由于原浙江高等巡警学堂毕业生在毕业后无法获得委派,长期赋闲在家或另谋出路,通过警务研究所再次教育后他们可以获得委任为警官的机会,这既不与中央政策冲突又解决了实际对警官的需求。

表 3-5-1　浙江警务研究所人员数量及经费预算[①]

| 项目 | 数量 | 月薪 | 合计(元) |
|---|---|---|---|
| 所长薪饷 | 1 | 150 | 150 |
| 主任教员薪饷 | 2 | 60 | 120 |
| 教员薪饷 | 不定 | | 400 |
| 监学薪饷 | 1 | 兼任 | |
| 会计兼庶务薪饷 | 1 | 30 | 30 |
| 公役薪饷 | 4 | 6 | 24 |
| 学员津贴 | 80 | 8 | 640 |
| 杂费 | | 40 | 40 |
| 总计 | | | 1404 |

除以上的警察教育机构外,浙江省还于 1912 年 11 月由李振铎、赵璋等发起成立了"浙江警察协会"以"辑睦警界同志研究学理抒发政见,促全省警务之进化发达"。协会成员包括一般会员和名誉会员两类。一般会员规定现任各派出所所员以上的警察官吏必须参加,其他人员包括曾在浙江担任警官的、高

---

①　《浙江警务研究所章程》,《浙江警察杂志》,1915 年第 17 期,浙江警察协会出版,浙江图书馆孤山路古籍部藏。

等警务学校毕业的、现任警长有精勤证的、现任警务机关雇员 2 年以上的四类人员。而名誉会员包括对警察研究精深的非警务人员及职务上与警政相关的官员。该协会成立后于 1913 年 10 月开始编辑出版《浙江警察杂志》,该杂志包括论说、法令、公文、各项规程、图表、纪事、杂俎、小说等几个版块,而且一直持续办到 1926 年。虽然浙江警察协会不是警察教育机构,但普及了很多的警察科学知识,并且能关注于最新的警察动态,对全国乃至世界先进的警察实务亦有所介绍。

## 第六节 "力争"与"维持":以维系为主调的警察经费

经费的困顿难解使得清末警政的建设步履蹒跚,在预备立宪期间浙江省议会将警政经费问题列为了重要议题之一,并设定了较为宏伟的警政发展规划(第二章第四节)。然该规划因辛亥革命的爆发而早夭,而且从规划的财政增量看其很难作出切实可行的制度安排,即使没有发生辛亥革命,当地的财政也不免"竭泽而渔"。警察经费短缺的状况在民国初期仍然没有得到有效解决,因军阀混战、政局动荡、民受其苦而至百业凋敝,国家与地方财政每况愈下,能够维持国民经济免于崩溃,保持金融稳定已属不易,因此警察财政只能在"力争"与"维持"中无奈前行。参照本章附录表 3-6-1,通过 1912 年浙江民政司的年初预算,对民国初年警察经费的使用情况分析如下。

首先,警察经费的拨款按照警察级别有所不同,导致警员待遇千差万别,也为中高级警察官员的权力寻租提供了条件。省会警察、省警察教育机构巡警教练所的全部经费都是由省政府预算拨款,且省警察署、分署、派出所经费的修正预算相较原预算降幅最大,其中衣械开支降幅最多,而其余如西湖警察、消防队等,相较于原预算,新修正案的预算金额并无太大变化。而县及县以下的警察则只有警察署长、分署长、派出所所长等主官的薪饷费用由省财政支付,其他的工作经费和人员经费不在其中,由各县自筹,这对一些经济情况不好的县来说存在不小的压力。1921 年曾经有县向省议会提出请求,希望省内划拨的警费也一律交县内支配,但未获同意。从县级警察机关的角度看,他们最容易调用充作警费的就是违警罚金了。根据规定,违警罚金可以用于奖励有功的长警,用于押解犯人的补贴及交通住宿费,却不能用于补充其他警察酬金、办公经费和购置装备等,但这种缺乏具体制度程序约束以及法治监督的违警罚金渐成滋生警察腐败的温床。

　　其次,全省警察经费虽然捉襟见肘,但还是能够维系其正常运转。根据清末的各省建警财政预算(第二章第四节),到1911年各地的警察机关经费应当达到114359元。而实际在1912年浙江的警察财政预算就达202509元,且该数字尚未计入各县财政自筹的部分警察经费,即使除却通货膨胀因素,浙江警察经费还是远高于规划值。

　　再次,警察经费主要支出还是人员薪酬。所有警察预算经费中薪酬的费用(薪饷和活支)高达77.25%,而且消防队、拘留所中其职员的薪酬并未明确列出。当然,各县警署的经费并没有在预算中,即使以数据较完整的省警察经费来计算,其薪酬费占比也达到71.77%。预算经费薪酬支出占绝大多数,剩下不多的经费维持日常办公、巡逻和统一服装的必要支出后就所剩无几,对警察装备就无力投入。尤其是县一级警察机关,警察分所公用经费短缺,也有将违警罚金暂时列支到电话费、房租、其他公差差旅费等公费下,但仍不敷开支,并且这与违警罚金的使用规定相悖,"各分所现在所有公费仅止4元,为数已属甚微,若复并此而概责以公费之是支,诚不免为难",为此警务处特别发令批准"警察所警察分所及分驻所每月所需电话费与房租称于公费项下不敷开支尚系实情,应准暂时在违警罚金项下核实支给"①。

　　总体来看,在民国建立初期,浙江省对警察经费的保障还算充分,这有可能是在初期出于稳定局势的一时之需,自1913年起,就开始缩减人员,减少薪酬支出。1913年浙江省制定了新的《浙江各县警察官俸员额》,对各县的警察所内职员进行大规模的裁汰。原本各县警察所中的所长、分所长、书记、所员等职,在新的员额标准中只保留所长和所员两个职务,分所长、书记一律取消,而且所员也有所减少,这样节流的举措大大减少了财政支出。根据本章附录表3-6-2所示,1914年实施人员精简后,各县的警察所职员数从原来的647名缩减为454名,减少了29.8%,人员的薪酬从原来的20316元/月缩减为15720元/月,减少了22.6%。缩减的人数比例和薪酬比例不完全匹配,其原因是缩减的基本都是薪酬较低的低级职员。

　　1912—1927年浙江警察财政状况还具有以下特点:第一,总体看,浙江省的警察经费呈逐年增加态势,只是部分时段出现反复。例如,浙江省警察经费从1912年以来就不断增加,到1915年预算从1912年的20余万元增加到100万元,"省城、宁波两警厅年支四十二万元,由国家、地方两税分别担任外,其纯

----

　　① 《浙江全省警务处指令第2589号》,《浙江警务丛报》1917年8月第5期,浙江图书馆孤山路古籍部藏。

粹地方款项支出之永嘉警察局年支银二万七千二百九十二元八角。其他海宁等七十一县警所年支银五十三万一千五百七元"①。省会警察厅从 1916 年到1919 年间，预算经费共增加了 8 万元，虽然不多但增长趋势良好，夏超于 1924年担任浙江省长后，财政投入更大，并成立了实力雄厚的保安警察队。水警方面，1925 年 11 月改编外海水上警察厅，财政预算每月增加 6510.5 元，但省财政厅因经费困难要求外海水上警察厅减少预算开支，外海水上警察厅实际拨付每月减少了 2232.33 元(即实际每月增加了 4278.17 元)。而当年的内河水上警察厅的经费反而略有缩减，预算中的保安队、教练所、犒赏三款项目都未获省政府通过。而且因"厅委见习名目……名曰见习，实则不见不习，糜费警饷"②，所以取消自 1915 年起实施的见习水警制度，用以节省经费。第二，浙江的警察经费划拨地域倾向性明显，侧重于几个经济重镇。一等县中，杭县、嘉兴、吴兴、绍兴、海宁等经济重镇的拨付数额都明显要高于其他一等县，更不用说二等、三等县了。同时，水上警察厅的年预算可以达到 40 万元，省会警察厅和宁波警察厅的年预算大约为 20 万元。根据 1915 年的预算数据，省会③、宁波两个警察厅的经费合计占了全省陆上警察经费预算的 42%，永嘉占了2.7%，剩下的 71 个县总共预算 531507 元，平均仅 7486 元。第三，警察经费中薪酬占主要部分，且警察薪酬因职级不同而严重失衡。如 1925 年内河水上警察厅的预算经审核后最终确定为年预算为经常费 402314 元，临时费 5963元，其中：区署每月预算 461 元；队每月经费 244 元(共 3 区署 11 队)；巡轮煤炭费 10000 元，长警服装费 20000 元。这些经费只占总预算的 19.3%，算上各分队暨巡游队巡船大修等款项，也只占总预算的 40% 不到，剩下 60% 以上都是薪酬。占警察经费大部分的薪酬中，警察官和普通警察的薪酬严重失衡。在水警的序列中，一名享受最高级别的署队长的薪酬和活支总额为最高等巡官的 6.7 倍、最高等巡长的 10.7 倍、最高等巡警的 14.5 倍；署队长一人的薪酬比各等巡官(两个等级)、巡长(三个等级)、巡警(六个等级)的总和还要高(参见表 3-2-3)。同样在陆警序列中警察官和普通警察的薪酬差别也很大，局长可以达到 120 元/月，普通职员最低也有 16 元/月，为普通警察 6.5 元/月的2.5～18 倍(参见表 3-3-1)。

① 《全省警费支出之预算》，《浙江警察杂志》，1915 年第 18 期，浙江警察协会出版，浙江图书馆孤山路古籍部藏。

② 《本省新闻·水警见习期限取消》，《浙江警察杂志》，1925 年第 96 期，浙江警察协会出版，浙江图书馆孤山路古籍部藏。

③ 此时杭县四乡警察已并入省会警察厅。

## 第七节　沉疴顽疾:浙江警政建设亟待解决的问题

在 1912 年中华民国成立到 1927 年北伐军入浙期间,浙江警政虽然受到国家政局上"城头变幻大王旗"的影响,但相对而言警察的职能与作用已为民众理解和认可,警政建设在清末基础上进一步发展。浙江警察的机构设置、勤务、职责、教育等各方面等都有了很大的改进与发展,取得了不小的成绩,以至于当时的警政研究者自信地认为"各省警务成绩当以京津为首屈一指,次则莫如苏浙,第苏与浙较,则又似浙省为优。盖江苏警察除淞沪一隅为通商巨埠,经费充裕、组织尚称完备外,其余各县则窳败不堪,不及我浙之整齐"①。这个认知看上去对浙江的警政是评价较高的,但实际包含的意思也很明确,那就是财政经费才是确保警政良好发展的前提。所以江苏省淞沪一带的警政不差全赖经费充裕,京津警务首屈一指更不会少了经费投入。而浙江因整体经济还算不错,所以警政建设就比较"整齐"。然而撇开财政问题,毕竟从警察建立之日起发展不过 20 多年的时间,并且时局仍是动荡不定,政令常常反复变换,浙江警政的发展也是伴随着众多问题蹒跚前行的。在此段时间内,对浙江的警政而言,还存在三大问题。

### 一、基层警察缺少,流动性大且难以留人

在第二、五节中通过比较分析发现警察的多寡与地方财政的营收情况密切相关,但财政收入高的地方虽然警察众多,其人口也必然众多。剩余贫困县往往只有二三十名警察,警察数量不足。除了警察数量不足外,警察流失率大,更换频繁。其中一个原因是各级警察机关的领导者变动频繁。一旦上层变动,其下层警察也多半跟着变动,而且是调集自己的同乡、朋友等抱团而动。比如夏超担任浙江省会警察厅厅长之后,因其为浙江青田人,则厅中卫生科长、勤务督察长、侦探队队长、保安警察队第一分队长等均由其青田同乡担任。由于类似的警察人事裙带关系,每次上层警察人事变动就是一次警察队伍的洗牌。第二个原因就是薪酬低。基层警察的薪酬极低,最低月薪仅 6.5 元,而

---

① 《江浙警务之比较观》,《浙江警察杂志》1920 年第 38 期,浙江警察协会出版,浙江图书馆孤山路古籍部藏。

当时浙江工厂的工人工资基本在 14 元以上[①]。因此,警察绝非时人的首选职业,流动频繁当属正常。为此,有警察机关设立了一个"长警存饷规则"来试图解决这个问题。该规则规定所有各级警察都必须每月缴存 2 元连续存满 5 个月共计 10 元。这笔"存饷"不是自愿缴交,而是直接由县署在薪饷发放时扣除,而且缴满后,警察"服务未满三年而任意求退者存饷概不发给以示制限"[②],这表明当时警察职业缺乏吸引力,且人员流动大,工作不安定,只能用这种方式进行限制。

## 二、纪律涣散,腐败现象严重

纵观北洋政府时期的基层警察,其来源通常有这样几类,一是通过警察教练所招募,进行教练培训后分配上岗的;二是在其他院校等学习过转而担任警察的;三是在当地征募担任警察的。这其中的一、二类属于"学院派",算是接受了正式的教育,是高质量的警察。但人员数量相比于警察的需求量而言缺口很大。警察教练所一年约培养 600 名警察,此时,浙江全省警察如全部配用警察教练所毕业学员需 10 年时间培养且没有警察流失,再加上教练所遭遇中途停办和接受教育的警察频繁"跳槽"等原因,一、二类警察数量远不能满足需求。所以,基层警察主要来源于第三类人员。这些人多数是社会上游散人员,无产无业,又不愿离乡务工,好逸恶劳者居多,纪律松懈。1925 年 3 月间,冯光宇任浙江省会警察厅厅长,他在巡视基层警察机关后感慨万分,"本厅长莅任以来,每于出外巡视,欲求见一署长署员身穿制服出勤查岗者,竟未之遇,其职务之懈怠已可概见"[③]。省会警察厅向来为全省警察的标杆,竟然沦落到厅长不得不发文要求两个月之内警察纪律必须有所改观,不然就撤换主官的地步。地方各县情况更忧,桐乡县新县长到任后连出数个公告,其内容包括:通报警察假借烟赌等违规办理违警事项,敲诈勒索事项;通报更新警察佩戴的警章符号,由白色改为蓝色,并拘捕多名冒充警察人员;通报准予居民监督警察,

---

① 据《党史资料》1953 年第四期统计表,民国元年至五年,浙江男工工资 17～28 元,女工工资14～24 元。

② 《长警存饷规则》,《浙江警察杂志》1914 年第 7 期,浙江警察协会出版,浙江图书馆孤山路古籍部藏。

③ 《本省新闻·整顿警务之训令》,《浙江警察杂志》,1925 年第 96 期,浙江警察协会出版,浙江图书馆孤山路古籍部藏。

可向县政府状告。可见当时警察纪律之涣散已到何种程度①。

　　纪律涣散还只能算是警察的不作为,相比而言,警察自身腐败就是乱作为,危害更大,且是长期延续的"顽疾"难以克服。1912年政府公报就曾率先指出"当此司法改良之际自应以除弊为先务岂容承发吏及法警下乡索诈致蹈前清差役需索之恶习……"②;1918年宁波警察厅发布了大量的《饬各署整饬、戒……文》③说明当时的宁波警察存在很多问题;但直到1926年,浙江各县均有公文上报省长公署,指控警察官吏的腐败行为,包括非法拘押、包庇烟赌、行为粗鲁、奸淫妇女、贩卖烟土、虚报警额吃空饷等。警察腐败的一大特点是在警察中往往已经形成了一定的"潜规则",上有保护伞下有继任者。比如,武康的警察遇见违禁案有所谓的保结费,每人四角,更换了警佐后不仅未改,部分分局反而更厉害,以至于"一般奸狼警士遇有街头口角,不问事之大小,理之曲直,既不劝解亦不调和,一味以捉拿为能事"④。嘉兴新塍警所的腐败被报刊揭发后,警佐被更换,虽然撤换了部分警察,但原在报端点名的巡长徐某、警士蒋某、张某等仍在任上,在初期稍作收敛后故态萌发。平湖虹霓镇烟贩图谋一家肉店,伙同警士引领新任调查员沈某前往该店检查,在检查未果后第二天便栽赃嫁祸,结果导致民众聚集又告其拒捕,幸有省议员打抱不平,但最终仍以罚没30元结案⑤。

　　有些警察腐败行为甚至堂而皇之地进行,1921年9月17日,外海水警第二区区长金富有、第六队队长葛焕猷等违法私营且包运烟土,在由第三分队长范士华从温岭石塘运送2700包烟土到海门时,恰巧被不知情的第七分队水警王得胜发现,导致民众聚集。随后区队长和稽查官员出面弹压,公然允诺若帮忙搬运每船赏金50元,水警得搬运费1800元。事后虽有省议员责问,但仍不

　　① 《公文·桐乡警察所布告第5号》,《浙江警察杂志》,1925年第94期,浙江警察协会出版,浙江图书馆孤山路古籍部藏。
　　② 《提法司长朱通令各县知事示禁承发吏及法警不许需索暨抄黏戳记式样遵照办理文》,《浙江军政府公报》第296册,1912年12月5日。
　　③ 指宁波警察厅发布的大量文件以"饬各署整饬、戒"为题,内容涉及警察勤务、经费使用等各方面,详见《目录》,《浙江宁波警察厅警务概略》,浙江宁波警察厅出版,1918年1月,第8-9页,浙江图书馆孤山路古籍部藏。
　　④ 《本省新闻·武康警政改良之希望》,《浙江警察杂志》,1920年第37期,浙江警察协会出版,浙江图书馆孤山路古籍部藏。
　　⑤ 《本省新闻·栽赃图害之所闻》,《浙江警察杂志》,1921年第52期,浙江警察协会出版,浙江图书馆孤山路古籍部藏。

了了之①。警察公然以查禁烟土为捞钱途径,时人描述道:"查拿重犯,向系籍手警察,然警察以月饷微薄恒持此为大宗收入,或从中包庇需索陋规;或藉案处罚,款到即纵。积弊重重,遍地皆是,虽有法律徒等具文。富豪势绅,警察怵于积威,不敢拘捕,即欲实行法律政策,其如事实难办何。"②

### 三、承担警察职能的机构众多,职权不明,互有冲突

警察作为社会治安的主力,虽然在中华民国建立后得到了大力的发展,被称为内政的"核心",然而受限于装备水平、人员数量等,在当时的社会行政体系中仍然存在与其职能相似、极具"竞争力"的其他组织。这些组织分属不同的体系,往往和警察系统之间衍生出令出多头、利益冲突、配合失误等各种不利情况,令警政工作磕绊不断。

首先是警察与巡防队(1914年后为保卫团)。巡防队并非标准的政府组织,而是为绥靖地方,在警察力量只能集中于人口繁密的城镇,无暇顾及乡村时各地自行建立的组织。1913年时就有文章《论吾浙巡防宜首倡改变警察》提出取消巡防改设警察,但限于警察资金短缺无法实现③。更加重要的是,警察严重的腐败行为在乡村之中无法让人放心,他们更乐意让全是本地街坊组成的巡防队来维护自己的权益。而巡防队常驻乡里,也有它的利益划分,视该地为自己的禁脔,这时一旦发生事件,警察若想介入自然就与巡防队有所冲突。

其次是警察与军队。一般而言,凡是社会内部的治安问题都是警察的职责范围,但是当时不同性质的军队众多,有军阀的、省属的、地方的,士兵素质不高,兵痞气重且装备又强于警察。所以军队驻扎期间很多时候会干涉地方警政,产生摩擦。比如安吉梅溪曾发生溃兵劫掠事件,警察所和商铺均遭劫掠④;陆军官兵则"每以亲友违犯警章致被拘罚时向警署代为保释,往往因此发生龃龉,伤害感情",尽管陆军第一师司令部后发函给省警务处,严禁保释,

---

① 《本省新闻·水警包运烟之质问》,《浙江警察杂志》,1921年第52期,浙江警察协会出版,浙江图书馆孤山路古籍部藏。
② 王鲲徒:《禁烟政策商榷书》,浙江禁烟局编,1927年12月,浙江图书馆孤山路古籍部藏。
③ 《论吾浙巡防宜首倡改变警察》,《浙江警察杂志》1913年第3期,浙江警察协会出版,浙江图书馆孤山路古籍部藏。
④ 《公文·浙江省县公署训令第2350号》,《浙江警察杂志》,1924年第88期,浙江警察协会出版,浙江图书馆孤山路古籍部藏。

但"凡连长以下各官兵不得径向警察官厅保释人犯"①的条款其实还是明确军官仍有特权。这时的地方警察往往采用躲避策略,又恰因为警察人数不足,警察往往在有军队驻扎的地方撤销驻所,由驻军代为维持地方治安。但这又会带来另一个问题,一旦军队调防、出征,此地就成为一个治安空白区。

再次是警察与县署。一县的警察所长(警佐)控制着全县的警察,是除军队外的最为强力的组织。而且警察所长(警佐)一般都是由省民政厅直接任命,所以往往拥权自重,县知事也无可奈何,甚而与县知事明争暗斗。这也是1917 年县政改革中,撤销警察所长由县知事集权的主要原因所在。如 1921年温岭县知事与警佐在筹备松门警务分所时,各自想任用自己的人员,结果发生重大冲突,县知事因禁警佐,警佐则登报求援,全省轰动。最终温岭县知事被记大过一次,松门警务筹备委员易璟被移送法院起诉②。

第四是陆警与水警。浙江是江南水乡,尤其是浙北地区,水网密布,陆警和水警的驻地、辖地等交错比邻,比如吴兴县菱湖镇有些地方是水陆警并驻,但下昂、钱家潭、荻港三个地方是只有水警没有陆警,这就对警察的管理提出了很高的要求。据内河水上警察厅的公文报告,在一些与河流相近的地方发生重大的治安问题时,地方会通报就近的水警分署,要求派人支援,水警与陆警间管辖权限边界还算清楚。但当涉及如印花税征收等较大利益纠葛时,水警与陆警就会因职能重叠、权责不分,极力争夺管辖权,互不相让。尤其是水警刚成立不久,仍未脱离水师的军队习气,水警又是独立成厅,和地方官署的陆警不在一个体系之内,其冲突在所难免。平湖新埭镇的水陆警察就有长期的积怨,1921 年水警在一次聚赌时被陆警发现,陆警全员出动进行抓捕,结果水警召集人手,持枪械联合当地保卫团对抗,陆警被迫撤离。地方官署也无法善了,最后只能以"此次双方虽未决裂,而一般赌徒已饱受虚惊"了结③。

---

① 《本省新闻·严禁官兵保违警犯》,《浙江警察杂志》,1925 年第 96 期,浙江警察协会出版,浙江图书馆孤山路古籍部藏。

② 《公文·浙江全省警务处训令第 531 号》,《浙江警察杂志》,1921 年第 58 期,浙江警察协会出版,浙江图书馆孤山路古籍部藏。

③ 《本省新闻·水陆警暗潮之激烈》,《浙江警察杂志》,1921 年第 52 期,浙江警察协会出版,浙江图书馆孤山路古籍部藏。

# 本章附录图表

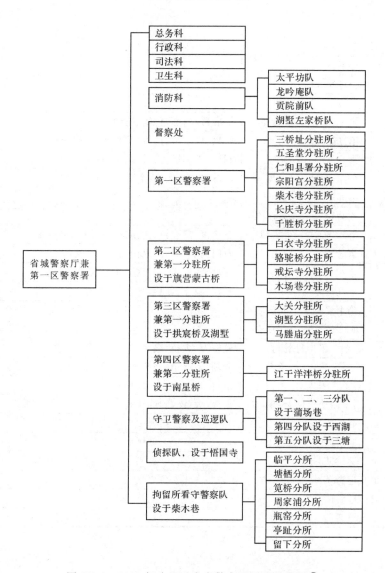

图 3-1-1　1913 年改组后省会警察厅组织机构图①

---

① 根据余绍宋编:《重修浙江通志稿(标点本)》内容绘制,浙江省地方志编撰委员会整理,方志出版社,2010 年版,第 5805 页。

表 3-2-1　1914 年浙江省内河、外海水上警察厅编制①

| 机构名称 | | 驻地 | 管辖区域 |
|---|---|---|---|
| 内河水上警察厅 | 厅本部 第一科 | 杭州蒲场巷 | |
| | 第二科 | | |
| | 第三科 | | |
| | 秘书科 | | |
| | 会计室 | | |
| | 督察处 | | |
| 第一总署 | 第一署 | 拱宸桥 | 拱宸桥、塘栖、良渚、三墩 |
| | 第二署 | 绍兴 | 绍兴、樊江市、江桥、马鞍乡、太平桥 |
| | 第三署 | 闸口 | 闸口、六和塔、义桥、闻堰、富阳 |
| | 第四署 | 兰溪 | 兰溪、建德、龙游、衢县 |
| | 第五署 | 嘉兴 威靖轮 (总署所在) | 嘉兴、油车港、太平桥、栖真寺、王江泾、报忠墕 |
| | 第六署 | 王店镇 | 王店镇、濮院镇、沈荡镇、独龙桥、屠甸镇 |
| | 第七署 | 石门湾 | 石门湾、炉头、洲泉镇、青镇 |
| 第二总署 | 第八署 | 西塘 | 西塘、俞汇镇、南汇镇、干窑镇、陶庄镇 |
| | 第九署 | 平湖 | 平湖、新丰、新埭、徐婆寺、钟埭 |
| | 第十署 | 吴兴 泗安轮 (总署所在) | 吴兴、告兴、虹星桥、和平桥 |
| | 第十一署 | 轧村市 | 轧村市、大桥、晟舍、祜村、织里 |
| | 第十二署 | 菱湖 | 菱湖、下昂镇、洛舍镇、德清 |
| | 第十三署 | 南浔 | 南浔、双林、练市、北回桥 |
| | 第十四署 | 夹浦 | 夹浦、大钱、新塘、小梅 |
| 瓯江派出所 | | | 白上山头 |
| 第一巡游队 | | | 塘栖 |
| 第二巡游队 | | | 嘉兴 |
| 第三巡游队 | | | 嘉兴 |
| 第四巡游队 | | | 湖州 |
| 第五巡游队 | | | 拱宸桥 |

---

①　改编自《浙江警察杂志》1914 年第 15 期图表,浙江警察协会出版,浙江图书馆孤山路古籍部藏。

续表

| 机构名称 | | | 驻地 | 管辖区域 |
|---|---|---|---|---|
| 外海水上警察厅 | 厅本部 | 第一科 | 杭州蒲场巷 | |
| | | 第二科 | | |
| | | 第三科 | | |
| | | 秘书科 | | |
| | | 会计室 | | |
| | | 督察处 | | |
| | 第一总署 | 第一署 | 镇海 | 镇海、岑港、高亭、沥港、羊山、大山、乍浦 |
| | | 第二署 | 舟山 | 舟山、定海、岐头、佛肚、桃花、六横、象山港、穿山 |
| | | 第三署 | 沈家门 | 沈家门、鼠狼坞、长涂港、朱家尖、普陀、黄泽洋、钓门 |
| | | 第四署 | 海门（总署所在） | 海门、健跳、老菱山、南田林门、金漆门、磨盘、南北泽 |
| | | 第五署 | 金清 | 金清、金清港、弔板门、上大陈、三山头、大港门、松门、竹屿 |
| | 第二总署 | 第六署 | 石浦 | 石浦、爵溪、潭头山、南田、鹤井、三门、旦门 |
| | | 第七署 | 白带港 | 白带港、白带港南至川礁、白带港西北至健跳 |
| | | 第八署 | 海门内港 | 海门内港、海门内港至马头山、台州内港至马头山 |
| | | 第九署 | 永嘉（总署所在） | 永嘉、铜盘、三盘、霓屿、乌星、龙头 |
| | | 第十署 | 商北关 | 商北关、古鳌头、大渔至四屿洋面、铜盘横档等、杨府山四屿北止、大渔官山、镇下关南 |
| | | 第十一署 | 玉环 | 玉环、坎门、寨头、大鹿、西青、箬里、楚门 |
| | 第一巡游队 | | | 镇海 |
| | 第二巡游队 | | | 镇海 |
| | 第三巡游队 | | | 海门 |
| | 第四巡游队 | | | 温州 |
| | 第五巡游队 | | | 镇海 |

表 3-3-3　1914 年浙江各县警力统计[①]

| 序号 | 县名 | 原警察数 | 缩编后警察数 | 序号 | 县名 | 原警察数 | 缩编后警察数 |
|---|---|---|---|---|---|---|---|
| 1 | 杭县 | 381 | 387 | 39 | 天台 | 73 | 72 |
| 2 | 海宁 | 189 | 115 | 40 | 仙居 | 16 | 23 |
| 3 | 余杭 | 115 | 69 | 41 | 金华 | 171 | 153 |
| 4 | 富阳 | 78 | 42 | 42 | 兰溪 | 225 | * |
| 5 | 临安 | 71 | 34 | 43 | 东阳 | 82 | 46 |
| 6 | 於潜 | 57 | 27 | 44 | 义乌 | 95 | 50 |
| 7 | 新登 | 44 | 23 | 45 | 永康 | 68 | 42 |
| 8 | 昌化 | 24 | 23 | 46 | 武义 | 78 | 42 |
| 9 | 嘉兴 | 418 | 339 | 47 | 浦江 | 60 | 51 |
| 10 | 嘉善 | 98 | 84 | 48 | 汤溪 | 47 | 23 |
| 11 | 海盐 | 125 | 83 | 49 | 衢县 | 163 | 120 |
| 12 | 石门 | 140 | * | 50 | 龙游 | 142 | 71 |
| 13 | 平湖 | 205 | 114 | 51 | 江山 | 95 | 79 |
| 14 | 桐乡 | 114 | 70 | 52 | 常山 | 82 | 45 |
| 15 | 吴兴 | 354 | 340 | 53 | 开化 | 55 | 46 |
| 16 | 长兴 | 94 | 91 | 54 | 建德 | 77 | 56 |
| 17 | 德清 | 94 | 43 | 55 | 淳安 | 66 | 17 |
| 18 | 武康 | 38 | 29 | 56 | 桐庐 | 90 | 53 |
| 19 | 安吉 | 43 | 23 | 57 | 遂安 | 46 | 28 |
| 20 | 孝丰 | 50 | 23 | 58 | 寿昌 | 47 | 23 |
| 21 | 鄞县 | 432 | * | 59 | 分水 | 35 | 23 |
| 22 | 慈溪 | 119 | 90 | 60 | 永嘉 | 233 | * |
| 23 | 奉化 | 68 | 42 | 61 | 瑞安 | 101 | 91 |
| 24 | 镇海 | 166 | 115 | 62 | 乐清 | 139 | 104 |
| 25 | 定海 | 112 | 70 | 63 | 平阳 | 35 | 35 |
| 26 | 象山 | 67 | 52 | 64 | 泰顺 | 23 | 23 |
| 27 | 南田 | 34 | 23 | 65 | 玉环 | 42 | 28 |
| 28 | 绍兴 | 351 | 309 | 66 | 丽水 | 44 | 46 |
| 29 | 萧山 | 171 | 121 | 67 | 青田 | 22 | 24 |
| 30 | 诸暨 | 196 | 175 | 68 | 缙云 | 67 | 42 |

① "原警察数"摘自《浙江警察杂志》1914 年第 9 期,"缩编后警察数"摘自《浙江警察杂志》1914 年第 16 期,浙江警察协会出版,浙江图书馆孤山路古籍部藏。

续表

| 序号 | 县名 | 原警察数 | 缩编后警察数 | 序号 | 县名 | 原警察数 | 缩编后警察数 |
|---|---|---|---|---|---|---|---|
| 31 | 余姚 | 144 | 124 | 69 | 松阳 | 67 | 25 |
| 32 | 上虞 | 89 | 64 | 70 | 遂昌 | 33 | 28 |
| 33 | 嵊县 | 99 | 90 | 71 | 龙泉 | 46 | 23 |
| 34 | 新昌 | 59 | 33 | 72 | 庆元 | 23 | 23 |
| 35 | 临海 | 104 | 90 | 73 | 云和 | 32 | 37 |
| 36 | 黄岩 | 95 | 62 | 74 | 景宁 | 10 | 23 |
| 37 | 温岭 | 106 | 58 | 75 | 宣平 | 22 | 23 |
| 38 | 宁海 | 67 | 47 | | | | |
| 以上合计 | | 5211 | 3524 | 以上合计 | | 2752 | 1638 |

*：缺缩编后续数据，鄞县警察所已改为宁波警察厅

表 3-4-1 北洋时期浙江各级警察机关发布的管理规则

| 序号 | 警察职责相关制度 | 文件出处 |
|---|---|---|
| 1 | 浙江省钱塘道取缔宰牛暂行章程 | 《浙江警察杂志》1915年第19期 |
| 2 | 浙江省会警察厅修正卫生巡警服务规则 | 《浙江警察杂志》1915年第19期 |
| 3 | 浙江水陆警察协助规则 | 《浙江警察杂志》1915年第20期 |
| 4 | 浙江省会警察厅管理煤油火柴营业规则 | 《浙江警察杂志》1915年第20期 |
| 5 | 浙江省会警察厅取缔建筑规则 | 《浙江警察杂志》1915年第20期 |
| 6 | 浙江省会警察厅取缔轿埠规则 | 《浙江警察杂志》1915年第20期 |
| 7 | 浙江省会警察厅取缔挑埠规则 | 《浙江警察杂志》1915年第20期 |
| 8 | 浙江内河水上警察取缔运载竹木规则 | 《浙江警察杂志》1915年第21期 |
| 9 | 浙江省会警察厅取缔中人行规则 | 《浙江警察杂志》1915年第21期 |
| 10 | 浙江省会警察厅取缔茶馆规则 | 《浙江警察杂志》1915年第21期 |
| 11 | 浙江省会警察厅管理会馆规则 | 《浙江警察杂志》1915年第21期 |
| 12 | 浙江内河运放竹木取缔规则 | 《浙江警务丛报》1917.4—1917.11 |
| 13 | 浙江内河水上警察厅取缔船舶规则 | 《浙江警务丛报》1917.4—1917.11 |
| 14 | 浙江外海水上警察厅取缔护船规则 | 《浙江警务丛报》1917.4—1917.11 |
| 15 | 浙江省旅店营业取缔规则 | 《浙江警务丛报》1917.4—1917.11 |
| 16 | 浙江省取缔戏园规则 | 《浙江警务丛报》1917.4—1917.11 |
| 17 | 浙江省取缔食品市场规则 | 《浙江警务丛报》1917.4—1917.11 |
| 18 | 浙江省人力车取缔规则 | 《浙江警务丛报》1917.4—1917.11 |
| 19 | 浙江省保护森林条例 | 《浙江警务丛报》1917.4—1917.11 |
| 20 | 浙江省各县消防队规则 | 《浙江警务丛报》1917.4—1917.11 |

续表

| 序号 | 警察职责相关制度 | 文件出处 |
|---|---|---|
| 21 | 浙江省会警察厅管理留置人暂行规则 | 《浙江警务丛报》1917.4—1917.11 |
| 22 | 浙江省会警察厅拟定各车站临时男女检查规则 | 《浙江警务丛报》1917.4—1917.11 |
| 23 | 金华道属取缔宰牛章程 | 《浙江警务丛报》1917.4—1917.11 |
| 24 | 会稽道属取缔宰牛规则 | 《浙江警务丛报》1917.4—1917.11 |
| 25 | 瓯海道属取缔宰牛卖牛规则 | 《浙江警务丛报》1917.4—1917.11 |
| 26 | 浙江省会警察厅整顿救火办法 | 《浙江警务丛报》1917.4—1917.11 |
| 27 | 卫生巡警指挥清道夫规则 | 《浙江宁波警察厅警务概略》1918.1 |
| 28 | 建筑取缔规则 | 《浙江宁波警察厅警务概略》1918.1 |
| 29 | 给与让地证明书规则 | 《浙江宁波警察厅警务概略》1918.1 |
| 30 | 河道取缔规则 | 《浙江宁波警察厅警务概略》1918.1 |
| 31 | 市街扫除规则 | 《浙江宁波警察厅警务概略》1918.1 |
| 32 | 人力车管理规则施行细则 | 《浙江宁波警察厅警务概略》1918.1 |
| 33 | 管理轿埠轿夫规则 | 《浙江宁波警察厅警务概略》1918.1 |
| 34 | 招商承办食品市场简章 | 《浙江宁波警察厅警务概略》1918.1 |
| 35 | 饮食店取缔规则 | 《浙江宁波警察厅警务概略》1918.1 |
| 36 | 管理茶馆规则 | 《浙江宁波警察厅警务概略》1918.1 |
| 37 | 娼妓诊断规则 | 《浙江宁波警察厅警务概略》1918.1 |
| 38 | 牛贩取缔规则 | 《浙江宁波警察厅警务概略》1918.1 |
| 39 | 硝皮营业取缔规则 | 《浙江宁波警察厅警务概略》1918.1 |
| 40 | 肉类取缔规则 | 《浙江宁波警察厅警务概略》1918.1 |
| 41 | 浙江省取缔饭店规则 | 《浙江警察杂志》1920年第37期 |
| 42 | 浙江省取缔豆腐店规则 | 《浙江警察杂志》1920年第37期 |
| 43 | 浙江省取缔酱园槽坊油栈规则 | 《浙江警察杂志》1920年第37期 |
| 44 | 浙江省取缔酒店规则 | 《浙江警察杂志》1920年第37期 |
| 45 | 浙江省取缔茶馆规则 | 《浙江警察杂志》1920年第37期 |
| 46 | 浙江省取缔浴堂规则 | 《浙江警察杂志》1920年第38期 |
| 47 | 浙江省取缔理发店规则 | 《浙江警察杂志》1920年第38期 |
| 48 | 浙江省取缔破布店规则 | 《浙江警察杂志》1920年第38期 |
| 49 | 浙江省取缔旧货店规则 | 《浙江警察杂志》1920年第38期 |
| 50 | 浙江省会警察厅取缔自由车暂行规程 | 《浙江警察杂志》1926年第104期 |

**表 3-6-1　1912 年民政司年度警察经费预算及其修正表**①

| 项目 | 原预算 | 修正预算 | 前后比较 |
|---|---|---|---|
| 经常性经费(元) | | | |
| 警察费总计 | 205724 | 202509 | −3215 |
| 1. 省警察 | 165784 | 163569 | −2215 |
| 1.1 省警察署、分署、派出所经费 | 138597 | 135682 | −2915 |
| 1.1.1 俸饷 | 102225 | 100055 | −2170 |
| 1.1.2 活支 | 12760 | 12440 | −320 |
| 1.1.3 衣械 | 23612 | 23187 | −425 |
| 1.2 西湖警察 | 4763 | 4763 | |
| 1.2.1 俸饷 | 3513 | 3513 | |
| 1.2.2 活支 | 500 | 500 | |
| 1.2.3 衣械 | 750 | 750 | |
| 1.3 消防队 | 6084 | 6084 | |
| 1.4 拘留所 | 2200 | 1900 | −300 |
| 1.5 路灯费 | 7000 | 7000 | |
| 1.6 清道费 | 7140 | 7140 | |
| 2. 各县警察 | 39940 | 39940 | |
| 2.1 署长官俸 | 24820 | 24820 | |
| 2.2 分署长、派出所长官俸 | 15120 | 15120 | |
| 临时性经费(元) | | | |
| 全省巡警教练所经费 | 11368 | 11368 | |
| 警察学习人员津贴 | 3840 | 3840 | |

**表 3-6-2　1914 年浙江各县警察官名额与薪酬表**②

| 序号 | 县名 | 原有人员与薪酬 | | | | | | | | 核定人员与薪酬 | | | | 减少薪酬 |
|---|---|---|---|---|---|---|---|---|---|---|---|---|---|---|
| | | 所长 | | 分所长 | | 所员 | | 书记 | | 所长 | | 所员 | | |
| | | 人数 | 薪酬 | 人数 | 薪酬 | 人数 | 薪酬 | 人数 | 薪酬 | 人数 | 薪酬 | 人数 | 薪酬 | |
| 1 | 杭县 1 | | | 2 | 80 | 4 | 120 | 2 | 32 | | | 4 | 120 | 112 |
| 2 | 海宁 1 | 1 | 70 | 3 | 120 | 6 | 180 | 4 | 64 | 1 | 70 | 5 | 150 | 214 |
| 3 | 余杭 2 | 1 | 60 | | | 5 | 150 | 2 | 32 | 1 | 60 | 5 | 150 | 32 |

---

①《中华民国元年浙江全省岁出预算表公布案第二号》,《浙江公报》,1912 年 7 月 5 日第 144 册。

②《浙江省各县警察官俸员额表》,《浙江警察杂志》,1914 年第 4 期,浙江警察协会出版,浙江图书馆孤山路古籍部藏。部分数据经对比系原文印刷错误,在本表中已做更正;表中县名后的数字表示当时该县的等级。

续表

| 序号 | 县名 | 原有人员与薪酬 | | | | | | | | 核定人员与薪酬 | | | | 减少薪酬 |
| --- | --- | --- | --- | --- | --- | --- | --- | --- | --- | --- | --- | --- | --- | --- |
| | | 所长 | | 分所长 | | 所员 | | 书记 | | 所长 | | 所员 | | |
| | | 人数 | 薪酬 | 人数 | 薪酬 | 人数 | 薪酬 | 人数 | 薪酬 | 人数 | 薪酬 | 人数 | 薪酬 | |
| 4 | 富阳 2 | 1 | 60 | 1 | 40 | 5 | 150 | 2 | 32 | 1 | 60 | 5 | 150 | 72 |
| 5 | 临安 3 | 1 | 50 | | | 5 | 150 | 1 | 16 | 1 | 50 | 5 | 150 | 16 |
| 6 | 於潜 3 | 1 | 50 | | | 5 | 150 | 1 | 16 | 1 | 50 | 5 | 150 | 16 |
| 7 | 新登 3 | 1 | 50 | | | 5 | 150 | 1 | 16 | 1 | 50 | 5 | 150 | 16 |
| 8 | 昌化 3 | 1 | 50 | | | 5 | 150 | 1 | 16 | 1 | 50 | 5 | 150 | 16 |
| 9 | 嘉兴 1 | 1 | 70 | 2 | 80 | 9 | 270 | 3 | 48 | 1 | 70 | 6 | 180 | 218 |
| 10 | 嘉善 1 | 1 | 70 | | | 6 | 180 | 1 | 16 | 1 | 70 | 5 | 150 | 46 |
| 11 | 海盐 1 | 1 | 70 | 1 | 40 | 6 | 180 | 2 | 32 | 1 | 70 | 5 | 150 | 102 |
| 12 | 石门 1 | 1 | 70 | | | 7 | 210 | 1 | 16 | 1 | 70 | 6 | 180 | 46 |
| 13 | 平湖 1 | 1 | 70 | 1 | 40 | 6 | 180 | 2 | 32 | 1 | 70 | 6 | 180 | 72 |
| 14 | 桐乡 1 | 1 | 70 | 2 | 80 | 5 | 150 | 3 | 48 | 1 | 70 | 5 | 150 | 128 |
| 15 | 吴兴 1 | 1 | 70 | 4 | 160 | 8 | 240 | 5 | 80 | 1 | 70 | 6 | 180 | 300 |
| 16 | 长兴 1 | 1 | 70 | 1 | 40 | 5 | 150 | 2 | 32 | 1 | 70 | 5 | 150 | 72 |
| 17 | 德清 1 | 1 | 70 | 1 | 40 | 5 | 150 | 2 | 32 | 1 | 70 | 5 | 150 | 72 |
| 18 | 武康 2 | 1 | 60 | | | 5 | 150 | 1 | 16 | 1 | 60 | 5 | 150 | 16 |
| 19 | 安吉 2 | 1 | 60 | | | 5 | 150 | 1 | 16 | 1 | 60 | 5 | 150 | 16 |
| 20 | 孝丰 3 | 1 | 50 | | | 5 | 150 | 1 | 16 | 1 | 50 | 5 | 150 | 16 |
| 21 | 鄞县 1 | 1 | 70 | 2 | 80 | 10 | 300 | 3 | 48 | | | 4 | 120 | 378 |
| 22 | 慈溪 2 | 1 | 60 | 1 | 40 | 5 | 150 | 2 | 32 | 1 | 60 | 5 | 150 | 72 |
| 23 | 奉化 2 | 1 | 60 | 1 | 40 | 5 | 150 | 2 | 32 | 1 | 60 | 5 | 150 | 72 |
| 24 | 镇海 2 | 1 | 60 | 2 | 80 | 5 | 150 | 3 | 48 | 1 | 60 | 5 | 150 | 128 |
| 25 | 定海 2 | 1 | 60 | 1 | 40 | 5 | 150 | 2 | 32 | 1 | 60 | 5 | 150 | 72 |
| 26 | 象山 3 | 1 | 50 | 1 | 40 | 5 | 150 | 2 | 32 | 1 | 50 | 5 | 150 | 72 |
| 27 | 南田 3 | 1 | 50 | | | 5 | 150 | 1 | 16 | 1 | 50 | 5 | 150 | 16 |
| 28 | 绍兴 1 | 1 | 70 | 3 | 120 | 8 | 240 | 4 | 64 | 1 | 70 | 6 | 180 | 244 |
| 29 | 萧山 1 | 1 | 70 | | | 6 | 180 | 1 | 16 | 1 | 70 | 5 | 150 | 46 |
| 30 | 诸暨 1 | 1 | 70 | 1 | 40 | 6 | 180 | 2 | 32 | 1 | 70 | 5 | 150 | 102 |
| 31 | 余姚 1 | 1 | 70 | 1 | 40 | 5 | 150 | 2 | 32 | 1 | 70 | 5 | 150 | 72 |
| 32 | 上虞 2 | 1 | 60 | 2 | 80 | 5 | 150 | 3 | 48 | 1 | 60 | 5 | 150 | 128 |
| 33 | 嵊县 2 | 1 | 60 | 2 | 80 | 5 | 150 | 3 | 48 | 1 | 60 | 5 | 150 | 128 |
| 34 | 新昌 3 | 1 | 50 | | | 5 | 150 | 1 | 16 | 1 | 50 | 5 | 150 | 16 |
| 35 | 临海 2 | 1 | 60 | 1 | 40 | 6 | 180 | 2 | 32 | 1 | 60 | 5 | 150 | 102 |
| 36 | 黄岩 2 | 1 | 60 | 1 | 40 | 5 | 150 | 2 | 32 | 1 | 60 | 5 | 150 | 72 |
| 37 | 太平 2 | 1 | 60 | | | 6 | 180 | 1 | 16 | 1 | 60 | 5 | 150 | 46 |
| 38 | 宁海 2 | 1 | 60 | 2 | 80 | 5 | 150 | 3 | 48 | 1 | 60 | 5 | 150 | 128 |
| 39 | 天台 3 | 1 | 50 | | | 5 | 150 | 1 | 16 | 1 | 50 | 5 | 150 | 16 |

| 序号 | 县名 | 原有人员与薪酬 | | | | | | | | 核定人员与薪酬 | | | | 减少薪酬 |
|---|---|---|---|---|---|---|---|---|---|---|---|---|---|---|
| | | 所长 | | 分所长 | | 所员 | | 书记 | | 所长 | | 所员 | | |
| | | 人数 | 薪酬 | 人数 | 薪酬 | 人数 | 薪酬 | 人数 | 薪酬 | 人数 | 薪酬 | 人数 | 薪酬 | |
| 40 | 仙居 3 | 1 | 50 | | | 5 | 150 | 1 | 16 | 1 | 50 | 5 | 150 | 16 |
| 41 | 金华 1 | 1 | 70 | | | 7 | 210 | 1 | 16 | 1 | 70 | 6 | 180 | 46 |
| 42 | 兰溪 1 | 1 | 70 | | | 6 | 180 | 1 | 16 | 1 | 70 | 5 | 150 | 46 |
| 43 | 东阳 2 | 1 | 60 | | | 5 | 150 | 1 | 16 | 1 | 60 | 5 | 150 | 16 |
| 44 | 义乌 2 | 1 | 60 | | | 5 | 150 | 1 | 16 | 1 | 60 | 5 | 150 | 16 |
| 45 | 永康 2 | 1 | 60 | | | 5 | 150 | 1 | 16 | 1 | 60 | 5 | 150 | 16 |
| 46 | 武义 2 | 1 | 60 | | | 5 | 150 | 1 | 16 | 1 | 60 | 5 | 150 | 16 |
| 47 | 浦江 2 | 1 | 60 | | | 5 | 150 | 1 | 16 | 1 | 60 | 5 | 150 | 16 |
| 48 | 汤溪 3 | 1 | 50 | | | 5 | 150 | 1 | 16 | 1 | 50 | 5 | 150 | 16 |
| 49 | 衢县 2 | 1 | 60 | | | 7 | 210 | 1 | 16 | 1 | 60 | 6 | 180 | 46 |
| 50 | 龙游 2 | 1 | 60 | | | 5 | 150 | 1 | 16 | 1 | 60 | 5 | 150 | 16 |
| 51 | 江山 2 | 1 | 60 | 1 | 40 | 5 | 150 | 2 | 32 | 1 | 60 | 5 | 150 | 72 |
| 52 | 常山 2 | 1 | 60 | | | 5 | 150 | 1 | 16 | 1 | 60 | 5 | 150 | 16 |
| 53 | 开化 3 | 1 | 50 | 1 | 40 | 5 | 150 | 2 | 32 | 1 | 50 | 5 | 150 | 72 |
| 54 | 建德 2 | 1 | 60 | | | 5 | 150 | 1 | 16 | 1 | 60 | 5 | 150 | 16 |
| 55 | 淳安 2 | 1 | 60 | | | 5 | 150 | 1 | 16 | 1 | 60 | 5 | 150 | 16 |
| 56 | 桐庐 3 | 1 | 50 | | | 5 | 150 | 1 | 16 | 1 | 50 | 5 | 150 | 16 |
| 57 | 遂安 2 | 1 | 60 | | | 5 | 150 | 1 | 16 | 1 | 60 | 5 | 150 | 16 |
| 58 | 寿昌 3 | 1 | 50 | | | 5 | 150 | 1 | 16 | 1 | 50 | 5 | 150 | 16 |
| 59 | 分水 3 | 1 | 50 | | | 5 | 150 | 1 | 16 | 1 | 50 | 5 | 150 | 16 |
| 60 | 永嘉 1 | 1 | 70 | | | 7 | 210 | 1 | 16 | 1 | 70 | 6 | 180 | 46 |
| 61 | 瑞安 2 | 1 | 60 | | | 5 | 150 | 1 | 16 | 1 | 60 | 5 | 150 | 16 |
| 62 | 乐清 2 | 1 | 60 | 2 | 80 | 5 | 150 | 3 | 48 | 1 | 60 | 5 | 150 | 128 |
| 63 | 平阳 2 | 1 | 60 | | | 5 | 150 | 1 | 16 | 1 | 60 | 5 | 150 | 16 |
| 64 | 泰顺 3 | 1 | 50 | | | 5 | 150 | 1 | 16 | 1 | 50 | 5 | 150 | 16 |
| 65 | 玉环 2 | 1 | 60 | 1 | 40 | 5 | 150 | 2 | 32 | 1 | 60 | 5 | 150 | 72 |
| 66 | 丽水 3 | 1 | 50 | | | 5 | 150 | 1 | 16 | 1 | 50 | 5 | 150 | 16 |
| 67 | 青田 3 | 1 | 50 | | | 5 | 150 | 1 | 16 | 1 | 50 | 5 | 150 | 16 |
| 68 | 缙云 3 | 1 | 50 | 1 | 40 | 5 | 150 | 2 | 32 | 1 | 50 | 5 | 150 | 72 |
| 69 | 松阳 3 | 1 | 50 | 1 | 40 | 5 | 150 | 2 | 32 | 1 | 50 | 5 | 150 | 72 |
| 70 | 遂昌 3 | 1 | 50 | | | 5 | 150 | 1 | 16 | 1 | 50 | 5 | 150 | 16 |
| 71 | 龙泉 3 | 1 | 50 | | | 5 | 150 | 1 | 16 | 1 | 50 | 5 | 150 | 16 |
| 72 | 庆元 3 | 1 | 50 | | | 5 | 150 | 1 | 16 | 1 | 50 | 5 | 150 | 16 |
| 73 | 云和 3 | 1 | 50 | | | 5 | 150 | 1 | 16 | 1 | 50 | 5 | 150 | 16 |
| 74 | 景宁 3 | 1 | 50 | | | 5 | 150 | 1 | 16 | 1 | 50 | 5 | 150 | 16 |
| 75 | 宣平 3 | 1 | 50 | | | 5 | 150 | 1 | 16 | 1 | 50 | 5 | 150 | 16 |

# 第四章　南京国民政府统治初期的
## 浙江警察(1927—1930)

　　宁汉合流和东北易帜后南京国民政府形式上统一了中国,开始致力于现代化国家建设,进入了所谓的 1927 年至 1937 年的"十年黄金期",但国民政府的统治依旧危机四伏。其内部派系林立、争权夺利,蒋介石的黄埔系集团、东北奉系、山西晋系、广西桂系、西北集团,蒋介石与汪精卫等集团之间矛盾重重,面和心不和;国内阶级矛盾激化,中国共产党及广大爱国民众争生存、求民主的斗争此起彼伏;日本侵略者加紧掠夺中国的步伐,民族危机进一步凸显;国民政府对基层政权掌控乏力,社会秩序失范,盗匪横行以至于"没有一片区域没有土匪,没有一年土匪偃旗息鼓"[①],保守估计中国土匪总人数达 2000 万之多[②]。面对来自内外的统治危机,南京国民政府成立初期采取了一系列措施,加强"维持治安,改良社会,与危害社会以及有损社会健康的烟赌娼匪等弊端相搏斗"[③],警政建设就成为南京国民政府实现对社会有效控制的首选路径,"警察的地位,尤其在中国,具有超越一切的地位"[④](蒋介石语)。

## 第一节　警政建设:"推动一切行政的原动力"[⑤]

　　为了建立国民党实施统治的合法性权威,成立伊始的南京国民政府试图

---

①　[英]贝思飞:《民国时期的土匪》,上海人民出版社,1992 年版,第 24 页。
②　冉光海:《中国土匪 1911—1950》,重庆出版社,2004 年版,第 5 页。
③　李士珍:《警察行政之理论与实际》,中华警察学术研究社,1948 年版,第 3 页。
④　蒋介石有关"警察的地位、责任"问题的讲话,武汉市档案馆藏。
⑤　蒋介石:《中央警官学校正科第四期学生训词》,《中央警官学校二、三、四周年纪念合刊》,四川省档案馆,卷宗号:3-2-183 号。

把自身打造成孙中山未竟事业的忠实继承者与践行者,以孙中山手订的《建国大纲》为施政蓝本,宣布军政时期结束、训政时期开始。鉴于孙中山以实施地方自治作为训政时期的主要政治任务,国民党不得不把实现地方自治作为训政时期全部工作的中心。而依据《建国大纲》之规定,实现地方自治的前提条件是以"全县人口调查清楚,全县土地测量完竣,全县警卫办理妥善,四境纵横之道路修筑成功"①为基础。"警卫办理妥善"为其条件之一,因此,国民党中央第 207 次政治会议通过的《训政时期完成县自治实施方案分年进行程序表》,把"整顿警政"明列为地方自治的重大举措之一。然而国民政府建立初期的警政状况与实施训政、建立现代化国家的要求相差甚远,自清末以来效法日本建立起的近代警察制度对于革除传统社会治安体制的弊端发挥了重要作用,但其效果也仅限于省会等大城市与通商大埠和繁华城镇。即使如此,警察"除了作为城市的点缀品以外,并未发挥其应尽的功能"②,对于州县只是徒有其表,"中国现有之警察,仅都市警察略具规模,对于乡村警察甚少注意及之"③,甚至有人认为"中国是一个没有警察的国家"④。

为了"接受总理遗教而努力奉行""地方自治为根本",今后工作重心"应加倍之努力",尽力促成"调查户口,丈量土地,办理警卫,修筑道路四者"⑤。警察是社会的基干、"建立国家的基础"⑥,警察不健全,"社会就无从改革,社会不进步,国家的一切事业,也就不能顺利推行"⑦;警察是国家行政机构行政效率发挥好坏的根本,"警察办得好,行政工作效率大,警察办得不好,行政效率小"⑧;"警察是政治的中坚","政治能否进步,警察要负根本的责任"⑨,政府的一切法令与政策措施都需要警察去监督执行,"警察是推动一切行政的原动力","凡地方秩序之是否严整,社会组织之是否健全,悉惟警察是赖"⑩。因

---

① 孙中山:《国民政府建国大纲》,《孙中山全集》(第九卷),中华书局,1986 年版,第 127 页。

② [美]魏斐德:《上海警察,1927—1937》,上海古籍出版社,2004 年版,第 20 页。

③ 郝遇林:《模范乡村警察制度》,独立出版社,1948 年版,第 39 页。

④ 王家俭:《近代安徽的警政建设》,《近代中国区域史研讨会论文集》,台湾中研院近史所,1986 年版,第 507 页。

⑤ 张其昀:《先总统蒋公全集》(第 2 册),台北中国文化大学出版社,1984 年版,第 619 页。

⑥ 潘嘉钊等:《蒋介石警察密档》,群众出版社,1994 年版,第 253 页。

⑦ 苏寿祖:《总裁警训体系》,载《上海警察》创刊号,1946 年。

⑧ 蒋介石:《中央警官学校正科第四期学生训词》,《中央警官学校二、三、四周年纪念合刊》,四川省档案馆,卷宗号:3-2-183 号。

⑨ 张其昀:《先总统蒋公全集》(第 2 册),台北中国文化大学出版社,1984 年版,第 999 页。

⑩ 苏寿祖:《总裁警训体系》,载《上海警察》创刊号,1946 年。

此,必须改变"警察也不过徒有其表,对警察知识动作完全不明白""警察制度和组织不统一,在没有一种确实办法的时候,这种警察,就是有若无或者没有比有还要好"①的混乱状态,必须尽快整顿警政,创办全国警察网,尤以"乡村警察实为迫切之图也"②。为了在"最短时间内,能够把警察训练得很有力量,很有纪律"③,使警察真正成为维护社会治安管理的专职机构和中坚力量,南京国民政府成立伊始十分重视警政建设,采取了一系列措施整顿警政,以期使全国警政走上正规化轨道,为全面训政的顺利实施提供保障。其一,重视警察组织建设,初步形成了一张全国警察网,尤其强调基层警政建设,使传统警政建设重城市轻乡村的格局有所突破。1928 年 3 月,《国民政府内政部组织法》颁布实施,改内务部为内政部,隶属于行政院,首次明确警察是国家行政的重要组成部分,内政部下设警政司主管全国警政,各省设警务处主管全省警政,各市县设警察局,区、镇设警察所,普通乡镇设派出所,保设警士,自上而下的警察组织体系初步建立。1928 年 10 月内政部颁布的《各级公安局编制大纲》着手全国警政建设,尤其强调基层警政建设,大纲明确规定"各省省会各特别市各市各县应设公安局"④。1929 年颁布的《县组织法》规定县政府设公安局,公安局"掌户籍、警卫、消防、防疫、卫生、救灾及保护、森林、渔猎等事项"⑤,1929 年 6 月《省警务处组织法》、10 月《首都市警察厅组织法》相继颁布,从组织体制上进一步明确了警政建设的相关原则。其二,重视警察内部的人事管理,警察的任用、考核、奖罚、编制、教育、勤务方式等管理逐渐法制化、制度化。建立警官和长警制度,明确警官属公务员,长警属雇员的人事机制。除了上述主要警察法令的颁布外,国民政府还颁布了《警察官吏任用暂行条例》和《警察录用暂行办法》等单行法,分别规定了对警官与长警的遴选办法,对其年龄、教育程度、身体状况、工作年限等方面都有严格的限制条件。与此同时,国民政府还颁布了相关法律,就警察服装、枪械、警章等方面作出了详细规定。其三,进一步明确警察职责,警察内部分工强调专业化。警察行政的范围明确为犯罪预防、刑事侦查、户籍管理、危险物品管理、出入境管理、市容管理以及旅店、

---

① 蒋介石:《怎样去改进地方行政》(内政部第一期民政会议纪要),《近代中国史料丛刊》,第三编第 53 辑,台湾文海出版社,第 293 页。

② 郝遇林:《模范乡村警察》,上海独立出版社,1948 年版,第 53 页。

③ 《会员代表谬斌答词》,(内政部第一期民政会议纪要),《近代中国史料丛刊》,第三编第 53 辑,台湾文海出版社,第 289 页。

④ 《各级公安局编制大纲》,《中华民国现行法规大全》,1935 年,第 372 页。

⑤ 《县组织法》,《东方杂志》(第 26 卷第 18 号)。

市场等各种经营行业的管理。以专业和行业为基础健全各警种设置,先后设立了司法警察、刑事警察、税务警察、外交警察、渔业警察、森林警察、交通警察、盐务警察、航空警察、铁路警察等,并创办女子警察。除设立上述行政意义上的警察之外,国民政府十分重视政治警察即特务的建设,蒋介石甚至将其上升为民族复兴的高度,"革命能不能成功,我们国家能不能复兴,就全看构成国家首脑的一班人能不能尽到自己重大责任,所以革命的成败和国家的存亡,其责任完全在政治警察人员身上"①。大量特务通过各种途径渗透到各级警察组织,就形成了南京国民政府军、警、宪、特四位一体的警察组织体系。

南京国民政府定都南京后,中国传统的政治地理格局被打破。国民党政权以"江浙沪"作为其统治的核心区域,呈"圈层式"的方式逐步扩大其外围政治影响。在此过程中,浙江在全国的政治版图中从边缘化走向中心,其政治地缘价值凸显,强化对环京畿重地的浙江的有效统治就变得非常自然与迫切。国民革命军进入浙江之前,浙江盛行"浙人治浙"风潮,并不欢迎国民革命军入浙。北伐东路军自 1926 年 12 月 11 日先头部队进抵浙、赣边界开始攻略浙江,到1927 年 2 月 18 日克复杭州②。其间陈仪、蒋尊簋、蔡元培、褚辅成、黄郛等浙江士绅就以"全浙公会"的名义宣布浙省自治,试图阻止北伐军入浙,遭到蒋介石的强烈反对并指责自治实为除"假军阀作护符外,试问国人自治者何事"③?"四一二"反革命政变前后,蒋介石打着"清党"的旗号开始全面清除浙江的国民党左派势力,迈出了蒋介石势力深入浙江的重要一步。中共在浙江的力量损失亦惨重,中共党员从 4 月上旬的 4000 多人,到 9 月底只剩下 1563人④。对国民党右派的清党致使原国民党在浙江的组织机构陷于瘫痪,蒋介石着手重构国民党在浙江的组织机构。进一步扩大其在浙势力。1927 年4 月 15 日,国民党中央接管浙江省党部工作,6 月改组浙江省党部⑤,蒋介石集团在浙江的势力占据上风。并且蒋介石执掌中枢后对浙江极为重视,不仅任用大量亲信掌控浙江省政府及各级组织,而且在国民政府成立初期亲自兼

①　唐湘清:《政治警察任务之重要性》,《上海警察》1947 年第 9 期。

②　周兴旺:《北伐战争中的浙皖苏战场》,《北京师范学院学报(社会科学版)》,1990 年第 6 期,第13 页。

③　毛思诚:《民国十五年之前之蒋介石先生》下辑,第 993-995 页,转引自浙江省档案馆编《浙江民国史料辑要》上册(内部印行,年代未详),第 446-447 页。

④　中共浙江省委党史资料征集研究委员会编:《中共浙江党史大事记》(1919—1949),浙江人民出版社 1990 年版,第 52 页。

⑤　浙江省政府秘书处编:《浙江省临时政治会议及中央政治会议浙江分会会议记录汇刊》(1928年 5 月),第 13 页,浙江省图书馆古籍部藏。

任浙江省一级的政府委员一职,即使省级以下的地方官僚任命,蒋介石也常有干预。对于维护国民政府统治基础的警察等暴力机关,蒋介石集团当仁不让地要掌控在自己手中,其实早在北伐军光复杭州后,蒋介石就以国民革命军总司令的名义委派其亲信第1军第1师的团长章烈为杭州市公安局局长。章烈于1927年4月11日下令率先"清党",12日"共逮捕共产党人和进步人士30余人,杀害4人"①。南京国民政府政权稳定后,蒋介石即派亲信朱家骅出任浙江省民政厅厅长一职。以"留洋派"和"改革派"著称的朱家骅②与国民党中央保持高度一致,全力加强警政建设并取得重大成效,在浙江警政发展史上留下了重要的一页。

## 第二节　从混乱到统一:警察组织机构的沿革与调整

浙江根据南京国民政府颁布的《修正省政府组织法》采用委员制③组建浙江省政府,由何应钦④任主席,朱家骅于1927年10月调任省委委员兼民政厅厅长。朱家骅在国民党内素以锐意改革著称,其早年因不满清政府暴政而支持革命,北伐战争开始后其政治态度急剧右转,开始积极反共,深得国民党元老张静江和戴季陶的赏识与提携,并逐渐取得蒋介石的信任与重用。朱家骅因在浙江与CC系权力争斗激烈,遭到陈果夫的排斥且与张静江反目,于1930年8月5日迫不得已而离任。朱家骅在浙江任上虽不到三年时间,但他却利用掌控全省政治、党务、警察大权而大力整饬吏治、培植亲信、推行新政,取得巨大成功。他大力裁撤官场旧人起用新人,先后三次组织县长选拔考试,至其离任前浙江大半县长均为其所选拔;推行"村里制",并整理田赋,在各县推行

①　陈伟:《杭州公安大事记:1850—2002》,杭州市公安局印(浙内图准字(2003)第108号),2003年版,第18页。

②　朱家骅为浙江吴兴人。蒋介石执掌中枢后尤其重用浙江籍人士,素有"蒋家天下陈家党"之说。"蒋介石用人的标准第一是亲戚,第二是同乡,第三是学生。而他真正给以军权的,主要还是亲戚和同乡。"(宋希濂语,参见宋希濂:《鹰犬将军——宋希濂自述》,中国文史出版社1986年版,第169页。)

③　白贵一:《论20世纪30年代南京国民政府的省制改革》,《河南师范大学学报(哲学社会科学版)》,2008年05期,第72页。

④　1927年7月27日推举张静江为省主席,但仅三个月不到,国民政府1927年10月5日任命何应钦任省主席,其在1928年11月7日卸任,之后1928年11月7日—1930年12月4日再次由张静江接任。

土地陈报、清查土地、调查户口等措施而推进地方自治;大刀阔斧进行警政改革,"用新人,行新政",使浙江警政后来居上取得巨大成功。

## 一、健全民政厅内全省警政管理机构的设置

朱家骅任职浙江期间,国民政府中央曾于 1929 年 6 月 27 日公布了《省警务处组织法》,要求各省设立警务处,承民政厅厅长的命令,管理全省的水陆警政。但当时"全国正处于军阀割据和混战的状态……有些省份则干脆不予理睬"①,这其中就有浙江省。浙江省于 1929 年 2 月制定《浙江省政府民政厅组织规程》,规定民政厅内设科,科下设股,警政事务不再是由临时政府时期单设的警察科管理,而是依据职责分设不同科和股。其中第一科第一股负责对各县政务警察的考核职责,其他绝大多数的警政事务则由第二科执掌(见本章附录表 4-2-1)。第二科是民政厅下设所有七个科中唯一分设四股,即设股数最多的科。这也从一个侧面反映出警政在当时虽然被划归民政系列,未能独立成厅,但在政府职能中占有极大分量②。

不过浙江省民政厅第二科虽然大部分事项都是属于警政或"类警政",即需要各警察机关配合始能完成的职责,但实际上并非都是全部由警察机关处理。例如关于保卫事项,据《浙江省保卫团法实施细则》③,"保卫团办理保甲与警卫事宜由地方长官指挥监督之",由县长任总团长牵头负责,且保卫职责与警察职责亦有重叠。又如禁烟工作,在各类警政资料中都可以发现,1928年前地方上都有"禁烟局"这个组织的存在,虽然后续各地"禁烟局"撤除④,禁烟工作主要交由警察开展,但各地存在"禁烟委员会"等机构分担警察机关的部分禁烟职能。

## 二、杭州警察机关的调整

据南京国民政府 1928 年颁布的《市组织法》规定"凡人民聚居地方"有"人口在三十万以上者"或者是"人口在二十万以上,其所收营业税、牌照费、土地

---

① 韩延龙、苏亦工等:《中国近代警察史》下册,社会科学文献出版社,2000 年版,第 576 页。
② 《浙江省政府民政厅组织规程》,《浙江民政月刊》,1929 年第 16 期,浙江图书馆孤山路古籍部藏。
③ 本细则于 1930 年公布。
④ 《中华民国国民政府浙江省政府令民字第一一二六四号》,《浙江民政月刊》1928 年第 7 期,公牍禁烟版块,浙江图书馆孤山路古籍部藏。

税,每年合计占该地总收入二分之一以上者"①的要求设"市"。浙江杭州、宁波符合设市条件,不过杭州设市在《市组织法》颁布之前,"杭市先上海而成立"②。1927年3月1日,浙江的省会警察厅改称为杭州市公安局,直属于杭州市政府。这也是"公安局"作为警察机关的新称谓首次出现在浙江省,也是浙江省首次将省会的警察机关变成地方管辖而不是省直辖(或是省属行政机关如民政厅直辖)。杭州市成立后,原杭州周边地区设为杭县,成立县警察机关。1928年5月杭州市公安局发布的《修正杭州市公安局章程》明确杭州市公安局内分五科,外部下辖各城区设警察署和警察分署。同时笕桥因设有国民政府的空军训练基地等,其地位特殊,虽为警察分所,但由市局直辖,其机构设置见图4-2-1。

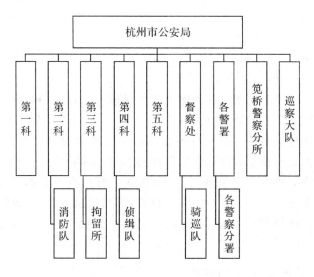

图 4-2-1　1928 年杭州市公安局组织机构③

　　杭州市公安局第一科主要负责警察章程文书、考核奖惩、会计财物、统计编辑、服装武器等事项,即为总务科;第二科主要负责户籍管理、出版审查、消

　　①　《市组织法》1930年5月20日修正版,第三条,《民国史料丛刊》第24卷,张妍、孙燕京主编,大象出版社,2009年版。
　　②　《杭州市六年来之卫生》,《杭州市政》,1933年第1卷第2号,浙江图书馆孤山路古籍部藏。
　　③　根据《修正杭州市公安局章程》内容由作者绘制,《浙江民政月刊》1928年第6期,浙江图书馆孤山路古籍部藏。

防、社会治安、外事、交通等事项,即为行政科;第三科主要负责违禁案件处理、司法递解、看押拘留、调解预审等事项,即为司法科;第四科主要负责侦查缉捕等刑事侦缉事项,即为刑侦科;第五科主要负责卫生检疫、食品安全、医疗审查等事项,即为卫生科。与清末沿袭而来的省会警察机关的机构设置相比,杭州市公安局突出了刑事侦缉的重要性,单设一科。1928 年 7 月浙江省政府公布了《杭州市公安局分区规则》,据此,杭州市公安局在辖境内采用区署、分驻所、派出所的组织体系。其中区署共设 7 个,分别冠以数字名称,其管辖范围如表 4-2-2 所示。每个区署在辖区内划分若干段设置分驻所,但不得多于 6 段(分驻所)。而分驻所辖境内划分若干分段,设置派出所,但不得多于 8 个分段(派出所)。

表 4-2-2　1928 年杭州市公安局外部组织与管辖范围①

| 区署名称 | 管辖范围 |
| --- | --- |
| 第一区署 | 上中城及城东等处 |
| 第二区署 | 中下城及城东北等处 |
| 第三区署 | 新市场及环湖等处 |
| 第四区署 | 江干及闸口等处 |
| 第五区署 | 湖墅及拱宸桥等处 |
| 第六区署 | 皋塘及笕桥等处 |
| 第七区署 | 灵隐天竺及云栖留下等处 |

1928 年 12 月,杭州市公安局曾一度改称为杭州市政府公安局,次年 4 月又改回为杭州市公安局,但其下属的组织变化较大,原 19 个分驻所和 3 个巡逻队都改为警察分署,形成 4 个警察区署、23 个警察分署、8 个分驻所、29 个派出所的架构②。原属省会警察厅的四乡警察另设杭县公安局进行管理,1929 年 2 月,杭县公安局建制从杭州市政府划出,归省民政厅直隶。同年 2 月,根据内务部颁发的省警察队编制并参照江苏省的做法,浙江省将杭州市公安局巡查大队增设的二中队改编为省警察队特务队三大队,也直辖于民政

①　根据《杭州市公安局分区规则》内容由作者制表,《浙江民政月刊》,1928 年第 8 期,浙江图书馆孤山路古籍部藏。
②　陈伟:《杭州公安大事记:1850—2002》,杭州市公安局印(浙内图准字(2003)第 108 号),2003 年版,第 20 页。

厅①。3 月份杭州市政府调整机构设置,据《杭州市政府组织大纲》的规定将公安局内设第五科整体划出,明确公安局掌理公安、消防及户口统计等事项②。

1930 年 5 月,杭州市公安局"按照内政部颁布《各级公安局编制大纲》第一二条规定改为省会公安局"③,同年 9 月《浙江省会公安局章程》颁布,章程明确省会公安局直隶于民政厅,内设总务、行政、司法三科,下设分局,分局长由民政厅委任。分局下设派出所,警长 2 人由局长委派。区分局警士编制成区公安队,设督察员兼队长和巡官若干,由局长委派;各机构用数字命名④。至此,省会公安局的组织架构与隶属关系基本定型。

### 三、宁波警察机关的调整

1927 年 3 月宁波市公安局组织机构开始进行改革,改革后的宁波市公安局内设三科:一科主要办理文书统计、财物会计、考核奖惩等总务事项;二科主要办理户籍、治安等行政事项;三科主要办理看守拘押、审讯递解等司法事项。虽然宁波市公安局内设科室少于杭州市公安局的五科,但它依据警察的特定职能划出若干独立成队,如勤务督察处、守卫队、拘留所、侦缉队、消防队、教练所等。宁波市公安局下设三个警区署,第一警区署下设三个分署,其余两个警区署各设二个分署,同时每个警区署兼领该警区内的第一分署。除这些常设机构外,宁波市公安局还下设残废院、济良所各一处,以收留接纳残疾无依人员和无家可归的妇人(详见图 4-2-2)。但残废院、济良所和局内的卫生事项都一度裁并归市政府管辖。

1929 年 8 月宁波四乡警察划给鄞县公安局⑤管理,宁波市公安局管辖范围以市区范围为主。其内部增设了秘书科,外部的三区署七分署设置不变,但增设巡察总队,下设五个分队。各区分署、巡察队的驻地如本章附录 4-2-3 表所列。

---

① 《浙江省政府委员会会议摘录》(第 207 次会议,民国十八年 2 月 25 日),《浙江民政月刊》,1929 年第 16 期,浙江图书馆孤山路古籍部藏。

② 《杭州市政府组织大纲》,《浙江民政月刊》,1929 年第 17 期,浙江图书馆孤山路古籍部藏。

③ 《浙江省政府民政厅训令日字第 562 号》,《浙江民政月刊》,1930 年第 30 期,第 143 页,浙江图书馆孤山路古籍部藏。

④ 《浙江省会公安局章程》,《浙江民政月刊》,1930 年第 34 期,浙江图书馆孤山路古籍部藏。

⑤ 1927 年 8 月鄞县警察局即从原宁波公安局中重建,但受宁波市公安局管辖,未单列。

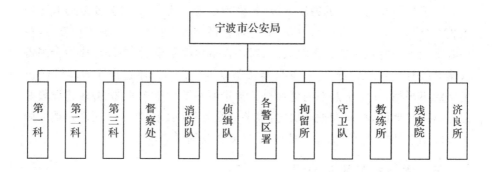

图 4-2-2　1928 年宁波市公安局组织机构图①

### 四、县级警察机关的调整

在朱家骅的主持下,浙江省于 1929 年 4 月 20 日发布《浙江省县政府公安局规则》,统一要求县设公安局,公安局下设 4 课。第一课为总务课,主管文书、任免、奖惩、器械、财务、统计等事项;第二课为警务课,主管编制、教育、区划、纪律、训练、消防、保卫、风化、社会取缔、外事等事项;第三课为司法课,主管传讯、预审、调解、侦防、拘留、违警处罚等事项;第四课为卫生课,主管城建清洁、食物卫生、医药管理、防疫禁毒、丧葬宣传等事项。民政厅通令各县自 5月起各县警察局改称公安局,各县警察分所改称公安分局,其命名不再以地名冠之,而是代以第一、第二等数字名。当然各县因各自的情况不同,差距较大,并未能全部按标准实施,仅有一、二课的县比比皆是,甚至有些县只是虚有其表,如孝丰县就是"名为分课办事,实则仅设课长、课员、事务员及督察员各一员"②。随着同年 5 月《令各县县警察所长改委为公安局长分所长改委分局长》《令杭县等四十一县遵照迭令克日编制政务警察拟具预算呈核》《通令各县将逐年警余截至十八年四月份止造册呈报备核》等政令的颁布实施,浙江省的县级警察机关从名称、机构、编制、财务等各方面基本趋于统一。

虽然在中华国民政府鼎定浙江之前,浙江原已初具规模的警察组织遭到几乎毁灭性打击,但在朱家骅的主持下,南京国民政府统治初期的浙江警政从混乱中走出并取得了很大的发展。到 1930 年 8 月朱家骅离任浙江止,浙江已

---

① 据《浙江民政月刊》1928 年第 8 期调查表编制,浙江图书馆孤山路古籍部藏。

② 张永竹编:《浙江省水陆各级公安机关沿革史略(四)》,《浙江警察杂志》1935 年第 19 期,浙江图书馆孤山路古籍部藏。

经构建了一个相对完整的警察系统,各县均已设有公安局,且公安分局数达到了 204 个[①],并设有 425 个分驻所,划分巡逻区 408 个。按土地面积计算,这在当时是属于警察机关覆盖面较大的省份,仅从机关数量看,浙江已成为全国警政建设颇有成效的省份之一(参见本章附录表 4-2-4)。不过由于人口和经济发展的不平衡,浙江中西部的警察机关数量明显要少于东北部,警政建设最好的当属绍兴地区,杭嘉湖地区次之,最差的是处州(丽水)地区。而衢州地区则一改民国初期落后的地位,名列前茅(参见本章附录表 4-2-5)。

### 五、水上警察机关的调整

北伐之后,浙江的水上警察机关基本未作调整,只是在名称上进行了改变。原内河水上警察厅和外海水上警察厅改为内河水上警察局和外海水上警察局。而其下属"区队名称,则仍其旧",包括其驻地也未发生太大变化,如在吴兴县内,仍然驻扎有内河水上警察局的基干力量,其中第三区区本部兼第十队驻南浔,第十一队驻乌镇,第十二队驻菱湖,第十四队驻大钱。内河水上警察局在 1929 年夏将其第三队改成巡游队,第一区各队抽调水巡 48 名,其余各队共抽调 32 名,编成巡逻队,这两支队伍由内河水上警察局局长直接指挥。至于第二、第三区的各队,每队又抽出巡船 4 艘,再另行制造小号飞划船若干,编成区巡游队,由区长直接指挥。至于外海水上警察局,则在 1927 年初裁撤了第七分队的钓船 12 艘和 101 名水警,但在当年改名后又由省政府另外拨付了泰安舰以增加力量。1928 年外海水上警察局"增设二队,十四分队,大小舰船十二艘"[②],但此后未再有大的变革。

## 第三节　承续中的扩延:警察人事制度的新举措

北伐成功之后国民政府开始把主要精力从军事上转向内政建设之中,内政的重点一是在于恢复民生,二是在于巩固统治。按孙中山拟定的建国方略,"中华民国"的建立应当分军政、训政、宪政三个阶段。蒋介石自认为是孙中山的继任者,北伐成功后便宣布进入到训政时期。"在训政时期,我们要注意的

---

① 1930 年底统计为 204 个,1929 年省内各县统计为 198 个。

② 张永竹编:《浙江省水陆各级公安机关沿革史略(十五)》,《浙江警察杂志》1935 年第 32 期,浙江图书馆孤山路古籍部藏。

是'训民以政'……在军政完结以后,如人民不经过相当的训练,即行民治,不是人民放弃自己的责任,便使为暴力或奸宄所劫持"[1]。因此,蒋介石认为警察是最为适合作为人民导师的人员之一,朱家骅也坚决贯彻这一思想,在浙江加强警察人事制度建设,以期提升警察素质与工作效能。

## 一、对标中央文件规定,规范警察队伍编制

1928年11月南京国民政府颁布实施新的《警察官官等暂行条例》[2]和《警察官俸给暂行条例》[3]。根据这两个条例,警察被纳入到国家公务员体系内的最低级别是县公安局的巡官和县公安分局的局员,即所谓的"警察官"。他们按照规定的等级(本章附录表4-3-1)可以获得相应的"官俸"(表4-3-2)。而实际上,当时除这些警察官外,大量的一线普通警察还有两级,分别叫做警长和警士[4]。警长和警士在当时通行的做法是各划分为三等,共有六个等级,每个等级的待遇不同,但相互之间的差距没有警察官的大,警士平均大约在9元,警长平均大约在11元[5]左右。因为不是"官",所以警长和警士发放的酬金就不称作"官俸"而叫"薪饷",这也是民国建立后一直延续下来的划分方式。

表 4-3-2　1928 年南京国民政府警察官俸表[6]

| 任别 | 一级 | 二级 | 三级 | 四级 | 五级 | 六级 | 七级 |
|------|------|------|------|------|------|------|------|
| 简任 | 580 | 520 | 460 | 400 | | | |
| 荐任 | 340 | 300 | 260 | 220 | 180 | | |
| 委任 | 150 | 130 | 110 | 90 | 70 | 50 | 30 |

从当时的文件来看,从中央政府到省政府对于警察编制的规范还比较粗放,其基本思路是"抓大放小",重视警察官,轻视警长警士。1928年的《各级

---

① 中国国民党浙江省党部临时委员会:《中国国民党浙江第二次全省代表大会会议记录》,1929年4月,第28页。

② 《警察官官等暂行条例》(1928年11月10日公布),《民国史料丛刊》第27卷,张妍、孙燕京主编,大象出版社,2009年版。

③ 《警察官俸给暂行条例》(1928年11月10日公布),《民国史料丛刊》第27卷,张妍、孙燕京主编,大象出版社,2009年版。

④ 警长警士的叫法是在1930年颁布《警长警士服务规程》后明确的,实际上在1927—1930年间,各地的文件、报刊等还是大量采用巡长、长警等称呼。因难以统一,在此借用该名称。

⑤ 1930年的数据,据警察财务推断,1927年应当低于该数。

⑥ 《警察官俸给暂行条例》附《警察官俸给表》,《民国史料丛刊》第27卷,张妍、孙燕京主编,大象出版社,2009年版。

公安局编制大纲》,虽然并不是针对警察人员而是针对警察机构的文件,但在一定程度上还是确定了警察官的编制。比如在其第三条就规定"公安局就其管辖境内,得依自治区划分为若干区,每区设公安分局一所",那么基本上分局长的数量就已明确;另外其第十条规定"各县第一区公安分局附设于公安局内,该分局主任由公安局长兼任之",这也就明确了分局长数一定比分局数要少一个。正如前述,浙江在民国时期一直是对中央政策执行比较到位的一个省份,警察官的任免在浙江也按文件规定执行。另外在警察编制上,该文件给出了一个新的配置标准。其第九条明确"公安局为稽查、游缉或临时戒备之必要得编练警察队"。以此为参照,包括杭州市在内的一些有条件的公安局就可以增加警察人数,不过限于经费,大部分警察队的做法还是抽调原有警力组建。

## 二、实事求是,加强一线警察力量

尽管中央对于警长、警士的编制没有提出明确要求,但浙江省并未忽视他们,毕竟警政的落实还需要依靠一线警察开展工作。对于一线普通警察的编制,浙江各地在这一时期还是主要以北洋政府形成的"棚"为基数。比如在1928年的各地军政报表中,昌化县的警力就是"陆警两棚",桐乡县是"各区一至二棚",衢县是"共有八棚"①……就算其中一些县填写的是实际数量,我们也能轻易地发现,其警察编制仍然是按"棚"计算。比如孝丰县和武康县都是55名,折算成"棚"就是这两县各有警察5棚,因为一"棚"的标准配置是10名警士加上1名带队警长,而在警长之上带队的巡官则已经作为"警察官"而不计入其中。

1930年,全国对各省和重点市的警力情况进行过统计,对各省和重点市的警官、警长、警士甚至是警政机关中的杂役雇员数量都有汇总,其数据可见本章附录表4-3-3。由于是按警察机关中的人员的身份进行区分统计,表中数据可以较为轻易地计算出警察官、一线警察(警长、警士)和杂役人员在警察机关中的所占比例。其结果显示在浙江警察队伍中,警察官占比仅为5.88%,在警察官占比最少的省市中排名第4;一线警察占比为82.75%,在一线警察占比最多的省市中排名第3;杂役人员占比11.4%,排位中游;与此同时,浙江警察队伍的全部人数达到18605人,全国排名第4。由于警察官的官俸高于

---

① 以上各县警察棚数源于《浙江民政月刊》1928年第6—9期军政调查表,浙江图书馆孤山路古籍部藏。

警长、警士,更高于杂役人员,浙江这样的警力布局可以使得在经费一定的情况下募集更多的警力,这从一定意义上印证了浙江在警察队伍的建设方面处于全国领先的地位且更重实效。

浙江省民政厅也开展了对各地警力的调查,以图掌握全省警力的分布情况。浙江省1929年公布了全省的警力情况,其具体的警力统计数据可以参见下面两表,其中表4-3-4的统计时间是1929年年中(约6月),而表4-3-5的统计截止时间是1929年年底。在列入统计的各警察机关未变的情况下,1929年年底的警察总数要高于当年年中数,说明浙江还在不断地充实一线警察队伍。另一方面,数据显示水警基本未变、各市县陆警在增加,说明浙江的警察队伍还是优先侧重于陆上警力的保障。同时,各地区的警力占比情况还印证了前述浙江省内东北部警政建设优于中西部的结论。

**表 4-3-4 1929 年浙江省警力配置情况①**

| 属地 | 警察数 | 百分比 | 属地 | 警察数 | 百分比 |
|---|---|---|---|---|---|
| 杭州市公安局 | 1573 | 11.19% | 宁属各县公安局 | 672 | 4.78% |
| 宁波市公安局 | 705 | 5.01% | 绍属各县公安局 | 1239 | 8.81% |
| 省警特务队 | 891 | 6.34% | 台属各县公安局 | 320 | 2.28% |
| 外海水警局 | 1171 | 8.33% | 金属各县公安局 | 638 | 4.54% |
| 内河水警局 | 2334 | 16.6% | 衢属各县公安局 | 454 | 3.23% |
| 杭属各县公安局 | 1033 | 7.35% | 严属各县公安局 | 346 | 2.46% |
| 嘉属各县公安局 | 973 | 6.92% | 温属各县公安局 | 658 | 4.68% |
| 湖属各县公安局 | 748 | 5.32% | 处属各县公安局 | 305 | 2.17% |
| 合 计 | | | | 14060 | 100% |

**表 4-3-5 1929 年浙江省警力配置情况②**

| 类目 | 省警特务队 | 各市县公安局 | 内河水警局 | 外海水警局 | 总计 |
|---|---|---|---|---|---|
| 警数 | 891 | 10706 | 2501 | 1050 | 15148 |
| 百分比 | 5.87% | 70.68% | 16.51% | 6.94% | 100% |

---

① 《调查统计·浙江全省水陆警数统计图》,《浙江民政月刊》1929年第20期,浙江图书馆孤山路古籍部藏。

② 《统计图表·浙江省警力分配图》,《浙江民政月刊》1930年第26期,浙江图书馆孤山路古籍部藏。

### 三、结合政改,调整警察队伍结构

新政权的稳固必定伴随革弊除旧,孙中山认为"真正民治,则当实行分县自治"[①],南京国民政府定都南京后针对县级政权方面存在的问题首先做的就是"革除书吏差役制度"。1928 年国民政府就"通过改组,逐步淘汰了旧的书吏差役制度,建立了新的科层机构和新式政务警察制度"[②]。这也意味着警察队伍出现了一个全新类别——政务警察,所谓的政务警察在《县组织法》[③]的第十五条被明确规定为"县政府得设置警察办理催征、送达、侦缉、调查等事项,其名额由民政厅核定之"。从各类资料来看,浙江省在 1928 年有个别县已办理政务警察,浙江省民政厅也给予了指导。很显然政务警察是一种特殊的警察,它不归各县的公安局管理,而是由县政府管理,直属于县长。浙江省在1929 年 5 月发布了《令杭县等四十一县遵照迭令克日编制政务警察拟具预算呈核》,编制了政务警察章程及训练纲要,"通饬全省各县一律遵照办理",并且明确编制是"查政务警察人数依照部章规定十二人为一棚"[④]。平湖县、温岭县在接到通知的当月就成立起"政务警察",随后全省的大多数县也成立起政务警察队伍。

然而政务警察的改革并不成功。究其原因首先是权责不明,清末建警后,县内警察有时会被县长派委兼任部分吏员的工作,但毕竟只是"兼差",主次清晰。但各县"缉捕事宜系责成军警保卫团办理;催征银漕则责成经征员、催征役办理;起解人犯则责成警察所办理;传案拘提,传递送交件则责成司法警察、承发吏办理……兹奉令饬改编政务警察办理"[⑤],可见政务警察是冠以"警察"之名,不行警察之事,还是传统的书吏,只是换了个名而已。而且"各县政务警察大都沾染旧习积弊殊深",有了"警察"之名,更增添了鱼肉百姓的威权。为此如平湖县就提出要严格考验政务警察,并且布告民众协助监督,"非因公事或奉有命令,不得任意外出,不得无故至茶寮酒肆闲坐,不得勾结流氓地痞,不

①　王耿雄:《在"俄国皇后号"邮船上的谈话》,《孙中山集外集补编》,上海人民出版社,1994 年版,第 290 页。

②　李铁明:《论南京国民政府时期的县政改革》,《求索》,2009 年第 2 期,第 211 页。

③　指 1929 年 6 月 5 日公布的《县组织法》。

④　《浙江省政府民政厅指令第 12026 号》,《浙江民政月刊》1929 年第 21 期,第 83 页,浙江图书馆孤山路古籍部藏。

⑤　陆益善:《长兴县十七年十月份政治工作报告》,《浙江民政月刊》1929 年第 17 期,浙江图书馆孤山路古籍部藏。

得招引闲杂人等进内闲话,不得向诉讼当事人藉端需索"①。其次是增加了额外的财政负担。有的县政府报告称"政务警察于本年五月成立一棚,由增加县经费项下拨给饷银。本月奉令增拨各局津贴,致原定津贴不敷支配,因裁减政务警,只成立半棚"②。随着政务警察办理的深入,浙江省政府也意识到了这点,"各县自奉令后均经积极进行,已报告成立者计有五十余县,其余因经费竭蹶,迭经催促仍未能完全成立。而已成立各县所筹之经费亦多属征收盈余及兼理司法部分之吏警经费,拨充办法既多歧异复感困难"③。恰于当时《县组织法》进行了修正④,新的修正案中对政务警察没有明确要求,于是浙江省民政厅认为"政务警察在新颁县组织法中既无规定其职权,复与其他警察分割不清,加以经费困离流弊滋多义无可取,今将其职务仍由司法吏警等办理,实行取消,事实上必不发生若何困难也"⑤。最后呈请内政部同意后,浙江 1930 年 7 月再次通令各县一律取消政务警察,恢复司法事务仍由司法吏警办理,缉捕事务责成普通警察办理,催征事务划归催征员役办理的方案。"政务警察"这一特殊的警察编制仅仅存在了 15 个月。

　　除了独特的政务警察以外,一般的县内在正常的陆警和水警之外会有少量的司法警察存在,在当时已经有专门的人员担任而不仅仅是兼任,并且给予了"法警"的简称。比如在武康县和孝丰县上报的调查表中,就可以明确看到这是单独划分出来的,他们各有 3 名和 4 名法警。另外还有森林警察、渔业警察、矿务警和铁路警察等,这些警察基本都是由相关中央机关直属派出管辖。如 1930 年的《修正农矿部组织法》就明确其内部设林政司,掌管森林警察事项;设矿政司,掌管矿务警察事项。但根据《县组织法》,各县的公安局也有保护森林渔猎等职责,所以部分县还是设立了专门的森林警察等。如宣平县就有森林警察,其职责是察查砍伐森林、制止烧山、防火、监督开垦荒地等⑥;象

---

①　方立:《平湖县十八年二月份政治工作报告》,《浙江民政月刊》1929 年第 19 期,浙江图书馆孤山路古籍部藏。

②　王致敬:《温岭县十八年七月份政治工作报告》,《浙江民政月刊》1929 年第 23 期,第 277 页,浙江图书馆孤山路古籍部藏。

③　《浙江省民政厅三月份政治报告》,《浙江民政月刊》1930 年第 33 期,第 112 页,浙江图书馆孤山路古籍部藏。

④　1930 年 7 月 7 日修正。

⑤　《浙江省民政厅三月份政治报告》,《浙江民政月刊》1930 年第 33 期,第 112 页,浙江图书馆孤山路古籍部藏。

⑥　《宣平县政府十七年一月份政治工作报告》,《浙江民政月刊》1928 年第 7 期,浙江图书馆孤山路古籍部藏。

山县报告称 1929 年在西滬第三联合村试办森林警察 2 名[①],并计划在经费允许时会招募更多。

## 第四节 沿袭与变革:警察职责与勤务方式的新变化

从清末建警以来,警察的职能实现了军警分开并尝试实行政警分开,设置专职的司法警察、新式的刑事警察、外事警察和盐务、交通、渔业、公路等行业警察,尤其是女子警察的正式创办,使得警察的分工越来越细,警察职能逐渐聚焦于刑事侦查、户籍管理,犯罪预防、市容管理等方面,总体趋势朝着警察职能专业化的方向不断演进。南京国民政府统治初期,浙江警察的职能除了沿袭北洋政府时期警察的基本职能外,出现如下一些变化。

第一,部分市政职能从警政中开始剥离。1927 年成立杭州市后,市公安局的职责是"掌理市警察警政公共卫生、消防火灾、维持风化、取缔车辆船舶之行驶、医师营业及医院药房管理,公立市场、小菜场、屠宰场、浴场、酒楼、饭馆、戏院、厕所及街道住宅之清洁卫生事项"[②]。1929 年的《县组织法》中对县公安局的职责有明确描述,其主要内容包括:户籍、警卫、消防、防疫、卫生、救灾、保护森林渔猎等。其时,本属市政的卫生职能仍是警政的重要事项。而 1930 年的《市组织法》中则对市公安局的职责规定为负责公安事项、消防事项、公共卫生事项和医院菜市屠宰场及公共娱乐场所之设置及取缔等事项,但其中它又规定市政府于必要时可增设卫生局,该局掌理原由公安局负责的公共卫生事项和医院菜市屠宰场及公共娱乐场所之设置及取缔等事项,卫生这一社会职能逐渐从警政剥离,由更专业的机构与人员承担。事实上,在朱家骅的领导下,浙江省于 1929 年 3 月就在杭州市及部分县设立了卫生科等专门机构接管原由警察负责的防疫、公共卫生等事务。虽然当时菜市屠宰场及公共娱乐场所之设置及取缔仍是由警察机关负责,但仍可视为是将部分市政职能从警政中剥离的尝试。

第二,高度重视警察社会教化的功能。清末建警时就将正风俗、改良社会风气纳入警察的职责范围,"即使不违反法律,只要有损公共安全与秩序,都会

---

① 《象山县十八年七月份政治工作报告》,《浙江民政月刊》1929 年第 22 期,第 224 页,浙江图书馆孤山路古籍部藏。

② 《修正杭州市暂行条例》,《浙江民政月刊》1928 年第 6 期,浙江图书馆孤山路古籍部藏。

受到警察制止"①。国民政府统治时期将警察社会教化的职能提高到前所未有的高度，强调警察需率先垂范，"要事事能以身作则，指导民众的生活行动，改良社会的风俗习惯；使一般民众都能成为良好的国民，使一般社会能够健全进步，成为新的社会"②。警察在做百姓先生的同时对"如有不守规矩的百姓，我们就要督责他，教训他"③，"警察就是民众的导师"④。并且国民政府将警察的教化功能上升为制度建设层面，颁布了一系列法规法令予以规范，如 1928 年颁布的《内政部警政专门委员会条例》规定"警察人员执行职务，均以干涉为原则，己身不正，何能正人。尤应绝对戒除不良嗜好，为民表率"，并明确列出八条妨害风俗的违警罚法行为⑤。1928 年国民党召开二届五中全会宣告"军政时期"结束，"训政时期"开始，蒋介石提出"全国人民十二要"⑥，浙江省要求各地县政府和警察"大字布告广贴城乡周知，更用黑油木，专纵三尺横六尺，以白粉大书各款，在城乡衢市民众易于注视各处永久悬挂"⑦；而这"十二要"中多条要求警察除以身作则外还要承担风俗引导、宣传教化的职责。

　　第三，传统警察职能的延续与变迁。除了以上两项最为重大的变化之外，警察职能基本与北洋政府时期一致，只是在一些细小方面有所区别，主要体现在原全部由警察负责的，现由其他部门共同署理，或是原警察较少参与的现为其主要职责。其一，户籍管理受地方自治影响有从警政中划出的趋势，但并未完全实施。1928 年浙江省通令各县要求招考户籍人员，虽然明确"警察所分所长及县政府办理户籍之科长当然受试"，但也有"四方学子不限资格皆得报考"⑧的要求。关于户籍的管理机关，省政府曾计划成立各户籍区事务所，专门负责户口的调查登记，不过也提出设有警察分所的地方即以该所执掌户籍事务，不再另设户籍事务所。其二，禁烟达到新高峰，但随着禁烟机构相继裁撤，禁烟事务仍需仰仗警察予以实施。据 1928 年初的浙江省各类禁烟文件等

　　① 谢闻歌：《英美现代警察探源及其社会调控职能透析》，《世界历史》，2000 年第 6 期。

　　② 《宪政实施期中警察应有的准备和努力》，《广东警保月刊》1948 年第 3 期。

　　③ 郑宗楷：《警察法总论》，商务印书馆，1938 年版，第 9 页。

　　④ 张其昀：《先总统蒋公全集》(第 2 册)，台北中国文化大学出版社，1984 年版，第 619 页。

　　⑤ 徐白齐：《中华民国法规大全》(第 1 辑)，商务印书馆，1936 年版，第 821 页。

　　⑥ 要崇尚道德；要誓雪国耻；要破除迷信；要购用国货；要勤修道路；要多种树木；要戒除烟酒嫖赌；要厉行勤苦俭朴；要锻炼健全身体；要人人识字读书；要禁止女子缠足；要注意清洁卫生。《警察十二要》，《警察杂志》1933 年第 16 期，浙江省警察协会编，浙江图书馆孤山古籍部藏。

　　⑦ 《浙江省政府令民字第五六四号》，1928 年 5 月 14 日《浙江民政月刊》，1928 年第 7 期，浙江图书馆孤山路古籍部藏。

　　⑧ 《筹办户籍具体计划》，朱家骅，《浙江民政月刊》1928 年第 6 期，浙江图书馆孤山路古籍部藏。

规定涉及禁烟的部门有禁烟局、各市县的征收机关、各市县医院、各市县公安局等。当时因为北伐军筹集军饷的需要,虽然国民政府内部厉行禁烟的呼声很高但一直没有真正实施。到1928年下半年,浙江、江苏裁撤了禁烟局,该项工作就分成了两个部分,警察负责查禁烟苗种植和传唤拘捕吸烟人员,地方医院则设立戒烟所负责登记收纳①,如南田县就派警传唤登记戒烟人员入所②;平阳县对戒烟意志薄弱的,派警察"催告勒令"继续入院戒烟③等。其三,扩大警察的司法职能,并以法律的形式予以保障。民国建立之初其政权组织中就有司法独立的倾向,而警察系统一向归入行政体系的民政系列,虽之前有司法警察一说,有些地方的确存在少量独立的司法警察,但并未有明确的法律法规授权。1929年浙江省民政厅在训令中根据当时《刑事诉讼法》第227条、228条的规定"县长、公安局长、宪兵队长官、警察官长、宪兵官长、军士均为司法警官"和229条的"司法警察亦不限于专办司法事务之法警"④,明确提出所有的警察都可为司法警察。其四,积极融入到地方保卫体系中,打压进步力量和进步文化。1928年6月4日浙江省公布《浙江省街村制施行程序》、《浙江省街村制》和《浙江省街村保卫团条例》,明确除县外,街村也设保卫团,且"受各市县长之指挥监督并受当地警察长官之指导"⑤。遂昌县在地方保卫事务中就要求警察派员帮助保卫团进行军事训练、指定保卫团会操时间、接收保卫团公文、参加保卫团会议等。1929年《清乡条例》规定"各省清乡局设局长一人由省政府主席兼任……事务主任一人由省警务处长兼任;县清乡局……副局长一人由县公安局长兼任……"⑥,因此各县类似派警察清查共产党标语、刊物、查捕共产党员、巡逻防范农工抗租抗捐等工作都成了日常工作。其五,保护国民党基层党部,协调处理其与地方的关系。"训政"开始后,蒋介石大力推进

---

① 《中华民国国民政府浙江省政府令民字第一一二六四号》,《浙江民政月刊》1928年第7期,浙江图书馆孤山路古籍部藏。

② 毛皋坤:《南田县十八年一月份政治工作报告》,《浙江民政月刊》1929年第18期,浙江图书馆孤山路古籍部藏。

③ 叶燕孙:《平阳县十八年一月份政治工作报告》,《浙江民政月刊》1929年第18期,浙江图书馆孤山路古籍部藏。

④ 《公牍·县政·浙江省政府民政厅训令第四四三〇号》,《浙江民政月刊》1929年第17期,浙江图书馆孤山路古籍部藏。

⑤ 《浙江省街村保卫团条例》第三条,《浙江民政月刊》1928年第6期,浙江图书馆孤山路古籍部藏。

⑥ 《清乡条例》(民国十八年九月十七日公布),《民国史料丛刊》第24卷,张妍、孙燕京主编,大象出版社,2009年版。

"以党治国"，特别加强基层国民党支部的建设，希望达至"一党专政"的目的。许多的国民党地方党支部就在这个过程中表现出激进态势，对需要缓慢改善的一些社会问题如迷信、禁烟等采用高压和严厉手段，激化了与民众的矛盾。作为维护地方治安力量的警察往往需要前往"救火"，安抚百姓、劝阻国民党员。镇海县县长就曾报告说"下级党部偶有任意行动，幸军警维护得力"①。

　　至于警察勤务方式虽还是主要沿用守望和巡逻制，但在具体运行实施方面仍有不少改进。1928年《各级公安局编制大纲》规定，在各市、县公安局或工商业繁盛的地方，警察的勤务方式采用守望兼巡逻制。同时该文件还比较详细地规定了巡逻区的划分方法，除了各市、县公安局或工商业繁盛的地方以外，"居民每千人以上二千人以下，划为一巡逻区，每区以警察一人专任巡逻之职务，但有特别情形者，警察员额之设置不得按人口计算"②。1930年，鉴于当时地方公安局的警士基本集中在县城区域内而地广人稀的广大乡村却无人巡查，"有时城市或地方之周围若干里，不能见一警士"③的状况，浙江推出了《修正浙江省县公安局组织规程》。该规程中将各地公安局在偏远但人口较多的乡村"各设一派出所……派出所规则另定之"的内容修正为"各设一派出所并得遵照部章酌设巡逻区……派出所规则另定之"④以加强对偏远农村地区的巡逻。

　　国民政府统治初期对警察巡逻和守望均已颁布制度化、标准化的要求，1930年国民政府因"查各省市警察服务办法均多疏略，亟待制定规程俾有遵循以昭划一"⑤，特制定颁布了《警长警士服务规程》。其中对警察的总体要求就是要在其所管辖的区域内熟知一切道路、桥梁、村落、机关、学校等公共场所的设置，并分别对守望、巡逻进行了细致的规范说明。规程第三十条到第三十四条明确规定了守望的岗位设置、守望的姿势规范和守望的轮替等；第三十五条到第四十二条则明确规定了巡逻路线的确定、巡逻途中要求、巡逻考勤方式、巡逻的注意事项等。整个规程还将警察的勤务明确分为了外勤和内勤两部分，而且在官方文件中首次出现了国民政府统治后期盛极一时的警管区制

---

① 《镇海县十八年一月份政府工作报告》，《浙江民政月刊》1929年第18期，浙江图书馆孤山路古籍部藏。
　　② 《各级公安局编制大纲》第六条。
　　③ 《各县警察之组织》，《警政顾问建议录要》，1930年第1期第85页，浙江图书馆孤山路古籍部藏。
　　④ 《修正浙江省县公安局组织规程》第十九条，《浙江民政月刊》1930年第35期，第69页，浙江图书馆孤山路古籍部藏。
　　⑤ 《浙江省政府民政厅训令日字第408号》，《浙江民政月刊》1930年第30期，第141页，浙江图书馆孤山路古籍部藏。

度改革。浙江对勤务的基本方式在实际的运用中做了部分改进,使其效果、效率等都有所提升。首先,成立警察队这一专门的巡逻力量来弥补因警力分散而致巡逻不力的弊端。各地公安局一般都分成内、外部两个部分,只有作为外部机构的各分局和分驻所等拥有可供随时调遣的一线巡警警力,总局内只有内部办公机构的警官、雇员及少部分担任守卫的警力,所以无力应付巡逻。为此,很多县成立了一支可由公安局总部、公安局长直接指挥的警力——警察队,用于加强机动巡逻力量。其次,更新警察装备,扩大巡逻范围,提升巡逻效率。杭州市、宁波市等有条件的公安局中都购置了自行车,建立骑行队来提升警察的机动能力,便于开展巡查。再次,讲求实效,改变一些流于形式不切实际的做法。比如对于新成立的骑行队,每次都是整队出动,气派威风地在街上呼啸而过,类似游行,对于真正的治安巡查没有丝毫作用。因此将其分成小队分时巡逻于不同的偏远之处,而且要求做到时时下车查访。

　　水警勤务方式由驻防制改为游巡制。1930年浙江省民政厅报告称"查本省内河水警所辖各区队向系分区分段驻防,但年来嘉湖两属时有大股盗匪结队成群到处劫掠,其所持枪械又属精利,水警分防各处,每有因实力无多致将全部警械被匪劫夺,若再不另定变通办法,不特于地方治安毫无裨益,实于水警自身亦多危险。因有上述危险经饬据该局将第二、三两区及第三队各分队抽调集中,改为游巡以资救济。其原有驻防各地一经抽调,地方必起恐慌,并经令饬该局督饬各该局队长随时负责常川分往游巡,以资兼顾"①。所以,最终浙江的内河水警鉴于辖防区域辽阔,集中游巡仍然会有顾此失彼的问题,最后采用了废除防地制,一律改编为巡游队以分段游巡的方式实施勤务。水警同时还负责一些在水上进行的营运行业的查禁和取缔工作,如查禁转移至内河船上开设妓院的娼妓等,浙江省在1929年5月还下达了《令内河水上警察局查禁沿江妓船》的命令。

## 第五节　务实与创新:警察教育的新气象

　　北伐结束后浙江的警察组织机构很快得以恢复,但刚开始能恢复的只有数量,质量堪忧。这主要有两方面的原因:其一,由于刚经历动乱,警察力量大

---

① 《浙江省民政厅四月份政治报告》,《浙江民政月刊》,1930年第34期,第128-129页,浙江图书馆孤山路古籍部藏。

大削弱,不仅民间盗贼横行,而且警察自身队伍也已破败到了危险的程度,民众对警察信任度不高。在当时各县的政府工作报告中,政府官员也承认"警务废弛,烟、赌、娼公然营业,各警所陋规亦未革除"[①],"各警察分所长对于应办之事毫不注意"[②],"警所各长警对于违警案件自由处罚,各警察所巡长恃势横行"[③],"警察缺少训练"[④]等。其二,在民国建立后,北洋政府统一了警官的教育,浙江省没有自己培养警官的力量,以至于各县的公安局局长、巡官、警长等当时浙江省警察队伍的骨干力量都缺乏正统的警察教育,不具备良好的职业道德和职业素养。如在1928年的4—6月间,浙江全省警察系统警长以上被控告的人数达到180人,查实法办的有30人[⑤]。1929年度警察官员受指控与查实案件仍居高不下(表4-5-1),这些指控案件绝大多数集中于贪污受贿、滥

表4-5-1　浙江省警务官员控案统计[⑥]

| 职别 | | 控案件数 | 被控人数 | 查实处分者 | | 所控不实案件 | 行查中案件 |
|---|---|---|---|---|---|---|---|
| | | | | 案件 | 人数 | | |
| 市县公安局 | 局长 | 51 | 27 | 7 | 3 | 3 | 41 |
| | 署长 | 2 | 2 | | | | 2 |
| | 分局长 | 85 | 63 | 11 | 9 | 8 | 66 |
| | 署员 | 3 | 3 | 1 | 1 | 2 | |
| | 队长 | 1 | 1 | | | | 1 |
| | 巡官 | 6 | 6 | | | | 6 |
| | 巡长 | 4 | 4 | | | | 4 |
| 内河水警局 | 区长 | 1 | 1 | 1 | 1 | | |
| | 分队长 | 6 | 6 | 1 | | 1 | 4 |
| 外海水警局 | 队长 | 2 | 2 | | | 1 | 1 |
| 合计 | | 161 | 115 | 21 | 15 | 15 | 125 |

---

① 《嘉兴县六月政治工作报告》,《浙江民政月刊》1928年第8期,浙江图书馆孤山路古籍部藏。

② 《海宁县六月政治工作报告》,《浙江民政月刊》1928年第8期,浙江图书馆孤山路古籍部藏。

③ 《嘉善县六月政治工作报告》,《浙江民政月刊》1928年第8期,浙江图书馆孤山路古籍部藏。

④ 《孝丰县六月政治工作报告》,《浙江民政月刊》1928年第8期,浙江图书馆孤山路古籍部藏。

⑤ 数据源于:《各县警所长控案行查表》,《浙江民政月刊》1928年第6期;《各县警所长控案行查表》,《浙江民政月刊》1928年第7期;《各县警所长控案行查表》,《浙江民政月刊》1928年第8期,浙江图书馆孤山路古籍部藏。

⑥ 《浙江省警务官员控案统计表(十八年七月至十二月)》,《浙江民政月刊》1930年第26期,浙江图书馆孤山路古籍部藏。

用职权、包庇赌毒、勒索强要等。针对这种情况,朱家骅在上任后大力兴办警察教育、整顿警察队伍以提升警察素质,在警察教育制度、教育的层次和种类、课程设置、师资选聘等诸多方面进行了大胆的探索与尝试,警察教育渐成浙江警政的一面旗帜,影响力冠绝全国,促进了中国近代浙江警察教育的发展。

## 一、初步形成警官与警察教育、学历教育与在职培训相结合的警察教育体系

其一,浙江省警官学校于 1928 年 9 月 12 日正式开学①,该校"以教授警察实际应用学科养成警官人才为宗旨"②,主要培养较高层次的警察官,"直隶于省政府民政厅"③管辖,校长由民政厅提名推荐省政府任命,分队长以上的教职员工由校长推荐民政厅委任(即委任警察官),其他教职员工由校长任用。警官学校成立之初由朱家骅兼任校长,1930 年施承志接任校长。浙江警官学校分正科和速成科两类学制,正科学制 2 年,速成科学制 1 年,此可视为浙江警察教育的学历教育层次。其二,警官讲习所、警察补习所为浙江警察在职培训机构。警官讲习所的全称是"浙江警官学校附设讲习所",主要加强任职警官的专业知识培训,所以它招收的学员都是全省各地的在职警官(不包括警长和警士),采用轮调的方式让警官入所学习,为期三个月。警察补习所是初级的在职警察补习所,其对象就是普通的警长和警士,在各地方所属的公安局、分局等内部设立,由当地公安局制定详细制度,公安局长、分局长、局员、巡官等兼任所长、教员,轮调警察参加。其三,省警士教练所主要培养具备实际应用警务能力的一线干警,实际上是新募警察的入职培训,"直隶于省政府民政厅"④。省警士教练所计划招收每期 480 名的学员,为期 6 个月,主要招收 20 岁以上、30 岁以下且具有高级小学或同等学力或曾担任警察及士兵未有不良记录的学员。1930 年底,为节省经费,"并求警官警士教育之统一计"⑤,省警士教练所并入浙江省警官学校。此外,1929 年 5 月水上警察局设立水警传习

---

① 浙江省警官学校的招生考试是在 5 月,9 月 12 日仅是开学,因此本书作者认为其建立时间应当为 1928 年 5 月。当时的校舍为杭州上仓桥原陆军第六师的营舍改建而来。后于 1929 年 2 月民政厅增拨雄镇楼直街的一处营房给警官学校扩大校舍。

② 《浙江省警官学校章程》,《浙江民政月刊》1928 年第 7 期,浙江图书馆孤山路古籍部藏。

③ 引文为《警官学校章程》内容。

④ 《浙江省省警士教练所章程》,《浙江民政月刊》1928 年第 7 期,浙江图书馆孤山路古籍部藏。

⑤ 张永竹:《八年来浙江省训练警察概况》,《警察杂志》,1935 年第 15 期,浙江图书馆孤山路古籍部藏。

所,1929年宁波市市长罗惠侨要求公安局局长毛秉礼开办宁波警察教练所,最初位于鼎新街,每期招收学警60～80名,训练时间3个月。但是好景不长,1930年秋就因为市政府无法拨付款项而停办。

## 二、各类常设教育机构组织完备,课程设置科学合理

其一,浙江警官学校的教职员工主要设校长1名,教务长1名,总队长1名,其他为教员、分队长、分队副、事务员、书记等,另外还单列编制招募守卫警察若干。学校的经费由省政府的预算单独拨付,免收学生学费,学生只需另缴每学期(一年两学期)讲义费6元、伙食费36元和制服费20元。正科和速成科每期各计划招生200名,分4个班授课,其报名条件要求20岁以上、30岁以下,思想纯正,体格健壮,同时还需具备一定的学历资质①。自1930年始,浙江省警官学校在第二期学员中开始招收女警,是全国最早招收培养女警的警察教育机构。其课程设置主要有思政类、警察实务类、法论类、辅学类和军事类课程,侧重于警官的研讨能力、对法律知识的掌握。由于正科和速成科的学制不同,其学习的内容也有较大区别(见本章附录表4-5-2)。其二,警官讲习所、警察补习所等在职警察培训机构其内部机构设置相对较为简单。警官讲习所设有所长、教务长、总队长、分队长、教员和事务员等,但按照章程规定所长和教务长都由浙江警官学校的校长和教务长兼任,而且教员大多也由该校教员兼任。所需经费也由省政府一并拨给,学员缴纳讲义费3元和伙食费6元。警察补习所不发放任何人员薪酬,只是笔墨纸张等杂项允许在各地的违警罚金项目下予以支出,1931年5月按内政部命令"转饬各局县举办长警补习所后,乃将其停办"②。二者课程设置也不同,警官讲习所开设十门课程,包括三民主义、警察要旨(附行政警察等)、警察法令、违警罚法、服务心得、地方自治、户籍法、刑法要义、军事学大意和操法。警察补习所只开设五门课程,包括三民主义、警察要义、勤务须知、现行法令概要和操法课。授课时间规定为每日开班,课堂内授课一小时,室外操课或执勤指导一小时。并且每月进行考试,然后按照长警赏罚规则给予奖惩,不过实际上"惟此项办法,原为因急于

---

① 学历资质主要分三类:一是法政学校或者警察学校一年以上毕业的;二是陆军学校一年以上毕业的;三是初中毕业或有同等学历的。除了面向本省以外,在开办初期,浙江还要求中央派送退伍军官来浙加以警察的训练,以补充速成科的生源。

② 张永竹:《八年来浙江省训练警察概况》,《警察杂志》,1935年第15期,第29页,浙江图书馆孤山路古籍部藏。

训练各属警察而一时无法造就人才之权宜办法,当非彻底,故成效无多"[1]。其三,省警士教练所组织完备,规模较大。1929年9月浙江省民政厅第250次厅务会议上通过决议建立省警士教练所,校址位于杭州延龄路(即现延安路)。根据章程规定,省警士教练所建立之初设有所长1人,教务长、总队长各1人,教官、队长、区队长各若干人,所长、总队长、教员的任免形式与浙江省警官学校一致。课程设置主要倾向于警察业务类,主要课程有三民主义、警察要旨(附行政警察等)、警察法令、违警罚法、农业警察(附农业大意)、户籍法、自治浅说、统计浅说、刑法大意、军事学大意和操法(附柔术、剑术)。主要培养警士警务实战能力,大部分与执勤相关,同时在授课中要通俗易懂,"应浅明简要并以用语体文为主"[2]。所内学员每三个月都要进行一次考试,考试合格的准予毕业然后由民政厅分发各地录用。省警士教练所经费由省财政划拨,学员全部免费而且每月可获6元津贴。

### 三、重视警务人才,坚持引进来与走出去相结合的培养方式

浙江除了建立体系化警察教育机构,用充足的财政保障来加强警察教育外,还十分重视警务人才引进来与走出去的培养方式。朱家骅在谈到浙江的警政时曾说"省警政亟应整顿,需用人才尤急,虽已设立警官学校及举行警官考试两次,但该学校学生毕业尚需时日",而"吾国警政历史以北平及天津办理较著成绩"[3],遂派员赴北京、天津招考警官。但第一次赴北京招募,本打算募集400人,结果只有300人到位加以培训一个半月后分配至各警察机关。除引进来之外,浙江还选派学生出国留学学习先进的警察理论知识。1930年内政部从高级警校第十五届毕业生中选拔最优秀的学员去东京接受内务省警察训练学校的培训,时逢浙江警官学校第一期正科生毕业,于是浙江省大力争取名额,最终派遣胡福相、胡明远、李知章、揭锦标、徐励、沈贵德、马兆良、徐维新、李伯涛、楼国桢、韦淡明、周炳荣、邢世彦、赵昭奎、屠中瀚、杜时雨、包际春、贾仲照、张永竹、姜邦桢等20人留学日本(另有张包元自费留学)。同时,浙江省又划拨专项经费派遣毛文佐、俞叔平、郑岩登、汪弼、王宗羲、马端文、华歧昌、黄东升、金卓民、杜承荣[4]等10名学生前往奥地利学习警务,经过4个月

---

① 张永竹:《八年来浙江省训练警察概况》,《警察杂志》,1935年第15期,第29页,浙江图书馆孤山路古籍部藏。

② 《浙江省省警士教练所章程》,《浙江民政月刊》1928年第7期,浙江图书馆孤山路古籍部藏。

③ 《民政厅第207次会议纪要》,《浙江民政月刊》1929年第16期,浙江图书馆孤山路古籍部藏。

④ 《中央警官学校校史》,台北:中央警官学校校史编辑委员会编,1973年版,第103页。

的德语培训,于当年 12 月启程前往奥地利。为选拔留学生,浙江还专门制定了《浙江省选派警官学校毕业生留学日奥办法》,办法规定赴日留学的学费全部为半费资助,奥地利的为全费资助。半费资助的学员在留学回国后要在省内服务 3 年,全费资助的则要服务 5 年。办法还明确留学时间为一年以上两年以下,所有留学人员应当每三个月向民政厅报告一次学习研究情况①。这成为浙江警官学校能在 20 世纪 30 年代初期全国警察教育中享有盛誉的重要原因,其派遣的留学生归国后也多成为民国警界的翘楚,部分学生归国后继续从事警察教育工作,如胡福相、张永竹等 9 人就在浙江省警官学校任教。

## 第六节　困窘中的慷慨:警察经费和装备的大跃迁

南京国民政府成立初期,浙江省财政赖以周转的烟酒税、卷烟税、印花税、煤油税悉数交还中央,并且还需逐月代垫中央各类款项,再加上浙江政局初定,善后建设所需资金浩大,以至于浙江财政每月入不敷出,财政极度困难。从 1927 年至 1930 年,浙江财政实收实支相抵亏空巨大,依次为 181688 元、7302307 元、9890546 元、251246 元②,浙江财政已挪无可挪、垫无可垫,几靠举债度日。宋子文出任财政部长后着手统一全国财政工作,于 1928 年 11 月正式实施国家和地方两级财政收支体制以加强中央财力与财权,税源较大的税项关、盐、统三税都划归国家收入,浙江一向恃为大宗财源的厘金亦划归中央,浙江财政收入不增反减。但省财政对于公安经费的支出浩大且呈逐年增加态势,如以 1930 年为例,浙江财政总收入实数为 29967145.352 元③,而支出实数为 30218398.086 元,其中公安费支出为 5826327.961 元,占该年度总收入的 19.4%、总支出的 19.2%④;杭州市公安局 1929 年度支出 360 万元左右,1930 年增加到 528 万余元,增加了近 47%⑤。从以上数据可知公安费为浙江省财政支出大宗之一,表明当局对维护治安力量的重视,当然,公安费也包括其他维护地方治安机构所需的费用,但警政经费还是占据主要部分。据调查,

---

① 《浙江省选派警官学校毕业生留学日奥办法》第八条,《浙江民政月刊》1930 年第 34 期,第 118 页,浙江图书馆孤山路古籍部藏。
② 翁礼华:《浙江财政税务志》,中华书局,2002 年版,第 163 页。
③ 徐绍真:《浙江财政概要》,杭州财务人员养成所,1931 年版,第 12 页。
④ 据徐绍真的《浙江财政概要》,第 12 页数据计算而得。
⑤ 潘国旗:《民国浙江财政研究》,中国社会科学出版社,2007 年版,第 159 页。

1930 年浙江省的月度警察经费为 283930 元,在 26 个被调查省市中排名第三,仅次于辽宁的 587738 元、广东的 289078 元[①]。

第一,警察装备大为改善。北洋政府统治末期,浙江警政几近崩溃,尤其是武装警察几乎全军覆没。夏超投机失败后,警察的力量与作用引起浙江当局的注意和防范,为了防止类似情况的再次发生,浙江军阀对各地的警察武装都进行了一定的控制,收缴其武器,只保留部分进行防卫。1928 年部分县的军政调查表的数据表明浙江的警察装备情况极差,众多市县枪支较少且多数不能正常使用,如海盐县就是"枪械均上年被缴未蒙发还",衢县有"枪械 130 余支,70 余支废坏",昌化县甚至"无枪械"[②]。南京国民政府成立后,浙江省陆续开始对警察装备加大投入。1928 年杭州市公安局消防队以 2.8 万元的价格获得了全省第一辆救火车(法国 45 匹马力代尼斯泵浦汽车)[③];1929 年 2 月浙江省政府通过决议,向汉阳兵工厂定购警察用枪弹,共计十四万七千元[④];1929 年杭州市公安局、宁波市公安局分别建立骑巡队,杭州市公安局还筹办警犬侦查犯罪与指纹证明等,都获得了相应的经费投入;1930 年每个月基本都有提案增拨资金用于公安局和水上警察局购置、租用枪支、子弹、皮套、警棍等器械。民政厅关于警察的装备维修、校舍整修、追加预算的提案,也屡获省政府委员会会议的通过[⑤]。当然这种装备的投入侧重于杭州市公安局、宁波市公安局、浙江警官学校、水上警察局等省民政厅直属的警察机构,对县级警察的支持极为有限。因此,浙江的奥地利警政顾问考察时发现很多地方上的保卫团由富商大户自行筹资购买的武装"竟好于警察"[⑥],如定海县为了射击训练还只能定出子弹"比照原案每枪增加一颗"的方案[⑦]。但到 1930 年浙江

---

①　节选自《各省市公安局概况统计表(十九年度调查)》,《民国二十年警政统计》。

②　《海盐县政实施表(五月填报)》,《浙江民政月刊》1928 年第 9 期;《衢县县政实施表(十七年十二月填报)·军政实施表》,《浙江民政月刊》1929 年第 16 期;《昌化县六月份军政实施表》,《浙江民政月刊》1928 年第 8 期,浙江图书馆孤山路古籍部藏。

③　陈伟:《杭州公安大事记:1850—2002》,杭州市公安局印(浙内图准字〔2003〕第 108 号),2003 年版,第 19 页。

④　《浙江省政府委员会会议记录·第 203 次会议(十八年二月八日)》,《浙江民政月刊》1929 年第 16 期,浙江图书馆孤山路古籍部藏。

⑤　《省府会议摘录》,《浙江民政月刊》1930 年第 36 期,第 246-252 页,浙江图书馆孤山路古籍部藏。

⑥　《内地警察之经验谈》,《警政顾问建议录要》,1930 年第 1 期第 49 页,浙江图书馆孤山路古籍部藏。

⑦　《浙江省民政厅指令第一二八八〇号》,《浙江民政月刊》1930 年第 36 期,第 263 页,浙江图书馆孤山路古籍部藏。

省警察的整体装备水平还是比 1928 年要好上很多,而且在全国也名列前茅。据 1930 年对全国 26 个省市的警政调查,浙江省警察拥有各类枪支 14377 支、子弹 1780940 发,均居全国各省第三位(表 4-6-1),每支枪拥有子弹 123.9 发,位居全国前列。然省内警察机关的枪支配备却呈现分配不均的状况,一般传统通商大埠如杭州、宁波等地要远远高于其他地方,相对富裕地区的枪支配备情况如杭县、嘉兴、绍兴等地要远远好于相对落后地区(见本章附录表 4-6-2)。

表 4-6-1　1930 年各省警用枪弹配备情况[①]

| 省市 | 各种枪支数 | 子弹数 | 省市 | 各种枪支数 | 子弹数 |
|---|---|---|---|---|---|
| 江苏 | 12768 | 1070742 | 山东 | 8309 | 607628 |
| 浙江 | 14377 | 1780940 | 山西 | 8271 | 432710 |
| 安徽 | 2674 | 96367 | 陕西 | 1334 | 23148 |
| 江西 | 2783 | 307370 | 宁夏 | 116 | 2607 |
| 福建 | 1494 | 68990 | 绥远 | 857 | 43276 |
| 广东 | 3477 | 609830 | 热河 | 1727 | 175439 |
| 湖南 | 536 | 10660 | 辽宁 | 30425 | 4325684 |
| 湖北 | 3345 | 441330 | 吉林 | 14552 | 2189437 |
| 四川 | 2706 | 63433 | 黑龙江 | 8791 | 1321743 |
| 贵州 | 1183 | 18317 | 南京市 | 3237 | 472189 |
| 云南 | 1381 | 41582 | 上海市 | 3860 | 620000 |
| 河北 | 10763 | 823420 | 北平市 | 10425 | 654694 |
| 河南 | 2979 | 126472 | 青岛市 | 1316 | 424970 |

　　第二,薪酬占警察经费比例过高仍未改观,但警察待遇有所提高。自北洋政府以来,警察经费的 70% 以上用于警察俸给和薪饷的状况一直延续至国民政府成立初期,薪酬占比过高的问题并未彻底解决,这并非警察待遇过高所造成,而是因为财政投入不足。捉襟见肘的薪水待遇也将素养稍好的有识之士拒于警察门外,"经费充裕之地方,警察人员月入尚可维持生活,其经费困难者,则警察月入仅有银圆 1 至 2 元,边远穷困之县乡长警之薪饷,更无论矣"[②]。以至于警界有识之士纷纷建言政府提高警察待遇以吸引优秀人才改

　　① 节选自《各省市公安局概况统计表(十九年度调查)》,《民国二十年警政统计》,1931 年。
　　② 六十年来的中国警察编辑委员会:《六十年来的中国警察》,台北中央警官学校,1971 年版,引言 5。

善警察素质。一旦装备需要大量更新,那么急剧膨胀的警察经费更使财政无力承担,国民政府建立之初的浙江省财政虽慷慨投入但仍捉襟见肘。不过在朱家骅的大力支持下,省政府通过一系列议案,在一定程度上给予警察经费优先保障,如在第 229 次、231 次、233 次浙江省政府委员会会议上,朱家骅提议的为特务队发放开赴莫干山津贴提案,为外海水警补发 1927 年欠发的薪饷提案,为鄞县增设公安分局和扩充警员在钱粮项下代征开办费等议案都获得了通过。与此同时,各级警察机关加大对警察经费的管理力度以节省费用开支。地方上的管理问题事实上导致警察经费有所浪费,并且因为战乱与政局不稳,省政府对各地的财政情况极为陌生;各地警政人员变更尤其频繁,警官、警察走马灯似的更换,其中不乏吃空饷、乱报销等不良现象。这都使得警政成本增加,警察经费消耗过大。对此浙江省政府予以调查和梳理,因为"本省各县警察经费向由县税及固有警捐征收开支,每年有无积余从未据呈报有案"①,省民政厅于 1929 年 5 月开始清查地方警察经费的使用情况。

　　第三,加大地方财政筹集力度,尽量保证各县警察经费的开支。1929 年 6月 3 日,内政部颁布《确定警察经费办法》,规定除内政部直辖的警察机关及学校外,各市县的警察经费不列入国家预算而需要地方自筹,必要时国库的补助不得超过总额的 30%。而各县级财政附属于省级财政,县作为一级行政机构但没有明确的财政来源,县级财政极不稳定,为了筹措各项经费,县级财政往往越级征税,开征各种附加税、杂捐甚至乱摊派,致使县级财政极为混乱,苛捐杂税越征越多,人民苦不堪言。浙江省在省级层面上只能保证杭州市公安局和宁波市公安局的运作,无力再支撑各县的警察经费。不过由于杭州市公安局和宁波市公安局都已将四乡警察划分出去改设杭县公安局和鄞县公安局,因此省内对其的经费拨付要少了很多。各县的警察经费,只能是地方自筹,不过这一时期各县上报加征税费用于警政的报告都得到了浙江省政府的批准。这类税费不是省内统一规定所以五花八门,主要集中在店住屋捐和屠宰捐等项目上。通过增加这些税捐,各县的警察经费得到了一定的改善,1929 年 4月平阳县就自募经费成立了警察队;海盐县也报告说"我国警察穷败无可讳言",但"自加征店屋住屋捐后薪饷既经增加生活足以维持"②。

　　综上,南京国民政府成立初期浙江财政虽然举步维艰,但财政对于警察经

---

　　①　《通令各县将逐年警余截至十八年四月份止造册呈报备核》,《浙江民政月刊》1929 年第 19期,浙江图书馆孤山路古籍部藏。

　　②　《海盐县 3 月报告》,《浙江民政月刊》1929 年第 20 期,浙江图书馆孤山路古籍部藏。

费的投入倒显得十分慷慨,这使得浙江警察的装备、薪酬待遇、警察教育、警察素质等方面都有极大的改善,为 30 年代的浙江警政发展奠定了坚实的基础。但由于财政的透支,浙江各级政府纷纷加征捐税以提高警察经费,人民的负担更加沉重。以杭州市为例,杭州自 1915 年以来的警察经费逐年提高,人均警察负担费用也是水涨船高,逐年攀升,1927 年和 1928 年的杭州警察经费分别达到了 1915 年的 184.72%、221.88%,市民的平均负担也超出 1915 年约 25%,为 1915—1930 年间的峰值(见表 4-6-3)。

表 4-6-3　1915—1930 年杭州警察经费统计①

| 年份 | 数额 | 比例% | 人口 | 平均负担 | 年份 | 数额 | 比例% | 人口 | 平均负担 |
|---|---|---|---|---|---|---|---|---|---|
| 1915 | 315203 | 100 | 261402 | 1.21 | 1923 | 494489 | 156.88 | 376249 | 1.31 |
| 1916 | 387064 | 122.8 | 286362 | 1.35 | 1924 | 438426 | 139.11 | 365552 | 1.20 |
| 1917 | 392297 | 124.46 | 305147 | 1.29 | 1925 | 508799 | 161.42 | 355990 | 1.43 |
| 1918 | 401175 | 126.12 | 331300 | 1.21 | 1926 | 500125 | 158.67 | 358774 | 1.39 |
| 1919 | 401704 | 126.14 | 338865 | 1.19 | 1927 | 582422 | 184.72 | 384678 | 1.51 |
| 1920 | 401339 | 126.13 | 343711 | 1.20 | 1928 | 699362 | 221.88 | 451147 | 1.55 |
| 1921 | 436872 | 138.59 | 364806 | 1.20 | 1929 | 538485 | 170.84 | 474228 | 1.14 |
| 1922 | 469388 | 148.91 | 362638 | 1.29 | 1930 | 564342 | 179.04 | 506930 | 1.11 |

## 第七节　承前启后:南京国民政府统治初期浙江警政的成绩与问题

在朱家骅的直接领导下,国民政府成立初期浙江警政迅速从夏超失利和政局新定的不利条件下得以恢复,浙江在与中央保持基本一致的前提下,根据浙江自身实际情况通过全力加强警察组织建设初步形成了省、市、县、乡镇的警察网络体系。朱家骅通过裁旧纳新、整顿警察队伍,创建完整的警察教育体系、规范警察教育,加大财政投入保障警政经费等途径使浙江警政焕然一新,逐渐走在全国前列,以至于"人民对警察观念急转直下,从前是'恶',这时是

---

① 数据源自《浙江省会公安局年刊》,1935 年,第 15 页,浙江图书馆孤山路古籍部藏。

'敬'了'";"不料自朱厅长离浙至吕苾筹厅长卸任后,警政又渐渐乱了起来"①。1927—1930 年的浙江警政发展后来居上,奠定了浙江警察在 20 世纪 30 年代发展的基础,然而国民政府统治初期的浙江警政仍然面临很多问题。

## 一、普通警察的地位问题仍未解决

当时警察仍然分成警察官和普通警察两个体系,警察官有相应的身份认定,而普通警察则不属于国家公务员,还是类似于"临时雇员"的性质。因而普通警察待遇较差,社会地位不高导致其队伍不稳定,素质较差,工作积极性不高,职业认同度低。这一点从警察官的招考和警察的招募存在天差地别就可以发现,浙江警官学校第一期招考 200 人,报名达到了 700 多人。而普通警察屡招而应者寥寥,庆元县就曾报告称"县警察讲习所第一次招考肄业生人数寥寥,曾经第二次招考,现在限期已过,尚无来县报名。兹经第三次招考展沿下月为止"②。

## 二、警察力量薄弱,无法有效应对崩坏的社会治安

普通警察的地位问题无法解决,警察素质无法得到有效改善。同时,由于财政紧张,警察数量无法大量增加、警察装备无法更新,这就意味着浙江的警察既无法做到"精干"又无法实现"足额"。恰逢军阀解体,流兵匪盗纵横,警察根本无力处置重大治安事件。比如桐乡县 1929 年 12 月 27 日拂晓,湖匪 300余人分乘船只 20 余艘,蜂拥进入乌青镇四栅同时抢劫,水警队和警察所均以匪众不敢出警。丰泰、汇源、葆昌三家典当行及中市宜昌绸庄等大商铺被洗劫一空,全镇损失约 30 万元以上,并被打死警察 1 人、巡船舵工 1 人及居民 4人,被绑架 4 人。甚至有些盗匪直接就以公安局为目标,抢劫武器装备,如1929 年 9 月永嘉县霞渡公安分局被匪劫掠③,11 月龙泉县公安局被匪抢劫枪弹钱物等④。为了应对这种现象,地方上要么成立保卫团,进一步分摊了地方

---

① 孤剑:《浙江警政的回忆及改进意见》,《警察杂志》1937 年第 37 期,浙江省警察协会出版,浙江图书馆孤山路古籍部藏。

② 《民国十七年十二月份庆元县政治工作报告》,《浙江民政月刊》1929 年第 17 期,浙江图书馆孤山路古籍部藏。

③ 《九月十四至二十日一周政治工作报告摘要》,《浙江民政月刊》1929 年第 24 期,第 11 页,浙江图书馆孤山路古籍部藏。

④ 《浙江省民政厅十一月九日至十五日一周政治工作择要报告单》,《浙江民政月刊》1930 年第 26 期,第 170 页,浙江图书馆孤山路古籍部藏。

的警政经费;要么"招安"流兵匪盗,如"温州军警群众,大半是地痞流氓,保安队第四团内有一排是土匪收编"①,反倒成了地方治安的隐患。

## 三、人员调动频繁使得警察队伍无法稳定

国民政府成立初期,对各地的各级官员进行调整本是一个正常现象,警察队伍自然也免不了要进行更替。然而,国民党内部派系林立,争权夺利往往牵一发而动全身,某派势力的胜利就会带来人事大变动,而警察却是任何一派势力都要牢牢控制在自己手里的重要部门。如浙江 1930 年 11 月份的警官调任共计有 18 个分局(分队)长以上的调动,按当时浙江共有分局(分队)204 个来计算,达到了 8.8%。1930 年 8 月各地公安分局长竟然一次性有 60 人次新委,57 人调省,明显是一次"大换血",根本原因就是主导警政的民政厅长朱家骅于 8 月 5 日离任。虽然朱家骅也曾试图保他对浙江警察的影响,在临走之前通过省政府任命了施承志为省警官学校校长,但已无法兼顾地方警察,而且施承志也在不久后最终被撤换。当时警察官员的调动缘由主要就是政治原因,是人治而非法治,是国民党内派系斗争的延续。这距离其标榜的"民主"和司法独立的现代国家越来越远,也为后来警察系统被军统、特务系统所把持埋下了伏笔。

---

① 《中共永嘉县委一月份工作报告》1930 年 2 月 20 日,转引自胡珠生:《温州近代史》,辽宁人民出版社,2000 年版,第 339 页。

# 本章附录图表

**表 4-2-1    1929 年浙江省民政厅第二科组织机构及职责**[①]

| 股名 | 执掌事项 |
|---|---|
| 第一股 | 水陆公安机关设置与区划配置； |
| | 水陆警察官吏任免、考核、奖惩、抚恤等； |
| | 水陆警察编制及经费； |
| | 水陆警察教育及训练； |
| | 水陆警察检阅调遣及成绩考查； |
| | 保卫团编制、训练及经费等； |
| | 保卫团考核、奖惩及抚恤等； |
| 第二股 | 侦缉盗匪及清乡保甲； |
| | 交通、卫生、风俗、营业、建筑、狩猎等类警察事项； |
| | 水火灾消防事项； |
| | 出版物的审查取缔； |
| | 危险物取缔； |
| | 违警处罚事项； |
| | 强制处分事项； |
| 第三股 | 警察、保卫团服制服装事项； |
| | 警察、保卫团枪械弹药及舰船管理； |
| | 警察、保卫团旗帜、符号管理； |
| 第四股 | 查禁鸦片事项； |
| | 查禁麻醉毒品事项； |

---

① 《浙江省政府民政厅组织规程》,《浙江民政月刊》,1929 年第 16 期,浙江图书馆孤山路古籍部藏。

表 4-2-3　1930 年宁波市公安局各机构驻地①

| 机构名 | | 驻地 |
|---|---|---|
| 第一区署 | 第一分署 | 大沙泥街旧左营守备署 |
| | 第二分署 | 鼓楼海关监督署关圣殿 |
| | 第三分署 | 天宁寺 |
| 第二区署 | 第一分署 | 江北岸外马路 |
| | 第二分署 | 槐树路 |
| 第三区署 | 第一分署 | 江东梅山池旧甬东司署 |
| | 第二分署 | 江东东胜街 |
| 巡察总队 | 第一分队 | 开明街火神庙 |
| | 第二分队 | 江东徽君庙 |
| | 第三分队 | 南郊灵显庙 |
| | 第四分队 | 西郊潮音堂 |
| | 第五分队 | 江北显德庙 |
| 侦缉队 | | 大沙泥街东岳宫 |
| 消防队 | | 新桥头 |
| 车巡队 | | 同局址 |
| 教练所 | | 鼎新街 |

表 4-2-4　1930 年度各省警察机关统计表②

| 省市 | 总局数 | 分局数 | 分驻所数 | 巡逻区数 | 合计 |
|---|---|---|---|---|---|
| 江苏 | 60 | 352 | 364 | 1196 | 1972 |
| 浙江 | 79 | 204 | 425 | 408 | 1116 |
| 安徽 | 67 | 113 | 125 | 453 | 758 |
| 江西 | 35 | 29 | 119 | 219 | 402 |
| 福建 | 11 | 17 | 52 | 28 | 108 |
| 广东 | 48 | 252 | 155 | 88 | 543 |

---

①　内容采自张锡武:《宁波警察沿革史》,《宁波警察》1946 年第 2 期,宁波警察月刊社,浙江图书馆孤山路古籍部藏。

②　节选自《各省市公安局概况统计表(十九年度调查)》,《民国二十年警政统计》,1931 年。

续表

| 省市 | 总局数 | 分局数 | 分驻所数 | 巡逻区数 | 合计 |
|---|---|---|---|---|---|
| 湖南 | 71 | 14 | 26 | 167 | 278 |
| 湖北 | 41 | 68 | 34 | 329 | 472 |
| 四川 | 46 | 11 | 81 | 274 | 412 |
| 贵州 | 34 | 10 | 1 | 67 | 112 |
| 云南 | 74 | 89 | 60 | 283 | 506 |
| 河北 | 134 | 101 | 726 | 1100 | 2061 |
| 河南 | 118 | 148 | 190 | 327 | 783 |
| 山东 | 109 | 99 | 149 | 463 | 820 |
| 山西 | 102 | 163 | 332 | 644 | 1241 |
| 陕西 | 74 | 30 | 26 | 161 | 291 |
| 宁夏 | 9 | 4 | 13 | 15 | 41 |
| 绥远 | 19 | 10 | 23 | 54 | 106 |
| 热河 | 16 | 88 | 154 | 123 | 381 |
| 辽宁 | 64 | 482 | 1863 | 2965 | 5374 |
| 吉林 | 54 | 276 | 363 | 675 | 1368 |
| 黑龙江 | 54 | 171 | 277 | 560 | 1062 |
| 南京市 | 1 | 12 | 66 | 229 | 308 |
| 上海市 | 1 | 29 | 127 | 29 | 186 |
| 北平市 | 1 | 20 | 86 | 322 | 429 |
| 青岛市 | 1 | 6 | 25 | 12 | 44 |

表 4-2-5　1929 年浙江省各县公安分局以上机关统计表[①]

| 序号 | 县名 | 公安局数 | 公安分局数 | 序号 | 县名 | 公安局数 | 公安分局数 |
|---|---|---|---|---|---|---|---|
| 1 | 杭县 | 1 | 10 | 39 | 天台 | 1 | 0 |
| 2 | 海宁 | 1 | 6 | 40 | 仙居 | 1 | 0 |
| 3 | 余杭 | 1 | 2 | | 台属县 | 6 | 10 |
| 4 | 富阳 | 1 | 1 | 41 | 金华 | 1 | 4 |
| 5 | 临安 | 1 | 0 | 42 | 兰溪 | 1 | 4 |

---

① 原表见《浙江民政月刊》1929 年第 20 期,浙江图书馆孤山路古籍部藏。

续表

| 序号 | 县名 | 公安局数 | 公安分局数 | 序号 | 县名 | 公安局数 | 公安分局数 |
|---|---|---|---|---|---|---|---|
| 6 | 於潜 | 1 | 1 | 43 | 东阳 | 1 | 2 |
| 7 | 新登 | 1 | 0 | 44 | 义乌 | 1 | 2 |
| 8 | 昌化 | 1 | 0 | 45 | 永康 | 1 | 1 |
| 杭属县 | | 8 | 20 | 46 | 武义 | 1 | 1 |
| 9 | 嘉兴 | 1 | 8 | 47 | 浦江 | 1 | 0 |
| 10 | 嘉善 | 1 | 3 | 48 | 汤溪 | 1 | 0 |
| 11 | 海盐 | 1 | 2 | 金属县 | | 8 | 14 |
| 12 | 崇德 | 1 | 4 | 49 | 衢县 | 1 | 8 |
| 13 | 平湖 | 1 | 4 | 50 | 龙游 | 1 | 4 |
| 14 | 桐乡 | 1 | 5 | 51 | 江山 | 1 | 3 |
| 嘉属县 | | 6 | 26 | 52 | 常山 | 1 | 0 |
| 15 | 吴兴 | 1 | 9 | 53 | 开化 | 1 | 2 |
| 16 | 长兴 | 1 | 4 | 衢属县 | | 5 | 17 |
| 17 | 德清 | 1 | 3 | 54 | 建德 | 1 | 1 |
| 18 | 武康 | 1 | 1 | 55 | 淳安 | 1 | 3 |
| 19 | 安吉 | 1 | 2 | 56 | 桐庐 | 1 | 2 |
| 20 | 孝丰 | 1 | 2 | 57 | 遂安 | 1 | 1 |
| 湖属县 | | 6 | 21 | 58 | 寿昌 | 1 | 0 |
| 21 | 鄞县 | 1 | 4 | 59 | 分水 | 1 | 0 |
| 22 | 慈溪 | 1 | 4 | 严属县 | | 6 | 7 |
| 23 | 奉化 | 1 | 2 | 60 | 永嘉 | 1 | 6 |
| 24 | 镇海 | 1 | 4 | 61 | 瑞安 | 1 | 3 |
| 25 | 定海 | 1 | 5 | 62 | 乐清 | 1 | 4 |
| 26 | 象山 | 1 | 1 | 63 | 平阳 | 1 | 4 |
| 27 | 南田 | 1 | 0 | 64 | 泰顺 | 1 | 0 |
| 宁属县 | | 7 | 20 | 65 | 玉环 | 1 | 3 |
| 28 | 绍兴 | 1 | 10 | 温属县 | | 6 | 20 |
| 29 | 萧山 | 1 | 7 | 66 | 丽水 | 1 | 1 |
| 30 | 诸暨 | 1 | 5 | 67 | 青田 | 1 | 1 |
| 31 | 余姚 | 1 | 8 | 68 | 缙云 | 1 | 1 |

续表

| 序号 | 县名 | 公安局数 | 公安分局数 | 序号 | 县名 | 公安局数 | 公安分局数 |
|---|---|---|---|---|---|---|---|
| 32 | 上虞 | 1 | 3 | 69 | 松阳 | 1 | 3 |
| 33 | 嵊县 | 1 | 3 | 70 | 遂昌 | 1 | 1 |
| 34 | 新昌 | 1 | 0 | 71 | 龙泉 | 1 | 0 |
| | 绍属县 | 7 | 36 | 72 | 庆元 | 1 | 0 |
| 35 | 临海 | 1 | 2 | 73 | 云和 | 1 | 0 |
| 36 | 黄岩 | 1 | 2 | 74 | 景宁 | 1 | 0 |
| 37 | 温岭 | 1 | 3 | 75 | 宣平 | 1 | 0 |
| 38 | 宁海 | 1 | 3 | | 处属县 | 10 | 7 |

表 4-3-1　1928 年南京国民政府警察官官等划分表①

| 任别 | 等别 | 等级 | 特别/省会市公安局 | 其他市公安局 | 县公安局 |
|---|---|---|---|---|---|
| 简任 | 一等 | 一级 | | | |
| | | 二级 | | | |
| | 二等 | 三级 | | | |
| | | 四级 | 局长 | | |
| 荐任 | 三等 | 一级 | | | |
| | | 二级 | | 局长 | |
| | | 三级 | 督察长/技术官/秘书/科长 | | |
| | 四等 | 四级 | | | |
| | | 五级 | 分局长 | | |
| 委任 | 五等 | 一级 | | 督察长/技术官/秘书/科长/分局长 | 局长 |
| | | 二级 | 督察员/技术员/科员 | | |
| | | 三级 | | | |
| | 六等 | 四级 | | 督察员/技术员/科员 | 科长/分局长 |
| | | 五级 | 分局局员 | 分局局员 | |
| | 七等 | 六级 | 巡官 | 巡官 | 科员/分局局员/巡官 |
| | | 七级 | | | |

①　《警察官官等暂行条例》(1928 年 11 月 10 日公布),《民国史料丛刊》第 27 卷,张妍、孙燕京主编,大象出版社,2009 年版。

**表 4-3-3　1930 年度各省(重点市)警察人数统计表①**

| 省<br>(重点市) | 警官 | 警官比例 | 警长 | 警士 | 一线警察<br>比例 | 雇员 | 伕役 | 杂役<br>比例 | 合计 |
|---|---|---|---|---|---|---|---|---|---|
| 江苏 | 1801 | 8.43% | 1806 | 15004 | 78.64% | 621 | 2144 | 12.94% | 21376 |
| 浙江 | 1094 | 5.88% | 1352 | 14044 | 82.75% | 528 | 1587 | 11.37% | 18605 |
| 安徽 | 998 | 11.38% | 596 | 5538 | 69.97% | 376 | 1258 | 18.64% | 8766 |
| 江西 | 550 | 9.98% | 434 | 3683 | 74.68% | 149 | 697 | 15.35% | 5513 |
| 福建 | 393 | 10.08% | 284 | 2753 | 77.87% | 152 | 318 | 12.05% | 3900 |
| 广东 | 1410 | 8.24% | 862 | 10721 | 67.73% | 1067 | 3042 | 24.03% | 17102 |
| 湖南 | 633 | 12.83% | 290 | 2867 | 64.00% | 191 | 952 | 23.17% | 4933 |
| 湖北 | 1022 | 8.48% | 441 | 8938 | 77.87% | 342 | 1302 | 13.65% | 12045 |
| 四川 | 806 | 10.26% | 506 | 5000 | 70.06% | 316 | 1231 | 19.68% | 7859 |
| 贵州 | 151 | 6.69% | 122 | 1553 | 74.18% | 75 | 357 | 19.13% | 2258 |
| 云南 | 354 | 9.58% | 266 | 2357 | 71.01% | 129 | 588 | 19.41% | 3694 |
| 河北 | 1939 | 8.45% | 2245 | 16273 | 80.71% | 889 | 1598 | 10.84% | 22944 |
| 河南 | 774 | 6.45% | 955 | 8765 | 81.01% | 544 | 960 | 12.54% | 11998 |
| 山东 | 1091 | 7.36% | 863 | 11408 | 82.83% | 129 | 1324 | 9.81% | 14815 |
| 山西 | 448 | 4.71% | 733 | 7082 | 82.16% | 97 | 1152 | 13.13% | 9512 |
| 陕西 | 509 | 9.50% | 453 | 3798 | 79.31% | 182 | 418 | 11.19% | 5360 |
| 宁夏 | 71 | 9.86% | 54 | 521 | 79.86% | 16 | 58 | 10.28% | 720 |
| 绥远 | 168 | 7.91% | 158 | 1399 | 73.27% | 58 | 342 | 18.82% | 2125 |
| 热河 | 525 | 9.17% | 396 | 4329 | 82.50% | 248 | 229 | 8.33% | 5727 |
| 辽宁 | 3800 | 9.63% | 2172 | 30032 | 81.63% | 972 | 2473 | 8.73% | 39449 |
| 吉林 | 1936 | 10.72% | 1448 | 12697 | 78.32% | 631 | 1348 | 10.96% | 18060 |
| 黑龙江 | 1228 | 11.11% | 857 | 7315 | 73.93% | 554 | 1099 | 14.96% | 11053 |
| 南京市 | 952 | 13.92% | 491 | 4837 | 77.91% |  | 559 | 8.17% | 6839 |
| 上海市 | 300 | 5.45% | 404 | 4261 | 84.69% | 77 | 466 | 9.86% | 5508 |
| 北平市 | 961 | 7.89% | 1054 | 8500 | 78.41% | 449 | 1221 | 13.71% | 12185 |
| 青岛市 | 156 | 4.69% | 251 | 2224 | 74.37% | 147 | 550 | 20.94% | 3328 |

①　数量节选自《各省市公安局概况统计表(十九年度调查)》,1931 年,浙江图书馆孤山路古籍部藏,比例为作者添加。

表 4-5-2　1928 年浙江省警官学校开设学科内容①

| 学习科目 | | 开设情况 | |
|---|---|---|---|
| | | 正科 | 速成科 |
| 思政类 | 三民主义 | 有 | 有 |
| 警察实务类 | 警察学 | 有 | 有 |
| | 行政警察(消防警察附) | 有 | 有(增加外事警察部分) |
| | 司法警察 | 有 | 有 |
| | 卫生警察 | 有 | 有 |
| | 农林警察(农业概要附) | 有 | 有 |
| | 警察法令 | 有 | 有 |
| | 违警罚法 | 有 | 有 |
| | 服务心得(侦察心得附) | 有 | 有 |
| 法论类 | 法学通论 | 有 | 有 |
| | 行政法 | 有 | 无 |
| | 地方自治法 | 有 | 有 |
| | 户籍法 | 有 | 有 |
| | 宪法论 | 有 | 有 |
| | 国际法 | 有 | 无 |
| | 刑法 | 有 | 有 |
| | 诉讼法 | 有 | 无 |
| | 法院编制法 | 有 | 无 |
| 辅学类 | 监狱学 | 有 | 无 |
| | 英文 | 有 | 无 |
| | 统计学 | 有 | 有(仅为概要) |
| | 算学 | 有 | 无 |
| 军事类 | 测绘 | 有 | 无 |
| | 军事学大意 | 有 | 无 |
| | 操法(柔术剑术附) | 有 | 有 |

① 《警官学校章程》,《浙江民政月刊》1928 年第 6 期,浙江图书馆孤山路古籍部藏。

表 4-6-2　1930 年浙江省各县枪支配备情况①

| 序号 | 市县名 | 枪支数 | 序号 | 市县名 | 枪支数 | 序号 | 市县名 | 枪支数 |
|---|---|---|---|---|---|---|---|---|
| 1 | 杭州市 | 2109 | 27 | 定海 | / | 53 | 江山 | 77 |
| 2 | 杭县 | 337 | 28 | 象山 | 85 | 54 | 常山 | 32 |
| 3 | 海宁 | 275 | 29 | 南田 | 30 | 55 | 开化 | 57 |
| 4 | 余杭 | 35 | 30 | 绍兴 | 481 | 56 | 建德 | 43 |
| 5 | 富阳 | 28 | 31 | 萧山 | 195 | 57 | 淳安 | 48 |
| 6 | 临安 | 54 | 32 | 诸暨 | 177 | 58 | 桐庐 | 67 |
| 7 | 於潜 | 52 | 33 | 余姚 | 120 | 59 | 遂安 | 43 |
| 8 | 新登 | 21 | 34 | 上虞 | 56 | 60 | 寿昌 | 34 |
| 9 | 昌化 | 16 | 35 | 嵊县 | 100 | 61 | 分水 | 12 |
| 10 | 嘉兴 | 332 | 36 | 新昌 | 17 | 62 | 永嘉 | 197 |
| 11 | 嘉善 | / | 37 | 临海 | 150 | 63 | 瑞安 | 59 |
| 12 | 海盐 | 18 | 38 | 黄岩 | 68 | 64 | 乐清 | 59 |
| 13 | 崇德 | 182 | 39 | 温岭 | 66 | 65 | 平阳 | 55 |
| 14 | 平湖 | 149 | 40 | 宁海 | 47 | 66 | 泰顺 | 10 |
| 15 | 桐乡 | 130 | 41 | 天台 | 10 | 67 | 玉环 | 73 |
| 16 | 吴兴 | 467 | 42 | 仙居 | / | 68 | 丽水 | 14 |
| 17 | 长兴 | 238 | 43 | 金华 | 114 | 69 | 青田 | 31 |
| 18 | 德清 | 101 | 44 | 兰溪 | 191 | 70 | 缙云 | 35 |
| 19 | 武康 | 46 | 45 | 东阳 | 111 | 71 | 松阳 | 45 |
| 20 | 安吉 | 37 | 46 | 义乌 | 108 | 72 | 遂昌 | 36 |
| 21 | 孝丰 | 38 | 47 | 永康 | / | 73 | 龙泉 | 19 |
| 22 | 宁波市 | 1331 | 48 | 武义 | 47 | 74 | 庆元 | 13 |
| 23 | 鄞县 | 302 | 49 | 浦江 | 57 | 75 | 云和 | 30 |
| 24 | 慈溪 | 89 | 50 | 汤溪 | 69 | 76 | 景宁 | / |
| 25 | 奉化 | 59 | 51 | 衢县 | 129 | 77 | 宣平 | 38 |
| 26 | 镇海 | 107 | 52 | 龙游 | 79 | | 合计 | 10187 |

　　① 《浙江省各市县公安局枪数统计图》(不含水警枪支),《浙江省民政月刊》1931 年第 49 期,浙江图书馆孤山路古籍部藏。

# 第五章　南京国民政府新政背景下的
## 浙江警察(1931—1937)

  20 世纪 30 年代是南京国民政府在实现名义上的"全国统一"后,全面巩固其统治基础的重要时期。在这一时期,南京国民政府从中央到地方不断完善各级政府组织,在对其初期施政成效进行总结、研究的基础上,不断针对各项内政工作进行调整和改革,试图建立一个集权、高效的政权体系。从 1933 年开始的县政改革试点,到 1935 年开始的全省县政"裁局改科"改革,再到 1936 年的重新根据中央颁布的《整理警政原则》恢复原县内警察组织,都对全国警察机关产生较大影响,初步建成从中央到地方直至广大乡村的警察网络,形成了内政部、省警务处、市县警察局、区警察所、乡镇派出所和保甲设警士的组织架构,组建了司法、卫生、消防、水上、铁路和矿业等六大类专职警察。军、警、宪、特四位一体,军人、警察、特务与宪兵紧密联系、互相渗透,大力推行保甲制度警察化,"以保甲、保卫、保安寄托于警察系统之内,以警察为保甲之重心,作保安团队之基干,藉警察制度促进保甲,以期行政组织之完密,藉警察官吏训练保安团队,以期指挥运用之敏活"[①]。30 年代的浙江警察机关也随着国民政府组织的改革而不断变动。

## 第一节　稳中求变:浙江警察机关的沿革

  全面抗战爆发前,浙江警察机关在省级层面的管理权仍归属省民政厅,浙江在整个 30 年代期间没有设立特别的省级警察专管机构。虽在 1933 年浙江省成立了保安处,依据《修正浙江省保安处组织条例》可知省保安处的职权包

---

  ①　韩延龙、苏亦工等:《中国近代警察史》(下册),社会科学文献出版社 2000 年版,第 541 页。

括维持治安和指挥省内水陆警察之权,某种程度上保安处可以看作是承担了一定的全省警察机关的管理职能,但从具体的运作来看,保安处主要还是承担管理省内除军队外的武装部队的职能。1936 年 10 月,中央颁布的新《各级警察机关编制纲要》中有关于建立省警务处的要求,但是"惟浙江经费,本感竭蹶,不得不依照不设警务处之省区办理"①。总体上看,这一时期浙江的警察机关改革基本沿袭了南京国民政府时期的组织架构,警察机关的组织机构、职责等没有太大的变化,以稳定为基调。但在警察机关的组织名称、管辖范围、警种变化、隶属关系等方面变化较大。

第一,省会警察机关的演变。自 1930 年到全面抗战爆发杭州沦陷前的几年时间内,杭州市的公安机关在名称上始终没有发生过变动,一直沿用"省会公安局"的名称,是陆警系统中最为特殊的一个警察机关。一般地方的警察机关都是需要接受地方政府的领导,但省会公安局是与杭州市政府并行存在,共同接受省政府的领导。这就使得后来在设置区署时也是与众不同,其他地方是根据政府行政区块划分的设置调整警察机关的管辖范围,而在杭州则是相反,"查本市十三区域,现拟与警区合一,改为八区"②。本章附录表 5-1-1 与表 5-1-2 分别是 1931 年和 1936 年的省会警察机关机构设置情况。1931 年与1936 年比对,在 30 年代省会警察局最大的机构改变就是将区署改成分局。这种改变被称为"行两级制",但实际上并未减少警察组织的层级数,其管理上也并无任何新颖之处。只是作为分局能够更为直接地由局长予以指挥,受到所在区行政自治的影响相对要小一点,也就可以看作是对省会公安局长职权的加强。另外其内设机关变化总体趋势是机构设置更为丰富、功能划分更为专业,如女警队、外事警察股和特务警察队等新警种的出现,尤其是特务警察在后续的发展中得到强化。

第二,宁波警察机关的演变。1931 年宁波市公安局首先遇到了一个"不大不小"的难题——宁波市"破产"了。宁波市政府因为财政经费的问题被取消了市级的行政建制。既然如此,宁波市公安局本不该继续存在,"其时有倡宁波市公安局亦应裁并于鄞县公安局者",但"地方各团体纷起反对,并有邑绅赵芝室等,联电中央呼吁,中央鉴于宁波有特殊情形,况管辖系统历来均直隶

①　丁耀南:《浙江警察志略》,1947 年,第 6 页,浙江图书馆孤山路古籍部藏。
②　《杭州市政府训令秘字第一八三号》,《杭州市政(季刊)》,杭州市政府秘书处,第 2 卷第 2 号,1934 年,浙江图书馆孤山路古籍部藏。

省厅,不必随市政府之存废而变迁",于是浙江省政府"饬局照常办事"[①],直接由省民政厅直辖,由宁波市公安局改为宁波公安局。也正是由于宁波公安局和宁波市的这种割裂式的组织模式,宁波公安局的内部机关中设有一个独特的机构——征收处。该处独立征收宁波公安局辖区内的警捐,合并省内财政拨款从而作为宁波公安局的运行经费。

1932年4月,宁波公安局适当进行了机构调整,调整最大的是其外部组织"废署改局","按照内政部颁布的各级纲要,改组为二级制,在公安局之下,将区署废除,设置六个分局"[②](表5-1-3)。

表 5-1-3　1932 年宁波公安局组织机构情况[③]

| 内部 | 科室 | | | | | |
|---|---|---|---|---|---|---|
| | 秘书室 | 第一科 | 第二科 | 第三科 | 督察处 | 征收处 |
| | 分局/队名 | 驻地 | 下辖派出所 | | | |
| 外部 | 第一分局 | 大沙泥街旧左营守备署 | 江厦街 | 药行街 | 镇明路 | 南郊路 | 滨江庙 |
| | 第二分局 | 府侧街 | 苍水街 | 战船街 | 孝闻街 | 西大路 | 双池巷 |
| | 第三分局 | 大梁街新城隍庙 | 南社庙 | 马衙街 | — | | |
| | 第四分局 | 江北岸外马路 | 中马路 | 石板巷 | 白沙路 | — | |
| | 第五分局 | 江北岸槐树路 | 使君街 | 泗洲塘北 | 福兴巷 | | |
| | 第六分局 | 江东梅山池旧甬东司署 | 栎木巷 | 东郊路 | 东胜路 | 铁锚巷 | 白鹃桥 |
| | 直辖分驻所 | 西郊卖鱼巷 | 西郊路 | 北郊路 | — | | |
| | 警察大队 | 西大路天宁寺 | | | | | |
| | 消防队 | 新桥头(未变) | | | | | |
| | 侦缉队 | 大沙泥街东岳宫(未变) | | | | | |
| | 车巡队 | 鼓楼关圣殿 | | | | | |
| | 教练所 | 新桥头 | | | | | |

其内部组织如各科、督察处,外部组织各队如消防队、侦缉队等并未发生

---

① 张永竹:《浙江宁波公安局之沿革》,《警察杂志》,1934 年第 5 期,浙江图书馆孤山路古籍部藏。

② 张锡武:《宁波警察沿革史》,《宁波警察》1946 年第 2 期,宁波警察月刊社,浙江图书馆孤山路古籍部藏。

③ 作者据张锡武的《宁波警察沿革史》编制,《宁波警察》1946 年第 2 期,宁波警察月刊社,浙江图书馆孤山路古籍部藏。

太大变化,只是相应驻地有所变化,分局下辖派出所有所调整而已。并且其中警察大队、消防队、侦缉队、车巡队、教练所并无再设置下级机构。1933 年宁波公安局再次改名为宁波警察局,同时局中唯一的西郊直辖分驻所扩展升格为警察所。1935 年西郊地区的快速发展让宁波警察局又组建了新的第七分局。仅仅一年后,机构再变,原第四、第五分局合并,称为第四分局,原第六、第七分局依次改为第五、第六分局,保持了分局数量的不变,但对于江北地区而言就只保留了一个警察分局。

第三,各县警察机关的演变。自 1929 年始,浙江各县警察机关陆续改组,县公安局内设科一级。1930 年 7 月 7 日的《县组织法》第二次修正颁布,规定县公安局内必须分科,并于行政"自治区"内设分局,其下分段设派出所,准许各县依实际情况制定改组办法。随后,省民政厅针对各县警察机关进行了登记和分等,对原来的分局设置进行撤、并、改,并在设置上与自治区的设置相对应。本章附录表 5-1-4 列出了浙江省各县公安局及分局的分等情况。最初县公安局划分成了 2 个等级,其下的公安分局则划分成了 4 个等级,部分警政出色的县内的分局等级,比如吴兴的南浔分局、海宁的硖石分局,甚至可以和其他县公安局一样,达到相同的等级层次。

浙江各地的警察发展在进入 30 年代后由于受到财政紧张的影响逐步出现了"退热"现象,各县的警察机关于 1929 年、1930 年间在不断地调整中不断地缩编。对照本章附录表 5-1-4,到 1934 年杭县公安局的分局数只剩下 6 个分局,亭趾、西镇、三墩、麞山、徐村分局均被撤并或降格为派出所;海宁县的诸桥、斜桥、路仲也全被撤并……虽然并非所有的县公安局都有缩减,但裁并公安分局的情况比比皆是。桐乡县和崇德县间还有一个石湾分局比较特殊,因石湾半属桐乡,半属崇德,"为节省经费计,于二十二年与崇德县第三分局合并为崇桐第三分局,分局长受两县监督指挥,经费各半负担"[①]。

1935 年,浙江省对地方县政实施"裁局改科",即撤除县内公安局编制,在县政府内设置第三科,负责原公安局的职能。但科与局相比,其内部机构数和人员编制数都大大减少,原公安局下的外部各分局和派出所等也尽量精简,使得各地警察机关深受影响(详见本章第二节)。这种变化持续了近 2 年,直到1936 年行政院公布《各级警察机关编制纲要》后,浙江省才于 1937 年在各县重新建立独立的警察机关,但其名称不再叫公安局,而是警察局,"裁局改科"

① 张永竹编集:《浙江省水陆各级公安机关沿革史(四)》,《警察杂志》1935 年第 11 期,浙江省警察协会出版,浙江图书馆孤山路古籍部藏。

结束。

　　第四，水上警察机关的演变。浙江的水上警察机关自民国初年开始，就一直分为内河和外海两个部分。1931 年，这两个水上警察机关的名称首次不再以内河和外海冠之，而是分别改称为水上警察第一大队和水上警察第二大队。水上警察第一大队各区队的管辖和驻地区域如下表 5-1-5 所示。水上警察第一大队其实就是内河水上警察机关，内设督察处、秘书室、第一科、第二科、第三科 5 个分属机构，根据管辖范围外设 3 区 16 队 72 分队。其中第一区管辖杭州地区，下辖 4 队 16 分队；第二区管辖嘉兴地区，下辖 5 队 25 分队和

表 5-1-5　1931 年浙江省水上警察第一大队区队驻地表①

| 区队名 ＼ 驻地 ＼ 分队名 | | 第一分队 | 第二分队 | 第三分队 | 第四分队 | 第五分队 |
|---|---|---|---|---|---|---|
| 第一区 | 第一队　闸口 | 闸口/水澄桥 | 义桥 | 临浦 | 尖山 | — |
| | 第二队　萧山 | 太平桥 | 所前镇 | 马山镇 | 萧山 | |
| | 第三队　拱宸桥 | 上纤埠 | 拱埠 | 拱埠 | 武林头 | |
| | 第四队　严东关 | 桐庐/窄溪 | 严东关 | 富阳/东门 | 严东关 | |
| 第二区 | 第五队　嘉兴 | 嘉兴 | 洲泉 | 石湾 | 陡门 | 双桥 |
| | 第六队　王店 | 王店 | 王店车站 | 王店北塘 | 王店南塘 | 王店东塘 |
| | 第七队　瓶窑 | 组游击队 | 干窑 | 干窑 | 组游击队 | 干窑 |
| | 第八队　西塘 | 西塘 | 下甸庙 | 西塘 | 陶庄 | 下甸庙 |
| | 第九队　平湖 | 东门斗阁 | 东门斗阁 | 新埭 | 新埭 | 外斗阁 |
| | 巡游队　嘉兴 | 嘉兴 | 嘉兴 | 嘉兴 | | |
| 第三区 | 第十队　南浔 | 南浔 | 札村 | 晟舍 | 绿葭湾 | 方文港 |
| | 第十一队　虹星桥 | 虹星桥 | 林城桥 | 林城桥 | 虹星桥 | 虹星桥 |
| | 第十二队　菱湖 | 菱湖 | 袁家汇 | 下昂 | 菱湖 | 菱湖 |
| | 第十三队　乌镇 | 新市 | 双林 | 练市 | 乌镇 | 乌镇 |
| | 第十四队　大钱 | 大钱 | 义皋 | 横塘桥 | 组游击队 | 组游击队 |
| | 巡游队　南浔 | 南浔 | 南浔 | 南浔 | | |

　　① 徐尔信：《浙江省警务概况》，《浙江民政月刊》1931 年第 39 期，浙江图书馆孤山路古籍部藏。

1个巡游队3个分队,共计28分队;第三区与第二区类似,管辖湖州地区,也是下辖5队和1个巡游队,共28个分队。

水上警察第二大队主要管辖海域,内设督察处、秘书室、第一科、第二科、第三科5个分属机构。其外设各区队的管辖和驻地区域如下表5-1-6所示,根据海域管辖范围外设8个水巡队,同时以每艘海洋舰艇为中心建立了6个巡游队,外加1个陆巡队,共计15个二级机构。而每个水巡队又下设7个分队,共计56个分队。

表 5-1-6　1931 年浙江省水上警察第二大队区队驻地表①

| 区队名 分队名/驻地 | 驻地 | 一分队 | 二分队 | 三分队 | 四分队 | 五分队 | 六分队 | 七分队 |
|---|---|---|---|---|---|---|---|---|
| 第一水巡队 | 定海沈家门 | 沈家门 | 大羊山 | 长涂 | 衢山 | 普陀 | 高亭 | 岱山 |
| 第二水巡队 | 象山石浦 | 满山 | 半边山 | 金漆门 | 石浦 | 石浦 | 五屿门 | 爵溪 |
| 第三水巡队 | 定海 | 岑港 | 定海 | 两头洞 | 沥港 | 长腰山 | 盘屿 | 螺头门 |
| 第四水巡队 | 玉环坎门 | 寨头 | 坎门 | 小叠 | 坎门 | 江岩 | 三盘 | 楚门 |
| 第五水巡队 | 平阳古鳌头 | 镇下关 | 鳌江 | 鳌江 | 鳌江 | 飞云江 | 大渔 | 南麂 |
| 第六水巡队 | 临海海门 | 海门 | 头门 | 蒋儿岙 | 白沙 | 天打闸 | 崇岙 | 白带门 |
| 第七水巡队 | 黄岩金清港 | 金清港 | 松门 | 吊砰 | 石塘 | 北港 | 下大陈 | 西门口 |
| 第八水巡队 | 象山象山港 | 郭衢 | 梅山港 | 桐礁 | 六横 | 梅山港 | 起凤 | 高坭 |
| 第一巡游队 超武舰 | 温州黄华关 | | | | | | | |
| 第二巡游队 泰安舰 | 瑞安飞云港 | | | | | | | |
| 第三巡游队 海静舰 | 镇海港 | | | | | | | |
| 第四巡游队 海平舰 | 镇海港 | | | | | | | |
| 第五巡游队 新宝顺舰 | 定海沈家门港 | | | | | | | |
| 第六巡游队 永平舰 | 临海海门港 | | | | | | | |
| 陆巡队 | 镇海天后宫 | | | | | | | |

---

① 徐尔信:《浙江省警务概况》,《浙江民政月刊》1931年第39期,浙江图书馆孤山路古籍部藏。

但是水上警察第一、第二大队的称谓使用的时间并不太长,1936 年 9 月两个水上大队的名称又改回原来的内河水上警察局和外海水上警察局。其内部组织大部不变,只是由三科变成了两科。至于外部组织,两个水警机关都进行了一定的精简,分队数有所减少。外海水上警察局虽然经费在 30 年代有所缩减,但还是对舰艇进行了更新换代,除新宝顺、泰安舰以外,其他老式舰艇或退役,如超武舰,或被另行调离,如海静舰(被军政部借用)。但其新增的舰艇更多,有海鸿、海鹄、海声、海光、克强、新永嘉等舰艇,最终形成编队[①]。1937 年 7 月,两个水警机关复改为内河水上警察局和外海水上警察局。

第五,新警察机关的创设。30 年代的浙江省政府对地方行政改革投入了很大的精力,实施了多项改革并进行试点。1932 年黄绍竑任浙江省政府主席后,浙江推行在省政府和县之间建立行政督察区制的改革,8 月依据《行政督察专员暂行条例》,临时设置了 7 个行政督察区。然后又在 1933 年至 1935 年不断进行调整,最终于 1935 年 9 月将全省划分成了 9 个行政督察区(见下表 5-1-7)。督察专员成为该行政区的最高行政长官,握有军政大权,掌握了介于省民政厅和县政府之间的警察指挥权。

**表 5-1-7　1934 年浙江省行政督察区划分[②]**

| 第一区(吴兴行政区) | 吴兴、长兴、安吉、德清、武康、余杭、孝丰、临安、於潜、昌化 |
|---|---|
| 第二区(嘉兴行政区) | 嘉兴、杭县、海宁、嘉善、平湖、海盐、桐乡、崇德、富阳、新登 |
| 第三区(绍兴行政区) | 绍兴、萧山、诸暨、余姚、嵊县、上虞、新昌 |
| 第四区(兰溪行政区) | 金华、兰溪、东阳、浦江、义乌、永康、汤溪、武义、分水、桐庐、建德 |
| 第五区(衢县行政区) | 衢县、江山、淳安、遂安、开化、常山、龙游、寿昌 |
| 第六区(鄞县行政区) | 鄞县、慈溪、定海、镇海、奉化、象山、南田 |
| 第七区(临海行政区) | 临海、宁海、黄岩、天台、仙居、温岭 |
| 第八区(永嘉行政区) | 永嘉、平阳、瑞安、泰顺、乐清、玉环 |
| 第九区(丽水行政区) | 丽水、松阳、宣平、青田、缙云、云和、遂昌、龙泉、景宁、庆元 |

创设渔业警察局。1934 年,第六行政督察区专员赵次胜发表了题为《浙省沿海各县急应成立渔业警察刍议》的论述文章,提出其"所辖各县滨海为多,关系渔民生计绝大",于是"创办渔业警察局,自兼局长。经费来源向渔户征收,购置渔轮,数艘巡弋保护"[③]。直到 1936 年 8 月,渔业警察局最终被浙江

①　徐国杰:《十年来浙省外海水警》,《浙警十年》,中华警察学术研究社浙江分社、中国警察学会浙江分会编,1947 年,第 65 页,浙江图书馆孤山路古籍部藏。

②　《浙江省统计简编》,1934 年,转引自张根福、岳钦韬:《抗战时期浙江省社会变迁研究》,上海人民出版社 2009 年版第 7 页。

③　丁耀南:《浙江警察志略》,1947 年,第 5 页,浙江图书馆孤山路古籍部藏。

渔业管理委员会接收。

铁路警察机关渐成体系。铁路沿线最早仅在车站设有巡警,负责维持站台秩序,警务都是由各县的警察机关予以执行。但随着铁路建设的快速发展,铁路沿线治安日趋复杂,盗窃日多,地方巡防保护不周,南京国民政府的铁道部于1931年召开全国铁路警务会议,开始筹建铁路警察。浙江最重要的一条铁路是浙赣铁路,1931年6月1日开始分段通车,为此设立了警务股。浙赣铁路警务股成立时隶属于总务课①,在1932年9月改隶属于运输课,设主任1名,课员、事务员若干,下设2个警区,每个警区设主任1名,巡官1名,雇员1名,按里程管辖,以兰溪为分界。自此,铁路的安全保障就实现了列车运行与沿线路段的警务相结合,以及铁路部门警员和地方政府警员执勤的相结合。

在水警方面,除了内河、外海水上警察机关以外,还有一些临时的水上警察机关因某些特殊的工作任务而成立。如在1934年,为解决"自内河水警改组后,各该处水上防务,划归沿江各县办理",相互之间难以统筹的情况,浙江省临时组建了钱江巡游队②。巡游队由省会公安局、水警第一大队、第六特区专员、杭县、富阳、萧山、桐庐、建德等县共同协办。浙江省还曾设立太湖绥靖处,也具有警察机关的性质,在其制定的《太湖绥靖处条例》第十条中有"凡管区内之公安局队,保卫团,及该湖驻扎有关湖防之水陆警队,遇必要时,得指挥调遣之",而且其主要抽调的警力是:江苏陆警一大队,水警两队,兵舰六艘;浙江陆警一大队,水警一队,兵舰二艘③。

此外,宁海县杜岙等乡联合林业工会申报设立了联合林业工会森林警察分驻所④;孝丰县设立驻梅溪的护竹巡察队,其性质属于"官督商办",也被民政厅纳入到警察机关名录之中。而税警虽然不属于省民政厅的警政管辖,但也是一种警察类型存在于30年代。1934年"两浙税警局鉴于各地抢盐风潮迭起,其真相实系私枭,……除暂请淮北调派大队税警来浙震慑外,复组设两浙税警游击队"⑤。

---

① 当时铁路内机构设"课",非"科"。
② 《本省警务现况》,《警察杂志》1934年第6期,浙江省警察协会出版,浙江图书馆孤山路古籍部藏。
③ 《太湖剿匪方略(二)》,《湖州》(即《湖州月刊》),1930年第3卷第8号,第49页,湖社事务所。
④ 《纪事·有关警务之政闻·宁海第一区创办森林警察》,《警察杂志》1934年第2期,浙江省警察协会出版,浙江图书馆孤山路古籍部藏。
⑤ 《纪事·有关警务之政闻·两浙税警游击队成立》,《警察杂志》1934年第6期,浙江省警察协会出版,浙江图书馆孤山路古籍部藏。

## 第二节 喜忧参半："裁局改科"背景下的浙江警政

在 20 世纪 30 年代,对警政影响最大的事件非"裁局改科"莫属。虽然从字面上看这只是一个组织机构上的变化,但其实质内容涉及管理体制、人员配置、财务经费等警政的方方面面。可以说除了对警察职责的要求没有太大变化外,警察体系从内到外都发生了变革,就连民众对警察的评价也产生了变化。30 年代的"裁局改科"是在巨大的争议中实施的,有人认可但也有众多的反对声音。在浙江,警政的"裁局改科"始于 1934 年的兰溪试验县,全面铺开则在 1935 年,结束于杭州沦陷前夕。为时不过 2 年左右的"裁局改科"却在浙江警察发展史中留下了浓墨重彩的一笔。

### 一、"裁局改科"的背景

进入 30 年代,南京国民政府组织机构基本形成蒋介石主军、汪精卫主政、蒋汪共同主党的权力格局。然而,此时的中国依然危机四伏,世界性的经济危机,日本入侵东三省,国际形势日趋严峻。国内长期军阀混战和严重的自然灾害,使人民生活困苦,再加上国民党内部派系林立,彼此倾轧争权夺利,国民政府官僚机构臃肿,中央政令不通,效率低下,财政濒临崩溃,"统一后国民政府号令之不出都门,俨同民国十三、四年时之北京政府;地方割据,截留税款,一如北洋军阀时代"①。面对如此"超越百年来任何时代"的内忧外患,有识之士认为"内忧为外患之源,外患为内忧之果"②,呼吁"纠正过去制度之失"③,促成"积极的大改革之发动"④。

与此同时,在蒋介石攘外必先安内既定国策的驱使之下,从 1930 年 12 月到 1931 年 7 月,蒋介石调集重兵对中央"苏区"进行了三次围剿,均告失败。蒋介石接受了杨永泰提出的"三分军事,七分政治"的清剿方略,并在 1932 年召开的庐山清剿会议上正式确认军事与政治并重。其后的"七分政治"就成为国民政府进行各项改革、推进"新政的原动力"⑤,蒋介石用"管""教""养""卫"

---

① 《民穷财尽之前途》,《国闻周报》,1932 年 9 卷 5 期。
② 《日军占领沈阳长春营口等处》,《大公报》,1931 年 9 月 20 日第 3 版。
③ 《目前政治上之需要》,《大公报》,1931 年 12 月 14 日第 2 版。
④ 《外患与内忧》,《大公报》,1932 年 3 月 7 日第 2 版。
⑤ 张锐:《新政的透视和展望》,1936 年 10 月 5 日《行政研究》创刊号。

四个方面来阐释"七分政治"内涵。"教之要义为'明礼义、知廉耻、负责任、守纪律'。养之要义为'衣、食、住、行'四项基本生活之整齐、清洁、简单、朴质。卫之要义为"严守纪律,服从治令,团结精神,共同一致"[①]。并强调"管"的重要性,"对于教养卫三者以外,尤其特别注重管理。换言之,即应注重于纪律与秩序"[②]。国民党"新政"涉及方方面面,而其中的一个重点就是解决地方政制的问题,尤其是大力推进县行政制度改革,以期革除"机关之多,统系之乱,冗员之众,浪费之巨,几开历史未有之先例……县政府监督机关太多,组织太简,经费太少,职权太微"[③]的弊端,提升县级机构行政效能,"谋县政府权力责任之集中,并充实其组织,以增进县行政效率"[④]。1935 年首先在剿匪区实施后推向全国的"裁局改科"正式实施,这是县政改革的重大举措。"县政败,则国本动摇,县政健全,则民生利赖,故改革县政,实为当今之急务"[⑤]。

县政府的科源于明、清时县衙内的"房",县衙一般设"六房",对应朝廷的吏、户、礼、兵、刑、工六部,"房"有时也称"科","房"下也设"科"。1913 年 1 月 8 日临时大总统公布的《划一现行各县地方行政官厅组织令》将"房"统一改为"科",规定县知事公署设二至四科,1928 年 9 月 15 日南京国民政府颁布的《县组织法》承袭了县政府设科的规定。科为县政府的内设机构,完全秉承县长意志协助其办理公务,不具备行政主体资格,科长选任由县长决定,只需报民政厅委任履行任用程序即可。县政府的"局"源于明末清初的地方自治机构,多为士绅创办的地方公益性组织,后来才成为县政府的下设行政机关。与科不同,局为县政府的外设机构,具有行政主体资格,其虽受县长的指挥监督,县长却无局长人事任免权,其业务、人事由省政府各主管厅管理[⑥]。1928 年的《县组织法》规定县府按等级设置 2 至 4 科,同时设立公安、财务、建设、教育 4 局,必要时可增设卫生局、土地局等,"一府四局"的县政府组织架构基本定型[⑦]。这样的设置,导致县政府受多个部门分派任务,"同是一件互有关连的

---

①　张锐:《新政的透视和展望》,1936 年 10 月 5 日《行政研究》创刊号。

②　蒋介石:《地方高级行政人员会议闭幕词》,载中国国民党中央执行委员会宣传部编印《总裁言论选集》第五卷"政治类",1942 年版,第 279 页。

③　《修改地方政制之前提》,《大公报》,1933 年 11 月 1 日 2 版。

④　《剿匪省份各县政府裁局改科办法大纲》,《江西省各县政府组织规程》,载江西省政府秘书处公报室编印《江西省政府公报》,第 222 号,1935 年 6 月 22 日。

⑤　胡次威:《重要县政问题改进意见》,1936 年 11 月 5 日,《行政研究》第一卷第二期。

⑥　周联合:《南京国民政府县政府裁局改科研究》,《晋阳学刊》,2004 年第 6 期,第 79-80 页。

⑦　中国第二历史档案馆编:《中华民国史档案资料汇编》,第 5 辑第 1 编·政治(一),江苏古籍出版社,1994 年版,第 87-93 页。

事,这个厅令叫这样办,那个厅又叫那样办,很像各说各的,彼此都不接头,弄到无所适从"①。并且各县县长权力被架空,听命于县长的只有政府内设的几个科长及秘书,"各局局长,名义上虽受县长之指挥监督,而事实上已成尾大不掉之势"②。县府各局"事实上自成系统,对下则迳发局令,对上则迳呈本厅。县长对于各局局长,既非自辟之椽属,复多顾虑其背景,自无从充分行使指挥监督之权,遂成各树壁垒互相分立之势"③。为改变这种弊端,1929 年 6 月 5 日修订《县组织法》将县政府的科减至 1 至 2 科,并规定各局"如有缩小范围之必要时,得呈请省政府改局为科"④。但缩局改科具有很大的随意性,各县自行确定,收效甚微。1932 年第二次全国内政会议通过县政府改革决议案规定以一律裁局设科为原则,科或局须合并县政府内办公等⑤。1934 年 12 月 31 日蒋介石在南昌行营颁布《剿匪省份各县政府裁局设科办法大纲》后,裁局改科开始在全国全面展开,县府原公安、财政、教育、建设各局全部裁撤,其职责划归县政府所设三科,取消各局行政主体资格,县长提名科长人选,财政统一管理。改组扩大县政府原设各科,县公安局原管之事务,多改属第一科办理,第二科办理原财政局掌之一部分事务,第三科办理教育、建设事项。其余部分事务则由县另设经征处、财务委员会、县金库等机关分别掌理⑥。"各县城乡现有之公安机关及警察,概行裁撤,改于县政府中设警佐一人,各区署中设巡官一人,并设警长警士若干人",分别派驻重要乡镇从事训练、保安、户口、卫生、交通等一切警察事务⑦。1937 年 6 月行政院公布《县政府裁局改科暂行规程》,"裁局改科"正式在全国铺开。"裁局改科"并非是针对警政而设,但警政改革是其主要内容之一。

　　1932 年 12 月,第二次全国内政会议在南京召开,并通过了《县政改革案》,其目的在于"在完成地方自治,整理匪区善后,奠定国防基础,促进行政效率,统一内务行政"⑧,提出了县政改革的 10 项原则方针。根据《县政改革案》精神,内政部拟定《各省设立县政建设实验区办法》,对县政改革建设实验区做

　　① 张锐:《地方政制改善的途径》,《行政效率》,第二卷,第五期,1935 年 3 月 1 日。

　　② 张锐:《地方政制改善的途径》,《行政效率》,第二卷,第六期,1935 年 3 月 16 日。

　　③ 何霜梅:《县制沿革考》,《行政效率》,1935 年 2 卷 8 期。

　　④ 《国民政府公报》,第一八四号,民国十八年六月。

　　⑤ 第二次全国内政会议秘书处:《第二次全国内政会议报告书》,民国二十一年十二月。

　　⑥ 《剿匪省份各县政府裁局改科办法大纲》,《江西省各县政府组织规程》,载江西省政府秘书处公报室编印《江西省政府公报》,第 222 号,1935 年 6 月 22 日。

　　⑦ 《剿匪省份县府裁局设科》,《申报》(上海版),1935 年 1 月 1 日。

　　⑧ 《县政建设实验区资料汇要》前言,内政部总务司编印,1935 年 10 月。

出原则性规定。1933 年 8 月,内政部通令各省选择一至二个县进行县政改革试验①,全国选定江苏江宁,浙江兰溪,山东邹平、菏泽,河南辉县,广西宾阳,湖南湘潭等 20 个县作为实验县,形成了县政改革"各具有特点,最负时誉"②的定县模式、邹平模式和兰溪模式。

浙江县政在改革之前,正如曾任浙江省主席的黄绍竑所指出的"浙江的县政,以前可说都是师爷政治,一切工作,为少数幕僚所包办……县长对于县政实际情形,不甚清楚,也无从着手整理,尤以田赋税捐为甚"③。1933 年 9 月,浙江兰溪开始推行县政改革试验,在组织结构上以县长为中心,力促县政制度走向规范化与合理化,设立"县政委员会","掌规画监督县政事宜"④,推进"裁局改科",充实机构等措施,科长均由县长邀请,主管厅委任,故"各科科长亦如秘书一样,同为县长的幕僚"⑤。兰溪县政改革达到了预期效果,取得成功后遂被快速推广应用,"兰溪实验县的制度在实验成功推行到其他各处一点上,是最有意义的"⑥。

兰溪实验县的裁局改科裁撤了公安、财务、建设、教育 4 局,改设民政、财政、公安、建设、教育、土地 6 科。根据县长胡次威的总结,兰溪实验县裁局改科的尝试虽然有待改进,但至少有两个立竿见影的效果。其一,财政得以改善,征收机构明确清晰。在实验县成立前,兰溪县收缴财税的有田赋征收处、县款产委员会、教育款产委员会、公安局、杂税征收处 5 个机关,导致"不但机关繁多须支出大量的征收公费及人工薪饷,甚至于每个机关究竟收了多少、支了多少,亦属无法考察"⑦。改革后,征收机构合并成田赋征收处、公款管理处、杂税征收处三个。在实验县成立前,全县财政入不敷出,省款挪用 3 万余,超额支付 3 万余,全县教师欠薪两月零五天,警察欠薪一月零五天,基干队欠

---

① 内政部总务司:《县政建设实验区资料汇要》上册,1935 年 10 月,《内政部推行县政建设实验区始末记》第 1 页。

② 内政部总务司:《县政建设实验区资料汇要》上册,1935 年 10 月,《内政部推行县政建设实验区始末记》第 56 页。

③ 黄绍竑:《五十回忆》(下),浙江云和:云风出版社,1945 年版,第 297 页。

④ 《浙江省兰溪实验县政府章程》第三条《浙江省政府公报》,第 1969 期。

⑤ 胡次威:《县政府制度的实地实验》,兰溪实验县县政府出版,1934 年 10 月,第 16 页,浙江图书馆孤山路古籍部藏。

⑥ 陈之迈:《漫游杂感》(二),《独立评论》,第 224 号,1937 年。

⑦ 胡次威:《县政府制度的实地实验》,兰溪实验县县政府出版,1934 年 10 月第 9 页,浙江图书馆孤山路古籍部藏。

薪半个月零五天。但一年后,财政就扭亏为盈,足以负担县内的各项建设费用①。其二,地方上的警、保合作渐趋和谐。原本因为警察力量的不强和国内地方上盗匪难以清剿,国民政府采用的是保甲制度,县内设立保卫团。但由于警察局和保卫团互不隶属,警察局主要由民政厅辖管、保卫团隶属于保安处,且相互间有争夺经费、枪支装备等资源的情况存在,所以并不和睦。裁局改科后,县长职权凸显,警察力量仅作为一科存在于县政府内部进行管理。因此,县长在协调警察和保卫团力量上反而更加方便,于地方治安就更加有利。

　　时任兰溪县县长的胡次威是由蒋介石钦点的县长,而其带领的县内官员大都来自于中央政治学校的师生。因此他在兰溪实验县进行的一系列县政改革情况和总结都能及时地反馈到中央,实验县的一举一动第一时间就能为蒋介石所掌握。1930年建立南昌行营后,蒋介石集团的中心任务就是镇压革命,即其所谓的"剿匪",最需要解决的就是财政短缺和地方警、保联系以及社会稳定等问题。"裁局改科"的两大特色正能满足其需要,所以蒋介石立即就在行营附近的"剿匪"省份要求实施"裁局改科"。最初是在1934年7月,提出了省政府合署办公的改革,认为可以"裁并人员,节省半数之经费",而后可以将节省经费引入县政府,改变"各县政费为数极微……佐治人员待遇微薄"的状况。到1934年12月31日,随即颁行了《剿匪省份各县政府裁局改科办法大纲》,当时施行的范围是湖北、河南、安徽、江西、福建等。大纲中同时也说明,"其他省份,如认为有参照本大纲实行各县裁局改科之必要者,应呈请行政院核准"②。在这份大纲中,不仅提出裁局改科,甚至提出对警察大加裁撤,大纲提出了五大要求,其中第四点"警卫连系"的主要内容就是在城镇乡村恢复保甲制度,只在都会、通商大埠等保留警察制度,用保甲民团和警察的结合来"剿匪"和降低财政需求。

## 二、浙江实施"裁局改科"的过程

　　作为南京国民政府的京畿地区,和中央一直保持统一路线的浙江省很快就介入其中,主动成为"认为有参照本大纲实行各县裁局改科之必要者"。浙江裁局改科的目的是提高县长职权及节省各县经费,在1935年上半年就制定

---

　　① 胡次威:《县政府制度的实地实验》,兰溪实验县县政府出版,1934年10月第10页,浙江图书馆孤山路古籍部藏。
　　② 程懋型:《剿匪地方行政制度》,1935年,《民国史料丛刊》第77卷,张妍、孙燕京主编,大象出版社,2009年版。

了《浙江省各县政府改局为科暂行组织办法》,并通过省政府委员会决议予以实施,正式开始"裁局改科"。

事实上,在中央正式发文开始"裁局改科"前,浙江省已有 2 个县实施了"裁局改科"。一个是兰溪实验县,正是在其境内的实验才验证了"裁局改科"的可行性和优势所在。另一个则是景宁县,其之所以提早实施了"裁局改科"不是因为"有远见"或是因为充当"改革先锋",而是景宁县公安局在 1931 年时全局仅有警员 20 人,到 1933 年更是裁撤 10 人,1934 年则"地方不景气,较前益甚,民穷财尽,防务随而吃紧,不得已裁局改科"[①],以节省经费可以额外增加警员 5 人。所以当"裁局改科"实施时,景宁县恰好是最符合要求的,它早已"改科",只是不需要"裁局"而已。

除兰溪和景宁以外,浙江采取的是分步推进的改革方式。1935 年 4 月左右最早开始实施的有金华、浦江、嘉兴、新昌、遂昌、象山、临安等 7 县,比如金华县就在 4 月 1 日由县政府派员接收了县公安局。其他按要求第一批完成"裁局改科"的是警额 50 人以下的昌化等 29 县。不过,尽管浙江省发动得早,也积极推行,但实际到 6 月,第一批要求完成的县并未全部达标。真正实现"裁局改科"的只有昌化、玉环、余杭、衢县、新登、武康、孝丰、仙居、鄞县、奉化、温岭、於潜、安吉、泰顺、丽水等 16 县[②]。当时,省府委员会在第 757 次会议上通过决议,要求全省所有的县份在 7 月 1 日前全部"裁局改科"到位。

正如前述所言,"裁局改科"针对的是整个县政,而并非单一的警政。原先在县组织法中规定的"四局"——公安局、财政局、教育局和建设局,都是"裁局改科"的对象。所以,依据《浙江省各县政府改局为科暂行组织办法》来实施,对警政而言是无法参照其建立完整统一的警察组织的。这就造成各县内警政的裁局改科五花八门,在失去了统一的县级警察机关(公安局)的管理后难以组织。这本身应当是有具体的文件办法来解决的,但不仅是浙江省,就是南京国民政府也没有对各省地方的警察机关组织形式作出具体规定。直到 1936 年 7 月行政院才公布《各级警察机关编制纲要》,于是"各级警察组织,始有明确规定,本省在二十六年九月份起,全省各县一律成立县警察局,或警佐

---

　　①　张永竹:《浙江省水陆各级公安机关沿革史(十三)》,《警察杂志》1935 年第 20 期,浙江省警察协会出版,浙江图书馆孤山路古籍部藏。

　　②　《纪事·本省警务现况》,《警察杂志》1935 年第 13 期,浙江省警察协会出版,浙江图书馆孤山路古籍部藏。

室"①。也就是说在 1937 年 9 月浙江全省的警察组织执行中央规定，舍弃了"裁局改科"，恢复设置独立县级警察机关（警察局）。

### 三、浙江各地警政实施"裁局改科"的具体形式和效果

《浙江省各县政府改局为科暂行组织办法》第三条规定"一等县设五科，二等县设四科至五科，三等县设四科"；第四条又规定"第三科掌理公安保卫事项"②。所以在实行"裁局改科"后，浙江省各县的第三科就是公安科，科长就相当于原来的公安局长，不过科长与原局长实际的职权相差甚大。

"裁局改科"本来目的就是简政集权，科就丧失了此前局所具备的行政主体资格，所以科与局之间区别很大，除此之外，还表现在其组织机构方面的巨大变化。首先，科内部机构设置能简则简，部分原局设内部组织转为了科的外部组织。一般情况下，公安局设总务科、行政科、司法科、督察处、警察教练所、警察队或是拘留所等内部机构，向局长负责。但成立科后，第三科科长的职权定位是辅助县长督查管理县内的公安、保卫事项，主官是县长，那么诸如警察队、教练所、拘留所等直接向县长负责，所以，这些原设公安局的内部组织只能变成现设科的外部组织隶属县政府。至于总务科、行政科、司法科等原公安局的内设机构也都采取合并、缩编、降级的方式成为现设科的下设机构。比如绍兴县一直是警察力量最强的县，"裁局改科"后也进行裁并，只在第三科内设三股，分别负责警政、司法和督察，其余转为外部机构甚至是挂靠在原来的一个分局下（图 5-2-1 和图 5-2-2）；余姚县则仅有第三科科长 1 人，科员 3 人，督察员 1 人，无法分股③；更有甚者，武义县干脆就是第三科设而无人，警政科长期缺位运转④。

其次在公安科以外的各警政组织机构是一个矛盾综合体，"剪不断，理还乱"。"裁局改科"将警权收归于县长后，原隶属于县公安局的各警察分局依次在名称上从分局变成局，如"第一公安局""第二公安局"等。这些原来的公安分局，以及从原县公安局内部划分出去的"拘留所""警察队""消防队"等就构

---

① 朱焯：《十年来浙江警政设施概述》，《浙警十年》，中华警察学术研究社浙江分社、中国警察学会浙江分会编，1947 年，第 16 页，浙江图书馆孤山路古籍部藏。

② 《浙江省各县政府改局为科暂行组织办法》，1935 年，原文可见附录 2。

③ 唐希寅、高矩、李守廉：《余姚县政概况》，1936 年，《二十世纪三十年代国情调查报告》第 197 卷，凤凰出版社，2012 年版，第 46 页。

④ 羊九思：《武义县政实习报告》，1935 年，《二十世纪三十年代国情调查报告》第 204 卷，南京图书馆编，凤凰出版社，2012 年版，第 17 页。

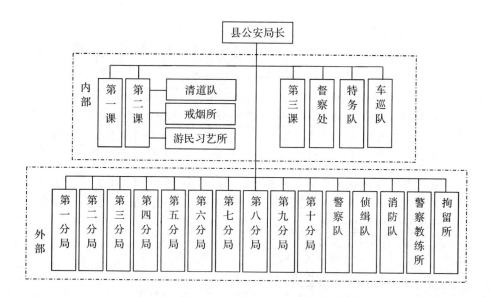

图 5-2-1　绍兴县"裁局改科"前的警政体系①

成了除公安科以外的县内"外部警政组织"。虽然第三科的科长主要负责全县的警政事项而且往往兼任负责县内最重要的县中心城区治安的第一局局长，但他仅仅是县长的一个属官，有监督、提议权，却并不具备直接指挥这些"外部警政组织"的权力。它们事实上已经成为与公安科平级的机构，同样直接对县长负责。这一点，其实胡次威在 1934 年底总结兰溪实验县的改革成果时就已经发现。当时兰溪县公安科长兼任第一公安局长，与其他第二至第五公安局长②之间实际上是各自为政。他说"在改制的当时，想不到有什么困难，及到后来，便大有此路不通之慨"。因为"裁局改科"后警察机构"科""局"不分是行政大忌。可是如果真的让第一公安局等独立，则不仅回到老路，甚而不如"局"时代的县政制度，变得更分立，与集中权力的改革初衷不符。在不得已的情况下，兰溪县制定了一个"科""局"职权划分的办法，但实际效果是"名义上使第一公安局与县政府分立，可是一般民众的观感仍和从前一样"③。

　　①　袁飞翰、雷振乾、郑邦琨等:《绍兴县实习总报告》,1935 年,《二十世纪三十年代国情调查报告》第 194 卷,南京图书馆编,凤凰出版社,2012 年版,第 90 页。
　　②　即原来兰溪的第一至第五分局,因已无县公安局,分局改称公安局。
　　③　胡次威:《县政府制度的实地实验》,兰溪实验县县政府出版,1934 年 10 月第 14-15 页,浙江图书馆孤山路古籍部藏。

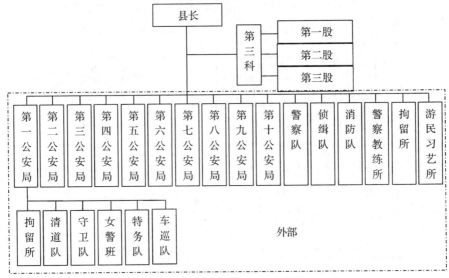

图 5-2-2　绍兴县"裁局改科"后的警政体系①

到 1935 年正式"裁局改科"后,各县也就相继遇到了类似的情况。由于当时也正实行县内分区署自治,一般警政工作做得比较好的县份就裁并原来的公安分局,和区署相合,试图以此在区署内让警政、保卫事宜融为一体,也算达到"警卫连系"的效果。这有两种方式,一是设立保卫股统一管理,听从区署长指挥;二是"设区员司民政(保卫在内),另设巡官,专管警察"②。区署以下的乡镇则没有相应的机构,乱成一团,只是计划由警察或警察官负责训练、指挥、监督壮丁队、基干队等。这两种方式有些县单独使用,比如绍兴县采用第一种方案;也有县混合采用,比如萧山县下的不同区署就有不同的选择。

而一些警政发展相对滞后的县则采取另一些相对"简单粗暴"的处理方法,只是追求一个形式上的"相符"。图 5-2-3 就显示出余姚县将原来的城区、梁弄、马渚、周港、浒山、横河、湖堤 7 个分局仅保留城区、马渚 2 个分局,其他的分局都降为派出所,或由区署直接负责管理警政,不再单设警察组织,从而减少行政上的不便。而金华县则更为干脆,不作调整地直接将原有各分局改

　　① 原称公安分局,因"裁局改科"称公安局,直隶于县政府。
　　② 李佩雄:《萧山绍兴县政》,1936 年,《二十世纪三十年代国情调查报告》第 196 卷,凤凰出版社,2012 年版第 653 页。

为公安局,看上去仅仅是把县局撤了而已①。

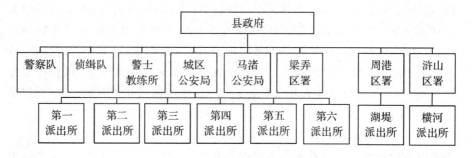

图 5-2-3　余姚县"裁局改科"后的警政体系②

### 四、浙江警界对"裁局改科"的评价

"裁局改科"是整个县政改革的重要举措,它的施行确实有利于节省县内经费,这一点从前文所述景宁县主动裁撤公安局和兰溪实验县的总结中就可以看出。但是如果把"裁局改科"从整个县政改革聚焦到警政这一具体改革中来分析的话,它的弊则大于利。

赞扬声主要源于"裁局改科"可以节省财政经费。兰溪县 1934 年的总结中就说明改革后县内的经费可以节省五分之一到四分之一,而且统收统支,管理明确。所以这受到了许多人,尤其是研究、关心民政人士的青睐,他们认为"县公安局规模太大,无论就各县的经济情形及事实需要看来,均不需要此庞大的组织"。因此为达到"集中县长权责,充实县府组织,增进县政效率"的目标,"公安科长成为县长的僚属,过去割据牵制对抗推诿等等情弊,均可一扫而空"③,提议实施"裁局改科"。一些警界人士困于经费短缺也试图以此改革走出困境,不过总体而言赞成的人中真正的警政从业人员不多。

警界中对"裁局改科"批评声大于赞扬声。正如上文谈及胡次威的总结,兰溪实验县最早在"裁局改科"时发现的问题就出在警政上,而其他三个局的

---

①　吴锦文、孙学方、刘世璞:《金华县政概况》,1935 年,《二十世纪三十年代国情调查报告》第 199卷,凤凰出版社,2012 年版第 71 页。

②　改编自唐希寅、高矩、李守廉的《余姚县政概况》,1936 年,《二十世纪三十年代国情调查报告》第 197 卷,凤凰出版社,2012 年版第 77-78 页。

③　何宏基:《浙江警政之检讨》,《浙江民政月刊》1935 年第 5 卷第 1 期,第 30 页,浙江图书馆孤山路古籍部藏。

"裁局改科"并未发生大的问题。当时在省内正式行文要求各县"裁局改科"前,就已有消息传出,各地警界人士议论纷纷。1935 年 4 月间,鄞县警界的姜邦桢在警察的专业期刊上撰文明确表达了对裁局改科的不赞同,"惟警察行政,占县行政重要部分,依近代人事之演进,政治之繁复,系为专门的性质,故改局为科之意见,不表赞同"①。他的理由现在看来是直击要害,就是警察发展日益专业化,需要专业人才和专业的部门才能不断进步,"裁局改科"不仅毫无帮助,反而是逆流而行。

另一方面,"裁局改科"的过程中不可避免地涉及了派系和权力的斗争,多年来逐渐形成的一些警察专业化倾向就有消亡的危险。浙江省"民政厅以中央关于警官任用法尚未颁布,而裁局改科后,各县县长有径先委用警官之权,于是委用漫无标准,多有不合要求"②。不得已,在没有中央文件的情况下,省政府委员会第 766 次会议修正通过了省内的各县警官任用暂行办法,以此明确"改科"时的警官任用要求。但还是造成了警察"实行裁局改科后,失业者日益加多"③的局面。

不仅如此,更被警界人士诟病的还有"裁局改科"是将一县的安危置于一人之手,则"关键仍在于县长之是否得人。盖充任县长者,如确有'学问''能力''革命精神',当可达上项之目的;否则,反因县长职权之提高,易成县政退化之结果"④。归纳起来,因县长专权警政形成的弊端主要有:1.案件处理迟滞,原来有专有机构,局长决定,现变成辅助科室,而县长事务繁多,就算精明宏博的人也无法及时处理;2.县长官观念淡薄,对警务有错误认识,"多认警察事务仅为巡逻、守望、弹压、传提、护送……尤可怪者,屡闻有为增加警费之收入,而派大队捉赌自认为努力警务者";3.警察的实际收入并未改变,"过去公安局内部职员薪金,实际上甚为微薄,距中央规定之最低支薪标准,几少一倍","改科后,本省规定裁员与增薪并行,但实际上裁员无多……且闻每有将裁余之薪,移作公安以外之用者";4.警察事务应当由专才实施,但改科后交由

---

① 姜邦桢:《鄞县警务现状及今后之改进》,《警察杂志》1935 年第 14 期,浙江省警察协会出版,浙江图书馆孤山路古籍部藏。

② 《本省警务现况》,《警察杂志》1935 年第 16 期,浙江省警察协会出版,浙江图书馆孤山路古籍部藏。

③ 《有关警务政闻·浙警校毕业生举行登记训练》,《警察杂志》1935 年第 17 期,浙江省警察协会出版,浙江图书馆孤山路古籍部藏。

④ 以上引文均出自张永竹:《公安局改科后》,《警察杂志》1935 年第 16 期,浙江省警察协会出版,浙江图书馆孤山路古籍部藏。

县长选用,县长却不熟悉警官的学业成绩,"且更有连警官生无一认识者",则"用人惟才"无法实现;5.在无设分局的县,可能导致派出所直属县长,越级管理更添县长负担,形成"县长不来管、科长不能管"①,基层警察放任自流的状况。这些也得到了胡次威的承认,他也认为,如果不是他的县内属员都来自于他在中央政治学院法律系的师生,恐怕也不可能顺利地完成改革任务,或是无法真正实施高效的行政工作。

## 第三节　大缩编:新政下的警察队伍

　　20世纪上半叶的中国一直是一个风起云涌的时代,但对于浙江省来说,自1927年2月北伐定鼎到1937年12月杭州沦陷都是一段相对稳定的岁月,所以30年代的浙江警察队伍也还是相对稳定的。从根本制度上看,警察仍然归属民政系列,人事规则也仍然是警官—警长—警士的用人规则,其中警官是官员体系,不计入警察员额,而警长和警士则是普通警察,一般所谓的各地警察员额即指代他们。在朱家骅主政浙江民政期间,警察的力量一直在增长,警察员额1929年达到了14060人,1930年达到了15148人②。虽然其人调任,但在政策的惯性下,这种情况延续到了1932年。所以时人评价说"在那时候,识者莫不称浙江各县的警察,比无论哪一省进步得多"③。

　　对于南京国民政府而言,浙江为其京畿重地,必须保持社会稳定。在政局基本稳定的情况下,维持社会治安成为其内政的主要任务,对警政改革的提议与呼声也就越来越多。"裁局改科"当然是其最重要的变革,不过在这之前细微的警政改革从未间断,例如"行政警察"的立废、1930年下半年朱家骅离任后的警察人事调整、1933年浙江"整顿警务"等。不过这些改革主要针对警察人员,首当其冲的是警察官,警察机关还是相对稳定的。

　　本章附录表5-3-1与表5-3-2是1934年到1935年的浙江警察官任免统计和1931年到1932年6月的警官任免统计数据,从中我们可以非常直观地发现这两个时期警察官更换的频率非常高,具有如下特点:其一,警察官的数

---

　　① 以上引文均出自张永竹:《公安局改科后》,《警察杂志》1935年第16期,浙江省警察协会出版,浙江图书馆孤山路古籍部藏。

　　② 详细数据见于本书第四章第三节。

　　③ 黄东升:《警察在外县》,《警察杂志》1935年第20期,浙江省警察协会出版,浙江图书馆孤山路古籍部藏。

量总体趋势在减少,卸任数大于委任数。1933年的整顿警务和1935年的裁局改科都是如此,尤其是1935年的裁局改科,我们通过附录表5-3-1可以看到很长一段时间都只有警察官卸任而无委任,其原因就是岗位被直接裁撤。其二,警察官并不比普通警察更稳定。根据附表5-3-2,非常规变动(免职和辞职)竟然在一年半内达到了247人次,占了全部卸任类变动的41%,其中免职占了30%。官制、法制不健全是警察官队伍不稳定的主要因素,警察官队伍主要还是以裙带关系性任免为主,"公安科高级警务人员要跟着县长为转移"[1],一任地方主官一任警察官,由此又会衍生出腐败,产生违法并被举报,导致警察官被停免职人数众多。其三,是否接受警察教育仍然没有在警察官任免中产生决定性的作用。两表中警校毕业的警察官只占任职人数的57.4%和约41%,(该数据采用表5-3-1中第16-21期数据计算)。这对整个警察队伍的专业化发展极其不利。警察官尚且如此,对普通警察需接受警察教育的要求也就无法实现。即使是在省会公安局内,"百分之七十以上未受警察教育,多数且未受完善之初等教育"[2]。不过警察官队伍的学历统计除了接受正规警察教育的外,如果加上其他军政学校的毕业生,警察官有正式的、较高学历的人数占比达到了80%,这与民国建立初年警察学历相比不可同日而语。附录3中有1935年《警察官任用条例》和1937年修正《警察官任用条例》后对荐任警察官和委任警察官资格的描述,从中可以发现国民政府对警察官的任免条件更注重学历和资历。

　　始自1933年的浙江"警务整顿"对警察的编制进行了调整。此次调整一改1927年至1931年间警察数量逐步增加的情形,警察编制数额缩减(参见本章附录表5-3-3)。虽在众多的资料中,可能因时间节点的不同,关于1933年整顿前浙江全省警察的统计数量不一,但在调整前,其数额肯定在13500人以上[3],另有1600人[4]的警察官编制,警察官占比约10%,普通警察占比约90%,官员比例也和警察数量一样,逐年增加。浙江水警在1933年4月间,根据内政部《省警察队组织暂行条例》,改局为大队。第一大队裁撤官长67名,

---

　　① 黄东升:《警察在外县》,《警察杂志》1935年第20期,浙江省警察协会出版,浙江图书馆孤山路古籍部藏。

　　② 《浙江省会公安局年刊》,1935年第59页,浙江省会公安局编,浙江图书馆孤山路古籍部藏。

　　③ 警察数量指警察员额,即警长和警士,不包括警察官。

　　④ 《警察杂志》1934年的统计数据为1599名警察官。

有普通警察 1562 名,第二大队裁撤官长 20 名,有普通警察 1338 名①。根据本章附录表 5-3-3 的数据,之后水警继续裁撤普通警察,裁撤比例高达 45.8％和 36％。其他各地区的陆警也分别裁撤,虽然大部分没有水警的裁撤比例高,但也有个别县如衢县、温岭、东阳等达到了 40％及以上。全省县级陆警(不含省会公安局、宁波公安局)在这一轮的裁减比例平均达到了 20.67％。

本章附录表 5-3-4 还提供了人口与警察数的比例数据,从另一个角度来看,在 1933 年这次全省警察缩编中,杭州市的省会公安局和宁波公安局警察员额几乎没有发生变动,其和当地人口相比,还是保持了一个较高的警察比例,杭州市的每千人警察数达到了 4.56 人。可以看出浙江警政的重点非常明确,优先保证省内最重要的政治文化中心城市。当然,当时还有一个重要因素就是 1932 年的"一二·八"事变后,有大量外来人员涌入杭州、宁波等地,需要更充足的社会治安力量维持稳定。

而各县因为裁撤警察编制使得警察与当地人口的比例降低,除了杭州市外没有地方能达到每千人 1 名警察的配置,有部分地方如天台、仙居、青田、温岭等甚至连万人中 1 名警察的比例都无法保证。但尽管如此,浙江的警察配置情况在当时全国各省中还是排名前列。通过整合附录表 5-3-4 的数据,可以制作出浙江省各县警察比例的分布图,见附录图 5-3-1。我们可以看到浙江有 40 个县在经过裁撤后还能保持在每 3000 人以下配置 1 名警察,占全部 77 个县市的 52％。与此同时,附录表 5-3-5 也做了全国横向比较②,在参与统计的 13 个省份中浙江省是唯一一个最大警察人口比没有上万的省份,也就是说是警力在县分布相对来说最为平均的一个省份;另外,浙江各县的警察人口比主要分布于 1∶3000 以下,且全省平均警察人口比为 1∶1931,仅次于河北的 1∶1401 和甘肃的 1∶1754,可见即便警察编制数量有所缩减,浙江警察人口比就所列全部省份而言,仍然十分靠前。不过,警察比例和以前相比还是降低不少,为了应对这个问题,如平湖、绍兴、奉化等县同时采取的做法就是重点保障、部分舍弃的警察配置方式,表 5-3-6 列出的 1935 年奉化县警察配置就是明显例证。这也意味着很多县内的偏远地区的治安只能依赖民间自组治安力量,警察无力维系。

---

① 来襄:《推进警务之研讨》,《警察杂志》1936 年第 23 期,浙江省警察协会出版,浙江图书馆孤山路古籍部藏。

② 该表与表 5-3-4 所用数据因统计口径和统计时间有所不同,数据有所出入,但在整体状况分析中基本一致。

表 5-3-6　1935 年奉化县警察与人口比统计表①

| 警察机关 | | 人口 | 警力 | |
|---|---|---|---|---|
| | | | 数量 | 千人警察数 |
| 第一分局 | 第一警段 | 52000 | 27 | 0.52 |
| | 第二警段 | 20000 | 10 | 0.50 |
| | 第三警段 | 20000 | 10 | 0.50 |
| 第二分局 | 第四警段 | 74000 | 9 | 0.12 |
| 第三分局 | 第五警段 | 91000 | 9 | 0.10 |
| 合计 | | 257000 | 65 | 0.25 |

随着 1935 年县政改革进入到"裁局改科"阶段,浙江警察的人员编制数额就再也没有恢复到 1933 年前的水准,一直在低位徘徊,直到 1937 年全面抗战爆发。在"裁局改科"阶段,就连省会公安局也大量裁减了警察员额,从 1933 年的 2232 人,到 1934 年底的 1945 人,而 1935 年则还在继续裁减。最终省会公安局有荐任警察官 1 人,委任警察官 246 人,警长 194 人,警士 1374 人,即警察员额 1814 人,达到了 30 年代的最低点②。到 1936 年省会公安局仍是维持缩编政策,不过整体编制略有增加,调整为减少警察官,增加警察员额,当年统计有荐任警察官 1 人,委任警察官 241 人,警长 198 人,警士 1413 人,即警察员额 1852 人③。

值得一提的是,在这一时期浙江省的警察编制中出现了一个全新的警种——女警。虽然浙江警官学校在 1930 年初就有招收女性学员(本章第五节),但女警真正成为一线的警察力量是在 1933 年 4 月。当时杭州省会公安局设立女警训练班,以"年龄 20 以上,30 以下;高级小学毕业"为招募标准,第一期女警招收了 22 人。随后在局内成立了女警队,参与日常巡逻,这在全中国尚属首创,"女警之使用,在中国,以本局为先导"。省会公安局紧接着又在 1934 年、1935 年、1936 年各举办一期女警招募培训,第二期 10 人,第三期 15 人,第四期 10 人④。不过由于女警"因事离职者甚多",所以省会公安局的女

①　根据李学训、许家禄、鄂荣熙的《开化县政实习报告》内容编制,1935 年,《二十世纪三十年代国情调查报告》第 190 卷,凤凰出版社,2012 年版第 445 页。第一分局为城区分局,第二、三分局为城郊分局。

②　《浙江省会公安局年刊》,1935 年第 7 页,浙江省会公安局编,浙江图书馆孤山路古籍部藏。

③　《浙江省会公安局年刊》,1936 年第 17 页,浙江省会公安局编,浙江图书馆孤山路古籍部藏。

④　以上均引自《女警队概况》,《浙江省会公安局年刊》,1936 年第 141 页,浙江图书馆孤山路古籍部藏。

警队一直维持在 20 人左右的规模。

从以上数据来看,整个 20 世纪 30 年代的浙江警政都是在缩编中度过的,警察人数大幅缩减。但实际上这是表面现象,政府裁减的只是普通行政警察编制,事实上还有许多从事专项警察任务的人员没有纳入到统计中来,主要有如下几类:

第一类是警察队。其性质介于警察和军队之间,归属公安局管理(1935年"裁局改科"后就由县政府直接指挥)。警察队不是新鲜事物,1928 年在推行保甲的过程中就已存在。但在 30 年代的警政中其地位更显突出,这与当时外敌入侵加剧,内部阶级对立、人民革命形势如火如荼密切相关。1934 年《修正浙江省县公安局警察队规则》规定"警察队以一班为最少限度,每班置警长一名,警士十名",2 班以上可成排,每排最多 4 个班,2 排以上可成队,每队最多 4 个排,队直属于局长。根据人数可以设置队长、副队长、教练员、事务员、书记等职务,队长、副队长、教练员由局长提名上报,事务员、书记由队长提名上报,队中各警长在原长警内挑选[①]。《浙江省县公安局警察队及区公安队编练办法》则规定了全县武装警察队的编练方式。办法规定在普通警察以外,全县警额在 60 名以上的,至少编练一班武装警察队,120 名以上的至少编练 2班武装警察队,以此类推,可超不可减。再下一级的区公安队(即武装警察队,仅名称不同)则是"系就各警区服勤务之普通警察同得编制为队……得临时召集执行武装警察职务"[②],区公安队是由普通警察兼任。据表 5-3-3 的统计,是时浙江警额 60 名以上 120 名以下的县有 23 个,120 名警额以上的县有 21个。根据前述警察队编练办法,全省至少应当在普通警察员额以外还有警察队警士 715 名,这些都没有计入到统计表的警额中,然而却是事实上警察的一部分,就连名称也是警长、警士。比如 1934 年编练形成的省会公安局警察大队,下分 4 中队,每中队分 3 分队,另设机关枪分队(36 人),普通分队下设 3班,每班班长 1 名,警士 10 名,中队另设号警、伙夫、勤务工等多名。总计全大队长警 400 余名,配备新式枪械。但可惜的是,除此以外并未有明确的其他各地警察队的人数记录,使之成为一块"黑幕"。不过省会公安局警察队的超额配置揭开了这块黑幕的一角,我们有理由相信即使这种编练办法并未被所有

---

① 《修正浙江省县公安局警察队规则》,《警察杂志》1934 年第 8 期,浙江省警察协会出版,浙江图书馆孤山路古籍部藏。

② 《浙江省县公安局警察队及区公安队编练办法》,《警察杂志》1934 年第 8 期,浙江省警察协会出版,浙江图书馆孤山路古籍部藏。

符合条件的县执行,当时全省实际编练的警察队人数也应当超过 715 人。

第二类是特务警察。1932 年 4 月,复兴社特务处成立,戴笠任处长,随即组建"杭州直属组"。10 月戴笠以政治特派员的身份,正式介入浙江省警官学校的日常管理,借浙江省警官学校的师资、设备和学生资源,开始创办特训班,培养特务人才。到 1934 年 2 月戴笠的亲信赵龙文出任浙江警官学校校长,更是进一步在警察系统内部建立起特务体系。特务警察是 30 年代出现的一类全新警察人员,但未列入警察员额,根据省会公安局的会议纪要,其下属的特务员不算警员,"以薪金数目为标准领章,照章按级缀星"①。根据公布的资料,特务警察的主要职责有政治任务(查缉共产党、其他反动党、左倾思想、汉奸),查办高级警察(私运、收买、工潮、学潮、私售军火等),还有协助办理刑事案件②。在县内往往会在督察处下设置特务组或特务队,比如 1932 年杭县总局内就设有一个特务队,巡长 1 名,长警 20 名③。省会公安局则在 1936 年设置了独立的特务警察队。

第三类是行业警察。浙江是渔业大省,所以行业警察最大的部分就集中在渔业警察部分。1935 年,省府下达了训令,第五行政特区专员赵次胜专门就此发表了题为《浙省沿海各县急应成立渔业警察刍议》的论述文章,并召集鄞县、镇海、奉化、定海、象山、南田、慈溪、余姚 8 县县长开会,筹备渔业警察。1934 年,宁海县则创办森林警察,由宁海县杜岙等乡联合林业工会申报设立联合林业工会森林警察分驻所④。这些警察都不计入民政厅统计的警额,由各地自定,不过由于大部分的"森林保护、农工商业保护、垦牧渔猎保护及取缔由公安分局办理"⑤,所以这几类行业警察的数量不大。

另外一种人数较多又不计入警额的行业警察是铁路警察,其归属铁道部负责。浙江的铁路从民国初年开始并无大规模的发展,因此铁路警察也并未正式成立,"最早由当局所谓勇兵担任,并无路警",仅在车站设有巡警,负责维持站台秩序。浙赣铁路于 1931 年 6 月 1 日开始分段通车(江边到尖山、到诸

---

① 《本局第二十一次局务会议》,《浙江省会公安局业务纪要》,1933 年第 331 页,浙江省会公安局编,浙江图书馆孤山路古籍部藏。

② 《浙江省会公安局年刊》,1935 年第 44 页,浙江图书馆孤山路古籍部藏。

③ 《浙江杭县县政考查总报告》,1932 年,《二十世纪三十年代国情调查报告》第 182 卷,凤凰出版社,2012 年版第 179 页。

④ 《有关警务之政闻》、《宁海第一区创办森林警察》,《警察杂志》1934 年第 2 期,浙江省警察协会出版,浙江图书馆孤山路古籍部藏。

⑤ 《各县区公所与公安分局划定事权办法》,《浙江民政月刊》1931 年第 45 期,浙江图书馆孤山路古籍部藏。

暨、到义乌、到金华兰溪)。为此已提早设立了警务股,分段招考路警,1931年
5月警务股就已制订警务规章,举行第一期路警考试,录取33人,训练1个
月。1931年12月15日举行第二期招考,录取10人;1932年2月第三期录取
20人;1932年5月第四期录取15人。后在1933年8月,杭州、金华、衢县三
处分别举行考试,应录90人,实录80人,其中18人系浙江警官学校警士教练
所毕业,直接派用,其余在萧山成立路警训练班,集中培训3个月后毕业。到
1937年,浙赣铁路于各次客货列车均由保安处派武装队警及便衣探警等随车
保护;列车开行或到达站点,则加派岗警;沿线轨道及桥梁山洞等,则实行会哨
办法,不分昼夜,严密巡查。浙赣铁路沿线重要各站,由所在地县政府派地方
保卫团或警察长期驻守。路警警士一般分三级,一等月薪16元,二等15元,
三等14元,比例分别为20%、30%、50%;巡长分三级,一级24元,二级22
元,三级20元;巡官三级,一级40元,二级35元,三级30元,"以其待遇观之,
似较今日一般公安局尚为优厚"①。

## 第四节　政、警分开与专业化:警察职责和勤务模式的新变化

虽然此时浙江省社会治安形势仍较严峻,但作为环京畿重地的重要区域,
南京国民政府对于浙江的治理尤为重视,主政官员也多为蒋介石的亲信,政局
相对稳定。作为国民党统治的有效核心区域,浙江各项政策的实施受南京国
民政府的影响颇深。具体到警政建设,浙江基本遵照政府的指令行事,虽全国
警政建设发展不平衡、差异较大、步伐不一,但就浙江警政建设自身而言,成效
显著,逐渐走在全国前列。浙江警察职责与勤务模式也随着政府行政改革而
不断发展变化,在继承前期已形成的比较成熟的警务模式的基础上进一步创
新与发展,更加强调警察职业的专业化。

### 一、厘清政、警职责举步维艰与警察专业化的实质性进展

传统中国对基层社会的控制较弱,尤其是县级以下基层或乡村基本上都
是由具备非正式权力的士绅掌控。南京国民政府成立后力图通过国家政权的

---

① 梅友竹:《浙赣铁路警务调查》,《警察杂志》1937年第37期,浙江省警察协会出版,浙江图书馆孤山路古籍部藏。

力量来推进和完善县级及县以下行政体系的构建,使国家行政机构和政府官员进入乡村社会,弱化乡村内生性权威力量,强化建构性权威力量以此来实现国家权力向基层的渗透与扩展。南京国民政府主要采取自上而下的多种方式来实现其对基层社会的控制,重点建构和改革县级以下的行政机构,其方式主要有组建保卫团、大力发展警察、恢复保甲制度等。1928年9月的《县组织法》确立县、区、村里和闾、邻五级制县及以下的行政体系,1929年6月修订的《县组织法》以乡镇取代村里改行县、区、乡镇和闾、邻五级制,1934年之后又实行县、区、镇乡、保甲制。经过多次规划与调整,最终确定了区公所与乡镇公所在基层政权中的重要地位,区长必须听命于县长并全权负责本区地方事务,区公所上承县政府下管各乡镇,"训政时期,由于政治是自上而下,所以区长的地位要比乡镇长重要"①。区公所作为县级以下的重要行政机关,全权负责本区内各项事务,但往往与区内其他机构职能重叠,导致在实际执行过程中常与其他机构产生冲突或推诿扯皮,效率低下。具体到社会治安方面,区公所与公安分局之间职权边界模糊,且冲突较大。为解决这一问题,内政部行政司提议,划定区公所与公安分局权限,以专责成,而使督促。南京国民政府于1931年5月颁布《各县区公所与公安分局划定事权办法》,规定区公所与各公安分局处于对等地位,并对曾经笼统归属公安局的职责和区公所的行政职责进行了划分和厘定:第一,户口调查及人事登记由区公所办理,公安分局协助;第二,保卫由公安分局办理,设保卫团的地方由保卫团与公安分局各依职权共同负责;第三,卫生、风俗改良、救灾等由区公所与公安局会同办理;第四,森林保护、农工商业保护、垦牧渔猎保护及取缔由公安分局办理但依区自治公约或一切决议案须加以制裁时仍应送区公所核办;第五,违反违警罚法由公安分局办理,如系违反他项法令或自治公约由区公所办理,公安分局协助;第六,触犯刑法或与刑法性质相同的特别法的,谁发现谁通知另一方协助或会同办理;第七,区公所、公安分局应规定时间,常开联席会议,以收分工合作之效;第八,凡未设公安分局地方,公安事务均由区公所办理②。

《各县区公所与公安分局划定事权办法》的颁布实施,初步厘清了长期以来警察职责包罗万象、混杂一团的现象,政、警不分的情况开始有所改变。而且这种改变不仅限于大城市和人口集中地区,而且开始向乡村渗透。但改变需要一个过程,更何况30年代浙江省的行政改革过于频繁,实际上浙江各县

---

① 杨开道:《农村自治的人才(续)》,《农业周刊》,1930年第59期,第307-308页。

② 《部定各县区公所与公安分局划定事权办法》,《江苏省政府公报》,1931年第780期,第1—2页。

的警察工作职责还是没有完全达到预设的理想程度。浙江警政督察黄东升[①]在考察浙江各县警察后认为警察职责不清,他总结我国警察的职务,比其他国家都要琐碎得多,尤其是各县公安局,"情形至为奇特,警察所干的事件,不是他本分内应尽的职务,原是辅佐的地位,现在却居于首当其冲"。如县党部有事要派警察几名,教育局有事也要派警察几名,"此外什么自治公所,治虫专处,一有事件,动辄呼警察"[②]。各县的警察需要协助其他行政机构的事务既多且杂,"如关于财政者,则催征粮赋,或代征各种警捐,或代募公债,或协办营业税、印花税、烟酒税等事;关于建设者,如劝销蚕种,或保护丝行,或取缔度量衡,或疏通河道,或建筑公路,或维护各种建设工程等事;关于教育者,如催收学捐,或取缔私学等事;关于军事者,如协助招兵,或代雇军用夫役船只,或保证飞机场等事;关于司法者如递解或代解人犯等事,此就其荦荦大者已不胜其烦矣"[③]。警察职责模糊不清、包罗万象的局面没有根本扭转,大量非警务活动充斥其中,警察职责专业化举步维艰。

不过相较于政、警职责明晰化的举步维艰,浙江警察组织内部在30年代向警察职责专业化还是迈出了实质性步伐。表5-4-1是1935年省会公安局公布的统计情况。可以很清晰地看到相比于1928年前后的杭州市公安局,其时省会公安局已经对内部的警察按照职责做了详细的划分,而且各类警察职责相对固定,不再是"万金油"式的工作方式,因此其统计数据不再混为一谈,而是清晰地分类列出行政、保安、消防、交通、刑事等具体的警种。除此以外,虽然有些专业警种人数较少,没有单列出来,但在一些制度上我们也可以看到这种改变。比如1933年在第三科下设立独立的"司法长警","就本局守卫队中选派,其名额为警长一人,警士十人至二十人"[④],又比如1934年12月在第二科下成立外事股,配备特警9人、外事警察6人、外语人员2人,分至各分局及西湖景区管理外国人事务,1935年省会公安局又设立交通警察队,辖2个分队,配警察50人,有交通岗20处。

---

① 时任永嘉、平阳、临海三县警务指导员,《有关警务之政闻》,《永嘉平阳临海改试勤务制度》,《警察杂志》,1934年第4期,浙江图书馆孤山路古籍部藏。

② 黄东升:《现时需要怎样的警察勤务》,《警察杂志》,1934年第4期,浙江图书馆孤山路古籍部藏。

③ 黄东升:《浙江警政应行改进之商榷》,《警察杂志》,1934年第9期,浙江图书馆孤山路古籍部藏。

④ 《司法长警服务简则》,《浙江省会公安局业务纪要》,1933年第143页,浙江省会公安局编,浙江图书馆孤山路古籍部藏。

表 5-4-1　1935 年省会公安局警力使用状况①

| 类别 | 警察所属 | 人数 |
|---|---|---|
| 一般行政警察 | 各分局 | 946 |
| 保安警察 | 警察大队、马巡队、机车队 | 380 |
| 消防警察 | 消防队 | 112 |
| 交通警察 | 各分局 | 50 |
| 刑事警察 | 侦缉队 | 47 |
| 其他 | 拘留所、女警队、看守警 | 33 |
| 总计(不含警察官、雇员等) | | 1568 |

## 二、新生活运动背景下警察职责的新变化

自 1934 年至 1949 年,蒋介石亲自发动和领导了一场长达 15 年之久的新生活运动,蒋介石称之为"救亡图存,复兴民族之基本的革命运动"②。蒋介石认为近代以降,国家民族饱受外敌欺凌的根源在于"五四"新文化运动摧毁了中国传统文化的根基,今日"救国立民惟一之道"在于"使一般国民具备国民道德"③,通过改良国民的日常行为而恢复"固有道德","发扬'四维八德'","修其孝悌忠信,入以事其父兄,出以事其长上"④,培养国民"明礼义""知廉耻""守纪律""知本分""尊长上",用"礼义廉耻"去"整饬"国民生活⑤。其实质是借此恢复封建伦理道德的精神统治地位,摆脱其统治的合法性危机,使全国人民服从于既有社会秩序,旨在把蒋介石的地位提升到拥有绝对最高权力的国家领袖,就像德国的希特勒和意大利的墨索里尼⑥,以实现国民党一党专政、一党独裁,达到摆脱共产主义思想影响、消灭共产党的目的。由是,1934 年 3 月 11 日,"新生活运动促进会"在江西南昌成立,蒋介石亲任会长,新生活运动正式开始。新生活运动前后大约经历了三个阶段:1934 年 2 月至 1935 年 3

---

① 《浙江省会公安局年刊》,1935 年第 12 页,浙江省会公安局编,浙江图书馆孤山路古籍部藏。

② 秦孝仪:《中华民国重要史料初编——对日抗战时期:续编(三)》,台北中国国民党中央委员会党史委员会,1981 年版,第 72 页。

③ 中国第二历史档案馆编:《中华民国史档案资料汇编》(第五辑,第一编政治),江苏古籍出版社,1990 年版,第 765 页。

④ 荣孟源:《蒋家王朝》,中国青年出版社,1981 年版,第 175 页。

⑤ 曹艺:《新生活运动和国民精神总动员论析》,《民国档案》(南京:中国第二档案馆),1999 年第 2 期,第 98 页。

⑥ [美]易劳逸:《流产的革命:1927—1937 年国民党统治下的中国》,陈谦平等译,钱乘旦校,中国青年出版社,1992 年版,第 84 页。

月为第一阶段,中心内容是实现社会环境的整齐和清洁;1935 年 3 月之后直至全面抗战之前,是倡行"三化"为中心的第二个阶段,即生活"军事化""生产化""艺术化";全面抗战爆发后,新生活运动进入第三阶段,转以服务抗战为其基本宗旨。

　　蒋介石希望党政军机关要充当新生活运动的强力推行者,明确要求机关公务员、警察、军官、学生首先要做新生活规范的模范遵守者,在日常生活中做到"规矩""清洁",率先垂范,其次要肩负起民众新生活运动的倡行者、指导者职责。蒋介石认为国民日常行为的养成非一朝一夕就能实现,但也不能完全放任自流,必须有监查、劝诫、引导力量来执行。最初在南昌"新生活运动"的纠察工作中就有多种力量参与其中,有政府官员、警察,有军队的宪兵,还有组织起来的童子军等等。经过一段时间的宣传、试行、总结,蒋介石强调军队、警察等国家强制力量在维系社会秩序和规范国民日常生活方面的重要性。尤其是警察直接与民众接触,是"新生活运动"的最佳执行者。早在 1932 年 4 月11 日,蒋介石在接见南京警察官员的讲话中就强调"警察大部分的工作除预防事故发生并维持社会的秩序以外,还要教育一般国民,在自己所管的区域内要想种种方法督促或训练一般居民守秩序、讲卫生,一切能够清洁、整齐、循规蹈矩,成为一个有组织的文明的社会"①。"新生活运动"在南昌推行主要仰赖的是党政机关、警察和学生。南昌首次在全城范围内的大扫除和清洁检查中以警察为主体,检查人员"每三人一组,由一警士领导,共计分有一百八十九组",检查组"分赴规定区域挨户检查,每组检查户数,约有二百五十户至三百户不等",检查结果交公安局,由公安局汇总后交新生活运动促进委员会②。尽管汪精卫公开反对动用军警等强制力量去推行新生活运动,认为警察进入民居侵犯了"人民家屋身体之自由"③,但蒋介石仍将警察作为推行新生活规范的主要依靠力量,"以宪兵团、公安局职责上所施之强制力量即政治力量,与各服务团所施之劝导力量即教育力量之总和,而以本会随时所召集之宪警联席谈话讨论推行之"④。1935 年 3 月 2 日蒋介石电令(附录 4)各省认真训练警察推行"新生活运动",开始加大"新生活运动"的推行力度。从电令的内容来

　　①　《蒋中正总统档案:事略稿本》,第 14 册,台北"国史馆",2004 年版,第 65 页。
　　②　《新生活运动前日举行总检查》,《江西民报》1934 年 3 月 20 日第 7 版。
　　③　《汪兆铭致蒋中正电》(1934 年 3 月 30 日),台北"国史馆"藏。转引自刘文楠:《规训日常生活:新生活运动与现代国家的治理》,《南京大学学报》(哲学·人文科学·社会科学),2013 年第 5 期,第 92 页。
　　④　《新生活运动促进总会第一期推行工作大纲》,《民国二十三年新生活运动总报告》,第 192 页。

看,警察在"新生活运动"中的主要任务可以归纳为三条:一是学习提高,自身垂范;二是教育劝诫,辅以奖惩;三是检查清洁,汇总报告。蒋介石作出如此详细的指示,足见当时国民政府对警察推行"新生活运动"的重视与期望程度①。

浙江省政府较早就开始关注、"积极研究"新生活运动而"不遗余力"②,1934年3月30日浙江召开党政联席会议宣传、发动新生活运动,5月10日成立浙江省新生活运动促进会并着手拟定各种规章制度"通函省内各机关团体学校同各县党政当局分别成立支分会,以谋下层基础之确立"③。公务人员、警察、学生充当了推行新生活运动的主要力量,而"新生活运动中最大部分的事情,都要靠警察才能够尽职,才可以切实推行"④。

其一,浙江的警察首先强调的是自身要成为新生活运动的模范践行者,因此,警察当局十分强调对警员新生活运动的培训。例如杭州市公安局训练各类警察1960人,编为一个大队,分为18个中队和1个特务队,杭州市公安局长赵龙文兼任大队长,各公安局分局长任中队长,分局巡官警士负责训练,共训练180小时⑤。鄞县更是详细制定了警察应率先实行新生活的行为规范,"值日官长应检查部属服装,如仍有不整之处,守衙门岗得阻止外出;值日长官应切实检查内务,尤以厨房厕所为要;服勤时不得吸食纸烟及与人谈话;大门前附近应扫除净洁,不得摆设摊肆;除服务时间外应早眠早起;每天应有相当时间之运动、以资奋发之精神;要时常看报;服从长官命令;不向人借钱;不掩饰自己过失;做事要细心不草率;自己能做之事应自己做;不轻易向人家借东西;没有得到允许不动别人的东西;不打人不骂人;不做不正当之娱乐;要摒除不良嗜好;要遏制不正当之欲望;要帮助残弱与穷困之人;在拥挤之处应让年老或幼或妇女先走先坐;做事遇困难不推诿不敷衍;不受强暴威胁;拒绝谄媚与请托;不取非分之财,不受非分之誉,不贪非分之利;要爱惜名誉,不做不名誉之事,不言不名誉之语;不拘私,不伪证,不怠惰;要准时服务;走路须靠左边不乱跑;遵守国家法令;爱用国货"⑥。

---

①　汪勇:《警管区制研究》,中国人民公安大学出版社,2012年版,第277-278页。

②　《浙省政府研究编订计划全国一致进行新生活运动》,《上海宁波日报》,1934年3月15日。

③　新生活运动促进总会编:《近代中国史料丛刊三编·民国二十三年新生活运动总报告》,台北文海出版社,1989年版,第106页。

④　蒋介石:《剿匪胜利吾人应继续努力》,《先总统蒋公思想言论总集》,卷十二演讲,台北中国国民党中央委员会党史委员会,1984年版,第590页。

⑤　《杭州市新生活运动近况》,《新运月刊》,1936年第8期,第85页。

⑥　《本县警队实行新生活办法县府订定要点卅条》,《镇海报》,1936年3月15日。

浙江十分重视警察在推行新生活运动中的自身形象建设。如宁波公安局"通令各分局队所告诫警士,在推行新生活运动时间,须切实注意礼貌、毋得骄气凌人,及有粗暴行动,务求人民悦服,以利新运之推行"[①]。

其二,负责领导、劝导、督查民众的新生活执行情况。杭州在 1934 年 6 月 1 日举行"新生活运动"大会之后,省会公安局立即组建了"新运"纠察队,由各分局酌派休假长警及全体学警组成。到 1934 年 8 月 9 日浙江省新生活运动召开第一次干事会议时,省会公安局作为十一家负责单位之一参与成立会议,省会公安局长赵龙文就任干事之一。各级公安局在新生活运动中主要承担劝导、监督、纠察的任务。杭州市制定"娱乐场所、茶楼酒肆,旅馆宿舍,公园寺庙,车站码头,浴室菜场,理发店等办法,由市政府和公安局监督执行"。1935年,为推行"新生活运动",省会公安局又以督察长为队长,以实习的警官学校正科第三期毕业生为分队长,以警士教练所新毕业的学警为队员,组成"新生活推行队"。全市划分了 10 个区段,由推行队分为 10 个分队进行推行,共分 9 期,分别按 9 个主题开展(见表 5-4-2)。同时还制定了一系列的制度,如《浙江省会公安局新生活劳动服务团组织细则》《浙江省会公安局新生活劳动服务团工作实施方案》等;宁波公安局制定了整洁街道办法,公布十一种取缔事项来维持市容之整洁[②],对人们日常行为予以规范监督,如宁波当地就有人因赤膊纳凉不受规劝后被押解警局处理[③],杭州对于不遵新生活运动规则者可报告杭州市政府、省会公安局或浙江省新生活运动促进会转予取缔[④],建德公安局还积极开展禁吸纸烟运动[⑤]等。

浙江的新生活运动取得了一定的成效,但其实际效果远没有达到预期目标,作为主要推行者的警察,虽在其中发挥了重要作用,但由于各县财政紧张,又恰逢"裁局改科",警察力量大幅缩减,警察也感到力不从心,各地在新生活运动中的成效差异很大。相比于省会公安局的全力推行,各县的公安局警察虽然有所行动,不过多数都是"兴趣缺缺"的样子。在各县,诸如"清洁、整齐、

---

① 《推行新运警察须注意礼貌》,《时事公报》,1936 年 7 月 23 日。
② 《宁波市公安局制定整洁街市办法》,《时务公报》,1936 年 2 月 7 日。十一种取缔事由为:在人行道上推挤物件或摆设摊担;沿大街要路悬晒衣物或摊晒穀米蔬菜;输埠车站附近摆设篷摊;在指定之广告场所,乱贴广告纸类;装置店招及门外柜台板不合规定;店铺将货物堆叠门外路旁或路之中央;随便便溺或乱倒粪桶;在人行道上或马路上倾泼污水;因修造房屋,将材料堆置路中或将遗留之识字瓦碌延不挑出;抛弃污物在河渠湖荡内。以上各项,均应禁止。
③ 《新生活运动中赤膊纳凉》,《上海宁波日报》,1934 年 7 月 5 日。
④ 《考察杭州取消额外小账报告》,《新运导报》,1936 年第 38 期第 88 页。
⑤ 《建德公安禁吸纸烟提倡运动》,《杭州日报》,1934 年 5 月 7 日。

简单、朴素、迅速、确实"这样的口号提了不少,但在实际运作中却是"看不见招牌,找不到团体,欲有所指示或垂询,则抓不住负责人"①。随着"九一八"事变后中日矛盾上升为中国社会的主要矛盾后,全国人民最关心的是如何救亡图存的问题,尽管"新生活运动"在面上一直没有中断,持续到了 1949 年,但实际收效甚微。

表 5-4-2　1935 年浙江省会公安局"新生活运动"推行主题②

| 第一期 | 推行清理街道墙壁办法,市民行路须知及服装之整洁事项 |
|---|---|
| 第二期 | 推行菜场肉店豆腐店整洁卫生事项 |
| 第三期 | 推行码头车站及沿途摊贩及公共汽车等之秩序、设备、安全等之事项 |
| 第四期 | 推行公共娱乐场所及人力车之整洁、设备等事项 |
| 第五期 | 推行茶馆酒楼等卫生清洁事项 |
| 第六期 | 推行理发店应有之设备及整洁卫生等事项 |
| 第七期 | 推行澡堂设备及清洁事项 |
| 第八期 | 推行旅栈公寓应有设备及清洁事项 |
| 第九期 | 推行公司商店应有设备及清洁事项 |

在积极推进新生活运动的同时,30 年代浙江的警察还肩负着"备战"职责。这里所谓的"备战"一部分指的是对内的备战。中国内战事实上一直没有完全停歇,蒋介石的"攘外必先安内"思想更是加剧了这一状况,很快又祭出了"保甲"这味"灵药",仍然将警察卷入其中。国共北伐分裂后,南京国民政府1930 年开始对苏区红军进击围剿,规模大,持续的时间长而且靠近它的财税大户江浙沪一带,都使得"保甲"这项已并不新鲜的事物,在 20 世纪 30 年代达至顶峰。1934 年 12 月,国民政府行政院命令各省普遍推行保甲制度。于是,"江苏、浙江、福建、陕西、甘肃、四川等省先后仿照推行,保甲成了组训民众、清乡'剿匪'的自卫组织与推行一切政令之骨干"③。浙江省在当时成立了保安处,制定的《浙江省各县编练保卫团补充办法》规定,各县保卫团副总团长必须由公安局长兼任,各县警察要参与到对保卫团的训练中来。这段时间里,各县纷纷建立的警察队就是服务于这一目的的。"备战"的另一部分是针对可能爆

---

①　李佩雄:《萧山绍兴县政》,1936 年,《二十世纪三十年代国情调查报告》第 196 卷第 701-702 页,凤凰出版社,2012 年版。

②　《浙江省会公安局年刊》,1935 年第 107 页,浙江图书馆孤山路古籍部藏。

③　王蔚佐:《新县制实施以后之保甲制度》,《政治建设》,1943 年第 8 卷第 1 期。

发的对日战争。应该说,当时南京国民政府在两次事变后对与日本可能发生的战争已经开始警惕,并预先做出了准备。换一个角度来看,"新生活运动"就是"在一定程度上,也为抗日战争作精神准备"[1]。除精神准备外,实际运作的准备有军事上的部署和地方上的部署,而地方上的部署有很多的内容就落实在警察头上。如在 1931 年,南京政府的政军两部议决了保存城垣办法,就通报要求各地警政机关执行;1933 年浙江省民政厅 1075 号训令,抄发了战时警察非常任务节略,各县在工作报告中也开始出现加紧对警察的军事训练,派遣警察巡逻、监察、收集信息,防止日本人收买粮食、防止汉奸、防止刺探等[2]工作内容,为可能爆发的战争做准备。

### 三、警察勤务模式的新发展

长期以来,警察的勤务以巡逻、守望为基本方式,浙江警政一直试图改进勤务方式,做了不少有益的尝试。继南京国民政府成立之初的划分巡逻区、设置派出所、改善巡逻装备等勤务改进后,浙江省对警察的勤务又做了两个方面的改进。

其一,设立警察"寄宿舍",改善巡逻条件,更好地提升巡逻效果。这主要针对的是各县警察,期望解决的是各县地广警少和不便于管理的情况。所谓的"寄宿舍"是公安局在管辖区域内设立的一个警察集中点,在警察执勤、备勤期间供警察在其中休息、整顿、用餐的场所。"寄宿舍"由 1931 年《浙江省县公安局派出所规则暨巡官长警寄宿舍规则》拟定,其规定很详细,明确派出所的巡警吃住都必须在寄宿舍内,这样原来警察经常名为巡逻、暗为离岗和紧急情况无法调集警力的情况得以改善。同时,寄宿舍也为基层警察提供了一个在真正劳累时可以休息的场所,可以按时进餐,也算是解决实际困难,一举两得。警察"寄宿舍"是和派出所紧密联系的,但并非是一个警察机关。一般而言,县公安局下设公安分局,公安分局又会在各重要的地点设置派出所,分区划片管理,尽量覆盖所属区域。而"寄宿舍"往往是几个派出所共有,设在各自管辖范围的中间地段,所以某种程度上"寄宿舍"可以看作是公安分局和派出所间的一个中间机构。如在绍兴县"裁局改科"前,曾在第一分局即城区分局内设有 4 个"寄宿舍",供 13 个派出所使用。而在"裁局改科"后,则干脆把 4 个"寄宿舍"转变成了 4 个派出所,原 13 个派出所撤销并入其中。

---

① 白纯:《简论抗战之前的新生活运动》,《党史研究与教学》,2003 年第 2 期。
② 《浙江民政月刊》1933 年第 5 期;《浙江民政月刊》1933 年第 6 期。

其二,推行"部勤制"改革,优化勤务时间排布方案。1934年前,浙江的警察"大部是站三息六制。因为每棚有警长一人,警士九人。警长负指挥本棚之责,警士支配三个岗位,每个岗位,有警士三人,他们互相行轮流站岗,时间的支配,有按三六九的,有按二五八的,有按一四七的,各地各不相同,总之站岗三小时,得六小时的休息"①。这种勤务方式可以用下表5-4-3具体表示。其主要弊端是:1.为使执勤正常运行,这三个时段都必须予以充分保证而不宜占用,警士根本没有空闲时段进行补充教育;2.由于休息时间短,处于休息时段的警士多前往处理个人事项,一旦出勤警士有请假的,若要临时召集休息之人则多不在岗,无人可以替补;3.所有警士总在出勤、休息、预备三类状态之中循环,这些时段连续而短暂,呈现出碎片化的特点,长年累月连续实施会让一棚警士支配三个岗位的正常运转比较困难。

表5-4-3　"站三息六制"勤务轮换表②

| 时间 | 甲 | 乙 | 丙 |
| --- | --- | --- | --- |
| 一点到四点 | 出勤 | 预备 | 休息 |
| 四点到七点 | 休息 | 出勤 | 预备 |
| 七点到十点 | 预备 | 休息 | 出勤 |
| 十点到一点 | 出勤 | 预备 | 休息 |

1935年左右开始使用"部勤制"。当时警察勤务有所谓的"班勤制"和"部勤制"之分,但"部勤制""主要在浙江各地警察局应用较多。与班勤制不同,它仍以派出所制为辖境单位,将派出所人员进行合理编配,其轮勤方法较为巧妙,可弥补午前、午后勤务的不足,巡逻与守望并重,安排较为周密。部勤制对人员的安排大体有十一人三部制,八人三部制,七人二部制,五人二部制"③。通过本章附录表5-4-4的勤务分配表可表明十一人三部的"部勤制"就是"站三息六制"的高级版。每一班岗位的执勤时间都是13个小时,其中有1个小时是在两部轮换之间有所重叠。这是因为接替上一部的工作需要提早一小时接受所谓的"精神讲话",即思想教育。这一方面是强化对警察的控制,另一方面也是一种"预热"性质的工作准备活动,是符合实际需求的。而在真正执勤

　　①　黄东升:《现代需要怎样的警察勤务制度》,《警察杂志》1934年第4期,浙江省警察协会出版,浙江图书馆孤山路古籍部藏。
　　②　张永竹:《警察基本勤务之研究(四)》,《警察杂志》1934年第4期,浙江省警察协会出版,浙江图书馆孤山路古籍部藏。
　　③　汪勇:《警管区制研究》,中国人民公安大学出版社,2012年版,第15页。

的 12 个小时内,每部中的 3 个人的勤务职责也是在不断轮换,会依次分别执行守望、巡逻和当值。这个轮换通常以 1 小时为单位进行,可以避免在 12 小时内从事单一工作而产生厌倦疲惫感。至于"八人三部""七人二部""五人二部"制等都大同小异,毕竟有些县内警察数量不足,在每批次执勤时只能减少应勤人数。

　　在部勤制实施成功的基础上,由于当时浙江警官学校内有鄞裕坤、余秀豪等留洋归国的教员,他们将自己在欧美国家学习、目睹甚至是参与实施的警察专业化建设方案引入中国,试图改革中国警察的勤务制度。他们将国外"受持区制"与"比特区制"引入国内,通过警官学校正科班的学员实习,在庐山、杭州等地进行实验。虽然最终正如余秀豪所言的"勤务科学设备全无,岗亭既无电话,街道上又缺乏回召信号,又无车辆以迅速驰往救护"[1]那样,因中国当时不具备欧美警察可普遍采用的汽车巡逻、电话通信的条件,完全废除守望并不可行,但还是成功借鉴了一些先进的管理方法。1935 年江苏昆山率先正式试行新的勤务方式,随后浙江也开始实施。这种方式被冠以"警管区制",就是设立巡逻区,每一个警员在其能力所及的区域内,担任一切警务。这种勤务制度不仅考虑到社会治安控制方式、警力组织化管理与合理化配置、警察任务责任制等层面,甚至强调与保甲等其他社会力量的联合,实现社会治安综合整治的最优化效果。后通过不断的实验、总结、研究,警政人员发现决定"警管区制"实施成效的关键不是在于划分方法,而是在于警察人员素质。警察人员素质与警察招募、教育、地位、待遇等因素有密切关系,需要通过全面改革警察人事制度来改进,进而提高"警管区制"运行效能。不过"警管区制"还是产生了不错的效果,因此国民政府打算推广至全国实施,但 1937 年抗战的全面爆发打断了这一进程,直到战后恢复。

## 第五节　创新与超越:传统和特务警察教育并存

　　自 1928 年浙江较为完整地建立起一个涵盖高级、初级与警官、警士的教育体系后,浙江的警察教育稳步发展。进入 30 年代后,浙江的警察教育以浙江警官学校为中心,仍然保持"锐意进取、大胆创新,在多项教育措施上有所突

---

①　余秀豪:《警察学大纲》,商务印书馆,1946 年版。

破,获得了全国警察界的普遍认可,甚至大有赶超同时期中央警察教育的势头"①,浙江警官学校无论在办学规模,还是办学水平等方面都被认为"成绩之佳,为全国冠"②。这种良好的局面一直延续到南京国民政府决定统一全国的警官教育为止。1936 年 8 月 4 日,行政院第 272 次院务会议修正通过有关提案,同意警官高等学校与办得较有成效的浙江警官学校合并成立中央警官学校,各省级警官学校停办。

## 一、20 世纪 30 年代的浙江警官学校

### 1. 警官学校的组织变化

朱家骅调任中央前,提议浙江警官学校由其亲信施承志继任校长,并在浙江省政府委员会第 337 次会议上得以通过③。不过到了 1932 年戴笠进入浙江警官学校任职特派员后,情况就发生了极大的变化。蒋介石需要特务的情报与手段以实现强化政权控制之目的,戴笠作为主要负责人则想到"警察这个职业,是特务工作最理想的掩护职业。警察工作接触面广,各阶层的人士均能接触到,若能抓住警察为己所用,特务工作就能取得事半功倍的效果"④,他的想法也得到了蒋介石的支持。于是戴笠就派出了一些比较有学识的亲信进入浙江警官学校担任指导员,开始加大对学校控制权的争夺。1933 年上半年,施承志让出了校长之位,王固磐接任校长。仅仅一年之后,1934 年戴笠的重要亲信,时任浙江警官学校教务主任的赵龙文最终被扶上马,担任了校长一职,还兼任省会公安局局长,自此浙江最重要的警察教育部门可以说与特务势力融为一体。

虽然戴笠在浙江警官学校内部开设特务培训,与普通的警官学员班级在招生、管理上不完全一致,不过浙江警官学校的基本架构并未受到影响,一直保持原有校—处—科的三级结构,在涉及全校性的重大事务上警官学校设有校务委员会讨论处理,其下设有教务处、训育处和总务处,分别负责教师教学、学生管理、后勤综合工作。具体的组织系统可见本章附录图 5-5-1。

### 2. 警官学校的常规教学

浙江警官学校自建立以来对警察的教育训练主要分为正科班、速成班和

---

①　施峥:《中国近代警察教育研究》,浙江人民出版社,2015 年 5 月第 1 版,第 255 页。

②　内政部警政司:《中国警察行政》,商务印书馆 1935 年版,第 123 页。

③　《浙江省政府委员会第三百三十七次会议记录》,《浙江民政月刊》1930 年第 35 期,浙江图书馆孤山路古籍部藏。

④　年维佳:《民国黑色警笛:警察》,长江文艺出版社,1997 年 12 月第 1 版,第 27 页。

警官训练班三部分。浙江警官学校的正科班的学制是二年,其特点是并非每年招收学员,而是毕业一届招收一届。所以浙江警官学校从 1928 年建立到 1936 年撤并,其正科毕业生总共只有四届,入学时间分别是 1928 年、1930 年、1932 年、1934 年。浙江警官学校正科班的招生条件比较严格,一般以"高中,旧制中学或其他专门学校毕业及有相当学力者"为基本标准,往往是上千人报考,合格者 200 人左右。1930 年第一批的正科生毕业 171 名,1932 年毕业 167 名,1934 年毕业 63 名,1936 年毕业 79 人[①]。

　　浙江警官学校订立了《浙江省警官学校教育大纲》,明确"学术教课,应以政、警、军、卫四门中心科学为基础"。浙江警官学校正科课程建设方案具体见本章附录表 5-5-1,浙江警官学校到 30 年代已经建成了丰富而专业的课程体系,和建校之初相比其内容丰富了很多(建校时课程内容见本书第四章第五节)。

　　浙江警官学校的正科学生素质普遍较高,有良好的学识和纪律。1934 年夏,蒋介石在庐山主持中央训练团的训练。为加强治安,调派了浙江省警官学校正科第 3 期应届毕业生,连同在校受训甲、乙级特训班第 4 期学生共百余人,组成暑期实习队,担任各种警察工作,以补警力不足。实习项目主要为分担特勤警卫、查察辖区户口、侦查重大刑事案件、改善环境卫生、举办军民夜校、保护名胜古迹等,效果显著。时值新生活运动在庐山推广,该队在庐山巡逻期间,以服装整齐、精神饱满、态度谦和、服务周到的面貌赢得中外人士一致好评,一时间上海《申报》《时事新报》《新闻报》《字林西报》,以及英国《泰晤士报》纷纷加以报道,成为"中华民国警政改革的先锋"[②]。鉴于警官学校正科生创下的良好声誉,浙江省警官学校第 4 期正科班招生时,江西省政府主席熊式辉和湖南省政府主席何健分别选送了 20 名优秀高中毕业生,参加浙江省警官学校第 4 期受训。由于庐山实习成效显著,蒋介石于 1935 年再次电令浙江警官学校派遣第四期正科生在暑假前往庐山实习。

　　在 30 年代,浙江警官学校正科班学生中最具特色的就是女学警的诞生。最早在 1930 年第 2 期正科班中开始招收女学员,共计 4 人,分别是龚成香、吴孝姑、朱葵徵、梅友竹。她们享受与男性学员同等的待遇,并接受了同样的教育和训练。毕业后,2 人进入省会公安局实习,2 人则被戴笠选入特种警察训

　　①　张永竹:《八年来浙省造就各级警官人材概况》,《警察杂志》1935 年第 14 期,浙江省警察协会出版,浙江图书馆孤山路古籍部藏。
　　②　汪勇:《警管区制研究》,中国人民公安大学出版社,2012 年版,第 35 页。

练班受训。女警的招考在当时极为轰动，评论多为肯定，"数年内，浙江将为中国首先有女子警察之省份"，"女子警察在罪犯之缉捕与搜索方面，协助男子警察，亦将极有价值"①。因此，之后浙江省警官学校的正科招考都有一定女警名额，1932年第3期75名正科新生中，女生有20名，最终有15人顺利毕业，部分进入特种警察训练班，部分前往各地实习。到第4期正科班录取时，女生共有17名，另收吴舜英、黎若芳、邓佳仪、周同庚等4名湖南省选送的女生，合计招收女生21名。该期学生有73人于1936年8月毕业，其中女生15人，均分发各地实习。浙江警官学校存续期间，共计招收了三期45名女生，毕业34人②。

　　除了招收女学员的特色外，浙江警官学校正科学生的另一大特色就是"国际交流"多。这一方面是指学生的出国留学，另一方面是指教师的留洋背景。最初在1930年，第一期正科毕业生就有一大批分别前往日本和奥地利留学，虽然后几期的毕业生并未再获得集中的留学机会，但仍然"有不少人考取政府公费名额，前往欧美、日本深造"③。其中著名的就有最终在维也纳大学获法学博士的俞叔平，在威斯康辛大学政治学院获博士学位的叶霞翟（女）④。同时在教师引进上，浙江警官学校也充分展示了其开放、开明的特征。1934年，赵龙文任校长后，聘请了酆裕坤担任教务处长。而酆裕坤是美国"警察专业化之父"奥古斯特·沃尔默（August Vollmer）的弟子，随后在他的运作下，他的师弟余秀豪（留美博士后，专攻警学）也来到浙江警官学校。后陆续又高薪聘任有海外学习背景的各专业人才担任教师，其中包括沈觐康（留德，专攻警学）、郑岩登（留奥，专攻警学）、俞启人（留日，专攻法学）、傅胜蓝（莫斯科中山大学政治经济学讲师）、梁翰芬⑤（留法博士，主管里昂警察局理化化验室）⑥。

　　浙江警官学校的常规教学还包括速成班和警官训练班，这是在建校之初

---

　　①　［奥］莫克：《女子警察》，沈焘［译］，《浙江民政月刊》1931年第38期，第33-34页。

　　②　第3期正科班女学警是：丁达家、阮秉坤、阮慧元、叶霞翟、王敏敬、秦端保、李育仙、何韵松、姜坚如、王怀英、俞文蕴、邱承焰、景凌士、韦君武、汪心皎、杨爱珍、李幻人、尹素筠、资燮、豫啸涛。第4期正科班女学警是：安竞贤、吴毓珉、邹志慧、沈作英、彭家萃、章永彬、朱镜侬、陈难、连聪球、张宝金、曹靖宇、俞美苏、何海黎、黄康华、赵世英、刘满一、赵默雅。

　　③　施峥：《中国近代警察教育研究》，浙江人民出版社，2015年版，第253页。

　　④　吴锦涛：《中国创办女子警察之概况及今后改进之方案》，《中央警官学校校刊》第1卷第6号，1937年6月，第188页。

　　⑤　有翻译为梁帆，后被戴笠发展为法国特工。

　　⑥　［美］魏斐德（Frederic Wakeman）：《间谍王：戴笠与中国特工》，梁禾［译］，团结出版社，2004年版第188-189页。

就开设的,但与正科班不同的是,它们并未坚持多久,分别只办了两期。速成班第一期毕业人数为 152 名,第二期毕业人数为 80 名,共计 232 名[①],在 1930 年下半年就已全部结束。警官训练班第一期毕业 24 人(另有 22 名未毕业,仅发修业证书),第二期毕业 50 名,共计 74 名[②],在 1931 年上半年全部结束。而且在实际的实施过程中,速成班也并未按照原来章程中规定的一年学制执行,通常是在 6 到 8 个月间。

3. 警官学校的特务教学

浙江警官学校除了开设正科班、速成班和警官训练班以外,还有一些秘密的训练班在警官学校中进行,在戴笠掌控下实施特务训练。当时在浙江警官学校开设的特务训练班最为著名的就是甲、乙、丙三种特训班,其他还有像无线电训练班、译电人员训练班、汽车驾驶训练班等专项特种培训。根据资料,甲种特训班是以训练高级特务为主,招募的学员学历较高,培训时间较长(6 个月左右),学习的课程包括精神讲话、情报学、外国语、侦察、化妆、通信、密码、识人驭人、毒药使用、爆破、审讯、照相、仿造、擒拿、驾驶、射击等,共办了 6 期,训练 175 人。乙种特训班学习内容类似甲班,但更专于爆破、化妆、擒拿、驾驶、射击等行动化课程,是培养一线特务的训练班。所以其招募要求也相对要低一点,以初中文化程度为主,累计办理了 7 期,培训 322 人。至于丙种特训班则主要培养精于情报收集和通信的特务,秘密通信、无线电是主要课程,还开设一些烹饪、缝纫课程,尤其注重招收一些年轻、容貌秀丽的女孩[③]。

这些特务训练班是隐藏于警官学校正常招生名额下的,它们对外往往挂着"特警训练"的名头,而且相关内容并不常见于日常的警政材料。从浙江警官学校"特警训练班"中也走出了不少"名人",比如毛森、姜毅英(军统局唯一的女少将)、叶霞翟(后为胡宗南夫人)。而且其中的很多毕业学员最终都成为国民党特务系统的骨干,所以某种意义上说,浙江警官学校也可以看作是国民

---

① 数据源于张永竹:《八年来浙省造就各级警官人材概况》,《警察杂志》1935 年第 14 期,浙江省警察协会出版,浙江图书馆孤山路古籍部藏。但据施峥:《中国近代警察教育研究》,浙江人民出版社,2015 年 5 月第 1 版,援引《中央警官学校校史》,台北:中央警官学校校史编修委员会 1967 年编印,2 期毕业人数为 227 人。

② 数据源于张永竹:《八年来浙省造就各级警官人材概况》,《警察杂志》1935 年第 14 期,浙江省警察协会出版,浙江图书馆孤山路古籍部藏。但据施峥:《中国近代警察教育研究》,浙江人民出版社,2015 年 5 月第 1 版,援引《中央警官学校校史》,台北:中央警官学校校史编修委员会 1967 年编印,2 期毕业人数为 77 人。

③ [美]魏斐德(Frederic Wakeman):《间谍王·戴笠与中国特工》,梁禾[译],团结出版社,2004 年版,第 193 页。

党最早的"特务培育中心"。

### 二、普及性的警察教育

1932 年南京国民政府对全国部分省份警察接受警察教育情况进行了统计,如表 5-5-2 所示,可以发现,在刚刚进入 30 年代的时候,浙江警察接受警察教育比例已达 65％,在全国已名列前茅,在 1935 年更是达到了顶峰。这种情况的出现不仅仅在于有了一个浙江警官学校,培养了众多的警官人才,更重要的是普及性的警察教育。

表 5-5-2　1932 年警察教育情况调查表[①]

| 省份 ＼ 教育情况 | 受教育者 | 未受教育者 | 未详者 | 受教育比例 |
|---|---|---|---|---|
| 浙江 | 5794 | 3109 | 139 | 65％ |
| 河南 | 5405 | 1915 | 1033 | 67％ |
| 陕西 | 1253 | 648 | 107 | 62％ |
| 广东 | 4386 | 4567 | 1552 | 42％ |
| 甘肃 | 995 | 995 | 276 | 44％ |
| 湖南 | 1730 | 987 | 141 | 60％ |
| 福建 | 1594 | 732 | 455 | 57％ |
| 湖北 | 613 | 32 | 249 | 69％ |
| 江西 | 1673 | 1080 | 248 | 56％ |
| 河北 | 9683 | 6702 | 386 | 58％ |
| 云南 | 1469 | 179 | 1118 | 53％ |
| 贵州 | 430 | 381 | 86 | 48％ |
| 四川 | 243 | 131 | 356 | 33％ |

#### 1. 警士教练所

警士教练所分省警士教练所和地方警士教练所。省警士教练所在 1930 年并入省警官学校以后就一直以"附属警士教练所"为其代称。表 5-5-3 反映了 1930 年浙江省警士教练所毕业警员数。在省警士教练所并入省警官学校后,原警士教练所只保留了 6 个管理职员岗位,其他的一律由省警官学校的教

---

[①]　数据源于内政调查统计表第 2 期至第 23 期,《民国史料丛刊》第 75 卷,张妍、孙燕京主编,大象出版社,2009 年版。

职员兼任。由于警官学校办学出色，因此警士教练所也受益良多。通过警士教练所培训分配至全省各公安局的警察都获得了较好的评价。省警士教练所以 6 个月为期，直到 1936 年省警官学校并入中央警官学校，另行成立省警察训练所为止，共计培养了 8 期 1839 名警察。而且自第四期开始，其警察培养开始强调专业化以满足浙江基层警察机关对专业警察的需求。

表 5-5-3　　1930 年浙江省警士教练所毕业警员数[①]

| 期　数 | 毕业数 | 期　数 | 毕业数 |
|---|---|---|---|
| 第一期 | 506 | 第五期 | 116 |
| 第二期 | 640 | 第六期 | 98 |
| 第三期 | 188 | 第七期 | 74 |
| 第四期 | 112 | 第八期 | 105 |

　　但仅此一家向全省培训输送基层警察还远远不够，而且 1932 年"一二·八"事变后，浙江的警察教育也受到较大冲击，甚至出现了第三期警士教练所毕业学警"颇多弃职潜逃"[②]的情况。于是浙江省在 1934 年底颁发训练长警办法，计划在 1935 年 4 月在省会公安局、宁波公安局、水警第一大队和水警第二大队各自成立一所警士教练所，分头训练，并将其逐步推广至全省各县。

　　省会公安局完美地执行了该计划，尽管没有做好全部准备，1935 年 4 月 1 日还是按时成立了过渡教练所。省会公安局以警察大队第一中队改缩为警士教练所，原有队警留用优秀人员，其余裁撤，另行招募，仍归警察大队建制，费用挪移旧的长警补习所预算填补。7 月中旬预算到位，成立独立警士教练所，直属于省会公安局，恢复警察大队第一中队的建制，重新布置勤务。省会公安局的警士教练所章程规定招募的警士资格为：高小毕业或有同等学力者；20 岁以上，30 岁以下；体力及听视力均健全；身高在 5 尺 5 寸以上；未受刑事处分。但在实际招生过程中，除开始招收的三期外，省会公安局将招募警士的资格要求提高为初中毕业者，录取时还要采用美国陆军 Alpha 智力测验法进行测试，测验学生的注意力、观察力、记忆力、判断力、推理力等，以此淘汰部分不合格考生，这"在我国各地尚未有采用者"[③]。省会公安局警士教练所在 1935

　　①　张永竹：《八年来浙江省训练警察概况》，《警察杂志》1935 年第 15 期，浙江省警察协会出版，浙江图书馆孤山路古籍部藏。
　　②　《本局第十一次局务会议》，《浙江省会公安局业务纪要》，1933 年第 322 页，浙江省会公安局编，浙江图书馆孤山路古籍部藏。
　　③　浙江省警官学校：《浙江省警官学校一览》，1935 年版，第 23 页。

年一年内就招考了多期,各期招考时间和人数分别为:4月1日26人;5月1日55人;6月15日80人;11月招考2次,共招募60人①。

省会公安局的警士教练所所长由局长兼任,教务主任由第二科帮办科长兼任,总队长由副督察长兼任,教官多数由局内职员兼任,不另支薪水。省会公安局的警察经费还是比较充足的,每年有14000元的开支,所以学警每人每月有津贴10元,其中伙食6元,服装费2元,文具费1元,杂费1元②。省会公安局警士教练所在抗战前办了两期。1935年第一期训练时间为3个月,每6周为一周期,第一周期学习占三分之二,训练三分之一;第二周期反之,共计学习228小时,训练252小时,学习内容共16门。表5-5-4反映了1935年浙江省会公安局警士教练所课程,其中违警罚法课时最多,同时涉及部分医疗卫生课程,比如安排有3个课时的急救法课程。又如表5-5-5和表5-5-6,分别反映了1936年的浙江省会公安局警士教练所理论和实践学习课程。1936年第二期警士培训的时间延长至18周,课程更加细化也更加有系统性,其中:学习内容分为警察科学、军事教育、精神教育三类,共348课时;训练内容则包括制式教练、技术教练、应用教练三类③。

表5-5-4　1935年浙江省会公安局警士教练所课程

| 课程名称 | 课时 | 课程名称 | 课时 | 课程名称 | 课时 |
|---|---|---|---|---|---|
| 违警罚法 | 30 | 刑法大意 | 12 | 防空防毒常识 | 6 |
| 警察法令 | 27 | 指纹学 | 6 | 书类报告 | 6 |
| 警察勤务 | 27 | 政治训练 | 21 | 急救法 | 3 |
| 交通警察 | 12 | 军事学 | 24 | 精神讲话 | 15 |
| 户口调查 | 12 | 新运纲要及新运须知 | 12 | | |
| 犯罪搜查 | 6 | 服务指导 | 6 | | |

至于宁波公安局虽有警察教练所,但并非是根据省令而举办的。1930年,原来创办的宁波警察教练所因经费不足停办。1932年春,时任宁波市公安局局长的俞济民考虑到警察基础教育极为重要,在大梁街前工务局遗址上重新开办了警察教练所。所以在省民政厅通令设立警士教练所时,宁波事实

---

① 《浙江省会公安局年刊》,1935年第54页,浙江图书馆孤山路古籍部藏。
② 《浙江省会公安局年刊》,1936年第37-38页,浙江图书馆孤山路古籍部藏。
③ 表5-5-4、表5-5-5、表5-5-6均出自《浙江省会公安局年刊》,1936年,浙江省会公安局,浙江图书馆孤山路古籍部藏。

上已经自行开办。后宁波警察教练所迁移到南大路新桥头继续开办,一直持续到"七七事变"之后。宁波警察教练所训练时间以三个月为期,通常抽调现役长警和报考学员一块进行培训,兼具警察补习所的职能。

表 5-5-5　1936 年浙江省会公安局警士教练所理论学习课程

| 门类 | 课程 | 学时 | 课程 | 学时 |
|---|---|---|---|---|
| 警察科学 | 警察法令与警察勤务 A | 48 | 户口调查 | 12 |
| | 警察法令与警察勤务 B | 48 | 交通管理 | 12 |
| | 服务指导 A | 12 | 外事警察 | 12 |
| | 服务指导 B | 6 | 刑法及刑诉法 | 36 |
| | 违警罚法 | 18 | 刑事警察 | 36 |
| | 战时警察 | 18 | 杭市地理 | 6 |
| | 书类报告 | 6 | | |
| 军事教育 | 军事学 | 36 | | |
| 精神教育 | 精神讲话 | 12 | 新运纲要及新运须知 | 6 |
| | 政治训练 | 18 | 音乐 | 6 |

表 5-5-6　1936 年浙江省会公安局警士教练所训练课程

| 门类 | 课程 | | |
|---|---|---|---|
| 制式教练 | 徒手各个教练 | 徒手班教练 | 持枪各个教练 |
| | 持枪班教练 | 排教练 | 连教练 |
| | 班长联系 | | |
| 技术教练 | 国术(擒拿法形意刺枪及拳术) | 器械体操 | 柔软体操 |
| | 球类运动 | 田径赛 | 游戏 |
| 应用教练 | 射击 | 紧急集合 | 暴动处置演习 |
| | 巷战演习 | | |

2. 警察补习所、长警补习所、长警补习班和警士教练班

警察补习所、长警补习所、长警补习班和警士教练班等警察教育训练机关看上去名字不同,但其实实质都是对现役警察进行培训,存在于各县,只是在不同时期因为不同的目的而产生了不同的名称。

警察补习所诞生于 1928 年,奉内政部命令于 1931 年 5 月停办,同时浙江省要求各县警察机关于 1931 年 7 月前举办长警补习所以替代警察补习所。

该所训练期限为每期 2 个月,训练期满后进行考试,不及格者继续训练或予以淘汰。每期都要求所有长警的十分之二到十分之三分别进所轮训,教职员由各公安局职员兼任,所学为警察的必修课。浙江省各县在接到命令后先后改组成立警察补习所和长警补习所,但受经费、人员影响,"类多敷衍从事,未予认真办理,致成效仍无显著"①,到 1933 年已名存实亡。

鉴于浙江省连续举办的警察补习所、长警补习所多年来并未取得有效成果,除省会、宁波公安局和水警以外的各县基层警察素质并未得到有效提升,因此,1933 年浙江开始实施警务改革。之所以选择这个时间进行,是因为当年秋天,警官学校第一期留学日本的正科毕业生全部归国,警务人才一时济济一堂。浙江省决定对警察队伍予以彻底整顿,订立了警察训练要项和训练表式、章程等。浙江省一面命令各县遵照办理,一面指派警官毕业生分别前往各县担任警务指导员进行督察、甄别和训练,部分留日学生担任警务指导员,他们的指导区域可以参见表 5-5-7。这次采用严格的考核方式,所有警察,不论新补或就任,一律先参加考试,及格者再参加训练。为区别以往补习所,就取名为长警补习班。这次长警补习班,浙江分批举办了 2 期。第一期为杭县、绍兴县等警额在百名以上,警察经费较为充足的 29 县,于 1933 年 7 月开始,1934 年 3 月训练完成,原有长警 6395 名,淘汰 1294 名;第二期为诸暨、富阳等 45 县②,于 1934 年 11 月完成,原有长警 2619 名,淘汰 563 名;训练补充新警共 2185 名。各县训练及格共计 7286 名,原经省警士教练所毕业及其他合格警察教育机关训练合格者不计在内。1933 年举办的长警补习班标准训练时间为每期 3 个月,每天训练 9 小时,各县基本在 2—3 期内完成所有长警培训③。经此长警培训,浙江整个警察队伍面貌焕然一新。

警士教练班是在 1934 年底浙江警务整顿全部结束之后,为了弥补警察人员更迭造成的新警教育缺位问题而设置的。为了不使大整顿的成绩付诸东流,警士教练班面向新任警察开设为期 3 个月的培训。但由于很多县的财政状况不容乐观,又正值"裁局改科",警士教练班只有部分县设立,其余还是以省警士教练所代为培训。

---

① 张永竹:《八年来浙江省训练警察概况》,《警察杂志》1935 年第 15 期,浙江省警察协会出版,浙江图书馆孤山路古籍部藏。

② 兰溪已划为实验县,与省会、宁波等均不在列。

③ 本段内容均出自张永竹:《八年来浙江省训练警察概况》,《警察杂志》1935 年第 15 期,浙江省警察协会出版,浙江图书馆孤山路古籍部藏。

表 5-5-7　部分留日学生担任警务指导员情况①

| 警务指导员 | 指导县份 |
| --- | --- |
| 徐励 | 海宁、平湖、海盐 |
| 杜时雨 | 杭县、德清、余杭 |
| 胡福相 | 鄞县、定海、镇海 |
| 揭锦标 | 嘉善、崇德、桐乡 |
| 沈贵德 | 慈溪、余姚、嵊县 |
| 包际春 | 金华、淳安、东阳 |
| 张包元 | 衢县、江山、龙游 |

## 第六节　先扬后抑:警政经费的收入与支出

进入 30 年代后,浙江政局相对稳定,浙江开始致力于经济建设,经济增速处于全国前列,财政状况较之以前有所好转。但致力于经济建设,开工建设一大批工程项目所需经费浩大,再加上政费支出膨胀以及 1931 年国民政府裁撤厘金的改革使浙江财政每年少收入数百万元等原因②,浙江财政收支相抵,仍属不敷,甚至靠举债度日,正如时任浙江省主席黄绍竑回忆:"当时浙江最严重的问题为财政困难。过去已经是借款度日,负债累累。"③

### 一、浙江省警政经费的整体情况

进入 20 世纪 30 年代,由于浙江省在南京国民政府时期是属于经济实力较强的省份,再加上从 1927 年开始浙江对警政的重视,整体来看,浙江警察机关的经费情况还是相对较为充足的。浙江省的警政经费由省财政直接拨付的只有省会(杭州)公安局、宁波公安局、水上警察第一大队和水上警察第二大队,以及省直属的警察教育机关,其他都是各县自筹。按浙江省财政预算编制的科目中公安费在总支出中所占百分比可以反映浙江警政经费财政支出状况。在浙江省历年财政支出中公安费占比在 1931 年为 13.32%、1932 年为

①　根据《本省警务现况》编制,《警察杂志》1934 年第 2 期,浙江省警察协会出版,浙江图书馆孤山路古籍部藏。
②　潘国旗:《民国浙江财政研究》,中国社会科学出版社,2007 年版,第 106 页。
③　黄绍竑:《黄绍竑回忆录》,广西人民出版社,1990 年版,第 299 页。

14.60%、1933 年为 10.11%、1934 年为 17.13%、1936 年为 19.50%。从这五个年度看,公安费用一直是浙江省政务费支出中的一个大项并且远远高于其他政务费用支出。如占比第二、第三位的行政费与教育文化费在上述五个对应年度的相应百分比分别为 6.48%、5.58%、4.87%、3.24%,7.73%、7.35%,10.98%、12.54% 和 12.15%、14.42%①。公安费用包括警察和保安系统方面的开支,基本呈增长态势,说明政府的头号大事就是维护政治、治安稳定。

1932 年,国民政府对全国各省所属县的警察经费数额进行了统计(本章附录表 5-6-1,表 5-6-2)②,尽管表中浙江省只有 66 个县的警察经费分段统计结果,但其他各省也并未提供所有县的警察经费额度。从对比分析中可以看出浙江各县警察经费相对而言比较充裕,处于全国前列。从经费总额的分段统计来看,浙江省各县的警察经费主要都集中在 6000～30000 元的档次中,和广东、河北相近,而其他省份各县的警察经费主要都集中在 10000 元以下的档次。广东、河北、浙江三省的警察经费明显比其他省份要高许多。另外,这三省之间虽然县警察经费是广东最高,但同样广东最低的县份也只有 650 元。根据表内数据,浙江和河北最差的县,年警察经费也能达到 2600 元以上。而且统计表中,浙江年警察经费在 30000 元以上的共有 21 个县,广东和河北则各有 19 个和 10 个,都少于浙江。从各地的人均警察经费负担来看,浙江省的人均警察经费负担为 0.108 元,略高于广东省的 0.102 元和河北省的 0.104 元,大大高于其他省份数据。而且浙江所有县的人均警察经费负担都在 0.017～0.25 元区间,比广东省的 0.003～0.677 元,河北省的 0.012～0.316 元都要更为集中,也就是说浙江的标准较为统一,全省的整体性较好。30 年代,浙江、广东、河北三省份一直都是公认的国民政府的"警政先进省",而在上两个警察经费的统计表中也很明确地体现出了这种"先进",可见警政经费充足是一个地方警政发达的必要条件。同时,如上述对两个表的数据分析都说明浙江各县的警察经费相对于广东、河北二省要更为均衡,这也是浙江警政能在全国"后来居上"的关键因素之一。

---

① 1931 年资料载于《浙江省政府公报》,第 1686 期;1932 年资料载于《浙江省政府公报》,第 1936 期;1933 年资料载于《浙江省政府公报》,第 2245 期;1934 年资料载于《浙江财政月刊》1935 年统计专号;1936 年资料载于《浙江各县市民国年度地方预算总核表》,《浙江财政》,第十卷第四、五期,1937 年 2 月 15 日。

② 表中数据刊载于《内政调查统计表》,第 2 期至第 23 期,《民国史料丛刊》第 75 卷,张妍、孙燕京主编,大象出版社,2009 年版。

　　虽然浙江省相比于广东省和河北省来说其各县的警察经费是比较平均的,但内部的差别还是比较明显。其一,省直属警察机关和县警察机关间的经费差别较大。由于"裁局改科"后警察经费基本已经融入县政府经费不再单列,难以统计不利于比较,但"裁局改科"前 1934 年浙江警察各部门的经费统计就比较直观地说明浙江各警察机关内部财政分配的不平衡性。分析本章附录表 5-6-3,全省 1934 年警察经费共计 4048917 元,而 4 个省直属警察机关的经费就达到 1712209 元,占全省警察经费的 42.29%。其中省会公安局、宁波公安局的经费共 1027137 元,占全省陆警(指去除 2 支水警队经费)的30.53%,可见省会、宁波公安局属于财政重点保障。不过相比北洋政府时期省会、宁波公安局占全省陆警经费的 42%[①]的比重来看,省会、宁波公安局所占比例大幅下降,可以看到浙江警察经费从重点保障省会和重要商埠警察开始向全省其他警察机关辐射,各县的警政财政保障水准大幅提升。其二,浙江省不同地区间警察财政支出差别较大。虽然民国时期没有府州一级的行政机构,但在具体行政实践中往往会从以往府州的地区概念角度来实施统筹规划。浙江一般分为嘉兴、湖州、杭州、绍兴、宁波(含今舟山)、金华、台州、永嘉(今温州)、衢州、严州(今杭州临安西南)、处州(今丽水)等 11 个地区,其各县的平均警察经费财政拨付情况参见本章附录表 5-6-3,从中可以发现全省各县 1934年度平均警察经费为 31156.11 元(不含 4 个直属警察机关),在平均水平以上的有绍兴、湖州、嘉兴、宁波、永嘉地区,以下的有衢州、严州、金华、台州、处州地区,这与浙江省内各地经济发展水平相一致,据此可以制作成 1934 年浙江省各县警察经费示意图(图 5-6-1)。

## 二、浙江省各地警察经费的来源与支出

　　经历了朱家骅主政期间警察经费的大幅度增长之后,进入 30 年代,浙江的警政经费整体上有所回落。而且随着地方行政由初期的混乱转向稳定,财政开始向制度化、规范化转变,各地对税费的征收逐渐统一由财政局负责。虽然征收用于警察经费的项目在各地变化不是特别大,但是征收的方式发生了比较大的变化。从原来警察经费由警察机关自征自支,变成了统一征收,划拨支付。当然,统一征收方式遇到了很大的挑战,因为不可能招募充足的征收人员,实际征收中离城区略远的乡镇都仍然是由公安局或派出所代收,不过即使是警察征收的款项也是要先缴交到县府然后再行拨付。

---

　　① 　1915 年数据,见本书第四章第六节。

图 5-6-1　1934 年浙江省各县警察经费大致分布示意图

　　本章附录表 5-6-4、表 5-6-5、表 5-6-6、表 5-6-7、表 5-6-8 是 1931 年到 1935 年间几个县的警察经费收入与支出情况。通过比较发现,在收入方面,警察经费主要由农田税项(即所谓的地丁项)下的一部分、店住屋捐、屠宰捐、杂捐等构成。农田税项一般是由县财政局征收后按比例拨给警察机关使用,店住屋捐是警察经费的主要来源。这源自 1931 年浙江省民政厅以警察薪饷极低,其他税负支出较重为由,同意以店住屋捐来增加警察经费①。而且根据《浙江省各县店住屋捐征收公费分配办法》规定,店住屋捐编查由县公安局执行,编查工作可以获得该捐年收入的 20%,另外该捐年收入的 40% 分配给征收单位,并明文规定"如由县公安局代征时,所有十分之四之征收费应如数由县公安局领取,其由公安分局代征时亦同县公安局,不得丝毫扣发"②。屠宰捐也是浙江省为增加警察经费从 1929 年就开始实施的(见第四章第六节)。而杂捐则各地各有特色,不过在 1934 年后,杂捐和屠宰捐在警察经费中的地位有了一个"此消彼长"的转换。因为当时省政府决定"从今年十月一日起,废除苛捐杂

①　《5 月民政厅报告》,《浙江民政月刊》1931 年第 45 期,浙江图书馆孤山路古籍部藏。
②　《浙江省各县店住屋捐征收公费分配办法》,《警察杂志》1935 年第 10 期,浙江省警察协会出版,浙江图书馆孤山路古籍部藏。

税,以减轻人民负担",以建德县为例,"废除茶叶捐、桐子捐……等三十种,一年少征六千五百元"①,于是"浙省废除苛杂后,各地纷增屠宰附税"②以增加警政经费。

违警罚金在一定程度上也是警察经费的重要来源之一。如上述各表中萧山的违警罚金占了警察经费收入的 7.6%,杭县、绍兴、鄞县则分别是9.3%、9.9%、10.5%,近十分之一的警察经费来源于罚金,这容易导致警察腐败。所以浙江省财政部门也一度针对违警罚金作出一些规定,拟改变其没有预算,没有报表,导致少报滥支的情况,要求各地按财政预算上报,"如能遵行不悖,则收入支出既已确定,庶免少报或滥支之弊"③。及至 1935 年,违警罚金也越来越少,警察的经费就更为拮据,如省会公安局 1935 年原预算罚金收入为46900 元,实际只收入违警罚金 26961.75 元,违反行政法规罚金 1733.5 元,共计 28695.25 元,只达到预算的 61.2%,那么各县违警罚金达标率就更低。究其原因主要有:"一、社会经济日趋衰败,因违警而判处罚金者,多无力缴纳,易科拘留;二、以前每遇赌博案,常有援用违警罚法第四十五条一款,科以罚金者,本年以来,每遇赌博案皆依法移送法院办理。"④雪上加霜的是,当警察经费收归财政局后还经常会发生征收不力、人民抗捐、征收主任舞弊等现象,导致捐税都不能全额征收,能达到 90% 的征缴额就是较高的水平了。同时,30年代的金融危机也使得财政困难,连省会公安局都接到民政厅指令"查省库异常支绌,该局二十四年度预算应切实核减,照上年度七十一万五千七百八十元数目八五折造送"⑤。

在支出方面,警察的薪饷为主要支出项目,其占比过大的问题一直存在。上述各表列出的 1931 年杭县、绍兴县和萧山县的支出中,其用于警察的薪酬、餐食补贴等分别占到了当年所有警察经费支出的 82.16%、87.51%、78.22%。这与北洋政府时期的警察经费使用情况基本一致,可见警察经费的使用还是比较拮据的。然而尽管警察经费已经绝大部分都用于发放警察的薪酬,但是警察的收入依然没有起色。因为在整个 30 年代,中国经济增速不快,而且金融逐渐崩塌,到民国 24 年(1935 年)国民政府施行法币,更是造成货币大幅度贬值。1934 年初,"民政厅长吕苾筹,为整顿全省警务,前曾订颁整顿

①　《东南日报》1934 年 8 月 11 日。
②　《东南日报》1935 年 10 月 14 日。
③　《4 月份民政厅行政报告》,《浙江民政月刊》1931 年第 42 期,浙江图书馆孤山路古籍部藏。
④　《浙江省会公安局年刊》,1935 年第 18 页,浙江省会公安局编,浙江图书馆孤山路古籍部藏。
⑤　《浙江省会公安局年刊》,1935 年第 13 页,浙江省会公安局编,浙江图书馆孤山路古籍部藏。

警务方案，其最重要者，莫如提高薪给以应增各级巡官长警薪饷数目"①。当时浙江省提出的方案即为本章附录表 5-6-9 所列内容。然而到当年年底，1934年 11 月 30 日国民政府行政院颁布《警长警士薪饷暂行条例》，其采用的薪饷标准详见本章附录表 5-6-10，却大大高于年初浙江改革所制定的薪饷数目。

　　不过因为浙江财政整体困难，这种增加警察薪饷的规定在当时也仅能是停留在文件中了。因"查吾浙各县警费在前警务处时系由处中统筹支配，及16 年间警务处撤销后，各县费遂各自独立，于是警费较多之县俸饷较多，反之亦然"②。警察薪饷的地域性差异，不仅普通警士如此，就连局长、分局长、警巡官等高级警务人员的薪饷，在小县与大县之间虽职级相同亦是天壤之别。同时小县如於潜、昌化（杭属）、孝丰、长兴（湖属）、新昌、嵊县（绍属）、临海、仙居（台属）、义乌、武义（金属）、江山、常山、开化（衢属）、淳安、遂安（严属）、玉环、泰顺（温属）、景宁、庆元（处属）等均处于"通邻省之要隘或为土匪出没之区"，更需要筹集更多的警力，所需经费也更多，这就形成了一个越穷越需要警察却越招不了警察的悖论。到 1935 年，浙江财政经费整体压缩，民政厅更是要求全省警察机关的人员薪饷一律以九成发放，且不能按月支领③。

　　财政经费在警察薪酬都没能有效解决的情况下，就更遑论添置警察设备了。所以 30 年代浙江省除了 4 大直属警察机关和少数财政经费较为充足的县如绍兴以外，大部分县在警察装备上唯一的要求就是千方百计多争取一些枪支弹药。补给枪支弹药也是 30 年代各地要求建立警察队，以强化地方治安的基本要求，以免"各局警械多不堪用，一遇警号公安局每致无以应付，甚至一遇有匪来不敢对抗者有之被匪劫械者有之"④。1933 年 1 月、1935 年 2 月全省枪弹统计见本章附录表 5-6-11 与表 5-6-12，虽然从总量上看全省公安局的枪支弹药数 1935 年反而比 1933 年要少，导致第一印象是装备变差了。但仔细分析可以发现，从 1933 年到 1935 年在全省 75 个县公安局中，有 57 个县的枪支数呈上升趋势，3 县持平，15 县下降。之所以总量减少是因为在省直属的4 个公安机关的枪械装备上有 3 个是下降的，而且幅度较大，总共减少枪支

---

　　①　《有关警务之政闻》、《巡官长警增饷标准》，《警察杂志》1934 年第 3 期，浙江省警察协会出版，浙江图书馆孤山路古籍部藏。

　　②　来襄：《浙江警政应行改进之商榷》，《警察杂志》1934 年第 9 期，浙江省警察协会出版，浙江图书馆孤山路古籍部藏。

　　③　《浙江省会公安局年刊》，1935 年第 13 页，浙江省会公安局编，浙江图书馆孤山路古籍部藏。

　　④　来襄：《浙江警政应行改进之商榷》，《警察杂志》1934 年第 9 期，浙江省警察协会出版，浙江图书馆孤山路古籍部藏。

2179 支,其中两个水警大队的枪械持有数均下降超过 40%。这些"大户"的减少量超过了各县的枪支增加量。而在各县公安局中,在 1933 年到 1935 年,枪支数增长一倍以上的有 10 个县,最高的安吉县甚至增长了 600%。

## 第七节　光环下的隐忧:浙江警政建设评价和反思

　　整体来看,20 世纪 30 年代浙江警政处于民国时期浙江警政的顶峰阶段。其一,因为自清末创办警察以来,浙江始终保持与中央一致,对"警察"这一舶来品,不拒绝、不排斥,始终能以开放的态度去接纳,较早被普通民众所接受。而且从清末开始,虽然浙江也经历了军阀混战、城头常换大王旗,但不管政局如何变化,浙江当局始终将警察作为维护社会治安的基干力量。其二,自南京国民政府成立之后,浙江就成为京畿重地,对首都南京的拱卫作用凸显,国民政府决不允许在其统治的核心区域出现任何的不稳定因素,再加上自"一二·八"淞沪战争以后浙江在国防上的地位顿显重要,强化警政建设亦就不可或缺。其三,国民政府的众多党政大员来自浙江,如张静江、陈立夫、陈果夫、胡宗南、陈诚、汤恩伯、周至柔、戴笠、毛人凤、徐恩曾、朱家骅、陈仪、俞济时、宣铁吾等等,几乎掌控了所有国民政府的重要部门,国民政府对浙江的各项事务都极为重视,蒋介石甚至亲自兼任浙江省政府委员一职。因此,浙江省的社会治安和地方平靖就显得格外重要,浙江历届行政主官都十分重视警政建设,这为浙江警政在 30 年代的快速发展并后来居上提供了难得的机遇。

　　30 年代浙江警政发展以 1935 年为分界线又可分为两个阶段,1935 年之前浙江警政建设一直是稳中有升、快速发展,而之后到全面抗战爆发前遭受了一定的挫折,基本陷于停滞。这在时人对浙江警政建设成效的总结中可见端倪,清末浙江警察是"人民看见穿黄色制服,都侧目相视,呼之曰'狗'",自1927 年起"人民对警察观念急转直下,从前是'恶',这时是'敬'了","不料自朱厅长离浙至吕苾筹厅长[①]卸任后,警政又渐渐乱了起来"[②]。这个转折可能与主政官员有一定关系,但绝对不是主要原因,而"裁局改科"才是浙江警政停滞不前的主要原因。

---

　　① 1931 年 12 月至 1934 年 12 月任浙江省政府委员兼民政厅长。

　　② 孤剑:《浙江警政的回忆及改进意见》,《警察杂志》1937 年第 37 期,浙江省警察协会出版,浙江图书馆孤山路古籍部藏。

### 一、30 年代浙江警政的"高峰"

第一座"高峰"为城市警察建设。毋庸讳言的是浙江警政建设优先级明确，对城市的投入远远大于对各县的投入，所以城市的警察进步与发展之大也远远超过各县警察。前述有关警察数与人口数的比值和省会公安局及宁波公安局年度经费所占的比例就是最好的例证。当各县的警察还在为工资薪饷而挣扎的时候，杭州的省会公安局还有能力在 1934 年编练警察大队，全部配备新式枪械，成立指纹室；1935 年初实施加薪，警士月加 2 元，巡长月加 4 元，巡官月加 8 元，局员月加 20 元；到 4 月又第二次加薪，并且更新更换装备（参见本章附录表 5-7-1）；省会公安局还制定政策，担任该局长警且月薪 30 元以下的，其子女弟妹入学（小学）可免缴学费，由省会公安局预算支付。

城市警察建设中另一个"亮点"就是警察专业化建设向纵深发展。浙江在杭州和宁波的警队中于 1929 年就建立起了车骑队，也分设了侦缉队。到 30 年代很多县公安局也有了像侦缉队这样的专业分队，不过受限于经费和人员，各县也就仅此而已，最多也就在条件许可的情况下设置挑选少量警察从事一些专业化工作。如杭县、平湖公安局就在第一分局（即城区分局）内添设 6 名警士，专司巡查、侦缉、消防、卫生、交通事务[①]。但杭州、宁波的公安局在 30 年代警察专业化程度比各县公安局就要高很多。以省会公安局为例，1933 年设了警犬队和女警队；1934 年组建交通队、外事股、编练警察队……到 1935 年，省会公安局内的警种就已经涵盖普通治安警察、骑行巡逻警察、刑事侦缉警察、消防警察、警犬队警、女警、交通警察、外事警察、武装警察等等，如果再加上戴笠"借壳"衍生出的特务警察、通信警察等就有十余种不同警种分类，浙江的城市警察的专业化程度在全国处于领先地位。

30 年代浙江警政的第二座"高峰"是堪称"走在时代前列"的警察教育。浙江警察教育体系完整，涵盖警官、普通警察及新警培训等，课程设置强调思想政治与专业实战培训，教育经费相对充足，师资力量雄厚，为浙江乃至全国培养了大量的警政人才，保证了浙江警政建设的顺利展开。从浙江警察教育中走出来一大批民国警政领域的佼佼者，如：揭锦标，第一期正科毕业生，后留学日本，主办东南警官训练班、台湾警察干部训练班，抗战后参与台湾光复接收；俞叔平，近代中国第一个警察博士，后任重庆中央警官学校教官，首设刑事

---

① 胡尧勋：《平湖县实习报告》，1934 年，《二十世纪三十年代国情调查报告》第 186 卷，凤凰出版社，2012 年版。

警察建制,创立现代科学刑事实验室,抗战后任上海市警察局局长;毛森,第二期正科毕业生,军统骨干,抗战后曾任浙江警保处处长;在警官学校的教师中也人才济济,如余秀豪,1943年参与起草了《中华民国违警罚法》,后担任哈尔滨市公安局局长等等。

## 二、30年代浙江警政的隐忧

在30年代浙江警政的光环背后仍然潜藏着阴影,警政建设还存在许多问题。这些问题因时代背景、顶层制度设计缺陷等因素形成,在北洋政府中就已存在,基本都是积病已久、根深蒂固,难以在短时间内解决。

### 1. 警察队伍的稳定问题

警察队伍在南京国民政府成立之前主要问题是"不稳定"和"近亲化"严重。"不稳定"主要是由清末到北洋时期政局不稳、权力更迭频繁所致,"近亲化"表现为拉帮结派、山头林立。如长期把持浙江警政的省城警察厅厅长夏超,因其是青田人,所以浙江警察队伍中的"青田派"势力强大。而各县的警察局局长也很多与县长"沾亲带故"。警察队伍的"不稳定"在30年代前期一般都与省政府主要官员变动相关度大,与县主要官员变动相关度小。当时《县组织法》规定"各局(公安、财政、建设、教育等)各设局长一人由县长就考试合格人员遴选呈请诸省政府核准委任之",但事实上浙江省的《县公安局组织规程》改为"县公安局设局长一人,由县长于考试或训练合格人员内选请民政厅委任,但在考试训练人员不敷任用以前,由民政厅遴选委任之"。乍一看,这是更贴近实际的做法,因为当时具有警察专业学识或接受警察教育且考核合格的人极少,其实是县长被夺权,在公安局长的任用上无权决定,省政府通过民政厅掌控了各县警察局长的任用权[①]。因此当时有人一针见血地指出"按总理之设想,省仅为代中央掌理县之自治中间机构,其权应在县而非省,如今权是省大,而县小"[②]。这就导致民政厅主官的变更往往造成警察机关的人事大变动,造成警察队伍的不稳定,朱家骅去职前后浙江警官队伍的变化就充分说明这一问题。到30年代后期,即1934年—1937年"不稳定"的因素则刚好相反,主要是"裁局改科"大幅提高了县长的权限,"到了今年各县公安局改科,情

---

① 金郎西:《杭县建设教育财政公安卫生自治慈善事业概况报告》,1931年,《二十世纪三十年代国情调查报告》第181卷,凤凰出版社,2012年,第38-40页。

② 金郎西:《杭县建设教育财政公安卫生自治慈善事业概况报告》,1931年,《二十世纪三十年代国情调查报告》第181卷,凤凰出版社,2012年,第495页。

势一变,不但充当公安科高级警务人员的要跟着县长为转移,即充当警士的也都要跟着县长而奔走,这是十足地表示着警务人员难能安于职位的现象","前年连撤补一个警士,都要报厅核准,现在各县县长对于警务人员均有任用之权……虽须报厅核准,可是先用后报……或是迟迟呈报,暨他种取巧方法,上级机关对此竟没法可以应付,警士的撤补,更不必谈了,警士得任意补用"①。警察尤其是各县的警察薪饷不高,再加上政府官僚体系下的"人治"管理而非"制度"管理,南京国民政府初期又是偏重警察官而忽视警士(基层警察)。多重因素影响之下,警察队伍就会出现人员留不住、待不长的特点,导致队伍不稳定。

## 2. 警察的腐败问题

多数警政研究者和实践者都认为警察教育是解决警察腐败的重要途径之一。浙江在 30 年代建立了完善的警察教育体系,警官教育极为突出,培养出大批优秀的警政人才,并依托优秀的警政人才开展大规模的基层警察的轮训、甄别、汰换工作。然而全省教育基础薄弱、财政经费短缺、官僚体系整体堕落三大难关使得这种努力成效甚微。警察的招募历来都是有要求的,如省会公安局的招募要求是:小学毕业或有相同程度;身体强壮无宿疾嗜好;年龄在 20以上 30 以下;身高 5 尺以上②。虽然比北洋时期的要求多了文化层次的条件,但这毕竟也只有小学文化,还是在省会,那么在各县的情况必定要更为糟糕。这样的警源一来本身的素质不足,二来要通过教育提升的难度较高。更何况在南京国民政府时期警察教育中的思想品德教育主要关注的是政治统一,是"敬爱领袖"的那一套,对其他廉洁奉公的要求有所欠缺,结合财政经费短缺,警察收入低下,警察腐败现象就屡见不鲜且难以控制。

警政经费少第一个直接影响的是警察数量,数量少则工作重休息少,警察内部就形成一种上下默认的"预备警制度"。所谓预备警就是专为警士请假或外出出缺时临时顶替岗位的人,在公安局中没有身份,不是正式的长警,公安局不支付任何薪水,只是在警士需人顶班时由本人出钱雇佣。而这种与长警存在个人雇佣关系的"预备警",却被整个警察系统所默认。"预备警"是临时顶替者,按代班时间收费,没有正式编制。而且由于长警本身收入不高,其能

---

① 黄东升:《警察在外县》,《警察杂志》1935 年第 20 期,浙江省警察协会出版,浙江图书馆孤山路古籍部藏。

② 《有关警务之政闻·省会公安局招募新警》,《警察杂志》1934 年第 7 期,浙江省警察协会出版,浙江图书馆孤山路古籍部藏。

雇佣的人员当然也收入微薄。因此"预备警"多数是社会游散人员,可能智力低下、体格老弱,根本不具备任何能力,借警察身份招摇撞骗。无论哪种情形,都是滋生警察腐败的温床①。警政经费少第二个直接影响的是警察待遇。在待遇微薄、工作任务又重的情况下,想方设法捞钱就成了"主题"。根据内政部1933年调查(本章附录表5-7-2所示),浙江省各县的警察(不含警察官)薪酬多数在6—11元,平均也就八九元。"过去公安局内部职员薪金,实际上甚为微薄,距中央规定之最低支薪标准,几少一倍"②,所以各级警察贪污违警罚金、借办案勒索敲诈、以权包庇烟赌等都成为家常便饭。1935年国家发行法币致货币大贬,警察更是到处搜刮,"查近来各方控告警务人员案件,为数甚多,察其内容,多关贪渎,尤以包庇烟赌之事,十居七八"③。省会甚至发生一分局因缓发薪饷导致的警长夏钰枪击案,让时人感叹"长警未有家室者,畏负担而不敢结婚,已结婚者,不敢带来杭州"④。当时还出现了罕见的"潜逃"现象,"近来本省水陆长警潜逃事件,仍有发生,结果往往未能缉获,即携去装械物款,亦未能凭保(铺保保结)全数追赔"⑤,逼迫民政厅出台了《浙江省水陆长警潜逃处置办法》。

至于官僚体系整体堕落的存在更是使得警察的腐败现象雪上加霜。在温州,"试看每个戏院的座位中,军、警、管占一半,有四分之一是公务人员,买票的很稀少,每逢星期日,就更不像样子"⑥。再如原先为了保证警察稳定,设立的长警储蓄制度被破坏,好事变坏事,公安局长"甚至有挟带长警存饷款项而潜逃者,因之长警存饷之规定,无形消灭,而为长警者,亦不敢再存矣"⑦。

① 参考以下资料:(1)《浙江省会公安局年刊》,1935年,浙江省会公安局编,浙江图书馆孤山路古籍部藏;(2)金郎西:《杭县建设教育财政公安卫生自治慈善事业概况报告》,1931年,《二十世纪三十年代国情调查报告》第181卷,凤凰出版社,2012年版第560页。

② 张永竹:《公安局改科后》,《警察杂志》1935年第16期,浙江省警察协会出版,浙江图书馆孤山路古籍部藏。

③ 《本省警务现况》,《警察杂志》1935年第12期,浙江省警察协会出版,浙江图书馆孤山路古籍部藏。

④ 《有关警务政闻·浙省公安局筹建警察新村》,《警察杂志》1935年第19期,浙江省警察协会出版,浙江图书馆孤山路古籍部藏。

⑤ 《民政厅训令颁发水陆长警潜逃处置办法及损失赔偿报告表等(第1375号)》,《警察杂志》1935年第13期,浙江省警察协会出版,浙江图书馆孤山路古籍部藏。

⑥ 《温州新报》1937年3月6日,转引自苏虹:《旧温州轶事录》,天马图书有限公司出版,1999年12月第1版,第132页。

⑦ 来襄:《浙江警政应行改进之商榷》,《警察杂志》1934年第9期,浙江图书馆孤山路古籍部藏。

# 本章附录图表

表 5-1-1　1931 年浙江省会公安局机构及驻地表[①]

| | 科室 | 兼管部门 | 职责 | | | | | | |
|---|---|---|---|---|---|---|---|---|---|
| 内部 | 秘书室 | — | 机要事务 | | | | | | |
| | 第一科 | — | 警务、人事、编制、考核、会计、统计、收发、庶务、监印 | | | | | | |
| | 第二科 | 警医室 | 户籍、社会、交通、消防、正俗、外事、编辑、卫生 | | | | | | |
| | 第三科 | 指纹室 | 违警、侦察、拘留、刑事预审、赃物 | | | | | | |
| | 督察室 | 守卫队 | 勤务、调查、交际、训练 | | | | | | |
| | | 车巡队 | | | | | | | |
| 外部 | 区队名 | 分署/分队名(区下称分署,其他称分队) | | | | | | | |
| | | 一署队 | 二署队 | 三署队 | 四署队 | 五署队 | 六署队 | 七署队 | 八署队 |
| | 第一区 | 三桥址 | 五圣堂 | 仁和署 | 宗阳宫 | 柴木巷 | 长庆寺 | 马所巷 | 华藏寺 |
| | 第二区 | 蒙古桥 | 池塘巷 | 东街 | 天宁寺 | 孩儿巷 | 岳王路 | — | — |
| | 第三区 | 拱埠 | 大关 | 湖墅 | 马塍庙 | 河罕上 | — | — | — |
| | 第四区 | 江干 | 化仙桥 | — | — | — | — | — | — |
| | 笕桥分所 | 笕桥镇 | | | | | | | |
| | 巡察队 | 旧行宫 | 旧行宫 | 旧行宫 | — | — | — | — | — |
| | 侦缉队 | 西府局 | 拱宸桥 | 西府局 | 西府局 | — | — | — | — |
| | 警犬训练所 | 吴山 | | | | | | | |
| | 消防队 | 茅廊巷 | 琵琶街 | 贡院前 | 信义巷 | 拱埠 | 吴山(瞭望台) | | |
| | 拘留所 | 柴木巷 | | | | | | | |
| | 女拘留所 | 太平坊巷 | | | | | | | |
| | 骑巡队 | 竹竿巷 | | | | | | | |

---

① 据徐尔信的《浙江省警务概况》内容编制,《浙江民政月刊·调查》,1931 年第 39 期,浙江图书馆孤山路古籍部藏。

表 5-1-2 1936 年浙江省会公安局机构①

| | 科室 | 二级机关 | 三级机关 |
|---|---|---|---|
| 内部 | 秘书处 | — | |
| | 第一科 | 总务股、会计股、人事股、统计股 庶务股、警医股、图书馆 | — |
| | 第二科 | 保安股、社会股、户籍股、验枪室 | — |
| | 第三科 | 司法股、侦缉股、指纹股 | — |
| | 督察室 | 训核组、特务组 | — |
| | | 外事组 | 乔司、留下、三廊庙、城站、小河、转塘 6 个检查所 |

| | 分局名 | 二级分驻所/三级派出所(带 * 标记为分驻所,其余为派出所) | | | | | |
|---|---|---|---|---|---|---|---|
| 外部 | 第一分局 | 望江门 | 上仓桥* | | 仁和署 | 三桥址* | 柴木巷* | — |
| | | | 候潮门 | 吴山特巡区 | 清波门 | 涌金门 | 长庆寺 | — |
| | 第二分局 | 湖滨* | 缸儿巷* | 华藏寺 | 黄醋园* | 二 | |
| | | | | 庆春门 | | — | |
| | 第三分局 | 新桥 | 赛西湖 | 东街路 | 草营衖 | 孩儿巷* | — |
| | | | | 小天竺 | 艮山门 | 武林门 | — |
| | 第四分局 | 龙井 | 茅家埠 | 上天竺 | 青石桥 | 净慈寺* | 松木场* |
| | | | | | | 四眼井 万松岭 | 昭庆寺 | — |
| | 第五分局 | 景福庙 | 化仙桥* | | 三多亭* | | 梵村* |
| | | | 安家塘 | 林海亭 | 天王桥 | 二堡 | — |
| | 第六分局 | 新塘 | 太平门 | 下菩萨* | 七堡 | 彭家埠 | 五堰庙 |
| | | | | 尧典桥 | 枸桔弄 | | |
| | 第七分局 | 横塘 | 宣家市 | 于家桥 | — | | |
| | 第八分局 | 杭州路 | 大关* | | 左家桥* | | |
| | | | 娑婆桥 | 大兜 | 清河闸 | 迷渡桥 | 羊衖口 | — |
| | 警察大队 | 一中队 | 二中队 | 三中队 | 四中队 法警分队 | | |
| | 消防队 | 一分队 茅廊巷 | 二分队 琵琶街 | 三分队 贡院前 | 四分队 湖墅 | 五分队 拱埠 | 六分队 江干 |
| | 侦缉队 | 一分队 西府局 | 二分队 江干 | 三分队 拱埠 | 四分队 西府局 | 五分队 贯桥 | — |
| | 机车队 | — | | | | | |
| | 马巡队 | — | | | | | |
| | 女警队 | — | | | | | |
| | 拘留所 | 男/女拘留所 | | | | | |
| | 特务警察队 | — | | | | | |

① 据《浙江省会公安局年刊》1936 年相关内容制作,浙江图书馆孤山路古籍部藏。

表 5-1-4　1931 年浙江省各县公安局/分局分等情况表①

| 序号 | 县公安局等级 | | 下属公安分局等级 | | | | | | |
|---|---|---|---|---|---|---|---|---|---|
| | 一等 | 二等 | 二等 | 三等 | | 四等 | | 五等 | |
| 1 | 德清 | — | — | 新市 | — | 洛舍 | — | 大麻 | — |
| 2 | 嵊县 | — | — | 崇仁 | — | 长乐 | — | — | — |
| 3 | 建德 | — | — | — | — | 大洋 | — | — | — |
| 4 | 海宁 | — | 硖石 | 袁化 | 长安 | 诸桥 | 斜桥 | 路仲 | — |
| 5 | 嘉善 | — | — | — | — | 枫泾 | — | 西塘 | 天凝 |
| 6 | 海盐 | — | 沈荡 | 澉浦 | — | — | — | — | — |
| 7 | 平湖 | — | 乍浦 | — | — | 新仓 | 新埭 | 全公亭 | — |
| 8 | 桐乡 | — | 濮院 | 青镇 | — | 屠甸 | — | 石湾 | 日晖 |
| 9 | 兰溪 | — | 游埠 | — | — | 万坛 | 洲上 | 永昌 | — |
| 10 | 吴兴 | — | 南浔 | 乌镇 | 双林 | 练市 | 埭溪 | 城区一 | 城区二 |
| | | — | — | 菱湖 | — | 织里 | — | — | — |
| 11 | 长兴 | — | — | — | — | — | — | 水口 | 和平乡 |
| 12 | 慈溪 | — | — | 章桥 | 慈北 | 金川 | — | — | — |
| | | — | — | 陆家埠 | — | — | — | — | — |
| 13 | 萧山 | — | — | 义桥 | 临浦 | 闻堰 | 西兴 | 河上店 | 长河镇 |
| | | — | — | 龛山 | — | — | — | — | — |
| 14 | 嘉兴 | — | — | 城区三 | 王店 | 城区二 | 新篁 | 余贤 | — |
| | | — | — | 塘汇 | 新塍 | 王江泾 | — | — | — |
| 15 | 诸暨 | — | — | 枫桥 | — | — | — | 澧浦 | 牌头 |
| | | — | — | — | — | — | — | 草塔 | 姚公埠 |
| 16 | 余姚 | — | 周巷 | 浒山 | 南城 | 湖隄 | — | 马渚 | 梁衕 |
| | | — | — | — | — | — | — | 横河 | 五夫 |
| 17 | 金华 | — | — | — | — | — | — | 孝顺 | 横店 |
| | | — | — | — | — | — | — | 西紫岩 | 曹宅 |
| 18 | 永嘉 | — | 城区一 | 城区二 | — | — | — | 寺前 | 南塘 |
| | | — | — | — | — | — | — | 昆阳 | 枫林 |
| 19 | 鄞县 | — | — | — | — | — | — | 集土港 | 五乡碶 |
| | | — | — | — | — | — | — | 姜山 | 梅垆 |
| | | — | — | — | — | — | — | 咸祥 | 董江桥 |

① 徐尔信:《浙江省警务概况》,《浙江民政月刊·调查》,第 37-47 页,1931 年第 39 期,浙江图书馆孤山路古籍部藏。

续表

| 序号 | 县公安局等级 | | 下属公安分局等级 | | | | | |
|---|---|---|---|---|---|---|---|---|
| | 一等 | 二等 | 二等 | 三等 | | 四等 | | 五等 | |
| 20 | | 杭县 | — | — | 临平 | 塘栖 | 瓶窑 | 亭趾 | 周家浦 | 留下 |
| | | | — | — | — | — | — | — | 西镇 | 三墩 |
| | | | — | — | — | — | — | — | 麛山 | 徐村 |
| | | | — | — | — | — | — | — | 乔司 | — |
| 21 | | 衢县 | — | — | — | — | — | — | 樟潭 | 杜泽 |
| | | | — | — | — | — | — | — | 岭头 | 航埠 |
| | | | — | — | — | — | — | — | 后溪 | 上方 |
| | | | — | — | — | — | — | — | 下石埠 | |
| 22 | | 绍兴 | — | — | 城区一 | 城区二 | — | — | — | — |
| | | | — | — | 城区三 | 柯桥 | — | — | — | — |
| | | | — | — | 安昌 | 皋埠 | — | — | — | — |
| | | | — | — | 东关 | 平水 | — | — | — | — |
| | | | — | — | 漓渚 | 孙端 | — | — | — | — |
| 23 | — | 富阳 | — | — | — | 里山 | — | — | |
| 24 | — | 於潜 | — | — | — | — | 印渚 | — | |
| 25 | — | 武康 | — | 莫干山 | — | — | — | — | |
| 26 | — | 孝丰 | — | — | — | — | 山河 | — | |
| 27 | — | 象山 | — | 昌石 | — | — | — | — | |
| 28 | — | 临海 | — | 海葭 | — | — | 杜下乡 | — | |
| 29 | — | 奉化 | — | 西坞 | 剡溪 | — | — | — | |
| 30 | — | 黄岩 | — | 路桥 | — | — | — | — | |
| 31 | — | 东阳 | — | 玉山 | — | — | 巍山 | — | |
| 32 | — | 义乌 | — | 佛堂 | — | — | 上溪 | — | |
| 33 | — | 永康 | — | — | 游山 | — | — | — | |
| 34 | — | 武义 | — | — | — | — | 东皋 | — | |
| 35 | — | 开化 | — | — | — | 华埠 | — | 马金 | |
| 36 | — | 桐庐 | — | — | — | 窄溪 | — | 横村 | |
| 37 | — | 遂安 | — | — | — | — | 安阳 | — | |
| 38 | — | 丽水 | — | 碧湖 | — | — | — | — | |
| 39 | — | 青田 | — | — | — | — | 海口 | — | |
| 40 | — | 缙云 | — | — | — | 壶镇 | — | — | |
| 41 | — | 遂昌 | — | — | — | — | 王村口 | — | |
| 42 | — | 余杭 | — | — | — | 闲林 | 横湖 | — | — |
| 43 | — | 崇德 | — | 洲泉 | 石湾 | — | 高桥 | 灵安 | |
| 44 | — | 安吉 | — | — | — | — | 递浦 | 梅溪 | |
| 45 | — | 镇海 | — | 柴桥 | — | 庄市 | 大碶 | 澥浦 | |

**续表**

| 序号 | 县公安局等级 | | 下属公安分局等级 | | | | | | |
|---|---|---|---|---|---|---|---|---|---|
| | 一等 | 二等 | 二等 | 三等 | | 四等 | | 五等 | |
| 46 | — | 宁海 | — | — | — | 长亭 | 海游 | — | — |
| 47 | — | 温岭 | — | 凤尾山 | 松石箬 | — | — | 泽国 | — |
| 48 | — | 龙游 | — | 湖镇 | — | 溪口 | — | 五都詹 | 塔石头 |
| 49 | — | 江山 | — | 清湖 | 凤峡 | — | — | 廿八都 | — |
| 50 | — | 淳安 | — | 威坪 | — | — | — | 港口 | 桥西 |
| 51 | — | 瑞安 | — | — | — | — | — | 陶山 | 大峃 |
| 52 | — | 乐清 | — | 大荆 | — | 虹桥 | — | 柳市 | 白象 |
| 53 | — | 玉环 | — | — | — | 三盘 | 楚门 | 坎门 | — |
| 54 | — | 定海 | — | 岱山 | 衢山 | — | — | — | — |
| | | | | 普陀 | — | — | — | — | — |
| 55 | — | 上虞 | — | 百官 | 松厦 | — | — | — | — |
| | | | | — | 章家埠 | — | — | — | — |
| 56 | — | 平阳 | — | — | — | 鳌江 | — | 浦门乡 | 金镇乡 |
| | | | | — | — | — | — | 桥墩门 | — |
| 57 | — | 松阳 | — | — | — | — | — | 古市 | — |
| 58 | — | 临安 | — | — | — | — | — | — | — |
| 59 | — | 新登 | — | — | — | — | — | — | — |
| 60 | — | 昌化 | — | — | — | — | — | — | — |
| 61 | — | 南田 | — | — | — | — | — | — | — |
| 62 | — | 新昌 | — | — | — | — | — | — | — |
| 63 | — | 天台 | — | — | — | — | — | — | — |
| 64 | — | 仙居 | — | — | — | — | — | — | — |
| 65 | — | 浦江 | — | — | — | — | — | — | — |
| 66 | — | 汤溪 | — | — | — | — | — | — | — |
| 67 | — | 常山 | — | — | — | — | — | — | — |
| 68 | — | 寿昌 | — | — | — | — | — | — | — |
| 69 | — | 分水 | — | — | — | — | — | — | — |
| 70 | — | 泰顺 | — | — | — | — | — | — | — |
| 71 | — | 龙泉 | — | — | — | — | — | — | — |
| 72 | — | 庆元 | — | — | — | — | — | — | — |
| 73 | — | 云和 | — | — | — | — | — | — | — |
| 74 | — | 宣平 | — | — | — | — | — | — | — |
| 75 | — | 景宁 | — | — | — | — | — | — | — |
| 计数 | 22 | 53 | 2 | 64 | | 39 | | 84 | |

表 5-3-1　1934 年至 1935 年浙江警官变动情况[①]

| 总计 | 局长/科长兼分局长 | 分局长 | 备注 |
|---|---|---|---|
| 21 | 6 | 15 | 第 6 期,包含 1934 年前 5 个月 |
| 19 | 4 | 15 | 第 7 期 |
| 31 | 5 | 26 | 第 8 期其中 11 月赵龙文新任省会公安局局长,何云卸任 |
| 22 | 10 | 12 | 第 9 期基本上不是调任而是卸任 |
| 9 | 0 | 9 | 第 10 期淳安因警费拮据裁撤 2 个分局(1935 年第一期) |
| 11 | 3 | 8 | 第 11 期基本上不是调任而是卸任 |
| 6 | 1 | 5 | 第 12 期全是卸任更换 |
| 15 | 9 | 6 | 第 13 期,包括裁局改科后局长变成科长 |
| 14 | 2 | 12 | 第 14 期基本上不是调任而是卸任 |
| 18 | 9 | 9 | 第 15 期局改科中,原局长调任科长的 5 人,撤换的 4 人 |
| 16(4) | 16(0) | 0(4) | 第 16 期,4 人警校毕业 |
| 16(4) | 9 | 7(4) | 第 17 期,4 人警校毕业 |
| 21(2) | 13 | 8(2) | 第 18 期,12 人警校毕业 |
| 11 | 8 | 3 | 第 19 期,4 人警校毕业 |
| 13(2) | 0 | 13(2) | 第 20 期,2 个分局降级派出所,6 人警校毕业 |
| 4 | 3 | 1 | 第 21 期,3 人警校毕业,绍兴县撤分局成立区署人员不变 |

表 5-3-2　1931 年 1 月至 1932 年 6 月浙江警官变动情况[②]

| 月份 | 委任 | | | 卸任(因实施地方自治、设区村里,很多分局归并改组等,一般为 ＊＊分局改为第 ＊分局) | | | | | |
|---|---|---|---|---|---|---|---|---|---|
| | 合计 | 警校毕业 | 其他军政学校毕业 | 合计 | 调任 | 免职 | 辞职 | 改组 | 其他 |
| 1931 年 | | | | | | | | | |
| 1 月 | 17 | 8 | 4 | 17 | 1 | 8 | 8 | 0 | 0 |
| 2 月 | 13 | 7 | 2 | 13 | 2 | 10 | 0 | 0 | 1 |
| 3 月 | 25 | 14 | 7 | 25 | 9 | 11 | 4 | 0 | 1 |
| 4 月 | 17 | 12 | 4 | 17 | 3 | 10 | 4 | 0 | 0 |

---

①　数据源于《警察杂志》第 6-21 期,括号内为卸任但无调任数。

②　数据源于《浙江民政月刊》1931 年第 39-50 期,1932 年第 1-6 期,统计人员为省会公安局署员以上,县分局长以上,内河外海水警局分队长以上。

**续表**

| 月份 | 委任 | | | 卸任(因实施地方自治、设区村里,很多分局归并改组等,一般为＊＊分局改为第＊分局) | | | | | |
|---|---|---|---|---|---|---|---|---|---|
| | 合计 | 警校毕业 | 其他军政学校毕业 | 合计 | 调任 | 免职 | 辞职 | 改组 | 其他 |
| 1931 年 | | | | | | | | | |
| 5 月 | 28 | 22 | 5 | 28 | 7 | 14 | 5 | 0 | 2 |
| 6 月 | 19 | 10 | 6 | 19 | 5 | 11 | 3 | 0 | 0 |
| 7 月 | 29 | 18 | 9 | 36 | 16 | 9 | 5 | 5 | 1 |
| 8 月 | 43 | 21 | 3 | 51 | 15 | 15 | 5 | 12 | 4 |
| 9 月 | 46 | 16 | 5 | 50 | 13 | 9 | 2 | 22 | 4 |
| 10 月 | 58 | 32 | 13 | 56 | 8 | 14 | 2 | 30 | 2 |
| 11 月 | 46 | 37 | 8 | 45 | 11 | 8 | 4 | 22 | 0 |
| 12 月 | 29 | 16 | 6 | 34 | 9 | 15 | 3 | 7 | 0 |
| 1932 年 | | | | | | | | | |
| 1 月 | 38 | 33 | 5 | 38 | 10 | 6 | 0 | 22 | 0 |
| 2 月 | 24 | 13 | 8 | 24 | 7 | 6 | 3 | 8 | 0 |
| 3 月 | 35 | 18 | 12 | 34 | 11 | 8 | 4 | 10 | 1 |
| 4 月 | 38 | 25 | 8 | 38 | 11 | 6 | 2 | 18 | 1 |
| 5 月 | 53 | 24 | 21 | 52 | 18 | 15 | 8 | 11 | 0 |
| 6 月 | 27 | 10 | 6 | 30 | 13 | 5 | 5 | 5 | 2 |
| 总计 | 585 | 336 | 132 | 607 | 169 | 180 | 67 | 172 | 19 |

**表 5-3-3　1933 年浙江省水陆警察机关警额统计①**

| 序号 | 机关 | 原警额 | 现警额 | 裁减数/比例% | 序号 | 机关 | 原警额 | 现警额 | 裁减数/比例% |
|---|---|---|---|---|---|---|---|---|---|
| 1 | 水警第一大队 | 1562 | 846 | 716/45.8 | 41 | 温岭 | 66 | 38 | 28/42.4 |
| 2 | 水警第二大队 | 1338 | 856 | 482/36 | 42 | 宁海 | 56 | 40 | 16/28.6 |
| 3 | 省会公安局 | 2232 | 2232 | 0/0 | 43 | 天台 | 26 | 16 | 10/38.5 |

① 原表载于《浙江民政月刊》1935 年第 5 卷第 4 期,浙江图书馆孤山路古籍部藏,比例由作者计算添加。

续表

| 序号 | 机关 | 原警额 | 现警额 | 裁减数/比例% | 序号 | 机关 | 原警额 | 现警额 | 裁减数/比例% |
|---|---|---|---|---|---|---|---|---|---|
| 4 | 宁波公安局 | 739 | 739 | 0/0 | 44 | 仙居 | 22 | 18 | 4/18.2 |
| 5 | 杭县 | 420 | 346 | 74/17.6 | | 台属县 | 399 | 270 | 129/32.3 |
| 6 | 海宁 | 294 | 241 | 53/18 | 45 | 金华 | 140 | 94 | 46/32.9 |
| 7 | 余杭 | 110 | 77 | 33/30 | 46 | 兰溪 | 174 | 174 | 0/0 |
| 8 | 富阳 | 94 | 76 | 18/19.1 | 47 | 东阳 | 75 | 45 | 30/40 |
| 9 | 临安 | 48 | 38 | 10/20.8 | 48 | 义乌 | 66 | 64 | 2/3 |
| 10 | 於潜 | 54 | 44 | 10/18.5 | 49 | 永康 | 99 | 60 | 39/39.4 |
| 11 | 新登 | 44 | 40 | 4/9.1 | 50 | 武义 | 44 | 35 | 9/20.5 |
| 12 | 昌化 | 29 | 25 | 4/13.8 | 51 | 浦江 | 55 | 45 | 10/18.2 |
| | 杭属县 | 1093 | 887 | 206/18.8 | 52 | 汤溪 | 54 | 33 | 21/38.9 |
| 13 | 嘉兴 | 420 | 351 | 69/16.4 | | 金属县 | 707 | 550 | 157/22.2 |
| 14 | 嘉善 | 183 | 141 | 42/23 | 53 | 衢县 | 221 | 118 | 103/46.6 |
| 15 | 海盐 | 148 | 135 | 13/8.7 | 54 | 龙游 | 127 | 107 | 20/15.7 |
| 16 | 崇德 | 132 | 105 | 27/20.5 | 55 | 江山 | 109 | 93 | 16/14.7 |
| 17 | 平湖 | 214 | 181 | 33/15.4 | 56 | 常山 | 77 | 61 | 16/20.8 |
| 18 | 桐乡 | 122 | 102 | 20/16.4 | 57 | 开化 | 55 | 45 | 10/18.2 |
| | 嘉属县 | 1219 | 1015 | 204/16.7 | | 衢属县 | 589 | 424 | 165/28 |
| 19 | 吴兴 | 506 | 371 | 135/26.7 | 58 | 建德 | 88 | 88 | 0/0 |
| 20 | 长兴 | 176 | 132 | 44/25 | 59 | 淳安 | 135 | 127 | 8/5.9 |
| 21 | 德清 | 159 | 113 | 46/28.9 | 60 | 桐庐 | 80 | 70 | 10/12.5 |
| 22 | 武康 | 54 | 42 | 12/22.2 | 61 | 遂安 | 55 | 45 | 10/18.2 |
| 23 | 安吉 | 53 | 39 | 14/26.4 | 62 | 寿昌 | 40 | 36 | 4/10 |
| 24 | 孝丰 | 55 | 43 | 12/21.8 | 63 | 分水 | 32 | 27 | 5/15.6 |
| | 湖属县 | 1003 | 740 | 263/26.2 | | 严属县 | 430 | 393 | 37/8.6 |
| 25 | 鄞县 | 283 | 223 | 60/21.2 | 64 | 永嘉 | 473 | 382 | 91/19.2 |
| 26 | 慈溪 | 137 | 124 | 13/9.5 | 65 | 瑞安 | 93 | 83 | 10/10.8 |
| 27 | 奉化 | 74 | 68 | 6/8.1 | 66 | 乐清 | 85 | 62 | 23/27.1 |
| 28 | 镇海 | 201 | 140 | 61/30.3 | 67 | 平阳 | 133 | 105 | 28/21.1 |
| 29 | 定海 | 158 | 137 | 21/13.3 | 68 | 泰顺 | 30 | 27 | 3/10 |
| 30 | 象山 | 68 | 68 | 0/0 | 69 | 玉环 | 48 | 42 | 6/12.5 |
| 31 | 南田 | 11 | 11 | 0/0 | | 温属县 | 862 | 701 | 161/18.7 |

续表

| 序号 | 机关 | 原警额 | 现警额 | 裁减数/比例% | 序号 | 机关 | 原警额 | 现警额 | 裁减数/比例% |
|---|---|---|---|---|---|---|---|---|---|
| | 宁属县 | 932 | 771 | 161/17.3 | 70 | 丽水 | 84 | 62 | 22/26.2 |
| 32 | 绍兴 | 599 | 458 | 141/23.5 | 71 | 青田 | 33 | 20 | 13/39.4 |
| 33 | 萧山 | 290 | 215 | 75/25.9 | 72 | 缙云 | 36 | 29 | 7/19.4 |
| 34 | 诸暨 | 171 | 148 | 23/13.5 | 73 | 松阳 | 54 | 42 | 12/22.2 |
| 35 | 余姚 | 195 | 165 | 30/15.4 | 74 | 遂昌 | 40 | 27 | 13/32.5 |
| 36 | 上虞 | 99 | 85 | 14/14.1 | 75 | 龙泉 | 44 | 39 | 5/11.4 |
| 37 | 嵊县 | 99 | 74 | 25/25.3 | 76 | 庆元 | 31 | 25 | 6/19.4 |
| 38 | 新昌 | 51 | 43 | 8/15.7 | 77 | 云和 | 29 | 29 | 0/0 |
| | 绍属县 | 1504 | 1188 | 316/21 | 78 | 景宁 | 19 | 16 | 3/15.8 |
| 39 | 临海 | 137 | 74 | 63/46 | 79 | 宣平 | 27 | 19 | 8/29.6 |
| 40 | 黄岩 | 92 | 84 | 8/8.7 | | 处属县 | 397 | 308 | 89/22.4 |
| 全省总计 | | 15006 | | | 11920 | | | | 3086/20.57%<br>(县级陆警裁撤 20.67%) |

表 5-3-4　1933 年浙江各县警察与人口比[1]

| 序号 | 机关 | 警额 | 人口数<br>(万人) | 每千人<br>警察数 | 序号 | 机关 | 警额 | 人口数<br>(万人) | 每千人<br>警察数 |
|---|---|---|---|---|---|---|---|---|---|
| 1 | 省会公安局 | 2232 | 49 | 4.56 | 40 | 宁海 | 40 | 33 | 0.12 |
| 2 | 宁波公安局* | 739 | / | / | 41 | 天台 | 16 | 26 | 0.06 |
| 3 | 杭县 | 346 | 40 | 0.87 | 42 | 仙居 | 18 | 21 | 0.09 |
| 4 | 海宁 | 241 | 35 | 0.69 | | 台属县 | 232 | 181 | 0.13 |
| 5 | 余杭 | 77 | 14 | 0.55 | 43 | 金华 | 94 | 24 | 0.39 |
| 6 | 富阳 | 76 | 22 | 0.35 | 44 | 兰溪 | 174 | 27 | 0.64 |
| 7 | 临安 | 38 | 9 | 0.42 | 45 | 东阳 | 45 | 47 | 0.10 |
| 8 | 於潜 | 44 | 7 | 0.63 | 46 | 义乌 | 64 | 29 | 0.22 |
| 9 | 新登 | 40 | 7 | 0.57 | 47 | 永康 | 60 | 27 | 0.22 |
| 10 | 昌化 | 25 | 7 | 0.36 | 48 | 武义 | 35 | 10 | 0.35 |
| | 杭属县 | 887 | 141 | 0.63 | 49 | 浦江 | 45 | 23 | 0.20 |
| 11 | 嘉兴 | 351 | 43 | 0.82 | 50 | 汤溪 | 33 | 12 | 0.28 |
| 12 | 嘉善 | 141 | 21 | 0.67 | | 金属县 | 550 | 199 | 0.28 |

　① 人口数来源于《浙江省二十一年度各市县人口数比较图》,《警察杂志》1934 年第 4 期,浙江省警察协会出版,浙江图书馆孤山路古籍部藏。

续表

| 序号 | 机关 | 警额 | 人口数(万人) | 每千人警察数 | 序号 | 机关 | 警额 | 人口数(万人) | 每千人警察数 |
|---|---|---|---|---|---|---|---|---|---|
| 13 | 海盐 | 135 | 22 | 0.61 | 51 | 衢县 | 118 | 31 | 0.38 |
| 14 | 崇德 | 105 | 21 | 0.50 | 52 | 龙游 | 107 | 18 | 0.59 |
| 15 | 平湖 | 181 | 28 | 0.65 | 53 | 江山 | 93 | 28 | 0.33 |
| 16 | 桐乡 | 102 | 17 | 0.60 | 54 | 常山 | 61 | 14 | 0.44 |
|  | 嘉属县 | 1015 | 152 | 0.67 | 55 | 开化 | 45 | 13 | 0.35 |
| 17 | 吴兴 | 371 | 67 | 0.55 |  | 衢属县 | 424 | 104 | 0.41 |
| 18 | 长兴 | 132 | 24 | 0.55 | 56 | 建德 | 88 | 12 | 0.73 |
| 19 | 德清 | 113 | 18 | 0.63 | 57 | 淳安 | 127 | 22 | 0.58 |
| 20 | 武康 | 42 | 7 | 0.60 | 58 | 桐庐 | 70 | 11 | 0.64 |
| 21 | 安吉 | 39 | 8 | 0.49 | 59 | 遂安 | 45 | 14 | 0.32 |
| 22 | 孝丰 | 43 | 9 | 0.48 | 60 | 寿昌 | 36 | 7 | 0.51 |
|  | 湖属县 | 740 | 133 | 0.56 | 61 | 分水 | 27 | 6 | 0.45 |
| 23 | 鄞县 | 223 | 69 | 0.32 |  | 严属县 | 393 | 72 | 0.55 |
| 24 | 慈溪 | 124 | 26 | 0.48 | 62 | 永嘉 | 382 | 66 | 0.58 |
| 25 | 奉化 | 68 | 25 | 0.27 | 63 | 瑞安 | 83 | 50 | 0.17 |
| 26 | 镇海 | 140 | 38 | 0.37 | 64 | 乐清 | 62 | 36 | 0.17 |
| 27 | 定海 | 137 | 41 | 0.33 | 65 | 平阳 | 105 | 65 | 0.16 |
| 28 | 象山 | 68 | 21 | 0.32 | 66 | 泰顺 | 27 | 20 | 0.14 |
| 29 | 南田 | 11 | 4 | 0.28 | 67 | 玉环 | 42 | 19 | 0.22 |
|  | 宁属县 | 771 | 224 | 0.34 |  | 温属县 | 701 | 256 | 0.27 |
| 30 | 绍兴 | 458 | 110 | 0.42 | 68 | 丽水 | 62 | 12 | 0.52 |
| 31 | 萧山 | 215 | 49 | 0.44 | 69 | 青田 | 20 | 25 | 0.08 |
| 32 | 诸暨 | 148 | 51 | 0.29 | 70 | 缙云 | 29 | 18 | 0.16 |
| 33 | 余姚 | 165 | 62 | 0.27 | 71 | 松阳 | 42 | 13 | 0.32 |
| 34 | 上虞 | 85 | 31 | 0.27 | 72 | 遂昌 | 27 | 12 | 0.23 |
| 35 | 嵊县 | 74 | 42 | 0.18 | 73 | 龙泉 | 39 | 15 | 0.26 |
| 36 | 新昌 | 43 | 24 | 0.18 | 74 | 庆元 | 25 | 11 | 0.23 |
|  | 绍属县 | 1188 | 369 | 0.32 | 75 | 云和 | 29 | 7 | 0.41 |
| 37 | 临海 | 74 | 52 | 0.14 | 76 | 景宁 | 16 | 11 | 0.15 |
| 38 | 黄岩 | 84 | 49 | 0.17 | 77 | 宣平 | 19 | 8 | 0.24 |
| 39 | 温岭 | 38 | 45 | 0.08 |  | 处属县 | 308 | 132 | 0.23 |
|  | 全省总计(不含宁波市) |  | 11181 |  |  |  | 2012 |  | 0.556 |

*：宁波公安局人口数据缺

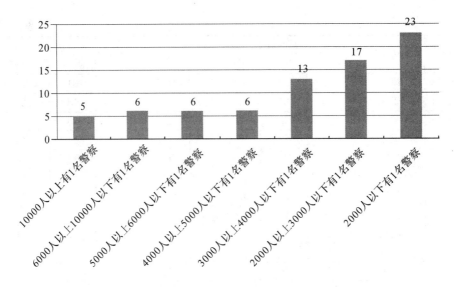

图 5-3-1　1933 年浙江省各县警察比例统计图[①]

表 5-3-5　全国各省警察与人口比统计表[②]

| 省份 | 1000 人以下有警士 1 名 | 2000 人有警士 1 名 | 3000 人有警士 1 名 | 4000 人有警士 1 名 | 5000 人有警士 1 名 | 6000 人有警士 1 名 | 6000 人以上有警士 1 名 | 最大比例 | 平均比例 |
|---|---|---|---|---|---|---|---|---|---|
| 浙江 | 2 | 29 | 19 | 5 | 5 | 4 | 3 | 1：8000 | 1：1931 |
| 河南 | 4 | 10 | 14 | 12 | 17 | 18 | 35 | 1：12000 | 1：3933 |
| 陕西 | 3 | 17 | 10 | 3 | 5 | 3 | 8 | 1：16000 | 1：3126 |
| 广东 | 6 | 8 | 20 | 17 | 5 | 4 | 11 | 1：20000 | 1：2436 |
| 甘肃 | 8 | 24 | 8 | 4 | 0 | 0 | 3 | 1：40000 | 1：1754 |
| 湖南 | | | | 5 | | | 68 | 1：76000 | 1：9701 |
| 福建 | 2 | 8 | 6 | 7 | 7 | 3 | 9 | 1：15000 | 1：2940 |
| 湖北 | | 1 | | | 1 | | 20 | 1：40000 | 1：16226 |
| 江西 | | 11 | | 15 | | 3 | 12 | 1：70000 | 1：2812 |
| 河北 | 36 | 61 | 9 | 4 | 2 | | 2 | 1：12000 | 1：1401 |
| 云南 | 11 | 20 | 15 | 10 | 6 | 5 | 18 | 1：40000 | 1：3304 |
| 贵州 | 8 | 6 * | 2 | 3 * | | | 1 | 1：11000 | 1：2681 |
| 四川 | | 1 | 1 | 1 | 1 | 2 | 8 | 1：24000 | 1：11680 |

＊：贵州的警察比例划分标准与其他省份不尽相同,贵州统计数据没有"2000 人有警士 1 名"和"4000 人有警士 1 名"这 2 个区段,而是采用"2500 人有警士 1 名""4500 人有警士 1 名"的区划标准。

①　以表 5-3-4 数据为基础制作而成。

②　表格中数据为处在各区段内该省的县的数量,数据源于《内政调查统计表》第 2 期至第 23 期的 1932 年度数据,《民国史料丛刊》第 75 卷,张妍、孙燕京主编,大象出版社,2009 年版。

表 5-4-4 "十一人三部制"勤务轮换表①

| 日次\部勤番号 | 第一部 午前 勤务 夜间十二时至 次日下午一时 | | | 第二部 午后 勤务 正午十二时至 夜间一时 | | | 第三部 补充 勤务 午后二时至 夜间二时 | | | 备差 | 休息 |
|---|---|---|---|---|---|---|---|---|---|---|---|
| 第一日 | 1 | 2 | 3 | 4 | 5 | 6 | 7 | 8 | 9 | 10 | 11 |
| 第二日 | 10 | 2 | 3 | 7 | 5 | 6 | 11 | 8 | 9 | 4 | 1 |
| 第三日 | 10 | 4 | 3 | 7 | 8 | 6 | 11 | 1 | 9 | 5 | 2 |
| 第四日 | 10 | 4 | 5 | 7 | 8 | 9 | 11 | 1 | 2 | 6 | 3 |
| 第五日 | 6 | 4 | 5 | 11 | 8 | 9 | 3 | 1 | 2 | 7 | 10 |
| 第六日 | 6 | 7 | 5 | 11 | 1 | 9 | 3 | 10 | 2 | 8 | 4 |
| 第七日 | 6 | 7 | 8 | 11 | 1 | 2 | 3 | 10 | 4 | 9 | 5 |
| 第八日 | 9 | 7 | 8 | 3 | 1 | 2 | 5 | 10 | 4 | 11 | 6 |
| 第九日 | 9 | 11 | 8 | 3 | 10 | 2 | 5 | 6 | 4 | 1 | 7 |
| 第十日 | 9 | 11 | 1 | 3 | 10 | 4 | 5 | 6 | 7 | 2 | 8 |
| 第十一日 | 2 | 11 | 1 | 5 | 10 | 4 | 8 | 6 | 7 | 3 | 9 |
| 第十二日 | 2 | 3 | 1 | 5 | 6 | 4 | 8 | 9 | 7 | 10 | 11 |
| 第十三日 | 2 | 3 | 10 | 5 | 6 | 7 | 8 | 9 | 11 | 4 | 1 |
| 第十四日 | 4 | 3 | 10 | 8 | 6 | 7 | 1 | 9 | 11 | 5 | 2 |
| 第十五日 | 4 | 5 | 10 | 8 | 9 | 7 | 1 | 2 | 11 | 6 | 3 |
| 第十六日 | 4 | 5 | 6 | 8 | 9 | 11 | 1 | 2 | 3 | 7 | 10 |
| 第十七日 | 7 | 5 | 6 | 1 | 9 | 11 | 10 | 2 | 3 | 8 | 4 |
| 第十八日 | 7 | 8 | 6 | 1 | 2 | 11 | 10 | 4 | 3 | 9 | 5 |
| 第十九日 | 7 | 8 | 9 | 1 | 2 | 3 | 10 | 4 | 5 | 11 | 6 |
| 第二十日 | 11 | 8 | 9 | 10 | 2 | 3 | 6 | 4 | 5 | 1 | 7 |
| 第二十一日 | 11 | 1 | 9 | 10 | 4 | 3 | 6 | 7 | 5 | 2 | 8 |
| 第二十二日 | 11 | 1 | 2 | 10 | 4 | 3 | 6 | 7 | 5 | 3 | 9 |
| 第二十三日 | 3 | 1 | 2 | 6 | 4 | 5 | 9 | 7 | 8 | 10 | 11 |
| 第二十四日 | 3 | 10 | 2 | 6 | 7 | 5 | 9 | 11 | 8 | 4 | 1 |
| 第二十五日 | 3 | 10 | 4 | 6 | 7 | 8 | 9 | 11 | 1 | 5 | 2 |
| 第二十六日 | 5 | 10 | 4 | 9 | 7 | 8 | 2 | 11 | 1 | 6 | 3 |
| 第二十七日 | 5 | 6 | 4 | 9 | 11 | 8 | 2 | 3 | 1 | 7 | 10 |
| 第二十八日 | 5 | 6 | 7 | 9 | 11 | 1 | 2 | 3 | 10 | 8 | 4 |
| 第二十九日 | 8 | 6 | 7 | 2 | 11 | 1 | 4 | 3 | 10 | 9 | 5 |
| 第三十日 | 8 | 9 | 7 | 2 | 3 | 1 | 4 | 5 | 10 | 11 | 6 |
| 第三十一日 | 8 | 9 | 11 | 2 | 3 | 10 | 4 | 5 | 6 | 1 | 7 |
| 第三十二日 | 1 | 9 | 11 | 4 | 3 | 10 | 7 | 5 | 6 | 2 | 8 |
| 第三十三日 | 1 | 2 | 11 | 4 | 5 | 10 | 7 | 8 | 6 | 3 | 9 |

① 陈冠雄:《警察实务研究》,中华印刷厂,1947年,第63-64页。

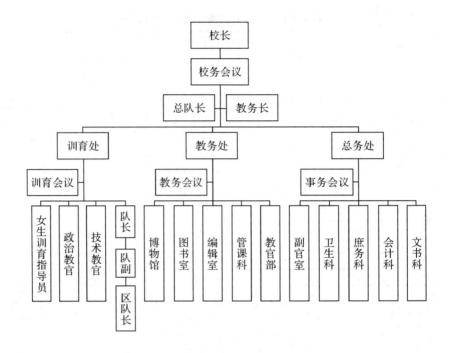

图 5-5-1　浙江警官学校组织机构①

表 5-5-1　浙江警官学校正科课程方案②

| 时数\科目 | 每周时数 | 每学期时数 | 每周时数 | 每学期时数 | 每周时数 | 每学期时数 | 每周时数 | 每学期时数 |
|---|---|---|---|---|---|---|---|---|
|  | 第一学期 | | 第二学期 | | 第三学期 | | 第四学期 | |
| 三民主义 | 1 | 22 | 1 | 22 | 1 | 22 | 1 | 22 |
| 法学通论 | 2 | 44 | 2 | 44 | | | | |
| 宪法及行政法 | 2 | 44 | 2 | 44 | 2 | 44 | 2 | 44 |
| 刑法 | 2 | 44 | 2 | 44 | | | | |
| 国际法 | 1 | 22 | 1 | 22 | 1 | 22 | 1 | 22 |

---

①　资料来源：(1)徐尔信：《浙江省警务概况》，《浙江民政月刊·调查》，1931 年第 39 期；(2)张永竹：《八年来浙省造就各级警官人材概况》，《警察杂志》1935 年第 14 期，浙江省警察协会出版，浙江图书馆孤山路古籍部藏。

②　原载于《中央警官学校校史》，台北中央警官学校，1967 年版，转引自施岈：《中国近代警察教育研究》，浙江人民出版社，2015 年版，第 250 页。

续表

| 科目 \ 时数 | 第一学期 每周时数 | 第一学期 每学期时数 | 第二学期 每周时数 | 第二学期 每学期时数 | 第三学期 每周时数 | 第三学期 每学期时数 | 第四学期 每周时数 | 第四学期 每学期时数 |
|---|---|---|---|---|---|---|---|---|
| 数学及统计学 | 1 | 22 | 1 | 22 | | | | |
| 外国语 | 1 | 22 | 1 | 22 | 1 | 22 | 1 | 22 |
| 经济学及财政要论 | 1 | 22 | 1 | 22 | | | | |
| 自然科学 | 2 | 44 | 2 | 44 | | | | |
| 卫生学及法医学 | 1 | 22 | 1 | 22 | | | | |
| 逻辑及心理学 | 1 | 22 | 1 | 22 | | | | |
| 警察学 | 2 | 44 | 2 | 44 | 2 | 44 | | |
| 警察法令 | 2 | 44 | 2 | 44 | 2 | 44 | 2 | 44 |
| 违警罚法 | 2 | 44 | 2 | 44 | | | | |
| 行政警察 | 2 | 44 | 2 | 44 | | | | |
| 消防警察 | 2 | 44 | | | | | | |
| 农林警察（农业概要附） | 1 | 22 | 1 | 22 | | | | |
| 军事学 | 3 | 66 | 4 | 88 | 8 | 176 | 12 | 264 |
| 法院编制法及刑事诉讼法 | | | | | 1 | 22 | 1 | 22 |
| 刑事监狱学及犯罪统计 | | | | | 1 | 22 | 1 | 22 |
| 社会学 | | | | | 1 | 22 | 1 | 22 |
| 勤务要则 | | | | | 2 | 44 | 2 | 44 |
| 户籍法 | | | | | 2 | 44 | 2 | 44 |
| 司法警察 | | | | | | | 2 | 44 |
| 卫生警察 | | | | | 1 | 22 | | |
| 建筑警察 | | | | | 1 | 22 | 1 | 22 |
| 指纹学 | | | | | | | 1 | 22 |
| 外事警察 | | | | | 1 | 22 | | |
| 侦探学 | 1 | 22 | 1 | 22 | | | | |
| 政治讲演 | | | 1 | 22 | | | | |
| 合计 | 30 | 660 | 30 | 660 | 27 | 594 | 30 | 660 |

表5-6-1　1932年全国部分省份警察经费区段统计①

| 省份 ＼ 年财政金额（县数） | 2000以下 | 2001–6000 | 6001–10000 | 10001–20000 | 20001–30000 | 30001–40000 | 40001–50000 | 50001–100000 | 100000–200000 | 200000–300000 | 300000以上 | 最低额度 | 最高额度 |
|---|---|---|---|---|---|---|---|---|---|---|---|---|---|
| 浙江 | 5* | 5 | 15* | 21 | 5 | 7 | | 9（当期统计为80000以上） | | | | 2660 | 169057 |
| 河南 | 0 | 60 | 35 | 9 | | 5（当期统计为18001以上） | | | | 0 | 0 | 2204 | 131556 |
| 陕西 | 1 | 30 | 16 | 1 | | | | | | | | 不详 | 不详 |
| 广东 | 8 | 24 | 10 | 14 | 11 | 3 | 2 | 10 | 1 | 1 | 2 | 650 | 344175 |
| 甘肃 | | 30 | 10 | | | | | | | | | 不详 | 不详 |
| 湖南 | 23 | 21 | 15 | 9 | | | | 4（当期统计为20001以上） | | | | 不详 | 不详 |
| 福建 | 9* | 14* | 8* | 10* | 2* | | | | | | | 1728 | 172440 |
| 湖北 | 2 | 17 | 1 | | | | | 1 | | | | 1536 | 91530 |
| 江西 | 5 | 17 | 10 | 7 | | | | 3（当期统计为22001以上） | | | | 720 | 93240 |
| 河北 | 5* | 23 | 19* | 52 | 30 | 6 | 2 | 1 | 1 | | | 2868 | 101983 |
| 云南 | 60 | 23 | 5 | | | | 3（当期统计为10001以上） | | | | | 不详 | 不详 |
| 贵州 | 7 | 11 | 2 | | | | | 1（当期统计为12001以上） | | | | 220 | 不详 |
| 四川 | 3 | 9 | 3 | | | | | | | | | 944 | 8808 |

*：福建分别以3000元、9000元、21000元为区段标准；浙江、河北以5000元为区段标准。

① 各省数据刊载于《内政调查统计表》，第2期至第23期，《民国史料丛刊》第75卷，张妍、孙燕京主编，大象出版社，2009年。

表 5-6-2　1932 年全国部分省警察经费人均负担区段统计①

| 省份 | 0.01 以下 | 0.011—0.03 | 0.031—0.05 | 0.051—0.06 | 0.061—0.07 | 0.071—0.08 | 0.081—0.09 | 0.091—0.1 | 0.101—0.2 | 0.201—0.3 | 0.301 以上 | 平均 | 最少额 | 最大额 |
|---|---|---|---|---|---|---|---|---|---|---|---|---|---|---|
| 浙江 | 9 | 16 |  |  |  | 19 |  | 27 |  |  | 3(当期统计为 0.25 以下) | 0.108 | 0.017 | <0.25 |
| 河南 | 11 | 69 | 19 | 2 | 4 | 1 |  |  |  |  |  | 0.029 | 0.006 | 0.564 |
| 陕西 |  | 19 | 13 | 7 | 6 | 14 |  | 4* | 6* | 2(当期统计为 0.81 以上) |  | 0.043 | 0.01 | 0.16 |
| 广东 |  | 19 |  | 6 | 8 | 7 |  | 2 |  |  |  | 0.102 | 0.003 | 0.677 |
| 甘肃 | 10 | 13 | 13 |  |  | 3* | 3* | 3* |  |  | 5 | 0.049 | 0.003 | 0.66 |
| 湖南 | 24 | 35 |  |  |  | 13(当期统计为 0.046 以上) |  |  |  |  |  | 0.019 | 0.002 | 0.1 |
| 福建 | 18 |  | 10 |  |  |  | 1 | 7* |  | 1* |  | 0.061 | 0.01 | 0.531 |
| 湖北 | 12 | 8 |  |  |  |  |  |  |  |  |  | 0.011 | 0.003 | 0.178 |
| 江西 | 5 | 15 |  | 2 | 4 | 3 |  |  |  | 1 |  | 0.047 | 0.004 | 0.269 |
| 河北 |  | 6* |  | 36* |  |  |  | 68 | 4(当期统计为 0.121 以上) |  |  | 0.104 | 0.012 | 0.316 |
| 云南 | 39* | 31* |  |  | 5 |  | 4 | 5 | 2 | 1 |  | 0.028 | 0.004 | 0.222 |
| 贵州 | 10* |  | 1* |  | 4 |  | 3 | 2 | 1 |  |  | 0.031 | 0.002 | 0.167 |
| 四川 | 8 | 5 | 1 |  |  | 1 |  |  |  |  |  | 0.007 | 0.003 | 0.103 |

*: 陕西的统计以 0.12 分段;

甘肃的统计以 0.15 和 0.18 分段;

福建的统计以 0.18 划线;河北、云南、贵州以 0.04 分段

① 各省数据刊载于《内政调查统计表》，第 2 期至第 23 期，《民国史料丛刊》第 75 卷，张研、孙燕京主编,大象出版社,2009 年。

表 5-6-3  1934 年浙江省各警察机关年度经费使用情况[①]

| 序号 | 警察机关 | 警政经费 | 序号 | 警察机关 | 警政经费 |
|---|---|---|---|---|---|
| 1 | 省会公安局 | 715780 | 41 | 温岭 | 27167 |
| 2 | 宁波公安局 | 311357 | 42 | 宁海 | 12494 |
| 3 | 水警第一大队 | 274562 | 43 | 天台 | 8604 |
| 4 | 水警第二大队 | 410510 | 44 | 仙居 | 3176 |
| 省直属机关平均 | | 428052.25 | 台属县平均 | | 19332.83 |
| 5 | 杭县 | 90670 | 45 | 金华 | 35405 |
| 6 | 海宁 | 63436 | 46 | 兰溪 | 39570 |
| 7 | 余杭 | 25285 | 47 | 东阳 | 17826 |
| 8 | 富阳 | 16188 | 48 | 义乌 | 22701 |
| 9 | 临安 | 9570 | 49 | 永康 | 14549 |
| 10 | 於潜 | 10194 | 50 | 武义 | 10775 |
| 11 | 新登 | 7289 | 51 | 浦江 | 12858 |
| 12 | 昌化 | 7261 | 52 | 汤溪 * | 9538 |
| 杭属县平均 | | 28736.63 | 金属县平均 | | 20402.75 |
| 13 | 嘉兴 | 111052 | 53 | 衢县 * | 49068 |
| 14 | 嘉善 | 43356 | 54 | 龙游 | 28068 |
| 15 | 海盐 | 36724 | 55 | 江山 * | 20634 |
| 16 | 崇德 | 47979 | 56 | 常山 | 12995 |
| 17 | 平湖 | 27725 | 57 | 开化 | 10910 |
| 18 | 桐乡 | 29152 | 衢属县平均 | | 24335 |
| 嘉属县平均 | | 49331.33 | 58 | 建德 | 17069 |
| 19 | 吴兴 | 124728 | 59 | 淳安 | 17775 |
| 20 | 长兴 | 36013 | 60 | 桐庐 | 19002 |
| 21 | 德清 | 34261 | 61 | 遂安 | 10113 |
| 22 | 武康 | 14482 | 62 | 寿昌 | 66013 |
| 23 | 安吉 | 12585 | 63 | 分水 | 8434 |
| 24 | 孝丰 | 90023 | 严属县平均 | | 23067.67 |
| 湖属县平均 | | 52015.33 | 64 | 永嘉 | 112446 |
| 25 | 鄞县 | 85934 | 65 | 瑞安 | 23470 |
| 26 | 慈溪 | 39373 | 66 | 乐清 | 21741 |
| 27 | 奉化 | 16246 | 67 | 平阳 | 25933 |
| 28 | 镇海 | 41669 | 68 | 泰顺 | 5753 |
| 29 | 定海 | 44684 | 69 | 玉环 | 11115 |

---

① 《浙江省水陆警察经费数一览表》,《警察杂志》1935 年第 13 期,浙江省警察协会出版,浙江图书馆孤山路古籍部藏。

续表

| 序号 | 警察机关 | 警政经费 | 序号 | 警察机关 | 警政经费 |
|---|---|---|---|---|---|
| 30 | 象山 | 14738 | | 温属县平均 | 33409.67 |
| 31 | 南田 | 2875 | 70 | 丽水 | 14458 |
| | 宁属县平均 | 35074.14 | 71 | 青田 | 7770 |
| 32 | 绍兴 | 192612 | 72 | 缙云 | 7545 |
| 33 | 萧山 | 73181 | 73 | 松阳 | 10994 |
| 34 | 诸暨 | 47089 | 74 | 遂昌 | 9179 |
| 35 | 余姚 | 65989 | 75 | 龙泉 | 7584 |
| 36 | 上虞 | 17800 | 76 | 庆元 | 8980 |
| 37 | 嵊县 | 26928 | 77 | 云和 * | 4123 |
| 38 | 新昌 | 9300 | 78 | 景宁 | 3178 |
| | 绍属县平均 | 61842.71 | 79 | 宣平 | 6748 |
| 39 | 临海 | 43015 | | 处属县平均 | 8055.90 |
| 40 | 黄岩 | 21541 | | | |
| | 全省总计 | | | 4048917 | |
| | 各县公安局平均年度经费 | | | 31156.11 | |

* :衢县、汤溪、江山、云和当年未造表上报,表中数据为1933年数据

**表 5-6-4　1931年杭县警政经费收支情况①**

| 类别 | 项目 | 子项 | 金额 | 小计 |
|---|---|---|---|---|
| 收入 | 税款 | 县税补助 | 14299 | 14299 |
| | 店住屋捐 | 房警捐 | 38520 | 38520 |
| | 杂捐 | 杂项警捐 | 33228 | 33538 |
| | | 各种营业执照费 | 310 | |
| | 屠宰附捐 | 乡猪羊肉捐 | 812 | 812 |
| | 违警罚金 | 违警罚金 | 9600 | 9600 |
| | 省款补助 | 省款补助 | 3840 | 3840 |
| | 临时警捐 | 临时戏捐 | 120 | 2580 |
| | | 临时茧行捐 | 2100 | |
| | | 临时纸厂捐 | 240 | |
| | | 茶行警捐 | 120 | |
| | 合计 | | 103189 | |

① 金郎西:《杭县建设教育财政公安卫生自治慈善事业概况报告》,1931年,《二十世纪三十年代国情调查报告》第181卷,凤凰出版社,2012年版第518-520页。

**续表**

| 类别 | 项目 | 子项 | 金额 | 小计 |
|---|---|---|---|---|
| 支出 | 办公费 | 县公安局 | 1200 | 3360 |
|  |  | 公安分局 | 2160 |  |
|  | 薪饷 | 县公安局 | 13951 | 84775 |
|  |  | 公安分局 | 70824 |  |
|  | 征收公费 | 一般征收费 | 4799 | 5419 |
|  |  | 营业执照办公费 | 127 |  |
|  |  | 乡猪羊肉捐、印刷及手续费 | 255 |  |
|  |  | 临时戏捐征收费 | 12 |  |
|  |  | 临时茧行捐征收费 | 190 |  |
|  |  | 临时纸厂捐征收费 | 24 |  |
|  |  | 茶行警捐征收费 | 12 |  |
|  | 长警补习所经费 |  | 1248 | 1248 |
|  | 特别费 |  | 7488 | 7488 |
|  | 预备费 |  | 899 | 899 |
|  | 合计 |  | 103189 |  |

表 5-6-5　1931 年绍兴县警政经费收支情况[①]

| 类别 | 项目 | 子项 | 金额 | 小计 |
|---|---|---|---|---|
| 收入 | 警捐 | 财政局代收 | 138966.36 | 138966.36 |
| | 违警罚金 | 违警罚金 | 15223.2 | 15223.2 |
| | 合计 | | | 154189.56 |
| 支出 | 俸给工食 | 局长俸给 | 5520 | 56694 |
| | | 分局长俸给 | 10800 | |
| | | 巡察队俸给 | 20430 | |
| | | 职员薪俸 | 19944 | |
| | 饷食 | 消防组薪饷杂费 | 2708.4 | 75343.44 |
| | | 清道队工食杂费 | 3668.4 | |
| | | 长警饷金 | 3044.64 | |
| | | 警饷役食 | 65922 | |
| | 杂费 | 杂支 | 5055.084 | 5055.084 |
| | 服装费 | 服装 | 7419.96 | 7419.96 |
| | 警察教育 | 长警补习所 | 2400 | 2400 |
| | 特别费 | 拘留饭食 | 1381.8 | 3968.808 |
| | | 办理各案川资 | 2065.848 | |
| | | 解送违警犯川资 | 521.16 | |
| | 合计 | | | 150881.292 |

---

① 刘哲民:《绍兴县政府实习总报告》,1932 年,《二十世纪三十年代国情调查报告》第 195 卷,凤凰出版社,2012 年版。

表 5-6-6　1931 年萧山县警政经费收支情况 [1]

| 类别 | 项目 | 子项 | 金额 | 小计 |
|---|---|---|---|---|
| 收入 | 特捐 | 地丁项下特捐十分之三 | 8124 | 8124 |
| | 店住屋捐 | 店屋捐 | 26760 | 31296 |
| | | 住屋捐 | 4536 | |
| | 屠宰附捐 | 屠宰附捐 | 4997 | 4997 |
| | 杂捐 | 岳庙捐 | 750 | 6607 |
| | | 茶楼酒肆捐 | 3800 | |
| | | 车捐十分之三 | 1957 | |
| | | 临时肉摊捐 | 100 | |
| | 补助费 | 省款拨补费 | 3840 | 7632 |
| | | 卫生委员会拨补清洁费 | 3792 | |
| | 违警罚金 | 违警罚金 | 4812 | 4812 |
| | 合计 | | 63468 | |
| 支出 | 俸给工食 | 俸给 | 13644 | 14004 |
| | | 工食 | 360 | |
| | 办公费 | 纸张笔墨 | 360 | 4224 |
| | | 邮电 | 120 | |
| | | 消耗 | 420 | |
| | | 书报 | 180 | |
| | | 杂支 | 120 | |
| | | 队所组办公费 | 1608 | |
| | | 各分局办公费 | 1416 | |
| | 饷食 | 饷食 | 35640 | 35640 |
| | 清洁费 | 清道工食器具 | 3768 | 3792 |
| | | 清河费 | 24 | |
| | 服装费 | 服装 | 552 | 552 |
| | 特别费 | 拘留饭食 | 1938 | 4254 |
| | | 川旅费 | 918 | |
| | | 长警赏金 | 966 | |
| | | 房租 | 312 | |
| | | 学警津贴 | 120 | |
| | 预备费 | 预备费 | 1002 | 1002 |
| | 合计 | | 63468 | |

① 徐慎巨:《萧山县政府总报告》,1932 年,《二十世纪三十年代国情调查报告》第 195 卷,凤凰出版社,2012 年版。

表 5-6-7　1934 年鄞县警察经费收入情况①

| 类别 | 数额 | 类别 | 数额 |
|---|---|---|---|
| 地丁项 | 14617 | 屠宰附捐 | 1734 |
| 店住屋捐 | 12637 | 违警罚金 | 9000 |
| 省款拨补 | 4608 | 宰杀耕牛查验费 | 300 |
| 地丁盐课附捐 | 20846 | 违章宰杀或贩运耕牛罚金 | 300 |
| 抵补金附捐 | 9848 | 各项警捐 | 12044 |
| 合　计 | | | 85934 |

表 5-6-8　1935 年奉化县警察经费经常门收入情况②

| 地方特捐二成警费 | 店屋捐 | 住屋捐 | 警捐 | 人力车捐 | 清道捐 | 拨补经费 | 扣薪拨补 | 合计 |
|---|---|---|---|---|---|---|---|---|
| 6585 | 3993 | 1060 | 1292 | 936 | 204 | 460 | 115 | 14645 |

表 5-6-9　1934 年浙江省巡官长警薪饷等级表③

| 级别 | 薪饷 | | | | | | | |
|---|---|---|---|---|---|---|---|---|
| | 巡官 | | 警长 | | | 警士 | | |
| | 一等 | 二等 | 一等 | 二等 | 三等 | 一等 | 二等 | 三等 |
| 一级 | 26 | 20 | 13 | 12 | 11 | 9 | 8 | 7 |
| 二级 | 28 | 22 | 14 | 13 | 12 | 9.5 | 8.5 | 7.5 |
| 三级 | 30 | 24 | 15 | 14 | 13 | 10 | 9 | 8 |
| 四级 | 32 | 26 | 16 | 15 | 14 | 10.5 | 9.5 | 8.5 |
| 五级 | 34 | 28 | 17 | 16 | 15 | 11 | 10 | 9 |
| 六级 | 36 | 30 | 18 | 17 | 16 | 11.5 | 10.5 | 9.5 |
| 七级 | 38 | 32 | 19 | 18 | 17 | 12 | 11 | 10 |
| 八级 | 40 | 34 | | | | 12.5 | 11.5 | 10.5 |
| 九级 | | | | | | 13 | 12 | 11 |
| 十级 | | | | | | 13.5 | 12.5 | 11.5 |
| 十一级 | | | | | | 14 | 13 | 12 |

---

① 姜邦桢:《鄞县警务现状及今后之改进》,《警察杂志》1935 年第 14 期,浙江省警察协会出版,浙江图书馆孤山路古籍部藏。

② 李学训、许家禄、鄂荣熙:《奉化县政实习报告》,1935 年,《二十世纪三十年代国情调查报告》第 190 卷,凤凰出版社,2012 版第 486—437 页。

③ 《有关警务之政闻》,《巡官长警增饷标准》,《警察杂志》1934 年第 3 期浙江省警察协会出版,浙江图书馆孤山路古籍部藏。

表 5-6-10　1934 年行政院《警长警士薪饷表草案》①

| 级别 | 薪饷 | | | | | |
|---|---|---|---|---|---|---|
| | 警长 | | | 警士 | | |
| | 一等 | 二等 | 三等 | 一等 | 二等 | 三等 |
| 1 | 50 | 40 | 33 | 32 | 23 | 16 |
| 2 | 47 | 37 | 30 | 30 | 21.5 | 15 |
| 3 | 44 | 34 | 27 | 28 | 20 | 14 |
| 4 | 41 | 31 | 24 | 26 | 18.5 | 13 |
| 5 | 38 | 28 | 21 | 24 | 17 | 12 |
| 6 | 35 | 25 | 18 | 22 | 15.5 | 11 |

表 5-6-11　1933 年 1 月全省各公安局枪弹统计②

| 机关名 / 枪弹数 | 机关枪 | 快枪 | 木壳枪 | 手枪 | 杂枪 | 合计 | |
|---|---|---|---|---|---|---|---|
| | | | | | | 枪 | 弹 |
| 省会公安局 | 2 | 573 | 369 | 1112 | 152 | 2208 | 462548 |
| 宁波公安局 | | 204 | 100 | 46 | 397 | 747 | 78886 |
| 水警第一大队 | 14 | 1478 | 216 | 60 | 766 | 2534 | 372454 |
| 水警第二大队 | 19 | 799 | | 13 | 740 | 1571 | 273618 |
| 杭县 | | 184 | 5 | 26 | 158 | 373 | 15253 |
| 海宁 | | 116 | 39 | 5 | 89 | 249 | 32946 |
| 富阳 | | 9 | | 1 | 32 | 42 | 573 |
| 余杭 | | 12 | 5 | 4 | 42 | 63 | 3858 |
| 临安 | | 10 | | | 18 | 28 | 1045 |
| 於潜 | | 7 | 6 | | 25 | 38 | 2472 |
| 新登 | | | 5 | | 12 | 17 | 2839 |
| 昌化 | | 9 | | 1 | 4 | 14 | 1199 |
| 嘉兴 | | 150 | 17 | 20 | 154 | 341 | 33622 |
| 嘉善 | | 30 | 20 | | 46 | 96 | 16832 |
| 海盐 | | 14 | 10 | | 42 | 66 | 9080 |

---

① 《现拟警长警士薪饷表草案》,《警察杂志》1934 年第 9 期,浙江省警察协会出版,浙江图书馆孤山路古籍部藏。

② 《水陆警察枪支统计表(1933 年 12 月)》,《警察杂志》1934 年第 6 期,浙江省警察协会出版,浙江图书馆孤山路古籍部藏。

续表

| 枪弹数 \ 机关名 | 机关枪 | 快枪 | 木壳枪 | 手枪 | 杂枪 | 合计 | |
|---|---|---|---|---|---|---|---|
| | | | | | | 枪 | 弹 |
| 平湖 | | 11 | 40 | 12 | 61 | 124 | 10661 |
| 崇德 | | 52 | 20 | 2 | 88 | 162 | 14214 |
| 桐乡 | | 6 | 40 | 8 | 44 | 98 | 29609 |
| 吴兴 | 4 | | 69 | 64 | 173 | 310 | 17209 |
| 长兴 | 1 | 108 | 5 | 18 | 34 | 166 | 26173 |
| 德清 | | | 14 | 13 | 80 | 107 | 10085 |
| 武康 | | 28 | 6 | 2 | 15 | 51 | 4161 |
| 安吉 | | 9 | | | 10 | 19 | 1447 |
| 孝丰 | | 18 | | | 144 | 162 | 2999 |
| 鄞县 | | 19 | 63 | 15 | 216 | 313 | 35719 |
| 慈溪 | | 21 | 1 | 1 | 42 | 65 | 6118 |
| 奉化 | | 58 | | 2 | 8 | 68 | 7751 |
| 象山 | | | 18 | 4 | 63 | 85 | 2912 |
| 镇海 | | 48 | 18 | 2 | 61 | 129 | 12979 |
| 定海 | | 20 | 10 | 5 | 15 | 50 | 2136 |
| 南田 | | 20 | | | 25 | 45 | 1832 |
| 绍兴 | | 198 | 63 | 16 | 296 | 573 | 32628 |
| 萧山 | | 44 | 10 | 18 | 107 | 179 | 15203 |
| 诸暨 | | 93 | 2 | 13 | 137 | 245 | 11569 |
| 余姚 | | 40 | 7 | 11 | 91 | 149 | 12021 |
| 嵊县 | | 9 | | | 43 | 52 | 2891 |
| 上虞 | | 18 | 1 | 1 | 33 | 53 | 2075 |
| 新昌 | | 8 | 2 | 3 | | 13 | 1063 |
| 临海 | | 30 | 11 | | 35 | 76 | 5186 |
| 黄岩 | | | | | 27 | 27 | 567 |
| 宁海 | | 10 | | | 15 | 25 | 1590 |
| 天台 | | 10 | 4 | | 7 | 21 | 1026 |
| 仙居 | | | | | 8 | 8 | 0 |
| 温岭 | | 5 | 2 | 1 | 50 | 58 | 6747 |
| 兰溪 | | 88 | 5 | | 89 | 182 | 7001 |
| 东阳 | | 19 | 4 | 1 | 44 | 68 | 1204 |
| 金华 | | | 20 | | 70 | 90 | 3577 |

续表

| 枪弹数\机关名 | 机关枪 | 快枪 | 木壳枪 | 手枪 | 杂枪 | 合计 枪 | 合计 弹 |
|---|---|---|---|---|---|---|---|
| 义乌 | | 6 | 10 | | 82 | 98 | 5190 |
| 永康 | | 40 | 1 | | 42 | 83 | 7215 |
| 浦江 | | 13 | | | 18 | 31 | 4671 |
| 武义 | | 15 | 2 | | 25 | 42 | 4916 |
| 汤溪 | | | | | 35 | 35 | 4481 |
| 衢县 | | 36 | 22 | 1 | 24 | 83 | 10869 |
| 江山 | | 39 | 2 | 8 | 28 | 77 | 2953 |
| 龙游 | | 20 | 14 | | 49 | 83 | 3384 |
| 常山 | | 4 | | | 13 | 17 | 650 |
| 开化 | | 18 | 2 | | 8 | 28 | 2239 |
| 建德 | | 3 | | | 20 | 23 | 1300 |
| 淳安 | | 3 | 2 | 6 | 54 | 65 | 3431 |
| 遂安 | | 11 | | | 27 | 38 | 1512 |
| 桐庐 | | 22 | | 10 | 63 | 95 | 7332 |
| 寿昌 | | | 4 | | 24 | 28 | 1933 |
| 分水 | | 4 | 5 | | 20 | 29 | 3673 |
| 永嘉 | | 33 | 35 | 4 | 161 | 233 | 6075 |
| 瑞安 | | 34 | 6 | 2 | 43 | 85 | 4581 |
| 平阳 | | 3 | 24 | 1 | 33 | 61 | 11142 |
| 乐清 | | 18 | | | 25 | 43 | 2365 |
| 泰顺 | | 5 | | | 8 | 13 | 800 |
| 玉环 | | | | 1 | 63 | 64 | 1614 |
| 青田 | | | | | 25 | 25 | 239 |
| 遂昌 | | 12 | 2 | | 27 | 41 | 4119 |
| 龙泉 | | | | | 11 | 11 | 314 |
| 缙云 | | | | | 18 | 18 | 439 |
| 庆元 | | | | | 10 | 10 | 361 |
| 景宁 | | | | | 18 | 18 | 191 |
| 丽水 | | 9 | | | 12 | 21 | 732 |
| 松阳 | | 10 | | | 31 | 41 | 4271 |
| 云和 | | | | | 18 | 18 | 1093 |
| 宣平 | | 10 | 2 | | 32 | 44 | 3164 |
| 全省总计 | 40 | 4953 | 1360 | 1533 | 5875 | 13761 | 1704827 |

表 5-6-12 1935 年 2 月全省枪弹统计①

| 枪弹数\机关名 | 快枪 | 木壳枪 | 手枪 | 杂枪 | 合计 | |
|---|---|---|---|---|---|---|
| | | | | | 枪 | 弹 |
| 省会公安局 | | | | | 1934 | 96206 |
| 宁波公安局 | | | | | 799 | 328910 |
| 水警第一大队 | | | | | 1309 | 244266 |
| 水警第二大队 | | | | | 900 | 226446 |
| 杭县 | 217 | 15 | 27 | 156 | 415 | 20548 |
| 海宁 | 125 | 43 | 13 | 72 | 253 | 34042 |
| 富阳 | 3 | | 1 | 21 | 25 | 557 |
| 余杭 | 15 | 6 | 4 | 22 | 47 | 2937 |
| 临安 | 10 | | 1 | 24 | 35 | 1315 |
| 於潜 | 16 | 7 | | 31 | 54 | 3035 |
| 新登 | | 6 | | 35 | 41 | 3369 |
| 昌化 | | | 3 | 9 | 12 | 1145 |
| 嘉兴 | 107 | 17 | 20 | 265 | 409 | 35321 |
| 嘉善 | 31 | 20 | | 87 | 138 | 23678 |
| 海盐 | 32 | 13 | | 36 | 81 | 9370 |
| 平湖 | 50 | 20 | 3 | 98 | 171 | 12119 |
| 崇德 | 64 | 39 | 11 | 95 | 209 | 16060 |
| 桐乡 | 30 | 41 | 8 | 107 | 186 | 37995 |
| 吴兴 | 114 | 77 | 44 | 196 | 431 | 17520 |
| 长兴 | 85 | 5 | 12 | 11 | 113 | 26763 |
| 德清 | 28 | 17 | 19 | 84 | 148 | 9847 |
| 武康 | 32 | 71 | 1 | 2 | 106 | 6637 |
| 安吉 | 100 | | | 33 | 133 | 5363 |
| 孝丰 | 46 | 2 | 2 | 6 | 56 | 3163 |
| 鄞县 | 132 | 38 | 34 | 183 | 387 | 35719 |
| 慈溪 | 40 | 1 | 13 | 58 | 112 | 6597 |
| 奉化 | 67 | 4 | 2 | 51 | 124 | 1796 |

---

① 《浙江省水陆警察机关枪械弹药一览表 1935 年 2 月》,《警察杂志》1935 年第 13 期,浙江省警察协会出版,浙江图书馆孤山路古籍部藏。

续表

| 机关名 ＼ 枪弹数 | 快枪 | 木壳枪 | 手枪 | 杂枪 | 合计 枪 | 合计 弹 |
|---|---|---|---|---|---|---|
| 象山 | 21 | 9 | 6 | 46 | 82 | 3023 |
| 镇海 | 16 | 26 | 14 | 104 | 160 | 7426 |
| 定海 | 51 | 18 | 4 | 111 | 184 | 13691 |
| 南田 | 20 | | 16 | 29 | 65 | 1566 |
| 绍兴 | 248 | 63 | 18 | 313 | 642 | 37568 |
| 萧山 | 53 | 10 | 14 | 200 | 277 | 19186 |
| 诸暨 | 83 | 3 | 10 | 135 | 231 | 8573 |
| 余姚 | 41 | 16 | | 87 | 144 | 19213 |
| 嵊县 | 37 | 1 | | 15 | 53 | 3896 |
| 上虞 | 50 | 3 | 3 | 20 | 76 | 2182 |
| 新昌 | 24 | 2 | | | 26 | 1076 |
| 临海 | 5 | 10 | | 104 | 119 | 6616 |
| 黄岩 | 10 | | | 43 | 53 | 2195 |
| 宁海 | | | | 27 | 27 | 1590 |
| 天台 | 10 | 4 | 3 | 40 | 57 | 1433 |
| 仙居 | | | | 9 | 9 | |
| 温岭 | 15 | 3 | 5 | 62 | 85 | 6874 |
| 兰溪 | 81 | | | 103 | 184 | 11314 |
| 东阳 | 23 | 4 | | 65 | 92 | 5316 |
| 金华 | | 21 | 10 | 112 | 143 | 3196 |
| 义乌 | 11 | 10 | | 64 | 85 | 6760 |
| 永康 | 26 | 3 | 2 | 6 | 37 | 8081 |
| 浦江 | 13 | 2 | | 54 | 69 | 4942 |
| 武义 | 15 | 2 | | 25 | 42 | 6131 |
| 汤溪 | | | | 37 | 37 | 5016 |
| 衢县 | 50 | 21 | 1 | 25 | 97 | 4418 |
| 江山 | 47 | 2 | | 7 | 56 | 3619 |
| 龙游 | 51 | 14 | | 42 | 107 | 4423 |
| 常山 | 13 | | | 6 | 19 | 650 |
| 开化 | 19 | 2 | | 6 | 27 | 1474 |

| 机关名 ＼ 枪弹数 | 快枪 | 木壳枪 | 手枪 | 杂枪 | 合计 | |
|---|---|---|---|---|---|---|
| | | | | | 枪 | 弹 |
| 建德 | 6 | | | 73 | 79 | 1539 |
| 淳安 | 25 | 2 | 6 | 39 | 72 | 3606 |
| 遂安 | 11 | | | 27 | 38 | 1515 |
| 桐庐 | 28 | 2 | 10 | 57 | 97 | 8441 |
| 寿昌 | 13 | 3 | 1 | 12 | 29 | 2010 |
| 分水 | 4 | 5 | | 20 | 29 | 3924 |
| 永嘉 | 4 | 37 | 4 | 193 | 238 | 5990 |
| 瑞安 | 34 | 6 | 2 | 44 | 86 | 4378 |
| 平阳 | 3 | 24 | 2 | 45 | 74 | 10924 |
| 乐清 | 10 | | | 48 | 58 | 2365 |
| 泰顺 | 7 | | | 13 | 20 | 700 |
| 玉环 | 1 | 1 | 1 | 63 | 66 | 2200 |
| 青田 | | | | 26 | 26 | 1901 |
| 遂昌 | 5 | 1 | | 14 | 20 | 4172 |
| 龙泉 | | | | 13 | 13 | 900 |
| 缙云 | 10 | | | 26 | 36 | 1218 |
| 庆元 | 20 | | | 10 | 30 | 361 |
| 景宁 | | | | 20 | 20 | 3191 |
| 丽水 | | | | 14 | 14 | 742 |
| 松阳 | 14 | | | 29 | 43 | 4183 |
| 云和 | | | | 33 | 33 | 4133 |
| 宣平 | | | | 38 | 38 | 4207 |
| 全省总计 | 2572 | 772 | 350 | 4436 | 13072 | 1484772 |

**表 5-7-1　省会公安局 1935 年度临时费支出项目**①

| 由省库拨发项目 | 金额 | 由市政府补助项目 | 金额 |
|---|---|---|---|
| 警士教练所经费 | 14000 | 消防器材之购置及修理 | 13553 |
| 消防队购置费 | 4000 | 摩托卡之购置及修理 | 10600 |
| | | 户口卡片之购置 | 6632 |
| | | 图书馆设备费 | 2400 |
| | | 救火车及摩托卡之汽油消耗 | 1515 |
| | | 浴室器具之购置 | 800 |
| | | 警察子弟奖学金 | 500 |

**表 5-7-2　1933 年浙江省各县长警待遇比较**②

| 每月薪饷数(元) | 最高额(县数) | 最低额(县数) |
|---|---|---|
| 4.95 以下 | / | 1(仙居) |
| 5.00—5.95 | 1(仙居) | 1(云和) |
| 6.00—6.95 | / | 10 |
| 7.00—7.95 | 6 | 18 |
| 8.00—8.95 | 12 | 25 |
| 9.00—9.95 | 11 | 9 |
| 10.00—10.95 | 16 | 3 |
| 11.00—11.95 | 5 | / |
| 12.00—12.95 | 4 | / |
| 13.00—13.95 | 2 | / |
| 14.00—14.95 | 2 | / |
| 15.00—15.95 | 2 | / |
| 16.00—16.95 | 2 | / |
| 17.00 以上 | 1(海盐) | / |

---

① 《浙江省会公安局年刊》,1935 年第 14 页,浙江省会公安局编,浙江图书馆孤山路古籍部藏。

② 《内政调查统计表》第 4 期,《民国史料丛刊》第 75 卷,张妍、孙燕京主编,大象出版社,2009 年版。

# 第六章　全面抗战时期的浙江警察
## （1938—1945）

1937 年 7 月 7 日的"卢沟桥事变"标志着全面抗战的爆发,由于日本的步步紧逼和对华侵略扩张,中华民族面临着巨大的生存危机。尤其是日本侵略扩张到江浙(沪宁杭)等国民党统治的中心地带,不仅威胁中国的民族独立和国家主权,也从根本上危及国民党的执政地位及存在基础。南京国民政府组织了一系列的重大战役,有力打击了侵略者的嚣张气焰,毛泽东在《论联合政府》中说"从 1937 年 7 月 7 日卢沟桥事变到 1938 年 10 月武汉失守这一个时期内,国民党政府的对日作战是比较努力的"[①]。但由于敌我力量悬殊较大,国民党实行片面抗战路线以及战略和政略上的一系列错误导致了全面抗战初期国民党正面战场的失败。1937 年 12 月 13 日南京沦陷,和南京近在咫尺的浙江立刻成为日本侵略军的下一个目标,仅仅几日工夫,12 月 24 日,浙江省会杭州市沦陷,于是浙江各地进入全面抗战的特殊时期,各级政府组织及其职能也都发生了巨大变化。

## 第一节　挫折与重建:国统区的警察机关

国民政府原对浙江省内行政区域共划分为 2 市 75 县,1939 年 4 月新设磐安县,次年撤销南田县改设三门县,共计 78 个县市。在全面抗战期间,浙江省县市行政区域大多数都被攻占过,但日寇真正完整建立行政机构实施殖民

---

① 《毛泽东选集》第 3 卷,人民出版社,1991 年版,第 1037 页。

统治的区域却并未达到50%。随着抗日战争进程的发展,浙江的沦陷区[①]呈现出开始阶段不断扩大,然后又逐渐缩小的一个动态过程,而且还出现部分沦陷区反复争夺进退交错的状况。在杭州陷落后的一个半月内,嘉善、嘉兴、海盐、平湖、桐乡、吴兴、长兴、武康、德清、海宁、余杭、崇德、杭县、富阳及杭州等1市14县被日寇侵占,临安、孝丰、安吉等县也一度或几度失陷。到1943年8月,沦陷区达到35个县市,包括杭州、杭县、嘉兴、绍兴、吴兴、海宁、海盐、嘉善、平湖、崇德、萧山、长兴、武康、富阳、德清、桐乡、余杭、鄞县、镇海、余姚、浦江、奉化、南田、象山、武义、金华、诸暨、慈溪、兰溪、嵊县、定海、东阳、新昌、上虞、义乌[②]。所以国民政府的所辖地域也就处在一个动态变化的过程中,包括警察机关在内的政府行政机关经常迁移,随战争进程不断调整。

## 一、浙江抗战第一阶段[③]警察机关的迁移、调整和变革

杭州沦陷前的1937年10月中旬,上海战场已然濒危,浙江省政府当局商议确定万一杭州失守,以地处浙江中部的金华为临时省会。11月5日,日军登陆杭州湾北岸,杭州告急,11月中旬,省政府各机关开始陆续搬迁。12月7日,黄绍竑接任省政府主席后决定省府及各厅、处迁永康,临时省会设在永康方岩,省政府及各厅、处大部分设在方岩的五峰书院、岩下街、派溪等地。

当时人数最多、装备最优的省会警察局随省政府迁至金华。由于战时对外作战的需要大大高于对内的治安需求,省会警察局的警察进行了拆分。大多数的警察改编为浙江省抗敌自卫团第四支队;另外一部分警察则改编为省政府特务警察队,1941年特务警察队扩编为省警察大队,专负警卫省府之责[④]。此时宁波还未受到日寇攻击,按省政府命令仍保持原状不变,但其职能开始向备战为主的军事化职能转变,承担起协助、配合国民党军队加强宁波地区防务的任务。为此,宁波警察局扩充编制,添设车巡队、女警巡逻队、义勇警察队,扩编了原有警察队人员,然后改编为两个保安警察大队。另外还组织救护队、宣传队、城防指挥部、护照检查所、教导大队政治训练班、政训组等,尽可

---

①　不包括短期沦陷,指长期(一年以上)为日寇占领并设立伪政府和警察机关的区域,以县为最小单位。

②　张根福、岳钦韬:《抗战时期浙江省社会变迁研究》,上海人民出版社,2009年版,第50-52页。

③　采用黄绍竑:《抗战后本省政治军事概况——在本省临时参议会第一届大会中报告》的说法,《浙江潮》1939年第62、63期合订本。指1937年8月13日上海战事发生至1938年2月9日浙江省颁布战时政治纲领。

④　陈贤编:《浙警十年》,中国警察学会浙江分会1947年版,第14页。

能地建立起有助于坚持抗战的各种力量,积极备战,"俨然为浙东之屏藩"。同时转移的还有内河水上警察局和外海水上警察局。内河水上警察局原辖范围集中在钱塘江水域和浙西各县的内河水域,因此是受影响最大的一个省直属警察机关。战争爆发后,内河水上警察局全面西撤,按命令改编为浙江省抗敌自卫团第七支队,归属自卫团总司令部直接指挥,主要任务是在浙西地区开展游击战争。外海水上警察局则是受影响最小的一个省直属警察机关,"该局组织与任务,在战时并无变更,惟员警人数,以省财政支绌,战前缩减颇多"[1]。战争开始后,外海水上警察局坐镇于镇海蛟川,为即将到来的冲突厉兵秣马,所有警员要求不再休假,实施全军事化管理,连总部的职员饮食起居也"全部士兵化"[2]。

在县级层面,"县政治机构多随军事撤退而呈崩溃之象,由于分子的不健全,组织的不充实,而尤以下层机构(区乡镇保甲)之不健全,不能维持地方政权于不替,为一至大缺点"[3],所以各县的警察机关,在沦陷区的自然是皮之不存,人员作鸟兽散,无形间解体了。而非沦陷区的各县,开始之时由于人心不稳,在1939年前,各县的警察力量不但没有加强而且人员、机构多有裁并,各县组织自卫队,将原警察招募其中予以训练。

## 二、浙江抗战第二阶段[4]警察机关的迁移、调整和变革

由于日寇对浙江的军事进攻进展迅速,虽然浙江省政府战前已做过相关预案,但是并未能完全做好撤退的准备。所以在战争初期浙江当局一度依靠炸毁钱塘江大桥和破坏沿线交通道路来延缓日寇的进攻,各地多处于惊慌失措的局面,在转移过程中各政府机构损失较大。浙江抗战进入第二阶段后,浙江省政府渐趋稳定,开始逐步推行各项应对政策,虽仍是节节退守,但却步步为营,一直坚持开展敌后游击和试图巩固未沦陷区的政权。1938年秋,阮毅成出任浙江省民政厅厅长,提出重建浙江警政为施政的首要工作目标,推动制

① 朱焯:《十年来浙江警政设施概述》,《浙警十年》,中华警察学术研究社浙江分社、中国警察学会浙江分会编,1947年,第14页,浙江图书馆孤山路古籍部藏。
② 周时振:《海防前线水警生活》,《浙江警察》1939年第5期,第23页,浙江图书馆孤山路古籍部藏。
③ 黄绍竑:《抗战后本省政治军事概况——在本省临时参议会第一届大会中报告》,《浙江潮》1939年第62、63期合订本,第226页,浙江图书馆孤山路古籍部藏。
④ 原为黄绍竑1939年作临时参议会第一届大会报告时提出的1938年2月9日至其作报告时间止,作者依历史条件指代1938年2月9日至1943年8月,浙江沦陷区扩大至顶峰时。

定颁布了《浙江省特务警察队组织暂行规程》《各级警察机关编组运用暂行办法》，不仅要求各县必须保持警察局的建制完整、稳定，而且试图在沦陷区内也重建敌后警察机关。

1939年9月国民政府公布新的《县各级组织纲要》，即所谓的"新县制"，规定县政府"设民政、财政、教育、建设、军事、地政、社会各科"等机构，"置秘书、科长、指导员（督学）、警佐、科员、技士、技佐、事务员、巡官"负责管理，区署①所在地"得设警察所，受区长之指挥，执行地方警察任务"②。依新县制规定，原来作为县行政主要机构的警察局被军事科取代，只是在县政府内设置一个警佐而不是一个完整的机构。这是因为30年代以来，警察力量都不足以深入到乡镇一层，国民政府一直大力在乡镇推行保甲制度。至抗战爆发后，御敌成为第一要务，内政退居次要位置。因保甲组织覆盖社会最基层，与只覆盖至县城的警察机关相比，在动员、组织民众方面更具天然的优势，此时的警察似已无用武之地。因此，各县纷纷裁撤警察机关改设区署，省政府内的许多人甚至一度提出废除警察由保甲代行警察职权的倡议。但浙江省政府最终还是拟定了《浙江省县政府组织规程》和《浙江省县政府办事规则》确定一般各县必须设立警察局，但是"警额在五十名以下不设警察局县分，增设警佐室"，"设置警佐室县分，设警佐一人，为委任职"③。浙江各县政府警察局和警佐室负责的主要工作包括警察编训、警察调遣、警察装械管理、消防、清洁及卫生、禁烟禁毒、维持地方秩序等七大事项。当然由于战争，完全按要求建成警察局的县凤毛麟角，这其中临海警察局算是机构比较健全的。临海警察局不仅下设总务科、行政科、司法科、督察处、政训室、警察队、各区分驻所等机构，还在警察队下设三个分队及海门、涂桥、桃渚、花桥、东胜、双港、涌泉7个分驻所④。

随着抗战逐渐进入相持阶段，后方形势逐渐稳定，警察作为管理维护社会稳定的核心力量再次受到重视。鉴于战争期间，各类地方民团、自卫队、国民兵、保甲武装团等都在一定范围内具备维护地方治安的实际职能，而且"区署与分驻所二者之关系，如鸟之双翼，车之两轮，关系密切，但是双方的职权问

① 区署不作为真正的一级政府，只是县的辅助机关，以15乡镇至30乡镇为一区，协助办理相关事务。

② 《县各级组织纲要》(1939年)，《民国史料丛刊》第24卷，张妍、孙燕京主编，大象出版社，2009年版。

③ 《浙江省县政府组织规程》，《民国史料丛刊》第24卷，张妍、孙燕京主编，大象出版社，2009年版。

④ 《本局职员一览》，《临海警察》1940年第1期，临海县警察局编，第25页，浙江图书馆孤山路古籍部藏。

题,常常溷缠不清"①。为解决区署与分驻所之间的职权不清问题,1941 年 11 月蒋介石手令要求全国开始设法调整警察机构,1941 年内政部颁发了《整理警卫计划》,规定区署所在地应当酌情设立警察所,"县特务警察队(包括旧称政务警察)应一律予以整理训练后改编为警察队,保安队应逐渐予以整理训练改编为警察队,承县政府之命受警佐或警察局长之指挥,办理全县警察事宜,其队长由警佐或警察局长兼任"②。《整理警卫计划》确立警察系统的"单一化"和警察设施的"普遍化"的原则。浙江省由民政厅第三科接手负责警政事务,明确提出各县警察最少名额要扩充为 50 名,实行千人一警,雄心勃勃地想通过这次整理的机会,尽早恢复各县警察局,而不仅仅还是警佐室,大力推进"裁室改局"。因为"警察任务,极为繁复,且外勤重于内勤,主管警务者,尤须随时分往各地巡视指导,非坐在办公室内指画口讲可尽其能事……绝非警佐室之简单设置,所能胜任而愉快。按诸分层负责之原则,警察事务,须由局长对县长负全责,改室为局,所以充实其组织,使能克负阙职,亦为事实所急切需要"③。另外,还提出在沦陷区建立警察队,下分警区成立警察所,警察所下设分驻所或派出所的设想。但"裁室改局"并非易事,毕竟日寇仍占优势,且 1941 年宁波、绍兴、金华等地又陆续被占领,因此实际上到 1941 年底,真正完成"裁室改局"的也就开化、天台、青田、遂昌、缙云、临安、玉环 7 县。如本章附录表 6-1-1 所示,原已建成的县警察局如临海县警察局不在此列。直到 1942 年省行政会议通过了民政厅的变更警察机构的计划,计划规定"未设警察局的县一律设警察局;县以下区一律设置区警察所;区警察所以下划分警段设分驻所或派出所;实行警管区制;在沦陷区内成立警察大队,配合军队巩固政权,打击敌伪"④,"裁室改局"才初见成效。

原有四个省直属警察机关中宁波警察局变动最大,因 1941 年 4 月日寇于镇海登陆,攻占宁波,宁波警察局全体警察奉令往四明山撤退,在细岭组建宁波警察局办事处。办事处临时设立参谋处、副官处、军需处、军法室,下属各分局暂编为一、二、三大队及一个特务部。不久,省政府电令办事处比照国军编

①　《局座对今后警务重要指示》,《临海警察》,1940 年第 1 期,临海县警察局编,第 17 页,浙江图书馆孤山路古籍部藏。

②　《县警察组织大纲》,行政院,1941 年 3 月 21 日公布,《通行警察法规汇编》,中央警官学校编审处、中华警察学术研究社,《民国史料丛刊》第 30-32 卷,张妍、孙燕京主编,大象出版社,2009 年版。

③　沈溥(民政厅第三科科长):《二年来警政设施概况》,《浙江省三十一年度警政检讨会议纪录》,1942 年 12 月,浙江省民政厅编,第 24 页,浙江图书馆孤山路古籍部藏。

④　朱焯:《十年来浙江警政设施概述》,《浙警十年》,中国警察学会浙江分会 1947 年版,第 19 页。

制改为宁波警察总队,内设总队长、副总队长各一人,总队副、秘书各二人,又设警务、督察、编练、总务、政训五组,另添通信、情报、卫生三队,其余下属组织不变。1942 年 4 月,宁波警察总队扩编为七个大队,5 月因日寇分股在浙东各县清乡,宁波警察总队也退至宁海、新昌、天台一带。1941 年,由原省会警察局改编的省政府特务警察队进行扩编,更名为省警察大队,其职责仍是省府警卫,1942 年 5 月同时和宁波警察总队后撤,随同省府由宣平迁往云和。外海水上警察局于 1938 年 10 月从镇海移驻海门(现台州椒江区),主要以骚扰日军和小范围作战为主,取得了一定战绩。外海水上警察局于 1939 年 2 月 18 日与日军首次交战,敌军四艘舰艇,被击沉一艘,击伤一艘。但后连续失利,1939 年 4 月 28 日,泰安舰被击沉于临海大田港;1940 年 7 月为阻止日寇登陆,海鹄、海光、海声三舰自沉于镇海内港;1941 年 4 月 19 日,新永嘉、克强舰再次自沉于象山和永嘉港,海鸿舰则被敌寇俘获,局总部被围,不仅警察伤亡众多,而且损失了所有的库存枪弹和通信设备,外海水警损失惨重,实力大减。已改编为第七支队的内河水上警察局则由于辖区过于狭窄,无法继续履行职责,最终于 1940 年秋被裁撤,归并于保安第四团及省警察大队[①]。

由于浙东北大片平原地区被日军占领,省政府南迁后与浙西地区的联系距离远、交通难、指挥不便,于是在 1938 年间"为综合作战地区政务、统率前敌自卫团队抗战,开始筹设行署于浙西於潜县属之天目山"[②],1939 年 1 月"浙江省政府主席兼国民抗敌自卫总司令行署"成立,11 月改称浙西行署,一直到 1945 年抗战结束时解散。浙西行署下设秘书、政务、警卫三处和视察、会计两室,其中警卫处又设三科,其管辖范围包括杭州市、杭县、余杭、富阳、新登、桐庐、分水、昌化、於潜、长兴、吴兴、安吉、孝丰、德清、武康、崇德、桐乡、临安、嘉兴、嘉善、平湖、海宁、海盐 23 个市县。

### 三、浙江抗战第三阶段[③]警察机关的迁移、调整和变革

1943 年 8 月日寇在浙江的控制区域已达最大,之后,战争开始逐渐朝着

---

① 本段资料参考:(1)张锡武:《宁波警察沿革史》,《宁波警察》1946 年第 2 期,宁波警察月刊社;(2)朱焯:《十年来浙江警政设施概述》,《浙警十年》,中华警察学术研究社浙江分社、中国警察学会浙江分会编,1947 年;(3)徐国杰:《十年来浙省外海水警》,《浙警十年》,中华警察学术研究社浙江分社、中国警察学会浙江分会编,1947 年。以上资料均藏于浙江图书馆孤山路古籍部。

② 《县各级组织纲要浙江省实施总报告》,浙江省民政厅编,1938 年,第 2 页。

③ 作者依据国民政府开始逐渐恢复各地政权,浙江沦陷区逐渐缩小的历史进程,第三阶段指1943 年 8 月至 1945 年 8 月日军投降。

有利于中国人民的方向发展，此时重建浙江警政已迫在眉睫。如果说 1942 年底在召开"浙江省三十一年警政检讨会"的时候当局对警政重建还有些犹豫，那么到 1943 年下半年当局重建警政的态度就相当坚决，以绝对命令要求各地执行。根据"浙江省三十一年警政检讨会"的决议案（附录 5），当局重建警政的要求主要有三点：其一，未成立警察局的各县，除了游击区外，限期一律增加警察名额，筹建警察局；其二，县以下的各区署按照《县警察组织大纲》规定一律设置区署警察所；其三，沦陷区的每个县要成立警察大队，配合军队巩固政权，打击敌伪。经过一年的努力，到 1943 年底浙江省的警政机关恢复重建已成体系（本章附录表 6-1-2 和表 6-1-3 分别列出各县等级和部分县的警察所数量），在控制区建成一等县警察局 10 个，二等县警察局 23 个，三等县警察局 10 个，警佐室 1 个；在各县区署建立警察所 46 所；14 个县设立乡镇警察；在所有的沦陷区内全部成立警察大队。可以说此时的浙江省政府已经初步做好了反攻接手政权的准备[1]。

不过日寇不甘坐以待毙，浙江部分地区仍不断受其侵扰，对应的部分县警察机关也被迫多次转移、撤退，转而再收复、重建。比如温州地区就先后三次沦陷、收复，第一次沦陷 13 天（1941.4.19—5.1）；第二次沦陷 36 天（1942.7.11—8.15）；第三次沦陷 282 天（1944.9.9—1945.6.17）[2]。而在温州第一次沦陷的时候，外海水上警察局为了抗击日寇，损失了所有的舰艇，自此外海水上警察局虽然组织未变，但只能作为普通陆警进行游击抗战，局址也从海门迁往路桥，后又从路桥回迁海门，直到胜利后才正式恢复。虽然浙江海域仍是日本势力占优，但日本在太平洋战场却是节节败退。为配合越来越多的盟军对日作战，国民政府控制下的浙江部分县如永嘉、云和、瑞安、临海、丽水等在县警察局内还额外增设了外事股。到 1944 年，包括杭县在内的沦陷区 33 县和仅有设置警佐室的磐安县也全部恢复成立县警察局，至此全省各县警察机构均已恢复。

①　朱焯：《十年来浙江警政设施概述》，《浙警十年》，中华警察学术研究社浙江分社、中国警察学会浙江分会编，1947 年第 18-20 页，浙江图书馆孤山路古籍部藏。
②　苏虹：《旧温州轶事录》，天马图书有限公司出版，1999 年版，第 174 页。

## 第二节　为虎作伥：侵略者寄予厚望的敌伪警察机关

　　全面抗战时期，日寇在浙江长期占领的大多是地势平整、经济较为发达富庶和具有重要水、陆交通枢纽地位的地区，为了维护占领区的殖民统治，日寇大力扶植汉奸，组建伪政府，其中最重要的政府机构就是成立伪警察局，以方便其达到监控、分化、侦察、捕杀抗日民众的目的。虽然杭州是在 1937 年 12 月沦陷，但当时日军从上海登陆，然后突进试图包围南京，在攻击线路上的浙北嘉兴地区和湖州地区就成为最早沦陷的地区，其中嘉善县[①]沦陷最早，因此日寇扶植的伪警察机关也就最早出现在嘉善。1937 年 11 月 19 日，伪政权在嘉兴成立了"维持会"，1937 年 12 月 26 日又成立"杭州市治安维持会"。南京沦陷后，日寇试图建立一个像"满洲国"那样的傀儡政府，构建全国—省—县的完整组织架构来服务其殖民政策，于是在 1938 年 3 月成立南京维新政府(伪)后，6 月又成立了伪浙江省政府和伪杭州市政府。

### 一、伪政权设立的省级警政机关

　　与原国民政府不同的是，伪政权为统一警政管理，将警政剥离出民政厅，构建省级的统一管理机构——警务处(伪)。1938 年 6 月伪浙江省政府、浙江省警务处同时成立，第一任处长由陆荣籛担任。日寇为加强控制，在警务处设立了警务顾问和警务指导官，全部由日本人担任。同时除设立省级警察机关外，还建立了"浙江地区治安委员会"，其中人员组成如本章附录表 6-2-1 所示，主要以伪警察系统和特务系统的主要官员为骨干力量，警务处长和警务顾问等都在其中。

　　根据《浙江省警务处组织规程》(伪)(附录 6)，警务处的组织机构内设秘书室、视察室、技术室三室和第一科、第二科、第三科三科。秘书室与一般无二，技术室负责警察技术，视察室相当于传统的督察处，主要负责对全省警察办理情况的巡览、督察和汇报。在这个规程中明确了第一科主要负责的是制度、教育、档案和总务后勤工作；第二科负责警察考核、治安行政执法等；第三科则负责违警处罚及统计和外事工作。但是后来伪警务处对内部机构进行了微调，在 1944 年撤销技术室而增设一科变成二室四科的结构。1940 年 3 月

---

　　① 　1937 年 11 月 15 日沦陷。

日寇改以全面扶植汪伪国民政府,解散原伪省政府,但省级以下"各级行政组织,悉循二十六年之旧规"①,所以警务处仍然延续至 1945 年,由石林森任省政府委员兼警务处处长。

## 二、伪政权设立的省会警察机关

杭州的伪省会警察机关成立时间早于伪政府的省级警政机关(伪警务处)。1937 年 12 月 26 日杭州市成立地方治安维持会,1938 年 2 月维持会成立警卫科,其下设保安股负责招募警察,此为伪杭州市政权正式筹建的警察机关,日军派遣宪兵常驻警卫科及已成立的各警察分署维持秩序②。伪维持会成立之初,通过警卫科建立了三个警察分署,分别设于旧水师衙门、蒙古桥、忠清巷。同年 3 月 1 日杭州地方治安维持会改组为杭州自治委员会,3 月 8 日伪政府颁布《杭州自治委员会组织规程》设杭州警察厅(伪),1938 年 4 月公布的《杭州警察厅组织规程》规定杭州警察厅(伪)直隶于杭州自治委员会。6 月 10 日任命何瓒为杭州市伪市长,6 月 20 日正式成立伪市政机关并颁布《杭州市政府暂行组织条例》,在条例中明确在伪市政府下设各局,包括公安局。伪市政府机关下设秘书处及社会、公安、财政、公务四局及参事室,其中,公安参事室是由改组之后的杭州市公安局(伪)兼理。随着省警务处(伪)的成立,1938 年 8 月 1 日起杭州公安局(伪)改为省会警察局(伪),直隶于省警务处(伪),原有分局随同改称为警察署,省会警察局长由省警务处长兼任。

## 三、伪政权的县级警察机关

浙江省各地的沦陷时间前后不一相差较大,有些地区日寇也是先占后撤,开始并未建立长期据点,因此伪政权中的警察机关的建立时间也前后不一。到 1943 年 8 月,浙江省伪警务处已经"直辖三十七个单位,内附警察分局七、警察所五十七、分驻所五十五、派出所一百三十一,现有官警一○一三七人"③。

最早成立伪县警察局的是嘉兴地区,只不过其不是独立的警察机关而是作为地方"维持委员会"的附属机构行使警察权力。伪省政府成立后,在所谓的"军事结束之区",即沦陷的杭县、嘉兴、吴兴、嘉善、海宁、平湖、德清、武康、

---

① 《浙江省政概况》,(伪)浙江省省政府编,1994 年,第 2 页,浙江图书馆孤山古籍部藏。
② 1938 年 2 月 21 日《新浙江日报》(伪)发布招募信息,以此月为警卫科成立时间。
③ 《浙江省政概况》,(伪)浙江省省政府编,1944 年,第 183 页,浙江图书馆孤山路古籍部藏。

余杭、长兴、桐乡、崇德、海盐等 13 县陆续成立伪县政府,在县内设置警察所(伪),这也是第一批建立警察机关(伪)的县。1940 年 11 月,日占区伪警察机关基本建立完成,伪省政府报告称"浙江省警务处之下有警士教练所一个、省会警察局一个、县警察所十五个、警察署分所四十个、分驻所派出所九十七个、消防队一个、侦缉队一个、水警组六个,人员总数为四千零七十四名,其中巡官以上为四百三十一名,长警为三千九百十七名"[1]。另外,伪政府于 1940 年 11 月 27 日公布的《修正浙江省各县政府暂行组织规则》规定,县政府设三科,其中第一科管理事务包括公安。县政府内设政务警察 4～12 名,兼理司法事务的县可设司法警察 4～10 名。

宁波沦陷后汪伪政府一开始继承了南京国民政府时期对宁波警察局的管理体制,后于 1941 年 5 月 12 日,汪伪鄞县宁波乡镇联合会主持成立宁波公安局(伪),设总务、行政、司法、刑事 4 课及督察处、警卫队、女警检查队、拘留所,在江北、江东设第一、第二分局,建立 2 个武装警察中队,第一中队驻鄞东邱隘,第二中队驻鄞西黄古林。后改刑事课为侦缉队,并设特高课;在郁江桥招降当地武装成立武警特务中队;在市区增设第三分局及直辖西郊分驻所。1942 年 9 月,伪宁波公安局改组为鄞县警察局,遣散警卫队,另设鼓楼警察所。1943 年 4 月,武装警察 2 个中队及武装特务中队先后改隶伪浙东保安处及鄞县保安队。同年 8 月,收编余姚盐区清乡队归伪鄞县警察局。三个分局改称江北、江东、唐塔警察所,并组建水巡队。至 12 月底,全局共有员警夫役794 名。

随着沦陷区域的扩大和各县伪政府的不断建立,警察机关(伪)的设置与力量的配备也随之增加,并且伪政府对各县警察局所实行了分级,分为一、二、三等(本章附录表 6-2-2)。伪政权要求一等局所内设四课,二等局所内设三课,三等局所内设二课,并按实际需要,设置消防队、侦缉队、水巡队、保安警察队等[2]。如 1941 年 6 月,伪绍兴县警察局建立,其下设第一至第四等 4 课、警察大队(内设侦缉队和车巡队)和 1 个居民证核发所。县警察局外设城南、城西、城北、东关、临浦和柯桥 6 个警察所,还设一个保安队辖 1 个警卫队和 3 个团(分驻开元寺、东关、东湖),全队警员近 900 人[3](本章附录表 6-2-3)。从根

　　① 《浙江省地区治安委员会干事长渡边四郎在浙江地区治安委员会会议上的报告要点》,1940年 11 月 25 日,《日军侵略浙江实录(1937—1945 年)》,浙江省档案馆、中共浙江省委党史研究室编,中共党史出版社,1995 年版,第 146 页。

　　② 张根福、岳钦韬:《抗战时期浙江省社会变迁研究》,上海人民出版社,2009 年,第 52 页。

　　③ 《绍兴市公安志》,绍兴市公安局编,当代中国出版社,1993 年版。

本上说警察机关(伪)的建立是必须服务于日寇的军事行动,各地的警察机关大多必须接受日军的直接领导。如1942年5月金华县被攻占后,汪伪在四牌楼成立警察局,但随即交由日本宪兵队联络部直接管辖①。

## 四、伪政权中其他涉警机构

1940年1月至1942年4月,浙东宁波和绍兴地区各县也相继沦陷。1942年6月4日,伪政府发布《浙东行政公署暂行组织条例》,7月正式成立浙东行政公署辖余姚、奉化、慈溪、象山、镇海、鄞县6县。该公署下设警务处,负责警察行政、自卫团体组织训练、卫生、消防、治安。1943年3月浙东行政公署改为第一行政督察专员公署,上虞、定海也划归其管辖。1942年浙赣会战后新昌、嵊县、诸暨、义乌、浦江、金华、兰溪、武义、东阳等9县沦陷,到1943年8月这些县则被纳入第二行政督察专员公署管辖。两个行政督察专员公署都负有指导警政的职责,某种意义上可以看作是伪政权增加的一级警政机关。

汪伪政府统治期间,各沦陷区采取"清乡"措施以配合日寇的军事行动而设立"清乡委员会"。清乡始于1942年7月,最早从太湖东南地区开始,由清乡委员会设驻嘉(兴)办事处主持,从1942年10月开始大规模清乡。日伪将浙江省分成了三个清乡区,第一区为平湖、海盐、嘉兴、嘉善等;第二区包括杭州的东北和嘉兴的西部、崇德、桐乡、海宁、德清等;第三区为余姚庵东盐场地区。这些区域中的警察署、分署、分驻所、派出所等都是清乡的主力之一,要受"清乡委员会"的调遣。

综上所述,伪政权十分重视警察机关的建设,但沦陷区亦非日伪一统天下,在沦陷区内也有部分地区处于国民政府的影响和控制下。沦陷区内的日伪力量占据优势,控制了县内主要城镇,原国民政府的各县警察局撤离后在沦陷区日伪势力不及区域仍然保留警察所、警察局办事处等组织。比如绍兴县沦陷后,县警察局移到了王坛;东阳县在日军侵占县城后,原警察局就迁至马宅下金塘;宁波公安局全部撤出时,鄞县警察局仍在鄞东南继续设立办事处……所以在沦陷区内,实际上是日伪、国民政府两类警察机关并存,只不过沦陷区国民政府的警察机关多数就只有建制名称,人员和机构基本处于分散、暗伏状态,免被清剿。

---

① 《金华市公安志》编撰委员会编:《金华市公安志》,方志出版社,1997年版。

## 第三节　迥然有异:国统区和敌占区的
## 警察人事管理与警察职责

　　抗日战争的最初阶段,日本侵略军一直占有较大的军事优势,国民政府的军队难以阻挡侵略军的步伐,再加上日寇残酷地烧杀抢掠等罪恶行径,意图在一开始就瓦解中国军民的抗战意志。当灾难降临时包括警察在内的很多普通民众的第一选择就是逃离,不仅是交战区的警察,包括从省会等随同政府机关撤向后方的过程中也发生有大量的警察逃亡事件。南京国民政府在 1937 年6 月 28 日发布的《警察逃亡惩治条例》,在 1939 年 3 月 30 日发布的《警察逃亡罪仍归法院审判令》等印证了警察逃亡严重的事实。随着沦陷区的扩大和大量警察逃亡,浙江的警察队伍在抗战初期警员大幅缩减,即使在非沦陷区也甚至到了连警察机关都无法正常运行的地步。不管是前方还是后方的社会秩序都只能靠军队或地方自治保卫团维护,而且上至军政大员下至普通民众都普遍认为战争环境下警察毫无作用。如 1938 年时任浙江国民政府主席黄绍竑在《地方武力与抗战的关系——九月十二日对本省自卫团队干训班学员的讲话》[①]中就明确提出自卫队的任务应当包括“与军队协同抗战;未失陷地区维持秩序;失陷地区维持国家政权,摧毁伪组织”,警察不再作为社会治安的维护者形象出现,而是归类于可以实现军事目的的地方武装。此时的“警察”泛化为保安团,各县保安警察队、各县警察队、抗敌自卫团司令部直辖支队、各县国民抗敌自卫队等组织都可以担任警察角色,仅浙江省各县国民抗敌自卫队的预估数量就达到 5 万人,“如能集中,总数达十万人左右”[②]。

### 一、国统区的警察人事管理与职责分配

　　抗战初期,浙江警察机关组织涣散、人员流失、人事制度形同虚设,“各级警察人员失却应有的保障,所有官警的任免,均操在普通行政机关之掌握,常凭个人喜怒,或去或留,甚至共进共退,任不避亲,免不依法”[③],“甚至民政厅

　　①②　黄绍竑:《地方武力与抗战的关系——九月十二日对本省自卫团队干训班学员的讲话》,《浙江潮》1938 年 9 月第 29 期,第 534 页,浙江图书馆孤山路古籍部藏。
　　③　张师:《就从目前艰苦的环境中充实我们自己的实力》,《浙江警察》1939 年第 2 期,第 1-2 页,浙江图书馆孤山路古籍部藏。

有时尚不知某一县之警察局长,或警佐之姓名为谁者"。因此,1938年9月,阮毅成[①]任省民政厅长后,率先成立战时警官讲习班。其目的一是保留警政人才,二是扭转警政乱象,为今后重建做准备。阮毅成认为警察的专业能力绝不是自卫队、保安团等军事力量能够取代的,在平常时期"是建国之基础",而"在抗战时期其所负责任尤为重要,举凡后方治安之维护,军需品之征集运输,汉奸间谍之缉捕侦讯,情报之收集传递,莫不需要警察力量,以配合军事达成任务"[②]。

阮毅成首先进行警察人事制度改革,按计划实施考查各级警察人员的资格,规定具备法定资格的方可任用;将警察官任免的权力收归省民政厅,一律由省厅委派,依法保障其在规定任期内,不因地方主官的更替而变动,警察官有违法、渎职及不称职的,也一律由省厅依法惩处;清查全省警官,对现任警官中未经任用审查的,限期送审,如果资历不符合要求予以更换,另派合格人员接任;对全省警察人员总登记[③],制定警察人员的奖惩黜涉标准等。并且在1939年春,阮毅成在警官讲习所的基础上恢复省警察训练所,借以更大规模地培养和恢复警察力量。

但在战争初期,警察机关的职责只是"应负责切实协助(保甲及国民兵):1.关于联保连坐切结之 抽查及核对;2.关于保甲规约及保甲会议决议案执行之协助;3.关于保甲会议秩序之指导及维持;4.关于壮丁免役之调查;5.关于壮丁身体检查之协助;6.关于壮丁编组受训之传知召集;7.关于壮丁服工役之传知指导;8.关于壮丁规避组训工役之开导强制;9.关于壮丁逃避兵役之查禁防止;10.其他有关保甲壮丁应行协助事项"[④]。可见警察主要职能是与"壮丁"相关。抗战开始后,中国的军事力量限于装备、训练,与日寇的战争中处于弱势,军队士兵的战损比例居高不下,军队需要不断地大量补充兵员。因此,国民政府采取了一种特殊的方式征集壮丁以充兵员——征额配赋制度。所谓征额配赋,就是由国民政府军政部按照1933年《兵役法》和1939年《修正

① 阮毅成(1904—1988),字静生,号思宁,浙江余姚人,1927年夏中国公学大学部政治经济系毕业后赴法国留学;1931年毕业于法国巴黎大学,获法学硕士学位;同年回国后历任国立中央大学法学院教授、中央政治学校教授兼法律系主任,并兼《时代公论》主编;1937年3月至1938年7月任浙江省第四区行政督察专员兼保安司令;1938年7月至1948年6月任浙江省政府委员兼民政厅厅长,长达10年之久。

② 朱焯:《十年来浙江警政设施概述》,《浙警十年》,中华警察学术研究社浙江分社、中国警察学会浙江分会编,1947年,第13页,浙江图书馆孤山路古籍部藏。

③ 1942年制定了《浙江省各级警察机关警官长警总登记办法》,可见附录7,但并未成功实施。

④ 《警察保甲及国民兵联系办法》,1940年1月10日军事委员会、行政院公布。

兵役法施行暂行条例》的规定确定每年的征补兵额总数,然后再按照各省的人口数、现役及龄壮丁人数和交通状况等确定各省当年应征的兵额。由于战局不利和伤亡人数较大,抗战开始后征兵数额不断增加,兵役法执行程序混乱,存在很多不公平的征兵情况,"乡保长等的枉法舞弊,只逼得民众的恐怖和逃避"①。因此警察就需要联合保甲镇压抓捕拒服、逃服兵役的壮丁,即俗称的"抓壮丁"。"抓壮丁"既是抗战时期浙江警察的主要职责,另一方面"壮丁"又成为浙江警察的重要来源。根据兵役法的规定,征兵是独子免征,公务员缓征;壮丁凭票抽签,三丁抽一,五丁抽二②。而警察属于公务员系列,所以"警察机关正式录用之警察,原负有维持地方公安及社会秩序之职责,其任务洵属重要,应准援例缓役"③。由此有许多乡内"壮丁"选择加入警察,这在很大程度上稳定了警察队伍。不过在抗战的中后期随着"壮丁"越来越少,以应募警察而逃避兵役的办法就寸步难行了,以至于警察招募就越来越困难,"当前最大困难,招考新警时,竟无人应考,不独未能增加学额,而仅有之缺额,每期亦不能补足"④。浙江省曾订立强制征送学警办法,由乡镇按保配送以缓警员之不足,但此办法遭到军管区的强烈反对,认为有碍兵役⑤,要求各区署等乡村警察一律不准缓役,必须参加抽签征集,所以各县只能遵照执行,这一征送学警办法没能真正实施。

　　虽然困难重重,但是通过阮毅成等一批致力于恢复警政建设人士的共同努力,浙江的警察机构及人员构成状况逐步改善。表6-3-1和表6-3-2是浙江省在召开三十一年度全省警政检讨会前做的调查。通过表内数据分析,到1942年,各级警察机关主管人员共统计了79人,任职2年以上的仅有23人,70.9%的警察机关主管人员工作不满2年;而且在2年以上任职人员中又有43.5%的是3年以下,可见浙江全省各级警察机关中老一批的主管人员多数离任,以新任警察官挑大梁。不过虽然警察机关主管人员多为"新人",但他们的任职资格倒还是能符合文件规定,专业警校出身的有60人,占75.9%,其中浙江警校自身培养的占78.3%,相对来说素质较高。浙江省基本形成了

---

① 《关于国民兵役问题》,《浙江潮》1938年3月第2期,第18页,浙江图书馆孤山路古籍部藏。

② 此为1933年《兵役法》规定,后随战争进程推进征兵条件不断降低,比例增高。

③ 《武义县政府公报》,1939年12月,浙江图书馆孤山路古籍部藏。

④ 沈溥(民政厅第三科科长):《二年来警政设施概况》,《浙江省三十一年度警政检讨会议纪录》,1942年12月,浙江省民政厅编,第47页,浙江图书馆孤山路古籍部藏。

⑤ 《瑞安县政府训令(兵字第476号)》,《瑞安县政府公报》,1943年第10期,第5页,浙江图书馆孤山路古籍部藏。

"县属各区一律设警察所;区警察所以下划分若干警段;警段设分驻所或派出所;每一警区按原有保甲区域,划分若干警管区;按照'千人一警'的标准,增加警察编制"①的警察体系。《警察保甲及国民兵联系办法》②也同时规定了"国民兵团附于县警察局长或警佐,必要时以一人兼任之";"区队附于区警察所长及区军事指导员,必要时以一人兼之";"乡(镇)队附于乡(镇)警卫股主任,必要时以一人兼之"。这明确了警察对保甲和国民兵团的领导权,1940 年前由保甲和国民兵团负责的捕防间谍汉奸、警戒盗匪流窜、消除水火灾害隐患、开展户口清查、组织场所稽查等职责又重新得以恢复为警察的主要职责。

表 6-3-1　1942 年浙江各级警察机关主管人员任职年限

| 任职时间 | 任职 4 年以上 | 任职 3 年以上 | 任职 2 年以上 | 任职 1 年以上 | 任职不满一年 |
|---|---|---|---|---|---|
| 人数 | 7 | 6 | 10 | 50 | 6 |

表 6-3-2　1942 年浙江各级警察机关主管人员任职资格统计③

| 学历资历 | 人数 | 学历资历 | 人数 |
|---|---|---|---|
| 浙江省警校毕业 | 47 | 中央警校毕业 | 9 |
| 其他警官学校毕业 | 4 | 中央政治学校毕业 | 4 |
| 中央军校毕业 | 3 | 法政毕业及甄别及格 | 12 |

## 二、敌战区的警察人事与警察职责

至于沦陷区,日本侵略者一方面通过屠杀、"清乡"来打击、吓阻、镇压反对者,泯灭中国人的抗战意志,另一方面再通过怀柔政策来引诱、欺骗、误导普通百姓。日本侵略者建立伪政府和伪警察机关以达到以华治华之目的,其首要目标并非考虑占领区的长治久安而是安靖占领区、掠夺更多资源,做到"以战养战"。因此,沦陷区伪警察人事和其职责具备如下几个特点。

第一,日本人掌控了伪警察的最高指挥权。虽然沦陷区的伪警察机关的人事安排似与非沦陷区一样,亦是按(伪)警察局、所长、(伪)巡官、(伪)长警等编制,各级人员按规定履行职责,但实际上(伪)局、所长基本毫无权力可言。

---

① 汪勇:《警管区制研究》,中国人民公安大学出版社,2012 年版,第 106 页。
② 1940 年 1 月 10 日军事委员会、行政院公布,《民国史料丛刊》第 24 卷,张妍、孙燕京主编,大象出版社,2009 年版。
③ 以上两表均出自沈溥(民政厅第三科科长):《二年来警政设施概况》,《浙江省三十一年度警政检讨会议纪录》,1942 年 12 月,浙江省民政厅编,第 27 页,浙江图书馆孤山路古籍部藏。

例如在浙江省级警务处内,由日本人佐佐木文右卫门和中上英一专门指导警政工作;在县内地方警察局也往往由日军宪兵队直接管辖,像金华县伪警察局在 1943—1944 年,还专配日本教官一名指导工作[①];富阳县伪警察局驻有日本联络官 1 名[②]……这些顶着"顾问""教官""联络官"等头衔的日本人才是伪警察机关的真正的控制者和指挥者。事实上,伪警察凡事都是要通过日寇的同意或是接受日寇的命令,所谓的(伪)警察局、所长都只是个傀儡而已。

第二,伪警察的成分复杂,素质低劣。伪警察机关的人员一般来源于以下两类,第一类是迫于生计而加入伪警。在沦陷区内,日寇为加强控制,对各类物资不论是军用物资还是民用物资均进行严格管控。一方面要盘剥更多的物资用以支撑战争,一方面为了使普通民众在物资短缺情况下更为依赖其供应而加强对民众的掌控。因此许多人为了获得粮食等生存资料无奈只能加入伪政府组织,包括伪警,"我们要不是为了家和生活的关系,早去当游击队,还在这当他妈的警察"[③]。这部分伪警并不甘心,在执行任务时自然也是消极怠工、"出工不出力",比如吴兴县"城内伪水警三百余人,因一般生计逼迫,意识短视近因敌军势力单薄,强迫水警作战,致有一部携枪逃避菱湖千金等处"[④]。第二类是自身无恶不作、游手好闲的人,其遭社会唾弃无处可去而加入伪警,包括盗匪、地痞、流氓、帮会分子等。他们本身在国民政府时期是被打击和抓捕的对象,平时作为"过街老鼠"的形象与普通民众处于对立面,只能存在于阴暗的角落。所以他们迅速与日寇沆瀣一气,加之本身的亡命和侥幸心理对于压迫剥削普通民众,无所不用其极并且参与对赌坊、烟馆、妓院的管理,从烟、赌、娼三业中勒索大量钱财。日寇"知人善用",收罗当地闲散人员等充当队士,编组警察队,主要承担武力镇压类任务。

第三,伪政府警察数量远高于国民政府时期警察数量。基于伪政府警察素质、工作效率和战斗力的低下,以及为了保持对占领区的高压控制态势,日寇只能采用质量不足数量来补的思路,扩大伪政府警察数量。1944 年,根据伪政府报告,在沦陷区共有 35 县 1 市,伪警察总数达到 11000 余名[⑤]。而在

---

　　① 《金华市公安志》编撰委员会编:《金华市公安志》,方志出版社,1997 年版,第 54 页。

　　② 富阳县地方志编纂委员会编:《富阳县志》,浙江人民出版社,1993 年版。

　　③ 朱毅:《游击区见闻录》,《浙江潮》1939 年第 72 期,第 417 页。

　　④ 蔡又湘(吴兴警佐):《战地通讯四》,《浙江警察》1939 年第 2 期,第 25 页,浙江图书馆孤山路古籍部藏。

　　⑤ 《日军侵略浙江实录(1937—1945 年)》,浙江省档案馆、中共浙江省委党史研究室编,中共党史出版社,1995 年版,第 189 页。

30 年代国民政府在浙江全省 75 县再加上省会、宁波、内河、外海 4 个警察局，其警察总数最高也不过就 15006 人，最低甚至只有 11920 人。具体到各县，如表 6-3-3 所示，浙江省部分沦陷县伪警数量都远高于国民政府时期[①]。除了伪警以外，伪政权还组建自卫团、保安队、检问所等机构承担部分监视、控制民众的警察职能。

**表 6-3-3　浙江省第一、二清乡区军警情况统计(1944 年 6 月)[②]**

| 类别 县别 | 自卫团 | | 保安队 | | 警察局 | | 检问所 | |
|---|---|---|---|---|---|---|---|---|
| | 区团数 | 团丁数 | 大队数 | 士兵数 | 机构数 | 人数 | 所数 | 人数 |
| 嘉兴 | 8 | 57750 | 1 | 611 | 24 | 843 | 14 | 141 |
| 嘉善 | 4 | 33705 | 1 | 303 | 23 | 625 | 5 | 40 |
| 平湖 | 5 | 46566 | 1 | 324 | 9 | 648 | 1 | 13 |
| 海盐 | 6 | 15614 | 1 | 358 | 16 | 490 | 1 | 17 |
| 一区合计 | 23 | 153635 | 4 | 1596 | 72 | 2606 | 21 | 211 |
| 海宁 | 6 | 8917 | 1 | 715 | 23 | 473 | 6 | 50 |
| 桐乡 | 6 | 7990 | 2 | 728 | 15 | 493 | 4 | 33 |
| 崇德 | 6 | 10206 | 1 | 450 | 17 | 386 | — | — |
| 德清 | 2 | 1188 | 1 | 521 | 5 | 155 | 4 | 28 |
| 二区合计 | 20 | 28301 | 6 | 2414 | 60 | 1507 | 14 | 111 |
| 合计 | 43 | 181936 | 10 | 4010 | 132 | 4113 | 35 | 322 |

第四，伪警察职责重点在于情报收集和身份检查。在整个抗日战争期间，浙江战场不是重要的正面战场，主要的作战方式是游击战，其特点具有分散性、隐蔽性，对沦陷区威胁较大，于是收集各游击队情报就成为伪警的第一要务。伪政府"各县警察局均设有情报负责人，专司其事，经常采集敌情动态，报告警务处，加以审核汇编，分送各有关机关，作为参考"。"警务处有直属调查员多人，经常分赴各地，秘密采集特种情报，其对象包括政治、经济、社会等一切部门。搜求所得，由警务处汇编敌情概况，专案呈报"[③]。为了达致更好的社会控制效果，配合情报收集，伪警全面实施严格的身份甄别。伪浙江省警务处制定规则督促各地进行户籍登记，发给所谓的"良民证"。以杭州为例，伪杭州市公安局先后颁布了《良民登记暂行办法》和《杭州市人事登记规则》，"以一

---

① 数据参见本书第四章第三节。
② 张根福、岳钦韬：《抗战时期浙江省社会变迁研究》，上海人民出版社，2009 年版，第 338 页。
③ 《浙江省政概况》(伪)，《浙江日报》(伪)1944 年 10 月 24 日。

户为单位,须备具二人保证书一份、登记名册三份,送请该管警察分局查明保证无讹,由该警察分局编号,送局核转盖印,保证人须住同一区域内有户口登记者为限"。杭州市内各交通要道建立严格的检查岗哨,日寇宪兵和伪警会"详加盘诘,送局究办",至于市民"凡遇有迁出、婚嫁、继承、分居、营业开张、闭歇、他往、辞退者,须于二日前,出生、死亡、死产、迁入、来往、雇佣、绝户、收养者,须于三日内到该管警署值日处分别填报"①。

## 第四节　勉力支撑:战时的警察教育与警察经费

从南京国民政府建立以来的浙江警政发展来看,浙江省政府的主要官员对警察的教育情有独钟,这是浙江警政建设在 20 世纪 30 年代大幅提升的关键因素之一。大力发展警察教育已成为浙江警政官员的一种固化思维,虽在抗战时期资金、人才等都十分匮乏,浙江警察教育与培训仍徐徐前行。

第一,举办警官讲习班。抗战开始后,浙江省政府撤退到金华,1938 年 9 月战时警官讲习班在金岗陇(金华兰溪金岗垄村)创建。战时警官讲习班建立之初经费有限,硬件设施比较简陋,仅仅是借用金岗陇当地的应氏宗祠办班,"课堂即是饭堂,楼板即是铺板"②。警官讲习班重在"警官",主要招收现任合格的警察局长和曾经培训合格但处于失业状态的警官两类人员,前一类人员的培训方式为"轮流受训",后一类则是"登记受训"。由于学员"大多出身警校,且久膺警职,普通学识,都已有相当根基"③,所以在讲习班中,教授内容以战时的军事教育为主,以使其能更好地适应战时工作环境。警官讲习班每期招收五六十人,训练一个月,共举办了 4 期。由于战时经济衰退,在讲习班入训的警官每人每月仅有 2.5 元④膳食补贴⑤。

第二,创建"战时警察训练所"。1939 年 6 月 1 日"战时警察训练所"(简称警训所)正式成立,直属民政厅,由厅长兼任所长。最初的警训所设在距方

---

①　《市公安局拟定杭州市人事登记规则》,《新浙江日报》(伪),1938 年 7 月 12 日。

②　李首青:《警讲班的零零碎碎》,《浙江警察》1939 年第 2 期,第 18 页,浙江图书馆孤山路古籍部藏。

③　李首青:《警讲班的零零碎碎》,《浙江警察》1939 年第 2 期,第 18 页,浙江图书馆孤山路古籍部藏。

④　当时上报省行政会议的预算为 3 元,但没有获得通过。

⑤　阮毅成的:《序》,《浙警十年》,中华警察学术研究社浙江分社、中国警察学会浙江分会编,1947年,第 4 页,浙江图书馆孤山路古籍部藏。

岩(永康县)三公里的象湖里的一个祠堂中,后屡经迁徙,先后在浙江省内的多个县内分期组织培训。其办学地点除永康方岩外还有宣平桃溪、龙泉八都、庆元王坦、丽水、瑞安大峱、青田的南田、永嘉等[1]。到 1943 年,抗战形势好转后,警训所的名称中去掉了"战时"二字,恢复为"警察训练所",并且一直延续到 1947 年后。由于警察经费困难,警训所运行举步维艰。以警训所成立的 1939 年为例(本章附录表 6-4-1 所示),财政已无单列警察经费,而所谓的公安费虽然占了所有经费的四分之一,但其涵盖了保安团、自卫团等所有地方准军事化自卫组织的费用。而以时任省委主席黄绍竑的说法,仅自卫队的数量就达到 5 万人,保安团、自卫团的人数远远大于警察人数,其分走的公安费用占绝大多数,留给警察的经费自然不足。虽然当年具体如何分配已无据可考,但以内政部 1941 年数据为参照,当年浙江全省警费 3704302 元[2],考虑法币增发,通货膨胀的因素,与战争爆发前的警察经费相差甚多。由此可见省政府根本无力负担警训班这一额外支出,当时全靠阮毅成在内政部战前拨付民政厅的款项中移用一部分才最终建立成功。不过浙江警察教育底子好,"本所原有之设备,系承前浙江省警官学校所遗留者,一切完善,足冠全国"[3]。到 1940 年,省政府仍无力为警训班拨款,阮再次从内政部拨款中移付 2 万元支撑警训班的运行。正因财政的困窘,"每次浙东局势动荡,就有人主张裁撤警训所。每次要紧缩财政与人员,警训所是照例在第一批名单之中"[4]。经过努力,1941 年省预算最终还是列出了警训所的运行费用。警训所主要针对普通警察进行教育、培训,并不具备警官教育资格[5]。战争的爆发让警官的缺额严重,而且中央警官学校迁入重庆,对地方警官的培训作用不大,所以浙江省因"法定省级不得办警官学校,只能在警察训练所设置警官补习班"[6]。警官补

---

　　①　战时警察训练所迁至丽水前路线参见阮毅成的《序》,之后路线参见杜承荣的《浙江省警察训练所概况》,均刊载于《浙警十年》,中华警察学术研究社浙江分社、中国警察学会浙江分会编,1947 年,浙江图书馆孤山路古籍部藏。

　　②　沈溥(民政厅第三科科长):《二年来警政设施概况》,《浙江省三十一年度警政检讨会议纪录》,1942 年 12 月,浙江省民政厅编,第 38 页,浙江图书馆孤山路古籍部藏。

　　③　杜承荣:《浙江省警察训练所概况》,《浙警十年》,中华警察学术研究社浙江分社、中国警察学会浙江分会编,1947 年,第 45 页,浙江图书馆孤山路古籍部藏。

　　④　阮毅成:《序》,《浙警十年》,中华警察学术研究社浙江分社、中国警察学会浙江分会编,1947 年,第 6 页,浙江图书馆孤山路古籍部藏。

　　⑤　1936 年 8 月 4 日浙江警官学校并入中央警官学校,各省不得举办警官教育,见本书第四章第五节。

　　⑥　阮毅成:《序》,《浙警十年》,中华警察学术研究社浙江分社、中国警察学会浙江分会编,1947 年,第 5 页,浙江图书馆孤山路古籍部藏。

习班的学制是一年,虽然也有招考,但还是以招收现任警官进行学习为主,尤其是从沦陷区后撤的警察官,其在失去原任职管辖地域后被招募进补习班进行学习,然后被派驻回沦陷区的后方任职,这既是加强对沦陷区的控制,又是为将来地方警察重建做好准备。

警训所除了警官补习班的警官教育外,更多的是对普通警察的教育,包括有新募警察和在职警察的教育,可以划分成三大类。第一类被称之为"学警教育",即针对新募警察的教育亦是警训所的核心工作。学警教育以四个月为期,由省统一向各县分发通知选拔符合要求的人员统一到警训所受训。由于受警费限制,警训所每期最多招收 120 名学员,"以此区区数量,补充各县缺额,相差悬殊,所以各县现有长警,只得由各县自由募集,因此警察素质,亦日益低落"①。所以很多县等不到警训合格的警察,往往各县也会开办类似的培训。然而在招募"学警"时都会遇到招不满员的情况,如在警训所第四期招考中,临海县报名 14 人,参考 12 人,其中体检不合格 2 人,文化不合格 4 人,实际录取只有 5 人;同期的临海县内自设警察招考,报名人数相对较多,但弃考人数接近一半,最终一个月内两次招募,也仅录取 18 人②。第二类被称之为"特种教育",是针对不同的警察职责而设的专项教育。警训所内举办过卫生警察训练班、刑事警察训练班、警官讲习班、政训人员讲习班等,"但均属短期训练,成绩未佳"。第三类被称之为"常年教育",相当于原来的长警补习班,调集在职普通警察进行培训。这是因为据调查,随着警察的逃亡,补充"长警的数额,以全省计算,共为一万一千余名,曾受警察训练者,仅一千余名"③。

如本章附录表 6-4-2 所示,1939 年成立警训所之后,共计开设学警班 13期,警官补习班 5 期,巡官训练班 1 期,警员、卫生警察、特务警察、刑事警察班各 1 期④,毕业学员共 2300 余人。在警察训练所内,还曾设置"辅导委员会",其目的在于辅导毕业学警进修,可以获得警察学识的长期培养,但实际效果不佳。

第三,其他警察教育方式。在阮毅成的主持下,浙江省对警察教育还采取了另外一些措施。首先是实施警察的政训工作,这属全国首创,"按诸各省,尚无先例,在初办之际,未始非不辉煌一时"。但因警察分散执勤,勤务繁忙,政

---

① 沈溥(民政厅第三科科长):《二年来警政设施概况》,《浙江省三十一年度警政检讨会议纪录》,1942 年 12 月,浙江省民政厅编,第 45 页,浙江图书馆孤山路古籍部藏。

② 《局讯》,《临海警察》1940 年第 3 期,临海县警察局编,第 18 页,浙江图书馆孤山路古籍部藏。

③ 沈溥(民政厅第三科科长):《二年来警政设施概况》,《浙江省三十一年度警政检讨会议纪录》,1942 年 12 月,浙江省民政厅编,第 45 页,浙江图书馆孤山路古籍部藏。

④ 有部分班为抗战后举办,因不完全明确未做删减,明确的已在备注中标明。

训时间几乎不能统一协调,导致效果几无;政训人员自身文化学识程度不高,方法不切实际,"反与警察当局发生摩擦,甚至当面冲突,不独未收实效,且纠纷常见"①。因此政训工作未能贯彻始终,实施5年后终止。其次是考虑到战争阻塞交通及教学人员不足,警训所的作用无法完全发挥,浙江对警察教育还采取了一种非正常的措施,类似于现在的函授。由警训所制定训练标准颁布,然后民政厅要求各县警察局就地训练,期满后由厅里派人前往复试,若及格发给警训所的结业证书。如此可将警察教育分散普及开来,可以增加培训的人数,同时也在一定程度上保证了基础质量。浙江省还建立省警察训练所分所,在1944年冬及1945年春分别在宁海、遂安建立了浙东、浙西两个警训分所,但受限于经费和人员,且抗战即将胜利,所以只办了一期即停办。再次,成立水警警训所。因内河水警局在1940年被裁,所以水警警训所即指外海水警警训所。该所成立于1939年,但于1941年1月"因经费支绌停办",前后共举办了五期,第一期招训140名,第二至第五期虽然具体每期人数不详,但五期累计训练毕业的学警共有600余人。水警警训所停办后,1943年陈佑华任外海水上警察局局长,从4月始,水警"以大队为单位轮流实施集中整训"②。

　　至于在沦陷区,日伪政权也开展了一些警察教育。比如吴兴敌寇宣传伪警的薪酬有30块钱一月,大办其警察训练班,每期40名,同时还训练女警和水上警察。这些警察培训极为简单,伪政府的目的主要还是"拉人头","在杭敌军引诱我青年受其训练,秘密派赴各县府工作","吴兴敌招收我青年,送杭受伪警的训练"③。虽说募警是维持秩序,可有时候也驱使其作战,充当日本军队的炮灰,其他如军官、警官、新闻和间谍的训练班也很多。伪警的教育训练与其主要职责一脉相承,特别注重对情报收集的训练。

## 第五节　荣枯反复手藏钩:战时浙江警政的得与失

　　全面抗战时期浙江警政代表人物阮毅成编撰的《浙警十年》的前序中认为在全民抗战的特殊时期,一切以抗战为第一要务,即使在没有沦陷的县份,也都

　　①　沈溥(民政厅第三科科长):《二年来警政设施概况》,《浙江省三十一年度警政检讨会议纪录》,1942年12月,浙江省民政厅编,第47页,浙江图书馆孤山路古籍部藏。
　　②　徐国杰:《十年来浙省外海水警》,《浙警十年》,中华警察学术研究社浙江分社、中国警察学会浙江分会编,1947年,第69页,浙江图书馆孤山路古籍部藏。
　　③　郑洪范:《两年来的浙西游击区》,《浙江潮》1939年第68-69期(合订本),第347页。

是组织"抗卫委员会"，经费、人员都以保障抗卫队、政工队为先，县警察局从官长的任命、人员编制的紧缩、经费的下调等各方面都为"抗卫"让路，可以说"一切都表示出没有人再要警察"[①]。所以，总体上讲抗战时期的浙江警政图谱形态就是"失"，是人、财、物的全面损失，警政在地方内政中的重要地位不再。

浙江警政第一"失"是"失位"。自清末新政以来，警察一直都是浙江内政建设的主要内容，其间虽有所反复，但浙江警政建设始终是在曲折中前进，在20世纪30年代达到一个高点。但即使在这个高点，由于受财税政策、教育水平、通信、交通、装备等等的限制，警政建设仍存在诸多问题，最为突出的问题就是警察的覆盖面或者说与社会的深入融合始终没有太大的突破，警政没能把触角广泛地深入到乡野之中，警察无法撼动以乡绅为核心的浙江乡村自治形态，时人记载自己"有一个亲戚，他是一乡的大绅士……乡保长每做一件事必先请教他，得到他的同意才能开始，否则，一定行不通"[②]。这既是千百年来中国地方政治传统惯性使然，也是包括警政在内的近现代新型地方管理体系无法渗入和有效掌控乡村的实际后果。在南京国民政府时期，浙江的各类关于警察的文献中都充斥着对保甲制度的分析和论述，虽警察制度与保甲制度已然产生严重冲突，国民政府也意识到保甲制度易被利用、被把持，政令难以推行的缺点，然则警力不足以达乡村，蒋介石统治下的国民政府也只能维持保甲制度长期与警察制度并存。全面抗战的爆发迅速摧毁了原有的社会行政体系，浙江省政府无法保全完整的行政系统，建立分散、灵活的以县、乡镇、村落为主体的联保体系就成为最为可行和有效的应对方式，相较而言，保甲的优势凸显。如浙西行署建立后确定了4项工作原则："（一）调整区乡镇保甲组织，特别注重乡镇下级；（二）确定乡镇保甲经费；（三）提高乡镇保甲人选质量；（四）实施管教养卫合一，奠定自治自卫基础[③]"。这些原则集中于保甲却无一字提及警政，可见在浙江的地方政治考量中，警政已经彻底"失位"。这是抗战时期浙江警政所有"失"之根本，也就无怪乎前节提及的省政府一度有废除警察由保甲代行警察职权的倡议。除保甲的因素外，阮毅成还分析了警察失位的另外三点原因：一、参考欧洲的警察情况，在战时警察一般为中立，不管占领者只为维持地方秩序存在；二、浙西沦陷时的县警察机关表现很差，几乎是先

---

①　阮毅成：《序》，《浙警十年》，中华警察学术研究社浙江分社、中国警察学会浙江分会编，1947年，第2页，浙江图书馆孤山路古籍部藏。

②　萧仲讷：《义乌的保长训练》，《浙江潮》1939年第72期，第418页。

③　晏忠承：《浙西现状及其前途》，《浙江潮》1939年第57期，第126页。

人民而走,社会率先从警察瓦解;三、警察于军事对抗作用不大[1]。

　　浙江警政第二"失"是"失人"。抗战期间警察大量流失,不过大量普通警察的流失只能算是影响了警察工作的正常开展,而真正严重的"失人"是在警政"人才"上的流失,影响了浙江警政的未来发展。30 年代的浙江警界人才辈出,派遣优秀警政人才出国留学和从国外引进对警政有所研究的专业人才一度使得浙江警政欣欣向荣。然而这一拨"红利"随同浙江警官学校并入中央警官学校后结束,众多人才被吸纳入中央警察系统,浙江只是由于原有警官教育机构培养的人员众多还足以支持。而且在战争环境中,虽然警察于军事对抗作用不大,但其毕竟是一个有一定纪律性和战斗力的群体,由此频频上阵抗敌,人员损失较大。更为严峻的是浙江财政困顿,经费不足,物价飞涨、通货膨胀严重,就连警察的薪饷都无法满足其基本的生活需求,浙江省被迫向民众征求实物用以警察的定量分配;警察人员在从公之余参加劳动,自己生产;尽量提高违警罚金、缉私禁烟的赏金等提成,"使每办案一次,即可得一笔意外收入,不但可以弥补警察薪饷之短缺,且增工作之兴趣"[2]。"增工作之兴趣"必致警察腐败,警察腐败虽无《浙江日报》评论的"三副三富"[3]般严重,但浙江警政的"失人"也不仅仅是失去警政人才,而且是开始逐渐失去警察"人品",警察形象毁于一旦。一类警察"入职不入责",占着警察的岗位却并未履行警察职责,玩忽懈怠,"每多背枪斜倚……间有头戴歪帽口叼香烟,交手斜立……服装不整,手抱孺孩,提篮沿街卖菜,比比皆是"[4];另一类则是不仅懈怠,而且腐败不堪,"掌管公安的警佐室,也无非站站岗,捉捉赌,捉来了之后,有面子的罚轻点,准保释放,一个小民就得闷在拘留所里。警察捉赌简直当做生意经,甚至警官当众问老百姓索钱"[5]。

　　不过值得庆幸的是浙江警政毕竟没有"失策"。无论浙江各级地方官员是如何对警察不屑一顾,无论民众对于警察的印象如何恶化,无论所有人如何对警察的未来发展不看好,浙江省政府仍然没有放弃对警察的"拯救"。虽"(省政府)曾拟办

---

　　① 阮毅成:《序》,《浙警十年》,中华警察学术研究社浙江分社、中国警察学会浙江分会编,1947年,第 2 页,浙江图书馆孤山路古籍部藏。

　　② 沈溥(民政厅第三科科长):《二年来警政设施概况》,《浙江省三十一年度警政检讨会议纪录》,1942 年 12 月,浙江省民政厅编,第 44 页,浙江图书馆孤山路古籍部藏。

　　③ 指国民兵团副团长、田粮处副处长、军民合作指导处副处长等三个机关的副官中饱私囊的现象,贪污受贿甚巨,即特别富有的三类副官。

　　④ 李警(临海警察局长):《六月十七日对临海警局官警训话》,《临海警察》1940 年第 2 期,临海县警察局编,第 2 页,浙江图书馆孤山路古籍部藏。

　　⑤ 《一个睡眠状态的县政府》,《浙江潮》1938 年第 24 期,第 453 页。

过警察学校、警察工厂、被服厂、指纹设备、人事登记卡片、警犬训练,并开班训练过刑事警察……一部分均是昙花一现结束了"[1],但最终,省政府还是没有放弃对警察的重建。全面抗战时期浙江当局重建警察的努力最终"有所得"。

第一个"有所得"是更加看清了警察的作用。警察在抗战初期几乎全军覆没,"各县的警察都变了自卫队,乡村警备班",而中央亦无建警的指导意见,只是按"蒋总裁的县各级组织纲要,各省开始了实验工作"[2],浙江警察机构形同虚设,各地主官对警察的态度也只停留在"已备差遣杂役,办理兵差,当当传令、递步哨之流的任务"的层面,这导致敌伪汉奸趁机渗透、盗匪团伙蜂拥自立等混乱的社会治安状况。在浙江,最有名的几个匪徒据点就在四明山、括苍山中,同时因浙江沿海岛屿众多,还有许多匪徒趁水警局虚弱之际据海岛而成海盗,并由于日寇的纵容,经常劫掠渔户、船商和沿海乡镇,成为一大祸患。虽然抗战时各地方的保甲自卫队、国民兵团都具备维护地方康靖的职责,但在很多方面与原警察相比都缺乏专业能力。不过随着战局的逐渐稳定,敌后游击的开展,再加上省民政厅一直坚持的警察建设和警训所训练,警察侦缉、指纹鉴别、警犬训练等专业优势在实际工作中发挥越来越大的作用,尤其是原来戴笠等在警察内设立的特务训练更是适用于敌后、游击战场,为抗战贡献不少。于是,发挥警察的作用在各级主政官员的施政中重新占据了重要位置。

第二个"有所得"是形成了一支精干的警察骨干力量。抗战开始的混乱和迅速的败退最重要的原因在于国民政府军队与日本侵略军在实力上的差距,但也与国民党中以汪精卫为首的一派认为中国无法抵抗日本,应当与日媾和而造成的妥协思维有关。受这种思想的影响,浙江各地在抗战前期的表现也很明显地存在侥幸、观望心理,抵抗意志不强。直到1938年2月9日浙江省颁布战时政治纲领,才算是统一了抗战思想,将各方力量动员起来,坚定抗战到底的信念。当时警察的训练工作条件都极为艰苦,如省警察训练所的"课堂即是饭堂,楼板即是铺板"[3];外海水警局也是一度损失所有舰船和仓库中的大部分装备;警察的薪饷"甚至到了不够吃饭,或是还要家里拿来贴付",警察在工作学习之余还要自己耕种田地,以获取必要的副食来源等。即使这样,仍然有很多的警察留了下来,战斗在游击线上,活跃在敌占区中,坚守在自己的

---

① 李世恒:《抗战时期的浙江警察》,《浙警十年》,中华警察学术研究社浙江分社、中国警察学会浙江分会编,1947 年,第 72 页,浙江图书馆孤山路古籍部藏。

② 郑洪范:《一九三九年的总结》,《浙江潮》1939 年第 92 期,第 781 页。

③ 李首青:《警讲班的零零碎碎》,《浙江警察》1939 年第 2 期,第 18 页,浙江图书馆孤山路古籍部藏。

岗位上。战争就像大浪淘沙,淘走了不坚定者和投机者,最后坚持下来的才是基干力量,如后任宁波警察局长的卢时宪等,抗战反而使得浙江警察"第一是寅缘倖进之风已戢,第二是互相倾轧之事见少,第三是人尽其才",整个风气反为廓清,警察的战斗力也大为提高,如1945年4月7日,外海水警第二大队取得了围歼日军海军中将山县正乡、击退营救敌军的光辉战绩①。

　　这两个"有所得"也为抗战后期浙江警察地位的快速恢复打下了基础。为了尽快恢复警政,浙江省政府在1944年后硬性规定各县总预算中保安支出不得少于20%,同时为避免保安支出预算被民兵团、自卫队、防护团、防空监视哨、递步哨等占用,又进一步规定"警察经费不得少于保安支出的百分之五十"②。并且早在1942年就在浙江省三十一年度警政检讨会议决议中提出"地方警卫单一化",也于此时得到省政府的支持,要求原有各种自卫队、特务队、警备队等全部归为警察机关统一指挥,这都为后来浙江快速重建警察立下根基。

---

　　①　徐国杰:《十年来浙省外海水警》,《浙警十年》,中华警察学术研究社浙江分社、中国警察学会浙江分会编,1947年,第67页,浙江图书馆孤山路古籍部藏。

　　②　李世恒:《抗战时期的浙江警察》,《浙警十年》,中华警察学术研究社浙江分社、中国警察学会浙江分会编,1947年,第72页,浙江图书馆孤山路古籍部藏。

## 本章附录图表

### 表 6-1-1　1942 年 12 月非沦陷区"裁室改局"情况①

| 县名 | 警察局/警察所名称 | 等级 | 成立日期 | 备注 |
|---|---|---|---|---|
| 於潜 | 於潜县警察局 | 三等 | 1941 年 1 月 1 日 | |
| 义乌 | 义乌县警察局 | 三等 | 1941 年 1 月 1 日 | |
| 缙云 | 缙云县警察局 | 三等 | 1941 年 1 月 1 日 | |
| 遂昌 | 遂昌县警察局 | 三等 | 1941 年 4 月 1 日 | 湖山、蕉川警察所 |
| | 王村口警察所 | / | 1942 年 3 月 1 日 | 筹备中 |
| 天台 | 天台县警察局 | 三等 | 1941 年 4 月 1 日 | |
| 青田 | 青田县警察局 | 三等 | 1941 年 4 月 1 日 | |
| 开化 | 开化县警察局 | 三等 | 1941 年 7 月 1 日 | |
| 泰顺 | 泰顺县警察局 | 三等 | 1941 年 12 月 1 日 | |
| 寿昌 | 寿昌县警察局 | 三等 | 1941 年 12 月 1 日 | |
| 新登 | 新登县警察局 | 三等 | 1942 年 1 月 1 日 | |
| 昌化 | 昌化县警察局 | 三等 | 1942 年 1 月 1 日 | |
| 三门 | 三门县警察局 | 三等 | 1942 年 1 月 1 日 | |
| 仙居 | 仙居县警察局 | 三等 | 1942 年 1 月 1 日 | |
| 龙泉 | 龙泉县警察局 | 三等 | 1942 年 1 月 1 日 | |
| 庆元 | 庆元县警察局 | 三等 | 1942 年 1 月 1 日 | |
| 玉环 | 玉环县警察局 | 三等 | 1942 年 1 月 1 日 | |
| 景宁 | 景宁县警察局 | 三等 | 1942 年 1 月 1 日 | |
| 云和 | 云和县警察局 | 三等 | 1942 年 1 月 1 日 | |
| 宣平 | 宣平县警察局 | 三等 | 1942 年 3 月 1 日 | |

① 据原文制作,沈溥(民政厅第三科科长):《二年来警政设施概况》,《浙江省三十一年度警政检讨会议纪录》,1942 年 12 月,浙江省民政厅编,第 19-20 页,浙江图书馆孤山路古籍部藏。

| 县名 | 警察局/警察所名称 | 等级 | 成立日期 | 备注 |
|---|---|---|---|---|
| 黄岩 | 头陀警察所 | / | 1942 年 3 月 1 日 | |
| | 横街警察所 | / | 1942 年 3 月 1 日 | |
| | 乌岩警察所 | / | 1942 年 3 月 1 日 | |
| | 路桥警察所 | / | 1942 年 3 月 1 日 | |
| | 院桥警察所 | / | 1942 年 3 月 1 日 | |
| 宁海 | 拱台警察所 | / | 1942 年 3 月 1 日 | |
| | 黄墩警察所 | / | 1942 年 3 月 1 日 | |
| | 文正警察所 | / | 1942 年 3 月 1 日 | |
| 东阳 | 南马警察所 | / | 1942 年 3 月 1 日 | 原有魏山警察所 |
| 淳安 | 港口警察所 | / | 1942 年 5 月 1 日 | 原有茶园、威坪、桥西三个警察所 |
| 瑞安 | 大岙警察所 | / | 1941 年 11 月 1 日 | |
| | 陶山警察所 | / | 1941 年 11 月 1 日 | |
| | 塘下警察所 | / | 1942 年 3 月 1 日 | |
| | 仙降警察所 | / | 1942 年 3 月 1 日 | |
| | 高楼警察所 | / | 1942 年 3 月 1 日 | |
| 平阳 | 鳌江警察所 | / | 1942 年 3 月 1 日 | |
| | 宜山警察所 | / | 1942 年 3 月 1 日 | |
| | 矾山警察所 | / | 1942 年 3 月 1 日 | |
| 永嘉 | 永临警察所 | / | 1942 年 5 月 15 日 | |
| | 永渔警察所 | / | 1942 年 5 月 15 日 | |
| | 郭溪警察所 | / | 1942 年 5 月 15 日 | |
| | 枫桥警察所 | / | 1942 年 5 月 15 日 | |
| 温岭 | 泽国警察所 | / | 1942 年 3 月 1 日 | |
| 乐清 | 虹桥警察所 | / | 1942 年 3 月 16 日 | |
| | 柳市警察所 | / | 1942 年 3 月 16 日 | |
| | 大荆警察所 | / | 1942 年 3 月 16 日 | |

**续表**

| 县名 | 警察局/警察所名称 | 等级 | 成立日期 | 备注 |
|---|---|---|---|---|
| 衢县 | 东区警察所 | / | 1942 年 6 月 | |
| | 南区警察所 | / | 1942 年 6 月 | |
| | 西区警察所 | / | 1942 年 6 月 | |
| | 北区警察所 | / | 1942 年 6 月 | |

表 6-1-2　1943 年底浙江警察机关建设情况[①]

| 一等县公安局所在县名 | | | | | |
|---|---|---|---|---|---|
| 永嘉 | 瑞安 | 平阳 | 临海 | 黄岩 | 温岭 |
| 宁海 | 衢县 | 淳安 | 江山 | | |

| 二等县公安局所在县名 | | | | | |
|---|---|---|---|---|---|
| 乐清 | 天台 | 丽水 | 龙游 | 青田 | 缙云 |
| 龙泉 | 松阳 | 永康 | 遂昌 | 三门 | 常山 |
| 开化 | 遂安 | 建德 | 新登 | 桐庐 | 武义 |
| 於潜 | 昌化 | 安吉 | 孝丰 | 寿昌 | |

| 三等县公安局所在县名 | | | | | |
|---|---|---|---|---|---|
| 泰顺 | 玉环 | 仙居 | 云和 | 景宁 | 庆元 |
| 宣平 | 汤溪 | 分水 | 富阳 | | |

| 设立警佐室的县名 | | | | | |
|---|---|---|---|---|---|
| 磐安 | | | | | |

| 设立乡镇警察的县名 | | | | | |
|---|---|---|---|---|---|
| 於潜 | 孝丰 | 宁海 | 天台 | 永康 | 武义 |
| 龙泉 | 磐安 | 江山 | 寿昌 | 瑞安 | 青田 |
| 宣平 | 缙云 | | | | |

---

① 据原文制作,朱焯:《十年来浙江警政设施概述》,《浙警十年》,中华警察学术研究社浙江分社、中国警察学会浙江分会编,1947 年,第 19 页,浙江图书馆孤山路古籍部藏。

**表 6-1-3　1943 年底浙江各县警察所统计**①

| 县名 | 数量 | 县名 | 数量 | 县名 | 数量 |
|------|------|------|------|------|------|
| 永嘉 | 6 | 瑞安 | 5 | 江山 | 4 |
| 温岭 | 4 | 淳安 | 4 | 天台 | 2 |
| 乐清 | 3 | 遂昌 | 3 | 遂安 | 2 |
| 宁海 | 2 | 衢县 | 2 | 寿昌 | 1 |
| 玉环 | 1 | 临海 | 1 | | |
| 松阳 | 1 | 平阳 | 5 | | |

**表 6-2-1　浙江地区治安委员会组成人员(1939 年 7 月 20 日)**②

| 委员会内职务 | 军队/行政职务 | 军衔 | 名字 |
|------|------|------|------|
| 委员长 | 兵团长 | 陆军中将 | 土桥一次 |
| 副委员长 | 浙江省长 | | 汪瑞固 |
| | 杭州特务机关长 | 陆军步兵中佐 | 渡边四郎 |
| 委员 | 兵团主任参谋 | 陆军炮兵中佐 | 土屋治男 |
| | 铁道警备部队参谋 | 陆军步兵中佐 | 中川州男 |
| | 杭州宪兵队长 | 陆军宪兵中佐 | 岸银二郎 |
| | 浙江地区绥靖司令 | | 徐朴诚 |
| | 浙江省民政厅长 | | 孙棣三 |
| | 浙江省警务处长 | | 陆荣簠 |
| | 杭州特务机关 | 陆军步兵少佐 | 松波三树 |
| | 浙江省警务顾问 | | 川手与九郎 |
| 干事长 | 杭州特务机关长 | 陆军步兵中佐 | 渡边四郎 |
| 干事 | 兵团主任参谋 | 陆军炮兵中佐 | 土屋治男 |
| | 浙江省警务处长 | | 陆荣簠 |
| | 浙江省财政厅长 | | 陈炳年 |
| | 杭州宪兵队副官 | 陆军宪兵中尉 | 水谷五郎 |
| | 浙江省警务顾问 | | 川手与九郎 |
| | 浙江省警务指导官 | | 佐佐木文右卫门 |

① 据原文制作,朱焯:《十年来浙江警政设施概述》,《浙警十年》,中华警察学术研究社浙江分社、中国警察学会浙江分会编,1947 年,第 20 页,浙江图书馆孤山路古籍部藏。

② 《浙江地区治安委员会名册》,《日军侵略浙江实录(1937—1945 年)》,浙江省档案馆、中共浙江省委党史研究室编,中共党史出版社,1995 年 8 月第 1 版,第 138 页。

### 表 6-2-2　1943 年浙江省各县警察局所(伪)等级[①]

| 一等县警察局所(伪)所在县名 | | | | | |
| --- | --- | --- | --- | --- | --- |
| 省会 | 杭县 | 嘉兴 | 绍兴 | 吴兴 | 海宁 |
| 二等县警察局所(伪)所在县名 | | | | | |
| 海盐 | 嘉善 | 平湖 | 崇德 | 萧山 | |
| 三等县警察局所(伪)所在县名 | | | | | |
| 长兴 | 武康 | 富阳 | 德清 | 桐乡 | 余杭 |
| 未定等级警察局所(伪)所在县名 | | | | | |
| 鄞县 | 镇海 | 余姚 | 浦江 | 奉化 | 南田 |
| 象山 | 武义 | 金华 | 诸暨 | 慈溪 | 兰溪 |
| 嵊县 | 定海 | 东阳 | 新昌 | 上虞 | 义乌 |

### 表 6-2-3　抗战期间浙江省部分沦陷地区警察局所(伪)建立情况[②]

| 县名 | 警察所(伪)建立时间 | 警察局(伪)建立时间 | 机构设置 |
| --- | --- | --- | --- |
| 定海 | 1939 年 6 月 | | |
| 桐乡 | 1938 年 9 月 | 1941 年 8 月 | 一、二课；濮院、青镇、屠甸、玉溪、练市 3 警察所；城东、城北、宏远桥 3 派出所；侦缉队；官警夫役 264 人 |
| 崇德 | 1938 年 10 月 | 1941 年 8 月 | 一、二、三课；城区、洲泉、石湾、高桥、灵安、施家浜 6 个警察所；城区南、北门派出所；侦缉队、水巡队、武装警察队。官警 247 人 |
| 绍兴 | | 1941 年 6 月 | 第一至第四 4 课；警察大队；居民证核发所；城南、城西、城北、东关、临浦和柯桥 6 个警察所；保安队近 900 人 |

---

①　张根福、岳钦韬：《抗战时期浙江省社会变迁研究》，上海人民出版社，2009 年版，第 52 页。

②　据各县县志或公安志编辑整理。

续表

| 县名 | 警察所(伪)<br>建立时间 | 警察局(伪)<br>建立时间 | 机构设置 |
|---|---|---|---|
| 萧山 | 1941 年 6 月 | | |
| 上虞 | 1942 年冬 | | 督察、总务、司法、情报科 |
| 嵊县 | 1942 年冬 | | |
| 新昌 | 1942 年冬 | | |
| 诸暨 | 1942 年冬 | | |
| 鄞县 | 1941 年 5 月 | | 总务、行政、司法、刑事 4 课；督察处、瞥卫队、女警检查队、拘留所；江北、江东、唐塔 3 个警察所；直辖西郊分驻所；2 个武装警察中队；侦缉队；员警夫役 794 名 |
| 奉化 | 1942 年 | | |
| 余姚 | 1941 年 | | 侦察队、守卫队 |
| 金华 | 1942 年 5 月 | | 人事室、警察室；一、二、三课；侦缉、行动、拘留 3 个小组；城区设 4 个分驻所，3 个派出所；在幸顺、曹宅、岭下朱设 4 个分局。计有巡官 64 人，警长 30 人，警察 300 人，雇员 31 人。 |
| 富阳(江北部分) | 1938 年 3 月 | 1940 年初 | 总务、业务 2 组；城区、宋殿 2 个派出所 |

表 6-4-1　1939 年浙江省地方普通岁出概算①

| 经费项目 | 经常门 | 临时门 | 总计 | 比例 |
|---|---|---|---|---|
| 党务费 | 95592 | 341388 | 436980 | 1.11% |
| 行政费 | 1113056 | 423242 | 1536298 | 3.89% |
| 司法费 | 889500 | 187760 | 1077260 | 2.73% |
| 公安费 | 3058472 | 7135106 | 10193578 | 25.82% |
| 财务费 | 2076723 | 27740 | 2104463 | 5.33% |

---

① 沈松林：《浙江之战时财政》，《浙江潮》1939 年第 70 期，第 379 页。

**续表**

| 经费项目 | 经常门 | 临时门 | 总计 | 比例 |
|---|---|---|---|---|
| 教育文化费 | 2484677 | 113900 | 2598577 | 6.58% |
| 实业费 | 422835 | 85664 | 508499 | 1.29% |
| 交通费 | 0 | 99101 | 99101 | 0.25% |
| 卫生费 | 283404 | 120000 | 403404 | 1.02% |
| 建设费 | 116340 | 0 | 116340 | 0.29% |
| 地方营业资本支出 | 0 | 198944 | 198944 | 0.50% |
| 协助费 | 2910321 | 4242751 | 7153072 | 18.12% |
| 抚恤费 | 110000 | 0 | 110000 | 0.28% |
| 债务费 | 9756100 | 0 | 9756100 | 24.71% |
| 总预备费 | 3181927 | 0 | 3181927 | 8.06% |
| 总计 | 26498947 | 12975596 | 39474543 | 100.00% |

表 6-4-2　警察训练所培训班开设情况①

| 班别 | 期别 | 毕业人数 | 训练期间 | 入所方式 | 备注 |
|---|---|---|---|---|---|
| 警官补习班 | 1 | 25 | 一年 | 调训 | |
| | 2 | 67 | 一年 | 调训 | |
| | 3 | 43 | 一年 | 调训 | |
| | 4 | 36 | 一年 | 招考 | |
| | 5 | 49 | 一年 | 调训 | 1947 年 |
| 警官补习小计 | | 220 | | | |
| 巡官训练班 | 1 | 66 | 四个月 | 调训 | |
| 警员班 | 1 | 76 | 一年 | 招考 | 训练、实习各六个月 1947 年 |
| 卫生班 | 1 | 81 | 三个月 | 调训 | |
| 特务班 | 1 | 93 | 三个月 | 调训 | |
| 刑事班 | 1 | 104 | 三个月 | 调训 | |
| 特别训练班小计 | | 420 | | | |

① 杜承荣:《浙江省警察训练所概况》,《浙警十年》,中华警察学术研究社浙江分社、中国警察学会浙江分会编,1947 年,第 52 页,浙江图书馆孤山路古籍部藏。

续表

| 班别 | 期别 | 毕业人数 | 训练期间 | 入所方式 | 备注 |
|---|---|---|---|---|---|
| 学警班 | 1 | 257 | 四个月 | 招考 | |
| | 2 | 161 | 四个月 | 招考 | |
| | 3 | 180 | 四个月 | 招考 | |
| | 4 | 125 | 四个月 | 招考 | |
| | 5 | 127 | 四个月 | 招考 | |
| | 6 | 107 | 四个月 | 招考 | |
| | 7 | 59 | 四个月 | 招考 | |
| | 8 | 70 | 四个月 | 招考 | |
| | 9 | 98 | 四个月 | 招考 | |
| | 10 | 144 | 四个月 | 招考 | |
| | 11 | 90 | 四个月 | 招考 | |
| | 12 | 63 | 四个月 | 招考 | |
| | 13 | 190 | 四个月 | 招考/调训 | 招考45,调训145 1947年 |
| 学警班小计 | | 1671 | | | |
| 总计 | 23 期 | 2311 | | | |

# 第七章 国民党在大陆统治末期的浙江警察(1946—1949)

抗日战争胜利以后,面对新的政治、经济、社会形势,南京国民政府一方面加快全国警政的重建,另一方面虽囿于编制、经费等问题但还是不遗余力地推进警政改革。国民政府大力推进警察机构改革、重视警察教育、提高警察待遇和地位、增加警察数量、保证警察经费、改进勤务方式等,但国民政府重警的目的在于维护国民党政权的一党专政致使警察职能重镇压轻服务,警察"党化""特务化"严重,"致使民心不安,隐忧堪虞"[①]。"终其统治大陆的 22 年,特务警察一直是蒋介石赖以打击共产党及其他一切反蒋派别及民主力量、维护其独裁统治的一个重要支柱"[②]。

## 第一节 劫后余生:抗日战争胜利后的浙江警政

1942 年美国全面加入反法西斯战争,1943 年中国战场的态势也开始发生扭转,1944 年国民政府真正感知到胜利的曙光,于是一切与复国有关的事务开始陆续提上国民政府的日程,其中就有警政事务。警察理论大家李士珍颇有远见,早在 1941 年就起草了警察建设计划,后经反复修改,在他发现形势发展利于警政重建时,在 1943 年正式向蒋介石提出了该计划。最早李士珍呈报的是五年计划,但后来蒋介石认为"范围太大,时间太速"[③],李士珍于 1944 年

---

① 韩延龙、苏亦工等:《中国近代警察史》,中国人民公安大学出版社,1993 年版,第 537 页。
② 万川:《中国警政史》,中华书局,2006 年版,第 415 页。
③ 《总裁手令办理情形报告表》,中国第二历史档案馆馆藏内政部档案。转引自孟奎、周宁:《李士珍和抗战后期的五年建警计划》,《民国档案》,2004 年第 1 期,第 80 页。

初又改成"十年计划"。抗战胜利后,国民政府积极准备内战,为了加快对地方的控制,后经内政部、行政院等部门参照此份建警计划拟定了五年建警计划草案,于 1946 年 1 月 23 日呈报中央设计局,国民政府于 3 月 7 日电令内政部实施[1],恢复五年建警计划。

李士珍的建警计划规模宏大,其认为"军队应为领袖扬威于海外,警察应为领袖宣德于国内,故建警方针,应以仁爱为精神,以法治为目标,采用正大光明方式,表现固有大国风度,以安定人心,使中外人士无所借口"。警政建设的重点应放在"警察精神(必诚必公必仁)之倡导,警察制度之建立(中央设警察总署,省设警保处,县设警察局,并以警管区为其基层),警察素质之提高(提高警士为警员,须初中毕业程度),警察待遇之改善(确立警员为委任级),复员人员转任警官之实施,警官分校之设立"[2]等方面。虽然建警计划的正式实施颇有曲折,但还是受到蒋介石的重视和认可。蒋介石曾批示道"此建警计划最重要,应即着手实施"[3]。该建警计划规划方案为合并内政部警政、户政两司,成立警政署统一领导全国警察机关,各省合并民政厅之警政、户政两科设立警务处,警务处直隶省政府,受警政署监督指挥。该计划提出"江西、浙江、安徽、河南四省,均属战区,且原有保安处似可斟酌情形,于三十三年度内分别改为警务处"[4]。浙江并未在 1944 年成立警务处,到抗战结束也仍由民政厅掌控警政。

虽然中央定的是五年计划,但浙江省在 1945 年计划用三年的时间完成重建。浙江在 30 年代的警政建设中打下了良好的基础,而且在抗战中也早就开始推动敌后警察的重建,所以浙江省很有信心用三年时间达到五年建警计划中的要求。此外不仅浙江,其他省份也根据自己的实际状况,参照制定了不同计划。浙江还并非是计划用时最短的,南京、上海等地是用两年的时间,福建、安徽、江西等计划用四年的时间,热河、察哈尔、绥远等则是计划用五年的时间。浙江省的建警计划具体内容见表 7-1-1:

---

① 赖淑卿:《警政史料》第 5 册,台北"国史馆"1993 年版,第 243 页。

② 中国第二历史档案馆:《李士珍拟〈建警计划草拟经过之简述〉》,《民国档案》,2003 年第 1 期,第 34 页。

③ 中国第二历史档案馆:《李士珍拟〈建警计划草拟经过之简述〉》,《民国档案》,2003 年第 1 期,第 33 页。

④ 中国第二历史档案馆:《李士珍拟〈建警计划草拟经过之简述〉》,《民国档案》,2003 年第 1 期,第 29 页。

表 7-1-1    浙江省三年建警计划①

| | |
|---|---|
| 第一年目标 | 1. 提前整理或改设警务处筹划各该省建警工作,以提高警察素质实施警管区制为中心; |
| | 2. 提前整理或成立警训所; |
| | 3. 提前整训或成立保安警察队; |
| | 4. 提前设置省会及重要县市外事警察; |
| | 5. 调整各县警察人事; |
| | 6. 整理省会省辖市及一等县城警察; |
| 第二年目标 | 1. 完成保安警察队之整训; |
| | 2. 完成省辖市及一等县城警察之整理; |
| | 3. 整理二等县乡保警察; |
| | 4. 改侦缉队为刑事警察并充实科学设备; |
| | 5. 完成二等县城警察及一等县乡保警察之整理; |
| | 6. 整理三等县城警察及二等县乡保警察; |
| 第三年目标 | 1. 完成三等县城警察及二等县乡保警察之整理; |
| | 2. 整理三等县乡保警察; |
| | 3. 完成二等县乡保警察之整理; |
| | 4. 完成全省警察网。 |

1946 年国民党六届二中全会召开,其决议在内政部下成立警察总署,并且调整省市县各级机构。根据会议要求各省应设立警保处,直隶省政府,掌理全省警保业务;县则设警察局,为全县警务主管机关。1946 年 8 月警察总署成立,唐纵任署长。在他的推动下,全国警政开始"警保统一"改革,将全国各省保安部队改为保安警察;各省废除保安司令部、保安处和民政厅警务科(处)组织,改由省警保处统一掌管;省警保处为全省警察及地方武装的最高指挥机关。11 月 9 日,行政院公布《各省警保处组织条例》,明确各省警保处隶属省政府,掌理全省警察及保安事务。警保处内设五科,其各自的职责划分见表 7-1-2:

① 改编自赖淑卿:《警政史料》第 5 册,台北"国史馆",1993 年版,第 239 页。

**表 7-1-2　警保处内部各自职能划分**[①]

| 第一科 | 掌理警察及保安部队组织、编制、外事、交通、消防、卫生、建筑、风俗、禁烟等警察业务;<br>掌理铁路、税务、盐务、森林、工矿、渔业、航业等专业警察联系事项; |
|---|---|
| 第二科 | 掌理警察及保安部队教育校阅事项; |
| 第三科 | 掌理治安、情报收集、治安行政监督、绥靖计划、警力配备调遣、公私武器管理、警察户口调查等事项; |
| 第四科 | 掌理司法警察及出版监察事项; |
| 第五科 | 掌理警察及保安部队经理、经费,本处庶务出纳与财产公务保管等事项。 |

　　浙江警保处本应按中央要求于 1947 年 2 月之前建立,结果一直到 1947 年 8 月 1 日才改组成立,竺鸣涛任处长。根据《省警保处组织法》条例规定,各省可以按本省事务繁简情况增减科室,但不得多于六科,然而浙江省警保处却内设"七科八室"。浙江将第三科中的"绥靖计划"一项独成一科,"七科"分别掌管警察行政、警察训练事宜、绥靖事宜、防控事宜、刑事警察业务、总务经理事务、实习人员事宜。"八室"则分别是处长室、秘书室、人事室、视导室、编审室、会计室、统计室等。警保处的人员编制,一般而言处长为简任官,副处长为荐任或简任官,以下设置主任秘书、秘书,分掌机要文书、印信、档案及长官交办事项;置视导、编审、技正、技士,承长官之命,分任全省警保事务,视导、编撰、翻译、审核及一切技术事务;设人事室,依人事管理条例之规定办理人事管理事务;置会计主任、统计主任,依统计法之规定,办理本处岁计、会计、统计事务。按照各省的情况,警保处的编制可以分为甲乙丙三类(关于各省警保员额数据详见本章附录表 7-1-3)。浙江省的警保处采用甲种编制,警保处内部职员主要有处长、副处长、科长、主任、技正、秘书、视导、科员、技士、办事员、雇员等共计 232 人[②]。浙江省警保处除处长、副处长、人事室主任是由南京国民政府指派,第五科科长与主任领导由内政部指定外,其余人员由保安司令部和民政厅警务科原有人员先行派充。

　　浙江省警保处成立后,警察的职权由"原来的指挥、监督全省水陆警察事务,扩大为掌理全省警察及保安事务"[③]。由于战场形势不利,一切以军事斗

---

①　改编自赖淑卿:《警政史料》第 5 册,台北"国史馆",1993 年版,第 88-89 页。

②　《民国 36 年浙江省警保处工作报告》,浙江省档案馆藏,L016-0-709-56。

③　韩延龙、苏亦工等:《中国近代警察史》下册,社会科学文献出版社,2000 年版,第 578 页。

争为主。1948 年 4 月 1 日浙江"省警保处又改称省保安司令部,设司令 1 人,副司令 2 人,参谋长 1 人,下辖参谋、警保、政工 3 处和总务、经理 2 科及秘书、人事、军法、会计 4 室。同月 5 日,省政府主席沈鸿烈兼保安司令"①。"所属警保处兼受省政府及内政部之指挥监督,掌理编组、训练警政交通、通讯及械弹之补给事项,下设三科,第一科掌组织、编制、训练。第二科掌治安行政出版。第三科掌械弹、交通、通讯"②,致使警保处地位有所下降。同时,此时警保处军事功能突出,警保处处长毛森兼任省"戡乱"工作指挥组组长,下辖 9 个区戡乱工作团,主办"清剿"。

虽然国共内战中国民党形势不妙,但国民政府还做着"反攻"的美梦,浙江省政府作为中央的坚定追随者也还抱持着"困兽犹斗"的心理,试图维护基本的警政工作,勉力维持警察这支力量不要涣散。为振作警政,1948 年下半年,兰溪、余姚、奉化成为全省指定的警察示范县,由省政府分派已受训的转业警员到兰溪、余姚服务;按人口、地形、交通、社会情况,划定警察勤务区,并以警员为服务单位;以警察额定装备标准,调整原警察编制,提高警务人员素质;优选劣汰,"长警年资较久,成绩优良者,予以考选受训,改任警员,成绩低劣之长警,予以淘汰"。而此时的国民政府已然内忧外患,三个警察振作示范县收效甚微,如"奉化县因财力支绌,鲜有成效"③。

时至 1949 年,浙江国民政府的警政系统早已丧失其根本功能,加之国民政府在战场上节节败退,主要首脑开始考虑移往台湾,警察系统成了政府用于拖延时间或是垂死挣扎的牺牲品。1949 年初,国民党浙江省政府主席周嵒为了稳住浙西南的局势,令丽水专员召集处属各县和泰顺县长召开"应变"会议,会议决定,在必要时将各县的常备自卫队和警察改编为师,由专员统一指挥。而后在 1949 年 3 月,分水县县长兼自卫总队长项作梁和松阳县长祝更生起义。在起义前,二者均以调走县警察局长或占领警察局为优先执行的重要步骤④,可见当时的警政系统已经成为地方上阻碍人民解放的主要力量。

总结抗战后的浙江警政,大致可分三个阶段。第一阶段,浙江延续了以往的"认真"劲,"忠诚拥护"中央的建警计划,同时根据本省特点自定规划,不循规蹈矩。从各县的警察系统重建,到拟定自身的三年建警计划,再到贯彻实施

---

① 浙江省军事志编纂委员会编:《浙江省军事志》,方志出版社 1999 年版,第 185 页。

② 余绍宋编:《重修浙江通志稿》卷 67,1947 年,第 12-13 页,浙江省图书馆孤山路古籍部藏。

③ 《浙江省政府工作报告 1948 年 6 月至 1948 年 12 月》第 34 页,浙江省政府秘书处编印,浙江省图书馆孤山路古籍部藏。

④ 袁成毅:《民国浙江政局研究(1927—1949)》,中国社会科学出版社,2007 年,第 185-186 页。

省内自定的"千人一警"计划等都不遗余力。当时中央发布建警计划,就以江西、浙江、湖南、湖北、广东、广西、福建、云南等省优先试办。第二阶段,在警保处成立之后,浙江的警政逐渐偏离了既定的轨道。正如李士珍所担心的那样,警察逐步失去了"正"而靠向了特务的"奇"①。而在保安警察的并入后,表面上壮大了警察队伍,实际上改变了警察本身的维持治安的基本职能。这与国民政府在警政队伍中从上到下的"特务长官"不无联系,唐纵曾言"行政警察与刑事警察,都不足以应付变局时,即到了危害公安的暴动事件来临时,到这时期,便须使用保安警察了"②,并竭力推进警察军事化。第三阶段,则是浙江警政的挣扎期,此时包括警政在内的各项政府工作皆面临巨大的财政危机。国民政府的金融系统面临崩溃,浙江从利税大省变成赤字大省,浙江的警政也唯有苦苦挣扎,作为地方"戡乱"最值得依赖的力量,虽然浙江当局对警政的改革从未停止,然收效甚微,难挽大厦于将倾。

## 第二节　势在必行:浙江警察机关的重建与扩建

　　1945 年 8 月 15 日,日本宣布无条件投降,抗日战争结束。同年 9 月 4 日,浙江战区于富阳县长新乡(今受降镇)宋殿村举行受降仪式,接受了浙日军133 师团包括参谋长樋泽一治在内的一众日军军官的投降。至此浙江全境恢复了国民政府的各级行政建制,其中就包括警察机关。其实,早在 1942 年浙江省三十一年度警政检讨会议的决议中,就已决定着手重建浙江的警政机关,是时,阮毅成甚至建立了敌后警察机关。时至 1944 年,浙江省政府对地方保安经费的规定开始为重建警察机关提供财政保障,同年,众多建立在国民政府控制下的县内警察大队复改为警察局。而日军投降后,浙江则正式迈出重建各级警察机构的实质性步伐。

### 一、省会警察机关的重建与发展

　　1945 年 8 月 10 日,杭州恢复国民政府建制,而警察机关的重建并未立刻开始。包括枪械登记、政府警卫在内的一系列警察职责"初则由第三战区长官司令部直接指挥,继则改属杭州警备司令部负责,再则移交于全省保安司令部

---

　　①　孟奎、周宁:《李士珍和抗战后期的五年建警计划》,《民国档案》,2004 年第 1 期,第 79 页。

　　②　唐纵:《首都警察应有之认识——三十七年十二月在首都警察厅警官业务讲习班讲话》,《警察之友》1949 年第 1 卷第 2 期,第 4 页,浙江省图书馆孤山路古籍部藏。

办理"①。而后不久成立的军事科,接手部分杭州市内的警卫事务,于此期间,国民政府派员盘点接收了汪伪杭州政府的"省会警察局"。同年 9 月,浙江省会警察局成立,隶属于省民政厅警务科,由陈纯白出任局长,地址设于杭州太平坊巷 22 号。省会警察局内设三室三科,分别为秘书室、会计室、户政室、第一科、第二科、第三科,其余还包括督察处、拘留所、消防总队、刑事警察大队、警察大队和直属的莫干山管理局警察所等。其中第一科下辖总务、人事、庶务 3 股;第二科辖行政、社会、保安、外事 4 股;第三科辖司法、侦缉、指纹 3 股。省会警察局的外部组织包括 8 个分局②,23 个分驻所和 14 个派出所。关于浙江省会警察局外部组织详见下表 7-2-1:

表 7-2-1　1945 年浙江省会警察局外部组织机构③

| 分局名 | 驻地 | 所辖分驻所 | | | | 所辖派出所 | | |
|---|---|---|---|---|---|---|---|---|
| 一分局 | 宗阳宫 | 长庆寺 | 凤山门 | 九刀庙 | | 板儿巷 | 涌金门 | 花牌楼 |
| 二分局 | 蒙古桥 | 鞔鼓桥 | 中正街 | 横河桥 | 湖滨 | | | |
| 三分局 | 忠清巷 | 忠清巷 | 西大街 | 孩儿街 | 东街路 | 庆春门 | 艮山门 | 新桥 |
| 四分局 | 岳坟 | 岳坟 | 灵隐 | 松木场 | | 昭庆寺 | 净慈寺 | |
| 五分局 | 南星桥 | 南星桥 | 天王桥 | 闸口 | | 望江门 | 观音塘 | 徐村 |
| 六分局 | 艮山门外湾儿头 | 七堡 | 流水桥 | | | 彭埠 | | |
| 七分局 | 笕桥镇 | 笕桥 | 彭家埠 | | | | | |
| 八分局 | 湖墅外万物桥 8 号 | 宣家埠 | 甘露亭 | | | 大兜 | 马塍庙 | |

1946 年 7 月 11 日,浙江省会警察局改组为杭州市警察局,隶属于杭州市政府,由沈溥接任局长。相较于一年前的"省会警察局",杭州市警察局调整了部分内设机构:设第一科、第二科、第三科及刑事警察队、警察大队、消防队、拘留所;添设城站、松木场、六和塔、三廊庙、拱宸桥、七堡 6 个直属检查所,并单独成立指纹室,而一、二、三科各自下辖的股级单位也发生了变动(表 7-2-2)。同时,一些外部组织也发生变动,撤销第一分局九刀庙分驻所,改设城站分驻

　　① 《十个月来杭州之市政》,《民国时期杭州市政府档案史料汇编(1927—1945 年)》,杭州市档案馆,杭文出临(89)第 07 号,第 348 页。

　　② 杭州市政府重新成立后划分行政区域为上城、中城、下城、西湖、江干、艮山、笕桥、拱墅 8 个区。

　　③ 《杭州公安志(评审稿)》,杭州市公安志编纂委员会,2000 年,第 76-77 页,浙江图书馆地方文献部藏。

所,增设竹斋街分驻所;撤销第二分局中正街分驻所,改设皮市巷分驻所。时至1948年4月,杭州市警察局从杭州市政府中划出,改隶于浙江省警保处。同年7月,杭州市警察局更名为浙江省会警察局。此后直到1949年国民党政府撤出省会,此期间该警察局的名称和组织均未再发生变化。

表7-2-2　1946年杭州市警察局与1945年省会警察局内部组织对照[①]

| 科名 | 1945年省会警察局内辖股 | 1946年杭州市警察局内辖股 |
|---|---|---|
| 第一科 | 总务股、人事股、庶务股 | 总务股、庶务股、统计股 |
| 第二科 | 行政股、社会股、保安股、外事股 | 保安股、外事股、交通股、户口股 |
| 第三科 | 司法股、侦缉股、指纹股 | 司法股、鉴识股、防奸股 |

## 二、宁波市警察机关的重建与发展

1941年4月19日宁波沦陷后,宁波警察局原各级总局、分局机关均被裁撤,原有警察等全部编入宁波警察总队开展敌后游击。宁波警察总队于1945年9月20日,根据浙江省民政厅指示,恢复成立宁波警察局,内设督察处、总务科、行政科、司法科、会计室、警捐征收处、无线电台。外部组织划分六区设分局六所,分局下设派出所13处及保安警察队、车巡队、消防队、侦缉队、游民懲教院等。整个宁波警察局的重建构架相当庞大,图7-2-1列出了宁波警察局组织机关的完整结构,其结构之紧密完整,可与省会警察机关相媲美。抗战前,包括宁波警察局总局及各分局在内,多有"被敌伪莠民拆毁,变成瓦砾平地",导致宁波警察局在重建后各所属机关的驻地多有变迁。也有部分机关在经过"地方热心绅商代为修理后"[②]又重回原驻所(表7-2-3)。

1946年3月,出于经费原因,宁波警察局在保留原内部所有科室不变的情况下,改编保安警察大队,重整特务队,并裁撤一个中队。同时改侦缉队为刑警队,此也是冠以"刑警"名称的警察机关在浙江省内的首次出现。次年3月19日,行政院第777次例会通过宁波警察局组织规程,决定宁波警察局隶属浙江省民政厅,内部改设秘书室、行政科、司法科、外事科、督导处、会计室、统计室,其外部组织未有太大改动,但明确了"于必要时得设交通警察、水警

---

　　①　《半年来杭州之市政》,《民国时期杭州市政府档案史料汇编(1927—1945年)》,杭州市档案馆,杭文出临(89)第07号,第417页。

　　②　张锡武:《宁波警察沿革史》,《宁波警察》1946年第2期,宁波警察月刊社,浙江图书馆孤山路古籍部藏。

队、军乐队、警用电台"①。

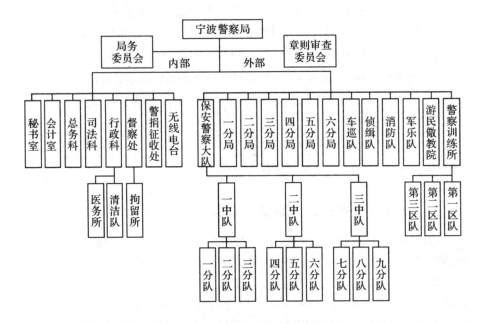

图 7-2-1    1945 年宁波警察局组织机构图②

**表 7-2-3    1945 年宁波警察局各机关驻地情况③**

| 机关名 | 临时驻址 | 迁驻地址 | 下设派出所驻地 |
|---|---|---|---|
| 总局 | 鼓楼旧海关监督公署 | | |
| 一分局 | 佛教会 | 大沙泥街东岳宫 | 乐行街、镇明路 |
| 二分局 | 屠氏义庄 | 天宁寺 | 苍水街 |
| 三分局 | 大梁街新城隍庙 | | 偃月街、镇明路 |
| 四分局 | 江北岸外马路(原址) | | 石坂路、中马路、泗州路 |
| 五分局 | 两眼桥旧济生会 | | 栎木庙、铁锚巷、东郊路 |

① 丁耀南:《浙江警察志略》,1947 年,第 8 页,浙江图书馆孤山路古籍部藏。

② 据《宁波警察局工作报告:自民国三十四年九月十二日起至十一月十五日止》制作,宁波警察局印刷,1945 年,浙江图书馆孤山路古籍部藏。

③ 据张锡武:《宁波警察沿革史》,《宁波警察》1946 年第 2 期,宁波警察月刊社,浙江图书馆孤山路古籍部藏。

| 机关名 | 临时驻址 | 迁驻地址 | 下设派出所驻地 |
|---|---|---|---|
| 六分局 | 天宁寺 | 卖鱼巷 | 西郊路、北郊路 |
| 消防队 | 南大路 | | |
| 侦缉队 | 大沙泥街嘉佑庙 | | |
| 车巡队 | 与总局同 | | |
| 警察训练所 | 新桥头(原址) | | |
| 保安警察大队 | 大沙泥街鲁班殿 | | |

### 三、水上警察局的重建与发展

抗战前,浙江水上警察改编为两个大队。战争期间,浙江内河水上警察受战事冲击,无力承担原有职责,而外海水上警察虽保有编制,但于 1941 年 4·19 战役中"所有巡舰先后击沉或被掳,致全部损失⋯⋯将炮兵队、通讯班同时裁撤"[①],基本丧失履职能力。时至 1945 年 9 月,"敌军投降,浙江光复故土⋯⋯内河外海两警队,均一律恢复为局"[②]。新成立的两个水上警察局除设有内部机关外,并未在外部设立分局,亦未效法从前,实行分区管理,而是直接成立警察大队,下设中队、分队,其大致情况如表 7-2-4 所示:

表 7-2-4　1945 年底浙江水上警察机关数统计表[③]

| 警局 | 保安警察队 | 刑警队 | 特种队 | 备注 |
|---|---|---|---|---|
| 内河水上警察局 | 3 | 1 | 2 | 特种队指巡游队、特务队 |
| 外海水上警察局 | 3 | | 1 | 特种队指特务队 |

1946 年 3 月,外海水警局特务队奉令改编为独立中队,3 月 26 日,浙江省政府还一度将抗战后成立的浙江省外海护航委员会所辖各支队、大队分别改编为另 3 支外海水上警察队,并命名为第四、第五、第六大队。但同年 6 月就

---

①　徐国杰:《十年来浙省外海水警》,《浙警十年》,中华警察学术研究社浙江分社、中国警察学会浙江分会编,1947 年,第 65 页,浙江图书馆孤山路古籍部藏。

②　丁耀南:《浙江警察志略》,1947 年,第 7 页,浙江图书馆孤山路古籍部藏。

③　据朱焯的《十年来浙江警政设施概述》编制,《浙警十年》,中华警察学术研究社浙江分社、中国警察学会浙江分会编,1947 年,第 21 页,浙江图书馆孤山路古籍部藏。

因"省库支绌,无力维持,奉令全部遣散"①。1947年外海水警局的组织机构基本稳定,内设二科,有督察处、秘书室、会计室、政训组、无线电台、修械所等,外部设有3个大队及1个独立中队,每一大队辖3个中队,每一中队辖3个分队。

## 四、各县级警察机关的重建与发展

针对浙江省内各县级警察机关的重建,1941年就已在非沦陷区实施,只因当时军事抗战为中心工作,因而此番重建收效甚微,且各地重建情况参差不齐,建局、建警佐室或保留警察大队的情况均有出现。1945年抗战胜利后,警察局的重建则一跃成为首要任务,"由省规定各县编制名额,及指定设置警察所地点、所数,各县区署,除必要保留者外,均予裁撤,改设警察所"②。而各县级警察局重建的基本模式,则是将(沦陷区县份)原参加游击作战的警察队直接改编成立县警察局,随后直接照搬30年代裁局改科前的模式,内设总务、行政、司法三科,外部则仍保留分驻所或派出所、侦缉队、消防队等组织(表7-2-5)。与30年代的最大不同就是为了保证后方安定,便于国民政府为国内战争做准备,打击统治区的革命势力,必须成立保安警察队,并大幅扩充保安警察队的数量。

表 7-2-5　1945—1946 年浙江部分县警察机关重建后机构设置③

| 警察局名 | 重建时间 | 大致组织机构 |
|---|---|---|
| 桐乡县警察局 | 1944 年 1 月 | 行政总务科、司法科、督察处、保安警察队 |
| 淳安县警察局 | 1944 年 2 月 | 总务科、行政科、司法科、侦缉队 |
| 富阳县警察局 | 1944 年 1 月 | 总务科、司法科、会计室、侦缉组、消防组、保安警察中队 |
| 余姚县警察局 | 1945 年 9 月 | 行政科、总务科、司法科、督察处、户政室、刑警队、消防队、政训室、保安警察队 |
| 奉化县警察局 | 1945 年 | 总务科、司法科、外事科、督察处、刑警队、保安警察中队 |
| 鄞县警察局 | 1944 年 1 月 | 曾与宁波警察局合并,鄞东、鄞南、鄞西、东钱、四明等派出所 |

---

① 徐国杰:《十年来浙省外海水警》,《浙警十年》,中华警察学术研究社浙江分社、中国警察学会浙江分会编,1947年,第65页,浙江图书馆孤山路古籍部藏。

② 朱焯:《十年来浙江警政设施概述》,《浙警十年》,中华警察学术研究社浙江分社、中国警察学会浙江分会编,1947年,第20页,浙江图书馆孤山路古籍部藏。

③ 以各县县志、公安志为资料来源整理所得。

| 警察局名 | 重建时间 | 大致组织机构 |
|---|---|---|
| 海宁县警察局 | 1945 年 | 总务科、司法科、行政科、督察处、训练室、会计室、保安警察队 |
| 永嘉县警察局 | | 总务科、司法科、行政科、督察处、水巡队、车巡队、消防队、刑警队、保安警察中队 2 个 |
| 绍兴县警察局 | 1945 年 9 月 | 总务科、行政科、司法科、外事科、督察处、侦缉队、消防队、保安警察队 |

　　1946 年 8 月，据南京国民政府颁布"整理各省市地方治安武力原则"规定，结合浙江省议会议案，浙江省将全部各县的警察局划分为甲乙丙三个等级（当时浙江省的县数量已经从抗战前的 75 个增加为 76 个）。并要求各县改自卫队为保安警察队，隶属县警察局，不多于 2 中队，不少于 1 中队；改侦缉队为刑事警察队；改县警察局下的原分局为警察所；警察分驻所及派出所以"三乡设置一所"为基本原则配置。截至 1947 年 7 月，浙江省境内所有县级警察局基本完成改编，全省各县级警察机关共设警察局 76 个，警察所 194 所，警察分驻所 254 所。就警察所的数量而言，比抗战前 75 个县仅有 55 个警察分局[①]的规模大得多。1949 年 1 月，浙江省计划划余姚、上虞、嵊县、鄞县、慈溪、奉化 6县的边缘山区为四明县，县治置于梁弄，设警察局，下设梁弄、陆埠镇派出所。不过在 5 月该县即行裁撤。浙江省各地警局机关可见本章附录表 7-2-6。

## 第三节　权宜之策:复杂又迅速扩充的警察编制

　　1945 年抗战结束后到 1947 年是浙江警察人事调整最为密集、改变最大的一个时期，而 1948 年到 1949 年则基本没有变化。在前期警察人事编制的调整上，最大的特点就是军官复员转业、伪警甄别留用和特务身份转变。

### 一、军官复员转业

　　自 1942 年始，国民政府认为抗战胜利指日可待，随即着手考虑军人复员的安置问题，并要求各单位拟定复员计划。1943 年，中央警官学校教育长李

---

① 韩延龙、苏亦工等:《中国近代警察史》下册，社会科学文献出版社，2000 年，第 608 页。

士珍经测算,初步估计推行员警制需要警员 10 万人①。并于 1945 年编撰了《十年建警计划》,根据人口和警察比例进行了预测,"认为全国共需要 895370 名警员,其中保安警察需要警员数额为 350570 名,行政警察需要警员 544500 名"②。数据显示警察缺口巨大,而"军官复员"正是填补缺口的最佳方法,当时甚至有警察机关是"军人养老院"的说法。抗战胜利后,国民政府随即着手军队整编,1945 年 10 月 12 日,内政部呈请行政院批核后,特意为此制定了编余军官转业警察办法,次年 3 月,行政院公布了第一期共 20 万人的复员军官方案:挑选 1 万名优秀军官予以深造,作为新军干部的后备力量;正式退役和复员转业 4 万;"个别转业"15 万人,且其中有 4 万人最终去往各警察机关任职③。

警察官的任免有资格要求,浙江省原民政厅厅长阮毅成在任上最为重视规范警察官的任免,他曾提出"非具有法定资格,不得任用"④,把警察官的任免收归省政府统一管理,并将"胜利复员后,又经严格调整,各县警察局长,已全部为正式警官学校毕业之学生,或经铨叙合格之警官,其余各级人员,除少数外,亦均为合格警官"⑤作为其功绩之一。军官转业为警官必经培训学习,由于各军官军功、军衔不同,警官间等级层次亦不相同,因而内政部在统一对转业军官实施警察教育时也分类实施:将级军官 40 人进入警政高等研究班学习,为期四个月;上(中)校级军官 600 人进入警政讲习班学习,为期六个月;中尉至少校级军官 12000 人进入甲级警官训练班学习,为期一年;上(中)尉军官 8360 人进入乙级警官训练班学习,为期一年⑥。自 1947 年始,这批由国民政府统一安置的"军转警"官员被陆续分配到各省警政机关。据浙江省警保处 1947 年的工作报告,这一时期到浙江的转业军官共 230 名,其中,警政讲习班 26 名,甲、乙级警官训练班 194 名,省警政班 10 名。但这批转业警察官的安置实际遭遇了较大问题,主要是 1945 年到 1947 年警政重建已两年,各省的警察官基本已经配备妥当,导致此批军官只能降阶使用,浙江省主要采取高薪低

① 李士珍:《警察行政之理论与实际》,"中华警察"学术研究社,1948 年版,第 83 页。
② "中央警官学校"校史编辑委员会编:《中央警官学校校史》,"中央警官学校",1973 年版,第 591 页。
③ 赖淑卿:《警政史料》第 5 册,台北"国史馆",1993 年版,第 135 页。
④ 朱焯:《十年来浙江警政设施概述》,《浙警十年》,中华警察学术研究社浙江分社、中国警察学会浙江分会编,1947 年,第 27 页,浙江图书馆孤山路古籍部藏。
⑤ 朱焯:《十年来浙江警政设施概述》,《浙警十年》,中华警察学术研究社浙江分社、中国警察学会浙江分会编,1947 年,第 28 页,浙江图书馆孤山路古籍部藏。
⑥ 赖淑卿:《警政史料》第 5 册,台北"国史馆",1993 年版,第 137 页。

聘和授以虚职的办法。最终,警政讲习班 26 人,分派实职 20 人,未派实职 6 人;甲、乙级警官训练班 194 人,分派实职 136 人,未派实职 58 人;省警政班学员全部派给警政督导类职务①。即便如此,转业警官安置也受到各警察机关的抵触,如 1947 年 7 月浙江省政府训令分派受训期满的 5 名学员到浙江内河水上警察局就职,8 月 4 日该局局长电告省政府和民政厅,以该局编制有限,且职员多为低级委任为由,声称难以安排转业警官职位,并要求将除已报到的赵成夫和周俊杰外,其余全部改派其他警察机关②。

## 二、伪警甄别留用

抗战结束后,警察在内政中维护社会治安的功能凸显,且战争刚刚结束,百废待兴,警察的工作多、任务重,因而对警察的需求瞬间暴增。然警察的短缺并非短期内可以解决,一名警察的招募训练都有必经的过程,因而适当对原沦陷区日伪设立的警察机关中的伪警进行甄别,选取身家清白、没有劣迹的伪警留用则成为最迅速有效的方法,毕竟伪警中部分人,仅因养家糊口而把警察当作一种职业而已。杭州是浙江省内对伪警甄别留用最多的地区。1945 年 9 月,省会警察局成立之初,为方便迅速恢复社会秩序,大部分警察局直接接收了伪省会警察局的长警,而后逐渐招募并培训新的警察,再对伪警进行考核裁汰替换。

针对原伪警并非全盘接收,国民政府关于伪警的甄别和训练有统一的规定,浙江省会警察局按照 1945 年 5 月内政部颁布的要求,对伪警进行了甄别和训练,考核合格后方可留用。且伪警留用年龄须在 20 岁以上 30 岁以下,须经过"甄别考试短期训练生活,调查及服务宣誓"。甄别考试按体格、智力及学业三项分别进行,伪警之体格须经医师检查,伪警须有"中等以上之智力除由内政部酌定区域举行智力测验予以审定外,余由收编人员举行",须具有高小毕业或高小毕业同等教育程度,"并参加学业考试及格,学业考试之内容包括算术、本国史地自然等学科测验及自传写作"。甄别及格后须参与短期训练,训练方式"以分区集中训练为原则,但为适应各地治安情况亦得改采用巡回训练方式,就地实施,均由省市警训所规划统筹,未设警训所者,由省市主管警训

---

① (1)《浙江省政府工作报告 1947 年 1 月至 1947 年 6 月》,浙江省政府秘书处编印,1947 年;(2)《中央分发本省专业警官任用情形统计表》,浙江省档案馆藏,L016-0-709-37。

② 《民国 36 年 8 月 4 日内河水上警察局呈浙江省政府、民政厅》,浙江省档案馆藏,L009-0-4-16。

机构办理之"。训练时间为"四星期,每星期四十八小时,共一九二小时"。训练内容包括精神训练"占百分之三十,共五十八小时,着重精神生活之改造,道德品行之修理",主要包括"主席"言论(有关抗战建国警察业务及生活改造及训示)、精神讲话(着重《党员守则》《警察读训》之讲解,心身修养之指导);政治训练占"百分之三十,共五十八个小时,着重主义与'领袖'之认识抗战史实之讲述",包括党义浅析、革命史略(着重国民党推翻清朝抵抗侵略史实)、地方自治要义等;业务训练"占百分之二十五,共四十八小时,着重重要实务之指导、新颁法令之解释",主要包括警察实务(着重户口调查、保安、外事、消防、交通等警察业务)、警察法令(着重违警罚法及其他重要现行警察法令)、警察技术(包括捕绳、擒手急救骑乘);军训及体育"占百分之十五,共二十八小时,着重礼节与基本动作之纠正及自卫技术之教授"。训练材料"由担任训练人员依照上列训练内容之规定参考内政部颁发之警察教范自行编辑应用"①。

### 三、特务入警、警从特务局面的形成

自 1932 年戴笠任浙江警官学校特派员后,军统特务就与警察结下了"不解之缘"。在朱家骅调离浙江,戴笠亲信赵龙文接任后,浙江的警官学校为军统培训了大批的骨干,戴笠家乡江山县的众多亲邻也随戴笠入行,成为军统势力中著名的"江山帮"②。随后浙江警官学校并入中央警官学校,军统势力发展迅猛,此举对于浙江警政来说,反倒一改之前与特务组织混融不清的情况。

至抗战期间,军统特务发挥了重要作用,但其与警察的关系,反而不似以往紧密,因而李士珍等乘此之机收复了众多警察的"失地"。李士珍作为中央警官学校的教育长长期致力于打造正统的,与军队、宪兵、情报机关相区别的身份明确的警察体系,试图打破军警混为一体的状况。

然而戴笠始终认为控制警政是军统长盛不衰的重要砝码,1944 年戴笠就曾对郑锡麟(时任军统局训练处处长)说:"我们的事业是要领导全国警察,实行以警治国。"③1946 年 2 月在建立警察总署前,戴笠就电令军统别动军第二纵队④改编为"交通部交通警察第二总队"。同年 3 月 10 日交警总局建立,军

---

① 本段引文均出自《民国 34 年 5 月 2 日浙江省保安司令部代电》,浙江省档案馆,L009—0.100. 73。

② 除戴笠外,最为著名的有"三毛"之称的毛人凤、毛万里、毛森,有军统中唯一的女将军姜毅英。据统计军统内浙江江山人出了 65 位将级军官,162 位校级军官。

③ 潘嘉钊、钟敏、李慕贞等:《蒋介石警察密档》,群众出版社,1994 年,第 7 页。

④ 全称为国民党军事委员会别动军第二纵队。

统别动军第二纵队编为 18 个总队,一个直属大队,"交通警察总局组织机构庞大,所属内外勤单位的骨干,绝大多数是军统派去的特务"①。与此同时,国民政府确定成立警察总署,戴笠和李士珍都在力争总署的领导权,虽 1946 年 3 月戴笠因飞机失事坠亡,但警察总署的领导权并未落入李士珍手中。8 月警察总署成立时,署长一职由军统三巨头之一的唐纵担任,这也就意味着警察无法摆脱"特务"的阴影,也为后面大批军统特务人员在"整编"和"转业"的借口下进入警察系统,实现特务入警、警从特务打下了基础。新华社就曾为此发表题为《国民党大批特务将向警政机关转移——内政部警政司将扩大为警政总署,由特务分子主持》的报道。

虽然军统头子拿到了警察总署署长的职务,"各警察局局长,尽可能由军统分子来充任,这是军统的主观要求"。但"中统、宪兵也不肯放松,都各凭恃其政治背景与人事关系,互相争夺"②,所以唐纵为了平衡各方利益,最初任命的各省警政长官只有少数军统特务。如浙江首任警保处处长竺鸣涛等"只和军统有过一点关系"③,不过随着时间推移,特务势力还是慢慢浸润到警察体系中,1948 年外号"毛骨森森"的军统特务毛森④出任浙江省警保处处长。

以上三类人员成为抗战后包括警察官和警员在内的警察编制的主要来源。和浙江省之前的各时期相比,这一时期的警察已不能用"充足"来形容,而是有"爆仓"的嫌疑。本章附录表 7-3-1 列出了 1946—1948 年间浙江省各县的警察数,可以看出浙江各县的警察人数同地理区位、经济、交通、行政区划面积等因素有关。警察人数在 500 以上的县有 11 个,在浙江 76 个县中占比为14.5%。这些县主要分布在浙江东部,杭州、宁波以及湖州北部靠近南湖等地区。其交通较为便利,大多沿江沿湖,经济发达,行政级别较高。

另外,除 1946 年数据是 9 月 7 日省府会议确定的各县警察和保安警察队的额定人员数(除警察官)外,其余包括 1947 年和 1948 年的数据,均是省内统计的实际警察数量。而事实上,1946 年正进行县自卫队改编为保安警察队的工作,到 1946 年 11 月全部改编完毕。未改编前共计自卫队官佐 772 名,士兵12445 名;警察官佐 2243 名,警员 13116 名(可以视为 1945 年数据)。改编后参照"千人一警"的标准("治安不良及边境县份酌予增加"),"核定各县警察总

---

① 潘嘉钊、钟敏、李慕贞等:《蒋介石警察密档》,群众出版社,1994 年版,第 118 页。

② 《新华日报》1946 年 4 月 15 日第三版。

③ 潘嘉钊、钟敏、李慕贞等:《蒋介石警察密档》,群众出版社,1994 年版,第 49 页。

④ 正是其与汤恩伯勾结出卖了时任浙江省主席陈仪,致其身死并使浙江省在解放战争期间准备起义的计划流产,而使解放浙江的历程曲折了许多。

名额 20000 名,惟有少数县份,以财力支绌,未能设置足额,实有长警人数共为 18705 名,官佐(包括雇员在内)2226 名"①。那么也就是说 1945—1948 年的浙江省警察总数(不包括警察官和雇员)分别是 13116 人、18705 人、21929 人和 18206 人,如果加上省会(杭州)警察局、宁波警察局、内河水上警察局、外海水上警察局的警察数量(详见表 7-3-2),那无疑创造了民国建立以来警察人数的历史新高。

表 7-3-2 1947 年浙江各县警察人数统计表②

| 警局名称 | 职员数 | 警长数 | 员警数 |
|---|---|---|---|
| 内河水上警察局 | 65 | 71 | 865 |
| 外海水上警察局 | 135 | 96 | 974 |
| 杭州市警察局 | 204 | 48 | 1450 |
| 宁波市警察局 | 100 | 56 | 980 |

这其中有很大一部分是 1946 年警察总署成立后要求改编的所谓"保安警察",其主要职责和通常意义上的警察不同。如前所述,浙江在 1946 年 9 月"即为整编保安部队,遵照内政部之训令,分别编为保安警察队,依次之各县市之地方治安武力,亦改编为保安警察队,隶属于县警察局"③。1947 年 5 月 28 日,南京国民政府公布的《省保安警察队组织条例》规定"保安警察总队辖三个大队,一个迫击炮中队,一个通讯分队,每大队辖四个中队,且须配置机枪中队,每中队辖三个分队,每分队分三班,每班以警长二人分任正副班长,及警士十四人编成之",直属保安警察大队与中队的编练方式与总队相仿。但规定又说各队设置数量由各省政府"斟酌地方情形拟订,报由内政部核定之"④。关于保安警察总队编制详见本章附录表 7-3-3。

1946 年 8 月,浙江省政府颁布《各县自卫队改编为保安警察队》条例,要求各县现有自卫队一律改编为保安警察队,"队数视警额及治安情形而定,以不多于二中队少于一分队为原则";视各县社会治安情形限期完成,"良好县份自九月一日开始,稍逊者自十月一日开始,均限于各该月底完成";由各县县政

① 《浙江省政府工作报告 1946 年 9 月至 1947 年 3 月》,浙江省政府秘书处编印第 13 页,浙江图书馆孤山路古籍部藏。

② 数据来源为朱焯:《十年来浙江警政设施概述》,《浙警十年》,中华警察学术研究社浙江分社、中国警察学会浙江分会编,1947 年,第 21 页,浙江图书馆孤山路古籍部藏。

③ 《浙江省军事志》,浙江省军事志编纂委员会编,方志出版社,1999 年版,第 185 页。

④ 《省保安警察队组织条例(附表)》,《警政导报》1947 年第 6 期。

府甄别委用自卫队原有官兵，士兵汰弱留强补充警士；县警察局接收各县原有自卫队枪械弹药装具，"除配足一警一枪外，余由县府配发各乡公所使用"；剩余自卫队官兵除"中央各军事学校毕业或行伍出身而连续服务五年以上之军官佐由县政府缮具名册呈报省政府设法安置"外，其他军官佐及士兵依服务时间之长短发给遣散费，"其标准如下：甲、服务半年以上者本年六月份待遇总数发给一个月。乙、服务一年以上发二个月。丙、服务二年以上发三个月"①。

　　通过前述本章附录表 7-3-1，我们还可以清晰地看到，抗战后浙江警察的编制数有一个明显的由增长到下跌的过程。这是由于在 1945—1947 年间，国民政府妄图迅速接收日伪统治区，且不愿意看到共产党领导下的解放区进一步扩大。尤其是在共产党还没有建立起真正的解放区的浙江地区，国民党更是要"争抢地盘"，因而对于地方治安力量——警察的需求就进一步扩大。加之大批军队转业人员、伪警、特务急需安置，且浙江省政府坚持全省要达到"千人一警"的目标规划，导致此时警察人数剧增。1947 年，内战全面展开，为了应对战争开销，国民政府财政吃紧，地方政府收不抵支几近破产，"省级官警，均已依照中央规定标准发给，县级官警，以各县财力不同，相差悬殊，富裕县份照规定浙江区标准按月发给，贫苦县份，非独不能照规定标准发给，甚至积欠数月，未能发放，生活殊为艰苦"②，因而尽管国民政府希望以警察力量维系地方统治，但如强弩之末，警察数量的下降也在所难免了。

　　但这一时期，浙江在警力保障上整体水平仍表现不错，至少从表面而言"多数县份已达到'千人一警'的标准"，且为实现此目标，浙江省对警察官的级别也是有所提升，切实按照内政部的要求，凡是县人口数达到 30 万以上，其县警察局长的任命就提升一级，由委任改为荐任，无论是在级别还是在待遇上都有所提升。因此浙江警察局长为荐任职的县有杭县、镇海、吴兴、黄岩、绍兴、温岭、萧山、永嘉、诸暨、平阳、余姚、瑞安、嵊县、乐清、东阳、嘉兴、衢县、临海、鄞县、海宁 20 个县，只有上虞、义乌 2 县因"警务较简仍为委任职"③。"千人一警"使得浙江全省的警民比例在全国亦具有优势，但在重点城市的警民比例上却略输一筹。根据本章附录表 7-3-4 所列 1947 年 6 月国民政府 28 个大城

---

　　①《警察动态：省令各县自卫队改编保安警察队》，《宁波警察》1946 年第 6 期，宁波警察月刊社，浙江图书馆孤山路古籍部藏。

　　②《浙江省政府工作报告 1947 年 1 月至 1947 年 6 月》，浙江省政府秘书处编印第 36 页，浙江图书馆孤山路古籍部藏。

　　③《杭县等廿县警局局长得叙荐任》，《宁波警察》，1946 年第 8 期第 22 页，宁波警察月刊社，浙江图书馆孤山路古籍部藏。

市人口警力比例情况，人口警力比在 100 以内的有 3 个，100～200 区间的有 10 个，200～300 区间的有 6 个，300～400 区间的有 4 个，400～500 区间的有 3 个，500 以上的有 2 个，而杭州仅仅只有 424∶1，排名倒数第四。

## 第四节　倒悬之急：警察职责重心的转移

抗战胜利后到新中国成立前夕，其间虽仅有 4 年多时间，但中国的政治与经济社会的发展都发生了重大变化。先是长期抗战结束，战后重建成为国内头等大事，之后万众瞩目的国共谈判，全面内战的开始，蒋介石下野、复出等等政局变化反复。扮演着维持社会治安重要角色的警察亦随着政局变动而不断变化，浙江警察的职责也在不同时期呈现不同的特点。

### 一、前期特点以维持地方治安和清除战争流毒为主

1945 年至 1946 年间，浙江省各县市警察局重建，国民党为了抢人口、抢地盘，表面上以"和谈"为伪装，暗地里迅速重建各级警察机关、收编敌伪遗留的人员财产等，为后续打内战做准备。

其间警察的主要职责之一就是枪支管理。且因战事连连，社会动荡，民间枪支泛滥，因而不论出于治安要求还是所谓防范非国民党武装的名义，国民政府都要求实行枪支管理。以杭州市为例，社会治安恢复初期，相关事项均被列为军事措施。枪械登记、政府警卫等"初则由第三战区长官司令部直接指挥，继则改属杭州警备司令部负责，再则移交于全省保安司令部办理"①。然后到 1945 年 3 月，杭州市政府成立军事科，接手部分的警卫事务。直到后期警察局成立，普通事务移交警察局代办，但民枪管理相关事项直到"十二月份起，由市警察局负责办理"②。

战后社会治安维护的另一要点，就是去"流毒"。这种战争形成的"流毒"在浙江省主要有两个，一是"烟毒"，二是"兵痞"。为破坏国统区的经济和削弱抵抗意志，抗战中日伪有意纵容走私、贩卖烟毒，这就为战后的根除烟毒留下

---

① 《十个月来杭州之市政》(1945 年 8 月—1946 年 7 月)，《民国时期杭州市政府档案史料汇编 (1927—1945 年)》，杭州市档案馆，杭文出临(89)第 07 号，第 348 页。

② 当时已改称杭州市警察局，《半年来杭州之市政》(1946 年 7 月—1946 年 12 月)，《民国时期杭州市政府档案史料汇编(1927—1945 年)》，杭州市档案馆，杭文出临(89)第 07 号，第 385 页。

了很大的隐患,浙江省为此下大力气禁戒烟毒。警察和卫生系统相互配合,警察查禁,卫生局戒断。尽管 30 年代以后,浙江的社会卫生系统已逐步发展完善,形成了一个独立而重要的县市政府机构,基本告别过去由警察监管卫生的局面。但实际上,在松阳、景宁等浙江省人口少、经济不发达的地区,警察职责中仍包含卫生监督职能,因而"烟毒"的禁绝工作中,警察无疑是第一线的工作力量,警察"现秉中央勤教严刑之法令精神,拟定《本省肃清烟毒补充计划纲要》及实施注意事项,通饬遵照实施。据报新登、昌化、兰溪、义乌、浦江、武义、汤溪、寿昌、分水、缙云、宣平等县烟毒,已提前肃清"①。

　　"兵痞"问题,也是战争后重要的遗留问题。有人曾撰文形容当时杭州的"兵痞"现象,"戴军帽挂皮带的人们在这儿也像别的地方一样威风。他们瞪瞪眼睛,就可以不打轿车的车票,他们用冲锋的精神出入娱乐场所,他们买东西时就发扬其大无畏的勇气,为了一只小小的枇杷,可以打小贩几下结实的耳光"②。这无疑对社会治安具有极大破坏性,且此时国民政府"警察与军队、宪兵混为一体",并非现代意义上的警察,因而"兵痞"现象尤为严重。国民政府战后着手实施军转警计划,浙江警察官中的军官转业督导亦加强处理该类事务的力度,"兵痞"现象有所好转。

　　抗战结束后旋即开展的国共和谈使广大民众对中国的未来充满期待,但国共间的各种摩擦仍让民众揪心不已,大众希望国民政府能表现出足够的谈判诚意,全国多地青年学生亦发动反内战抗议。但 1945 年 12 月 1 日,国民党特务围攻西南联大(现云南师范大学的前身)和云南大学等校,毒打学生和教师,并向学生集中的地方投掷手榴弹,炸死西南联大学生等 4 人,重伤 29 人,轻伤 30 多人,造成震惊中外的"一二·一"昆明惨案。惨案发生之后全国各类反内战运动风起云涌,浙江各地也多有出现,社会治安形势急转直下。同时,1946 年"整个十月一直到十一月初以来,浙江各地普遍发生罢工、抢米等群众的反抗活动"③,因此,整个 1946 年,浙江各地的治安形势严峻。相较于其他地区,当时浙江警察面对此类反内战运动时,将自身主要职责定位为"保护",即监督看管和疏导民众,而不是蛮横镇压,如 6 月 13 日下午,4000 多名杭州学生为要求全面停止内战和争取民主举行游行,此番游行"有警察跟随'保

　　① 《浙江省政府工作报告 1946 年 9 月至 1947 年 3 月》第 14 页,浙江省政府秘书处编印。浙江图书馆孤山路古籍部藏。

　　② 艾蕾:《这里不是天堂》,《新华日报》1946 年 7 月 10 日第二版。

　　③ 林琴:《浙江近情》,《新华日报》1946 年 11 月 19 日第四版。

护',但并未发生任何冲突"①。

## 二、后期特点以查禁进步运动为主

1946年,警察总署成立,成为中央专门统一的警政管理机关,唐纵秉承蒋意,拟大刀阔斧地进行革新,推行各项自认为能够加强警政工作的规划。先是筹划了"裁团改警",拟定了《省警保组织条例》,设立各省警保处,建设保安警察队。此项工作遭遇了强大的阻力,各试办省省主席一致强烈反对,所以最后变成了"警保合一"。然无论如何,浙江省内的保安警察队伍还是建立起来了,且不论最终是否又归属保安司令部,其都与警察有千丝万缕的联系,且民众仍将保安警察视为警察的一分子。并且保安警察的职责明确,负责"清剿匪类""镇压地方变乱""有关治安必要地区之警备""其他有关治安部队调遣事项"等②。

在推动保安警察建立的同时,唐纵还重视刑事警察的建设,其要求各地将原来的侦缉队改成刑警队,建立有别于原行政警察的独立刑警组织。浙江省不仅将侦缉队改为刑警队,且着力增加刑警力量。1946年在裁编各县自卫队的过程中,全省划出2000名人员,编为各区县刑事警察队。1947年开始陆续订立了《各级警察机关刑事警察队筹备指纹、验枪、照相、警犬四项设备计划》《刑事警察统一编组办法》《编制表》《编制比较表》等。但"一般人对刑警不良之印象甚深,加以地方财政支绌"③,到1948年底,刑事警察编组完成的有39县,设置指纹箱的有51个单位④。

抗战结束后,国民政府继续接受美国的军事、技术援助,同时中国共产党与苏联之间的关系也极为牢固,这一阶段的外事事宜则变得敏感起来。1946年,国民政府制定了严格限制外国人入境游历和居住的实施办法。在外侨管理中,国民政府还特别指出外侨经苏联过境居留的,应由当地警察机关外事人员负责监视其行动⑤。因而1947年宁波警察局改组时,就曾设外事科,杭州警察局内也有外事股专项负责外侨事务。

---

① 《杭州学生举行反内战游行》,《新华日报》1946年6月15日第二版。
② 韩延龙、苏亦工:《中国近代警察制度》,社会科学文献出版社,2000年版,第627页。
③ 《浙江省政府工作报告1948年6月至1948年12月》第34页,浙江省政府秘书处编印,浙江图书馆孤山路古籍部藏。
④ 指纹箱不仅可设于县警察局,亦可设于各分局、分驻所甚至派出所,所以以单位计量。
⑤ 《1947年7月3日浙江省政府训令》,浙江省档案馆藏,L009-0-52-9。

解放战争后期,国统区经济受到极大冲击。1947 年开始,浙江警察中开始细分出经济警察,以应对征税、劳资纠纷、市场囤积、违禁物品贩运、粮食保护等经济问题。如杭州此类大城市,警察局内直接成立了经济警察队,拟具了《杭州市警察局经济警察队组织规程》。在杭州市警察局 1948 年的工作报告中,也列出了众多经济警察的工作汇报。包括有"八、推行市政。对于粮商输入粮食予以保护。对无证运输出境即予查扣,而圈积居奇高抬价格者并予取缔。各商号及娱乐场所欠缴营业税、娱乐税者派警分别追缴。……十、保护取缔各种营业。保护各蚕行收购鲜蚕,运送款项。凡开设佣工介绍所、茶馆、旅馆及煤油业,其报保火险者,均经令饬办理申请、登记、给照,否则不准开业。并出示禁止摊贩买卖军服。十一、劳资纠纷及工潮。(一)调处丝织业永兴等绸厂解雇及指数纠纷案十四起。(二)协同市政府社会科处理水安绸厂解雇女工致起罢工风潮案,经调处后工潮未致扩大。(三)三轮车、人力车车租劳资双方发出纠纷,经调处后成立治议。(四)成衣业职工要求增加工资而停工,经调处后复工,情形良好。(五)针织业女工因指数补发问题劳资纠纷甚久,经派员数度调处成立治议,未致酿成工潮。(六)粮食业与脚伕业业务纠纷问题,经传同双方代表来局调处,成立治议。十二、检查囤积事项。四月二日,本局派员会同中央银行检查课副主任许声谷前往湖墅与兴业银行仓库,经检查,库存储有中行及粮行私人食米数量三万余担之钜,经呈请市府核办。十三、取缔黄金非法交易及经营地下钱庄。(一)查获珠宝卷黄金非法交易人犯张友根、陈甲善等五名,连同查获证物金饰银币一并先后移送司法机关办理。(二)查获本市后市街俞子祥者非法经营地下钱庄,经会同中央银行杭州分行检查课派员会查确实,该俞子祥依照银行法第十五条科以罚锾二千元,按提高标准为二百万元,并勒令停业各在案"[①]。

面对国民党战事的节节败退,民众对国民党发动内战和经济崩溃的不满已经无法抑制,国民政府的统治岌岌可危,即便如此国民政府仍不愿停止内战,且动用高压政策对抗汹涌的民意。浙江警察此时的职责就演变成了查禁进步运动。对于这一点主要表现在两个方面:一是镇压活动,逮捕进步人士;二是防民之口,严禁进步文刊,封锁新闻。此时国民政府的警察撕去从前"温和"的伪装,变得极为凶恶。1947 年 11 月,浙江省警保处查禁了浙江大学学生创办的《浙大周刊》(由《求是周刊》改名),罪名是"内容荒谬,显系代替共匪宣传之反动报刊",并且追查代印该刊的民生印刷厂。到 1948 年,大特务毛森

---

① 《杭州市政府工作报告》(1948 年 3 月至 1948 年 5 月),警政部分。

担任浙江警保处处长,浙江实行了更为严格的控制政策。2 月 24 日,浙江省政府发布了《浙江省各县市办理新闻纸杂志申请登记案件注意事项》,特别强调警察机关要调查发行人的政治背景;5 月,国民党特务在杭州秘密逮捕了 7 名民主党派人士,其中新闻界人士 3 人;6 月,国民党浙江省政府宣布将成立省特种刑事法庭,凡违反《危害国家紧急治罪条例》的案件,由当地军警机关直接送解特刑庭审讯,不必由法庭转送,进一步加重了国民党对中共地下党员和民主人士的迫害①。

此时期,由于解放战争的战局发生变化,为了加强对民众的管制,强化政府统治,避免在国统区出现威胁统治的"星火",户籍管理成为浙江警察的重点工作。此举与当时的警管区制紧密相关,将于后节浙江警察的勤务制度部分一并探讨。

## 第五节　警员警管区制:勤务方式的重大变革

南京国民政府在 20 世纪 30 年代全面抗战爆发前有过一段国内、外环境相对稳定的时期,当时国民政府做了很多行政上的改革和探索,比如新县制、新生活运动、"裁局改科"等等,都对抗战胜利后国民政府的政策产生了重大影响,其中也包括警察的"警管区"制度改革。

"警管区制是根据南京国民政府时期江苏、上海、浙江等地的实践"②,按照人口、经济、犯罪、交通状况等因素,通过警员的勤务能力划定固定区域,作为某一警员的管辖区。这种管辖区,即警管区。而所谓警管区制,即是由各个警管区构成的勤务管辖系统。关于警管区制的渊源,最早可追溯到英、美的"比特"制度(Beat System),"英美警察勤务以巡逻区(Beat)为基本单位,其方式是将某一警察局辖区划分为若干较小单位,即巡逻区,警察人员值勤,就是在其巡逻区内往复巡逻,对于区内所有事宜,予以细致的查察"③。后来日本受"比特"制度的启发,创设了"受持区制"。20 世纪二三十年代,随着大量留学西方、日本研习警学的人才回国,面对中国原有落后的"集中制""守望制",

---

① 袁成毅:《民国浙江政局研究(1927—1949)》,中国社会科学出版社,2007 年,第 169 页。

② 李秀生:《中国警察行政》(第四篇),(旧)中央警官学校第四分校讲义,1947 年。

③ 孟庆超、牛爱菊:《试论近代中国警员警管区制》,江西公安专科学校学报,2005 年 3 月第 2 期。

提出了改革的建议,在这种背景下,中国警管区制的实施提上了日程。警管区制直接源于陈果夫在担任江苏省政府主席时为改善首都(南京)周边的社会治安状况而提出的警察勤务改革要求。在当时江苏省的政府和警界人员认真研究后,将改革的目光投向了警察工作本身,开始在警察勤务制度方面进行研究和探索,发现江苏警政改革的出路在于改革勤务制度,陈果夫对此的描述是"以每一个警士在一定区域内,负一切警察事务之责任。此区域谓之警管区,联合诸警管区,组成县市之整个公安行政,谓之警管区制。此制精神,在使每个警察在一个警管区内,负有一切基本责任。同时,并于联合区域内负共同联合责任"①。而作为警察理论大家的李士珍则表述得更为清楚:"在分驻所管辖区内,划分若干小区,分别指定一个警员清查该小区内之户口,并处理一切有关警察上之事务,谓警管区,亦叫警察勤务区,简称警勤区。此种制度是根据分工合作的原理,通用科学方法,确定每个警员服务范围,加强其责任观念,使之在一定区域内,达到安宁秩序之维持,奸宄宵小之预防,人民福利之保障,就勤务本质言,可称为警勤区。将 3 个或 5 个警管区组成警员联合办公处,以尽共守分管之责,叫警管区制。"②

## 一、抗战前浙江实施警管区制情况

警管区制可以说是抗战前警察勤务制度的最重要的改革,南京国民政府于 1936 年 7 月 25 日公布施行的《各级警察机关编制纲要》规定"各级局所警察勤务以采用巡逻制为原则,并得划分警管区,为警察担任勤务之基本单位。关于巡逻区之配置,警管区之划分等事项,由各该警察机关酌量地方情形定之,但需呈报主管机关核准"③,并把警管区制推行到全国。然而抗战前浙江的情况有些特殊。浙江拥有当时全国最好的警察教育机构——浙江警官学校,其中有多位留学归国、具有当时最新警政思想和最开阔警政视野的教员,他们对警察学术有最前沿的研究。所以,浙江在 1935—1936 年间实施的是酆裕坤、余秀豪等借鉴国外"受持区制"与"比特区制"设计实验的一套勤务方法,直到抗战爆发也没有真正全面推行实施"警管区"勤务制(见本书第五章第四节)。

1936 年浙江警官学校被撤并,抗战爆发后浙江对警察勤务制度的改进实

---

① 汪勇:《警管区制研究》,中国人民公安大学出版社,2012 年版,第 50 页。

② 李士珍:《警察行政之理论与实际》,中华警察学术研究社 1948 年版,第 106 页。

③ 《各级警察机关编制纲要》,《通行警察法规辑览》,四川省档案馆藏 3-2-84 号。

验亦被外力所中断。直到 1938 年阮毅成打算重建浙江警察,在经过 1941 年按内政部所发《整理警卫计划》拟定警政建设方案和 1942 年召开全省警政大会后,浙江提出新的建警计划:在县以下设区所,再下划分警段,实行警管区制——这清晰地表明浙江省重建警政时采用的是警管区制勤务模式,至此算是完全与全国接轨。

## 二、抗战后浙江实施警管区制情况

然而此时的警管区制在警务实践中亦暴露出许多问题,作为浙江新勤务实验的创设者之一,余秀豪就总结说警管区制的问题有:"一、因任务太繁重,且须积极工作,警士除初中毕业,受过严格的警察训练外,更应继续予以补充训练。二、警察既具上述的资格,又须有事业心,自要厚其待遇,或实行年功加俸,及注意一切福利事业,否则难望其安心工作。三、所管面积不要太大,以免精神不能顾及,户口调查与保甲之办理,须十分认真。……四、在乡村地方,交通联络与运输设备落后,宜求完善。五、宜置相当警备队,俾遇变出非常时,可立即出发,策应各区"①。其中,警察人事制度成为制约警管区制进一步推行的公认因素。此外,经费保障也是不可忽视的制约条件,如开办高层次的警察教育,如提升警察的待遇。而且警察的人事制度完善离不开经费支持,这两个因素相互交织,人事和经费都不及预期,浙江全面重建警察机关并实施警管区制的计划也就执行得并不到位。

以 1945 年重建后的宁波警察局为例,根据内政部和民政厅的要求,宁波警察局执行了警管区制勤务方式。但当时面对财政困难形成的"三不"即"经费不足、警力不敷、警械不充"现象,宁波警察局最终无法真正实施警管区制。宁波警察局只能重新设计了勤务方式,新勤务的要点有守望、巡回守望、固定巡逻(路线)、巡回巡逻、结合警管区②等五个方面。各分局平均一位警察要管辖 250～350 户居民。这种勤务方式取名为"三联制"勤务方式,即守望、巡逻、警管区三联。其后,宁波警察局又设计新的巡逻区制。新的巡逻区制由当时已在内政部警政司任职的鄣裕坤设计,是欧美 Beat System 的警察勤务制度的沿袭,巡逻区的大小根据美国警察局长的研究取决于人口、面积、人员性

---

① 余秀豪:《警察学大纲》,商务印书馆,1946 年,第 178 页。

② 阮立成:《警察勤务三联制实检讨》,《宁波警察》,1946 年第 1 期,宁波警察月刊社,浙江图书馆孤山路古籍部藏。

质①三因素。

　　宁波是浙江省内仅次于省会杭州的大城市,通过其警察局执行警管区制情况,可以看出警管区制在实际执行中是大打折扣的。事实上警界人士早就分析认为基层警察量少质弱、地位待遇低下,特别是警管区制警察素质不高,不利于警管区制推行。作为中央警官学校教育长的李士珍直面该问题时最先提出要从待遇、身份、地位、教育等多方面解决警管区制的警察问题,从而建立新的警管区制。为了区别新的警管区制和旧警管区制下的警察,他将新的、素质更高的警察称之为"警员",以区别于原来的"警士"。这个主张最早出现于李士珍在 1943 年拟就的《五年建警计划》中。在李士珍的设想中:将行政、外事、交通等警士改称为警员;将警员定为初级委任职,其资格必须为初中或者高中毕业;提高警员待遇,必要时由政府酌予津贴;建立警员教导队,分甲、乙、丙三种,以训练警员;确定警员任务②。那么由警员实施的警管区制就叫做"警员警管区制"或是叫"警员制"。

　　为此,抗战后期李士珍在四川鄞都成立了警员教导总队,为后续的改革做准备。1946 年 3 月 17 日,国民党六届二中全会决议修正《五年建警计划草案》;4 月《配合整军计划实施建警计划试行警员制方案》出台,5 月拟定《警政建设实施办法九项》,确定试行警员制;11 月制定了《提高警察素质实施警员制计划大纲》;1947 年 11 月内政部颁布《建警计划试行警员制方案及其实施办法》。按照国民党中央的计划,警员警管区制先在部分地方试行,然后再逐步推广。全国最早试行警员警管区制的地方是南京、上海和重庆,自 1946 年6 月开始。浙江省很快就跟进加入其中,不过也是学习中央做法,先在部分地方试行,而后再向全省推行。

　　浙江最早选定试行警员警管区制的警察机关是杭州市警察局第三分局和宁波警察局第二分局。其中杭州市警察局第三分局为试行新勤务制度调用的"警员"是比较特殊的一批警察。1945 年抗战胜利前夕,中央警校曾经在福建招募一批初中毕业的青年作为初级警察骨干培养,但因南京中央警校的房舍短缺,李士珍就将其置于杭州市警察局代为训练。6 个月训练结束后,这批学生分派杭州各分局作为基层干部。后来杭州市警察局在第三分局试行警员警管区制时,就将该批警察再次集中,给予 2 周的培训,充当实验警员警管区制

---

　　① 郭青白:《巡逻区制新设计》,《宁波警察》,1946 年第 4 期,宁波警察月刊社第 10 页,浙江图书馆孤山路古籍部藏。

　　② 虞亚梅:《李士珍拟改进中国警政建议计划三种》,《民国档案》,2004 年第 1 期。

的警员。并且该批警员的待遇得到了提高,参照委任警察官 15、16 级的薪酬。试行的情况是第三分局设置了 90 个警管区,每区一个警员负责,而每 3 个相邻的警管区组成一个"巡守区",一个警员任组长;3 个巡守区组成一个联巡区,设一名巡佐,3 组警员就在此区中轮流执勤。另以 2~3 个联巡区成立一个分驻所,下再分 2~3 个派出所,由分局另派局员或巡官担任主官①。经过一段时间的试点改革,在 1947 年 1 月起浙江省决心在杭州全面推行新制。与此同时,虽然宁波警察局第二分局的试行成效并没有比杭州市突出,但宁波也打算同期实行新制,只不过与杭州相比就要保守得多,采用分期推行的方式,逐步展开。宁波警察局中,继第二分局开始实施警员警管区制的是第四分局②。

在杭州宁波的警员警管区制试点改革的基础上,浙江省颁布了《浙江省实施警管区制办法》③,全面实行警员警管区制度。该办法包括警管区制实施的目标、组织系统、人员配备、区域划分、联络办法和勤务实施六个部分。根据办法,实施警管区制度要配合原有保甲组织实施警保联系,在各市县内按照"警区—警段—警管区"的三级体制,区设警察所,段设分驻所或派出所。在最基层的每个警管区配备警士一人,两个警管区以上可成立派出所,增设警长负责督察勤务。至于警管区的划分标准则定为城镇以一百户以上二百户以下或者二保以下为一警管区;乡村区域以纵横二至三里,在二小时内可以按步巡行于管区一周,或一保以上四保以下,为一警管区。为便于联络,两个以上警管区合为一巡守区,警士轮流分任守望;两个巡守区又可合为一联巡区,实行联合巡逻。守望、巡逻、户口调查、临检视察是警管区内警士的主要职责,1947 年浙江省警保将"警管区"改称为"警察勤务区",简称"警勤区"④。

## 三、警员警管区制实施过程中产生的偏移

抗战前的警管区制和抗战后的警员警管区制,都是南京国民政府对警政进行探索并力图完善的一种尝试。但其为抗战所中断,因此实际实施时间并不长,尤其是浙江在抗战前都并未真正实施过警管区制。这两种制度在当时都只能算作是新制,而任何一种新制度的诞生与发展,必然需要经过一个长期

---

① 《杭州市警察局第三分局试办警员警区制写真》,《宁波警察》,1947 年第 1 期第 10-11 页,宁波警察月刊社,浙江图书馆孤山路古籍部藏。

② 《宁波警员警管区制定明年开始实施》,《宁波警察》,1946 年第 9 期第 19 页,宁波警察月刊社,浙江图书馆孤山路古籍部藏。

③ 余绍宋编:《重修浙江通志稿》卷 67,1947 年,浙江省图书馆孤山路古籍部藏,第 23 页。

④ 《1947 年 9 月 18 日浙江省警保处训令》,浙江省档案馆藏,L00-0-52-18。

的完善过程,在这个过程中,无论是提出与设计的理论学家,还是操作与实施的一线警察肯定会发出多种不同的声音,会产生一些分歧。警员警管区制产生前后发生的这种情况被研究近代警政的学者称为"学理分歧",中国人民公安大学汪勇教授对此在他的《警管区制研究》一书中有所探讨。

与此同时,我们还应当考察当时国民政府提出实施警员警管区制的目的。尽管国民政府宣扬实施警员警管区制是为了"使久经战乱,殷殷望治的老百姓,无论生命财产都得到合法的保障";是为了"将弁髦法令,损人利己的自私自利主义者,予以防止"[①]。然而实际的情况是,1945年"双十协定"签订前后内战就已事实上爆发,云南"一二·一"事件等更是把国民党妄图建立独裁政府的企图暴露无疑。作为直接为巩固政权服务的警政在这时推出警员警管区制的目的也就越发明显——是为了有效加强对基层社会的控制,为内战做准备。因此新华社等尖锐地指出所谓警员警管区制"不仅彻底取消了人民居住的自由,而且会使不肖警员躲在这一面盾牌的后面,骚扰平静的家庭,敲诈善良的人民,胡作妄为,肆无忌惮"[②]。国民政府"在今天推行这个所谓'警员警管区制',并不是偶然的,这表示反动派决心要坚持其独裁专制"[③]。

那么,在这样的目的引导下,再加上新制本身的不成熟,警员警管区制在实施中就难免有所偏移。本来按照设计,警员警管区制是"要使最低单位的每一个警察,担当户籍卫生、消防、防疫以及维持交通等事务,按人口地势配置警察,使任何一角落,均为警察足迹所常履及,更以巡守联系制,使日夜无间,都有警察巡守"[④]。然而在实施中,为控制民众,警管区制的实际职责变成了以户籍编查为重,要求警员着重关注警管区内的一切人员异动,其他如卫生、交通等则居于极为次要的位置。自1937年以来,战争不断,不管是外敌入侵还是内部革命,国民政府最为担忧的就是统治基础受到动摇,于是通过警察清查户口,一方面监控民众,另一方面为抽丁打仗做准备。抗战时期,浙江省就颁布过《民力统制实施办法》和《浙江省非常时期征集国民兵及抽签实施补充办法》。1945年抗战胜利,国民政府立刻发布了《户籍法》,浙江是最早执行的省份之一,在警察局职员中设有户籍员,并在1946年统一进行了全面的战后户口调查。1947年战争的天平向共产党领导下的解放军倾斜,国民党更为恐

---

① 宣铁吾:《论警管区与住居自由》,《新闻报》,1946年5月11日。
② 蓝英:《斥"警管区制"》,《新华日报》,1946年5月25日第四版。
③ 《斥所谓"警管区制"》,社论,《新华日报》,1946年5月18日第二版。
④ 方新德:《民国政府时期浙江县政研究》,第207页,浙江大学出版社,2012年。

慌,把这个时期宣布为"戡乱时期",把民众看作是让"乱党"壮大的源头,进一步严格实施看管和监控。9月,浙江省保安司令部制定《"戡乱时期"警察中心工作实施方案》,把查察户口列为了警察的工作中心,并将其规范化,列出了四项具体措施:清查户口、设置卡册、控制异动、严密查察。

虽然浙江省保安司令部认为清查户口并非是警察机关独有职责,需要地方自治机关参与,但警察机关是绝对的核心,"应自动举办并请自治人员协助之",而且"亦须予以确切复查"反复确认,在此基础上"应一律划分警勤区,责由行政警察普遍查察,并随时抽查"。其对于户口的清查登记也有严格要求,需要建立分类户口卡片和户口手册。为便于后续的警员抽查管理,浙江省将居民户口分成了甲乙丙丁四类①,其中丙类和丁类人员是日常需要重点查访的对象。该方案还提出对于警管区内的任何异动,尤其是重要地点和特殊人群的异动一定要"查察"和"控制"。这些地点包括:军政长官、外国使领馆及外侨住宅;重要机关及筑有国防工事地域、水电工厂电信局所、铁路沿线、飞机场、军器粮食仓库等附近;旅馆客栈及其他寄宿为营业之场所;佣工介绍所;乐院、戏院、茶室、饭店、舞场及其他公共娱乐场所;虚设之行号店铺、印刷所通信社等。所谓的特殊人群则包括:散兵游勇、地痞流氓及无业游民;曾因汉奸嫌疑被控者;缓刑假释出狱或曾受刑事处分者;恃赌为主者;流氓地痞土豪劣绅武断乡曲、好论是非者;家无恒产,广交朋友者;非政府官员警察出入外国使领馆者;曾来往匪区经营商业者;思想复杂、平素滥发歪曲言论者;教员、记者印制员工,业余作多种政治秘密活动者。一旦发现异动,浙江省保安司令部授权警察"应予分别取缔,或设所收容管教",或是"如认为案情重大,非本机关所能处理时,除派可靠人员暗中监视外,应速密报上级机关处理之;如情事紧急,得作必要措施并报上级机关储查"②。至此,警员警管区制在国民政府最后时期几乎完全偏移,警察在管区内负担的不再是全面的"治安"之责,而是比较单一的"查探"之责,不再是以"便民"为要,而是以"防民"为主。

---

①　甲类指善良农、工、商及殷实住民;乙类指对政府具有好感之公教人员、知识分子、士绅闻人及稍有权威或资产之工商界分子与其家属;丙类指失意政客、军人、土劣恶绅、游荡无业帮会人物、特种营业经理人、江湖卖艺者;丁类指曾受刑事处分者和有犯罪嫌疑者。

②　本段引文均引自《"戡乱时期"警察中心工作实施方案》,《1947年9月浙江省警保处训令》,浙江省档案馆藏,L009-0-52-2-11。

## 第六节 困知勉行:困顿难解的警察教育与警察经费

在 20 世纪 30 年代,浙江在警察教育中的成就曾辉煌一时,"以一省之力办理以警官教育为主的地方警察教育,能够锐意进取、大胆创新,在多项教育措施上有所突破,获得了全国警察界的认可,甚至大有赶超同时期中央警察教育的势头"①。因此国民政府举办中央警官教育最后也选择与浙江警官学校合并,充分借用浙江警察教育的基础而提升教育水平。1936 年之后浙江不再举办警官教育颇为可惜,但已形成的诸如警士教育等警察教育体系,从省到各县,从陆警到水警还是比较完备的,更重要的是重视警察教育的思想已经深入人心。虽然其后因抗战的爆发破坏了浙江的警察系统,1945 年全国各省又开始重建警察训练所,但民政厅重建警政的方案和一直依然坚持运行的省警察训练所还是延续了浙江警察教育在全国的领先优势。据统计,1934 年时,全国建有警士教练所 160 所,遍及 20 个省份和 4 个院辖市,1940 年则仅存 11个,分别是福建水警训练所、福州警察训练所、湖南省警察训练所、江西省警察训练所、重庆警察训练所、宁波警察训练所、浙江省警察训练所、贵州省警察训练所、甘肃省警察训练所、山西省警察训练所、四川省警察训练所,浙江省就有两所警察训练所没有中断过,殊为不易。

抗战胜利后,在国民党"复国建警"的背景下,恢复警察教育提上了日程。为了安置职务级别较低的复员军人,提高地方警察素质,稳定地方治安秩序,南京国民政府颁布了《建警试行警员制方案》,规定在多地推行警员制,并将警察教育视为重中之重。浙江的警察教育因为受到战争的影响,显得困难重重。但伴随着中央政策推行,浙江警察教育还是艰难地逐渐恢复。

第一,刚刚走出战争阴影的浙江警察保持着大量军事化的性质,严重阻碍了警察教育的发展态势。战争状态使得警察军事化,警察教育也相应为战争服务。尤其是沦陷区的警察多数是以警察总队的形式活跃在敌后,参加游击战争。这使得他们在战争结束之后往往军事能力有余,民事能力不足,比如宁波警察局的人员由宁波警察总队一部编组,多数"在战前均系宁波原有长警",

---

① 施峥:《中国近代警察教育研究》,浙江人民出版社,2015 年版,第 255 页。

但"因历年参战……警察学识,不无荒废"①,这就迫切需要进行警察再教育。不过因战后工作繁忙,无法实施长期培训,成效并不令人满意。宁波警察局本来召集警长38人、警士190人拟培训一个月,但因恢复秩序、勤务繁忙,只培训了17天。

第二,日寇占领期间,警察队伍的鱼龙混杂,复杂的成分使得警察教育发展缓慢。抗战胜利后,退伍军人、日寇遗留的伪警、特务构成了浙江警察队伍的主力军。虽然浙江省会警察局通过体格、智力及学业测试对伪警进行了甄别和训练,考核合格后方可予以留用,但其学业水平仍然不高。

第三,学警的大量缺额,为下一步的警察教育扩员提供了基础。随着时间的推移伪警之类的旧警察需要进行汰换,募集新警是必需的工作,其接受警察教育的环节也必不可少。在招募新警方面,浙江两所"头牌"警察训练所中的宁波警察训练所抢占了先机。1945年10月,"即在宁波南大路旧有训练所原址,成立宁波警察局警察训练所,招收学警一班一百三十七人②"③,这批学警被分成2班,时任宁波警察局局长卢时宪亲任班主任。两个班中,一班为曾任各县市警察及初中以上学校毕业的60人组成的速成班,培训2个月,于11月24日毕业即上岗补充缺额。一班为小学毕业或具有同等学力的,接受了6个月的训练。通过警政当局的不懈努力,警察教育逐渐恢复。

第四,高标准的训练模式,有效地促进了警察素质的提升,也为体系化的警察教育奠定了基础。实施警管区制需要高素质的警察,因而对警察教育提出了更高的要求。浙江省警察训练所在1946年面向全省招考100名学警,训练实习为期一年,要求为初中毕业,男女兼收④。而按当时内政部做出的各省警察训练所要求,训练长警入学要求是高小毕业,训练3～6个月⑤。可见浙江警察训练所无论是在招生标准还是在训练时间上都要远高于全国标准。

1946年1月浙江民政厅发布《浙江省各级警察机关长警教育实施办法》,对警察教育提出了具体改革要求:"(1)各级警察机关,设长警训练班,轮流集

---

① 《宁波警察局工作报告:自民国三十四年九月十二日起至十一月十五日止》,宁波警察局印刷,1945年,浙江图书馆孤山路古籍部藏。

② 该数据在《宁波警察局工作报告:自民国三十四年九月十二日起至十一月十五日止》(宁波警察局印刷,1945年,浙江图书馆孤山路古籍部藏)中为180人,可能此处为实际报到人数。

③ 丁耀南:《浙江警察志略》,1947年,第14页,浙江图书馆孤山路古籍部藏。

④ 《浙民政厅上海市警察局招考警员》,《宁波警察》,1946年第6期,第20页,浙江图书馆孤山路古籍部藏。

⑤ 《全国警政现状》,《宁波警察》,1946年第9期,第21页。浙江图书馆孤山路古籍部藏。

中调训,期间三月;(2)训练科目由省规定;(3)训练期满后由省派员考试,合格者发给证书,视同省警察训练所毕业学警。"于是宁波警察训练所也改名为宁波长警训练班,原来省内两所训练所一直并存的情况结束。此后,宁波长警训练班和省警察训练所又各自组织了几轮培训,详情见表7-6-1。

表 7-6-1　1946—1948 年省级和宁波市警察教育主要开班情况①

| 教育单位 | 开班名称 | 开班时间 | 人数 | 教育时长 | 其他说明 |
|---|---|---|---|---|---|
| 省警察训练所(省警察学校) | 警官补习班第五期 | 1947 年上半年 | 49 | 一年 | |
| | 警员训练班第一期 | | 76 | 一年 | |
| | 学警培训班第十三期 | | 198 | 4 个月 | |
| | 训练员讲习所 | 1947 年 10 月 | — | 3 个月 | 调集各县警察局训练员或是督察员,结束回原县局负责长警教育 |
| | 警长班 | 1948 年下半年 | | | |
| 宁波长警训练班 | 学警班第二期 | 1946 年 3 月 | 103 | 3 个月 | |
| | 学警班第三期 | 1947 年 1 月 | 28 | 4 个月 | |
| | 警员训练班一期 | 1947 年 1 月 | 43 | 6 个月 | 报考踊跃,达 200 人 |
| | 警员训练班二期 | 1947 年 8 月 | 80 | 6 个月 | |

值得注意的是,省警察训练所在 1947 年底因国民政府认为其"易被人误认为是一短期训练机关,缺乏永久教育意义,而遭到社会人士的轻视,难以罗致优秀青年"②,改称为省警察学校。而除省警察训练所(警察学校)和宁波长警训练班外,浙江各县的警士教育班也是一直开展运作的,只是时断时续,到 1947 年 7 月时真正"能切实举办者有……内河水上警察局及余姚、鄞县、萧山

---

① 数据来源:(1)《浙江省政府工作报告 1947 年 1 月至 1947 年 6 月》;(2)《浙江省政府工作报告 1947 年 4 月至 1947 年 10 月》;(3)《浙江省政府工作报告 1948 年 6 月至 1948 年 12 月》;(4)《宁波警察》1947 年第 2 期;(5)《宁波警察》1947 年第 7、8 合期;(6)丁耀南:《浙江警察志略》,1947 年。以上均为浙江图书馆孤山路古籍部藏。

② 施峥:《中国近代警察教育研究》,浙江人民出版社,2015 年,第 241 页。

等十余县"①,1948年各县训练班的毕业人数共计689名。另外浙江省还制定了警察"继续教育"规则,要求每人每周须接受教育4小时,每月月终举行测验。不过由于国民政府后期的腐败和军事上的败退,很多警察教育制度都最终沦为空谈。在当时,与其他省相比,浙江警察教育靠着省警察训练所和宁波警察训练所及内河水上警察局训练所等勉力支撑,但从整个省的警察教育情况和成效来看,只能给人"外实内虚"的感觉。

警察教育的恢复,离不开经费的支撑。正如李士珍分析警察素质低的主要原因,是警察经费欠缺以及警察待遇低下。李士珍认为"国民政府警察工资和普通雇工工资相等,甚至还不如雇工工资高,使得社会优秀人才不愿意从事警察工作,警察也不可能安心工作,忠于职守"②。在他看来提高警察待遇和地位做好警员制工作和通过警察教育提升警察素质同样重要。不过与警察教育的勉力支撑相比,警察待遇的提升因财政的困难更难以落实。

严重的通货膨胀摧毁了各地政府的财政基础,警察经费的不足使得正常的警察待遇难以维系。在解放战争期间,国民政府的财政状况比抗日战争时期更加糟糕。根据《新华日报》1946—1947年的每月相关报道:国民党统治区的金融已近崩溃,以黄金为代表的硬通货价格日日增高,1946年1月还是"稍见上扬",2月14日就是"黄金美钞相继剧涨"。随后国民政府禁止黄金进出口,1946年下半年开始大肆印发钞票,"每分钟出产一千六百万元",法币面值节节攀升,和黄金的比价也是连续突破最高纪录,金价在11月3日突破25万,11月9日突破26万,11月17日突破27万,11月19日达到28万……1947年1月1日破了38万,1月21日就到了53万;杭州的金价也在2月10日超过60万的价格③。

在这种全盘性的财政崩塌下,浙江当然也无法独善其身,1946年秋天,浙江粮食歉收,米价暴涨,甚至到了暴力抢米的程度,1947年"4月间,……其时本省杭州米价其黑市曾经一度涨至四十余万元,生活指数是二万三千五百倍"④。1947年起,浙江财政又停征房警捐,"查警捐为本省单行税法;虽纳税义务人系属房客,与房捐之由房主负担者并不重复。但课税对象,究系同一房屋,为顺治民意,减轻民负起见……将是项警捐于三十六年度起一律停征。统

---

① 朱焯:《十年来浙江警政设施概述》,《浙警十年》,中华警察学术研究社浙江分社、中国警察学会浙江分会编,1947年,第39页,浙江图书馆孤山路古籍部藏。
② 汪勇:《警管区制研究》,中国人民公安大学出版社,2012年版,第115页。
③ 以上所引及数据源于《1946—1947年新华日报索引》。
④ 丁耀南:《浙江警察志略》,1947年,第18页,浙江图书馆孤山路古籍部藏。

计全省各县,共减少岁收十二亿六千余万元"。同时被整顿的还有屠宰税、房捐、屠宰检验费等,其中房捐"取消五华里以内之住户得并计编征之限制,依法遍查,并得由警察机关协助征收"①。其实就算房警捐取消,浙江的"特色税"五花八门,比如"浙江沿海渔民缴纳给官方及海盗的捐税共有捕鱼捐、牌照捐、护航费、管理捐、下饭钱、小工务等多种"②。如果能够收齐,尚可勉力支撑省县各地的运营,但"收"也成了大问题,以平阳县为例(本章附录表7-6-2),除去抗战年份中的不正常情况(有通货膨胀和短暂沦陷等),1946年是税务征收比例最低的一年(即使是算上抗战年份,也是倒数第二),而且是在中国抗战形势扭转(1943年)之后首次出现征收不满的情况。据统计,1947年浙江省的财政已经是入不敷出,全年财政预算出现14646412200元的赤字,最终上报中央核定后,将预算赤字减少为5523237000元③。

但浙江省对警察的经费还是给予了重点保障,"三十四年以后,始略有增加,至三十五年……各县原有自卫队经费,归并为警察经费,比率增加颇多,至三十六年则规定警察经费,提高为全县支出百分之二十二,惟警察经费大部用于长警之薪饷,设备服装等费仍甚感支绌也"④。当时去除人员薪饷后,浙江警察经费实际上占县所有支出的7.69%,高于行政支出4.41%、教育与文化支出4.39%⑤。正因为警察经费在县内支出中还略高于教育行政,所以警察的服装待遇还勉强能有统一供给,其服装包括单军衣裤一套,运动衣裤2套,蚊帐一顶,草席一条,蓑笠一顶,胶底鞋一双,毛巾一条⑥。

至于警察的薪饷,情况极不乐观。国民政府在1946年至1947年间为了应对货币贬值,发布了《公教人员生活补费分区调整办法》。就是对公务员的薪饷待遇是按地方分区,然后根据区块不同,规定一个基本数,再根据通货膨胀拟定倍数来发放法币。如1946年5月"杭州为一区,每一公务员基本数三十四万元,加倍数为一千八百倍,嘉兴列入二区,每一公务员基本数二十九万

---

① 《浙江省政府工作报告(1946年9月至1947年3月)》第3页,浙江省政府秘书处编印,浙江图书馆孤山路古籍部藏。

② 《东南西北》新华日报1946年6月15日第二版。

③ 当时还是以法币计算没有兑换金圆券,从数字可见通货膨胀的严重。

④ 朱焯:《十年来浙江警政设施概述》,《浙警十年》,中华警察学术研究社浙江分社、中国警察学会浙江分会编,1947年,第39页,浙江图书馆孤山路古籍部藏。

⑤ 据《浙江省政府工作报告(1947年11月至1948年5月)》统计表,1948年,浙江省政府秘书处编印,浙江图书馆孤山路古籍部藏。

⑥ 《浙江省政府工作报告(1948年6月至1948年12月)》,1949年第33页,浙江省政府秘书处编印,浙江图书馆孤山路古籍部藏。

元,加倍数为一千六百倍,余为浙江区列入第三区,每一公务员基本数二十四万元,加倍数为一千三百倍",到 1947 年 8 月"除杭州列为第一区,余列浙江区为第二区,基本数一律增加十万,即第一区基本数四十四万,加倍数仍取一千八百倍,第二区基本数三十九万,加倍数仍一千六百倍"。不过这是针对普通公务员的,警长和警士的生活补助要少很多。1946 年 6 月时"警长按照职员基本数七成支给,警士六成支给,加倍数与职员同";1947 年 8 月则"长警依职员基本数五成或四成支给"①。其后法币的贬值速度已经大大超过了政府补助加倍数,月初发布到月末实施时这些法币已经根本无法购买足够的生活资料,温饱都成问题。所以 1947 年全省行政会议通过决议,部分薪饷以实物的形式发放,不再采用法币:"员工兵警生活补助费之基本数部分,自三十七年度起一律折发稻谷,计职员每人每月三市石,警长七折计二石一斗,警察勤工六折一石八斗,至加成数部分,仍以国币计算,并照中央规定标准随时调整。"②到了 1948 年,法币独木难支,国民政府开始发行金圆券取代法币,试图挽救业已崩溃的金融,浙江省曾经按中央指示,将实物恢复以金圆券发放,但"嗣以限价开放,物价又趋高涨,乃拟具《浙江省各县市员工长警薪饷配发稻谷办法》",自 11 月起按以往标准再次配发实物③,各县实际配发情况详见本章附录表 7-6-3。

　　即使如此,浙江省部分县政府还是无法足额发放。1947 年全省县级和乡镇均能够按每月三石稻谷发给的只有海宁、临安、嘉兴、海盐、崇德、平湖、桐乡、吴兴、鄞县、奉化、宁海 11 县;县级能够发给三石,乡镇能够按二石一斗发给的有杭县、富阳、余杭、新登、嘉善、长兴、德清、安吉、慈溪、镇海、绍兴、余姚、上虞、萧山、诸暨、神仙、黄岩、温岭、金华、兰溪、东阳、义乌、永康、武义、浦江、汤溪、衢县、龙游、江山、常山、建德、淳安、寿昌、瑞安、乐清、龙泉、庆元、云和38 县;县级和乡镇能够按二石以上发给的有於潜、武康、象山、三门、临海、天台、仙居、开化、桐庐、遂安、永嘉、平阳、玉环、丽水、缙云、松阳、遂昌等 17 县;县级都无法保证二石稻谷配发的有昌化、孝丰、定海、新昌、磐安、分水、泰顺、

　　① 丁耀南:《浙江警察志略》,1947 年,第 18 页,浙江图书馆孤山路古籍部藏。
　　② 《浙江省政府工作报告(1947 年 11 月至 1948 年 5 月)》,浙江省政府秘书处编印,1948 年第 13 页,浙江图书馆孤山路古籍部藏。
　　③ 《浙江省政府工作报告(1948 年 6 月至 1948 年 12 月)》,浙江省政府秘书处编印,1949 年第 11 页,浙江图书馆孤山路古籍部藏。

青田、景宁、宣平等 10 县①。而且就算是省会杭州,一样也无法保障,"本市财政已濒临崩溃之境,市属各附属机关、学校等,九月应补发生活补助费等三亿一千余万元,迄未发放,而市库存底尚不及其尾数,窘困可见一斑。市财政当局已加紧催收各项捐税,藉谋弥补"②。

　　本章附录表 7-6-3 中给出的数据说明 1948 年各县财政情况略有好转,有42 个县可以按标准发放,占全部县的 55.3%。另外能按标准 90%(指职员、长警、警士三项稻谷配发合总,下同)以上配发的有 7 个县,能按标准 80% 以上配发的有 6 个县,能按标准 70% 以上配发的有 3 个县。但原先无法保证二石配发的 10 个县仍然未能摆脱窘境,而且诸暨和玉环两县虽然职员稻谷配发达到了二石,但是以长警和警士的配发严重缺额为代价,尤其是玉环县的长警和警士仅配发 0.35 石(350 斗),是标准的 18%,三项配发合总其实只符合标准配发额度的 39%。在这种情况下,警察难于糊口自难安于工作,滑头的人走歪门邪道捞钱,老实的人走投无路,"尽管玩西湖的人终日不绝,跳西湖自杀的人可也不少……有个曾经在武康警察局当办事员的也因生活困难而跳了湖"③。这使得警界人士不由感叹"呜呼吾警界员警,即使能够依新调整数按月支给,而一地方最高警察局长之薪给充其量不过购米石半,抑何残忍至于此极耶"④? 通货膨胀摧毁了南京国民政府的财政基础,也使得警察系统正常的运转难以维系。

---

　　① 《浙江省政府工作报告(1947 年 11 月至 1948 年 5 月)》,浙江省政府秘书处编印,1948 年第 13页,浙江图书馆孤山路古籍部藏。
　　② 《国民党政府内战政策下财政濒临崩溃之境——滇陕浙各省收支相差大,无法弥补》,《新华日报》,1946 年 11 月 5 日第二版。
　　③ 艾蕾:《这里不是天堂》,《新华日报》,1946 年 7 月 10 日第二版。
　　④ 丁耀南:《浙江警察志略》,1947 年,第 18 页,浙江图书馆孤山路古籍部藏。

# 本章附录图表

表 7-1-3　各省警保处员额分配表①

| 种别 / 数额 / 职别 | 甲种 | 乙种 | 丙种 | 附注 |
|---|---|---|---|---|
| | 直属机关部队人数在八千以上或全省县市设治局在八十个以上者适用 | 直属机关部队人数在五千至七千九百九十九或全省县市设治局在五十至七十九个者适用 | 直属机关部队人数在四千九百九十九以下或全省县市设治局在四十九个以下者适用 | |
| 处长 | 1 | 1 | 1 | |
| 副处长 | 1—2 | 1 | 1 | |
| 秘书主任 | 1 | 1 | 1 | |
| 秘书 | 3—5 | 2—3 | 1—2 | 1. 科得因业务需要分股办事。 |
| 视导 | 5—8 | 4—6 | 3—5 | 2. 各省因业务单纯应设员额少于两种标准最低数听之。 |
| 科长 | 5—6 | 4—5 | 3—4 | 3. 公役设置以平均职员三人,一人记不足,三人之数不列 |
| 编审 | 3—5 | 2—4 | 2—3 | |
| 技正 | 4—6 | 3—5 | 2—4 | |
| 人事主任 | 1 | 1 | 1 | |
| 会计主任 | 1 | 1 | 1 | |
| 统计主任 | 1 | 1 | 1 | |
| 科员 | 40—65 | 35—55 | 25—45 | |
| 技士 | 5—8 | 3—6 | 2—4 | |
| 办事员 | 35—50 | 25—40 | 20—30 | |
| 雇员 | 40—60 | 30—45 | 20—30 | |
| 合计 | 146—220 | 114—175 | 84—133 | |

---

① 赖淑卿编:《警政史料:复员时期》,台北"国史馆",1993 年版,第 90 页。

#### 表 7-2-6　1947 年浙江各县警察机关数统计表[①]

| 警局 | 局等 | 分局 | 警察所 | 分驻所 | 派出所 | 保安警察队 | 消防队 | 刑警队 | 特种队 | 备注 |
|---|---|---|---|---|---|---|---|---|---|---|
| 杭州市警察局 |  | 8 |  | 25 |  | 1 | 1 | 1 | 1 | 特种队指驻卫警察队 |
| 宁波市警察局 |  | 6 |  | 5 |  | 1 | 1 | 1 | 1 | 特种队指警察队 |
| 余杭警察局 | 乙 |  |  | 5 |  | 1 |  |  |  |  |
| 新登警察局 | 丙 |  | 1 | 1 | 1 |  |  | 1 |  |  |
| 富阳警察局 | 乙 |  |  | 5 |  | 1 |  | 1 |  |  |
| 临安警察局 | 丙 |  |  | 4 |  | 1 |  | 1 |  |  |
| 於潜警察局 | 丙 |  | 2 | 2 |  | 1 |  |  |  |  |
| 昌化警察局 | 乙 |  | 3 | 3 |  | 1 |  | 1 |  |  |
| 杭县警察局 | 甲 |  | 6 | 8 |  | 2 |  | 1 |  |  |
| 安吉警察局 | 丙 |  | 2 |  |  | 1 |  | 1 |  |  |
| 孝丰警察局 | 丙 |  |  | 2 |  | 1 |  |  |  |  |
| 长兴警察局 | 甲 |  | 1 | 3 |  | 2 |  | 1 |  |  |
| 吴兴警察局 | 甲 |  | 4 | 6 |  | 2 |  | 1 |  |  |
| 德清警察局 | 乙 |  | 2 | 1 |  | 1 |  | 1 |  |  |
| 武康警察局 | 丙 |  | 2 |  |  | 1 |  |  |  |  |
| 绍兴警察局 | 甲 |  | 9 | 16 |  | 4 | 1 | 1 |  |  |
| 萧山警察局 | 甲 |  | 3 | 4 |  | 1 |  | 1 |  |  |
| 诸暨警察局 | 甲 |  | 5 | 1 |  | 3 | 1 | 1 |  |  |
| 余姚警察局 | 甲 |  | 7 | 8 |  | 3 | 1 | 1 |  |  |
| 嵊县警察局 | 甲 |  | 2 | 2 |  | 3 |  | 1 |  |  |
| 上虞警察局 | 甲 |  | 3 | 3 |  | 2 |  | 1 |  |  |
| 新昌警察局 | 甲 |  | 3 |  |  | 1 |  | 1 |  |  |
| 金华警察局 | 甲 |  | 2 | 5 |  | 1 |  | 1 |  |  |
| 兰溪警察局 | 甲 |  | 3 | 10 |  | 1 | 1 | 1 |  |  |
| 永康警察局 | 乙 |  | 1 | 4 |  | 1 |  | 1 |  |  |
| 宣平警察局 | 乙 |  |  | 2 |  | 1 |  | 1 |  |  |
| 汤溪警察局 | 乙 |  |  | 4 |  | 1 |  | 1 |  |  |
| 武义警察局 | 乙 |  | 1 | 2 |  | 1 |  | 1 |  |  |

---

① 截至 1947 年 7 月,据朱焯的《十年来浙江警政设施概述》编制,《浙警十年》,中华警察学术研究社浙江分社、中国警察学会浙江分会编,1947 年,第 21-27 页,浙江图书馆孤山路古籍部藏。

续表

| 警局 | 局等 | 分局 | 警察所 | 分驻所 | 派出所 | 保安警察队 | 消防队 | 刑警队 | 特种队 | 备注 |
|------|------|------|--------|--------|--------|------------|--------|--------|--------|------|
| 东阳警察局 | 甲 | | 3 | 4 | | 2 | | 1 | | |
| 义乌警察局 | 甲 | | 3 | 1 | | 1 | | 1 | | |
| 衢县警察局 | 甲 | | 2 | 4 | | 1 | | 1 | | |
| 开化警察局 | 乙 | | 1 | 1 | | 2 | | 1 | | |
| 遂安警察局 | 乙 | | 2 | | | 1 | | 1 | | |
| 江山警察局 | 甲 | | 3 | 3 | | 1 | | 1 | | |
| 常山警察局 | 乙 | | | 3 | | 1 | | 1 | | |
| 龙游警察局 | 乙 | | | 4 | | 1 | | 1 | | |
| 遂昌警察局 | 乙 | | 3 | 1 | | 1 | | 1 | | |
| 鄞县警察局 | 甲 | | 5 | 4 | | 2 | | 1 | | |
| 慈溪警察局 | 甲 | | 3 | 1 | | 1 | | 1 | | |
| 定海警察局 | 甲 | | 7 | 1 | | 2 | | 1 | | |
| 镇海警察局 | 甲 | | 4 | 5 | | 2 | | 1 | | |
| 奉化警察局 | 甲 | | 4 | | | 1 | | 1 | | |
| 象山警察局 | 甲 | | 2 | 3 | | 2 | | 1 | | |
| 宁海警察局 | 甲 | | 4 | 1 | | 1 | | 1 | | |
| 临海警察局 | 甲 | | 6 | | | 2 | | 1 | | |
| 黄岩警察局 | 甲 | | 5 | 3 | | 2 | 1 | 1 | | |
| 仙居警察局 | 甲 | | 2 | | | 1 | | 1 | | |
| 温岭警察局 | 甲 | | 4 | 3 | | 2 | | 1 | | |
| 三门警察局 | 乙 | | 1 | 2 | | 2 | | 1 | | |
| 天台警察局 | 乙 | | 1 | 2 | | 1 | | 1 | | |
| 磐安警察局 | 乙 | | 2 | | | 2 | | | | |
| 永嘉警察局 | 甲 | | 7 | 10 | | 2 | 1 | 1 | 1 | 特种队指水巡队 |
| 平阳警察局 | 甲 | | 5 | 8 | | 2 | | 1 | | |
| 瑞安警察局 | 甲 | | 5 | 8 | | 1 | | 1 | | |

续表

| 警局 | 局等 | 分局 | 警察所 | 分驻所 | 派出所 | 保安警察队 | 消防队 | 刑警队 | 特种队 | 备注 |
|------|------|------|--------|--------|--------|------------|--------|--------|--------|------|
| 乐清警察局 | 甲 | | 2 | 4 | | 2 | | 1 | | |
| 泰顺警察局 | 乙 | | 2 | | | 1 | | 1 | | |
| 玉环警察局 | 乙 | | 2 | 1 | | 2 | | 1 | | |
| 丽水警察局 | 乙 | | 1 | 1 | | 1 | | 1 | | |
| 龙泉警察局 | 乙 | | | 3 | | 2 | | 1 | | |
| 青甲警察局 | 乙 | | 2 | 2 | | 2 | | | | |
| 缙云警察局 | 乙 | | 1 | 2 | | 2 | | | | |
| 景宁警察局 | 乙 | | | 3 | | 1 | | | | |
| 庆元警察局 | 乙 | | 1 | 2 | | 1 | | | | |
| 松阳警察局 | 乙 | | 3 | | | 1 | | 1 | | |
| 云和警察局 | 丙 | | | 1 | | | | | | |
| 嘉兴警察局 | 甲 | | 6 | 10 | | 2 | | 1 | | |
| 嘉善警察局 | 甲 | | 4 | | | 1 | | 1 | | |
| 海宁警察局 | 甲 | | 3 | 3 | | 1 | | 1 | | |
| 海盐警察局 | 甲 | | 3 | | | 1 | | 1 | | |
| 平湖警察局 | 甲 | | 3 | 3 | | 1 | | 1 | | |
| 崇德警察局 | 乙 | | 3 | 1 | | 2 | | 1 | | |
| 桐乡警察局 | 乙 | | 4 | | | 2 | | 1 | | |
| 建德警察局 | 乙 | | 2 | 3 | | 1 | | 1 | | |
| 桐庐警察局 | 乙 | | 2 | 3 | | 1 | | 1 | | |
| 淳安警察局 | 甲 | | 4 | 1 | | 1 | | 1 | | |
| 寿昌警察局 | 丙 | | | 1 | | 1 | | | | |
| 浦江警察局 | 乙 | | | 3 | | 1 | | 1 | | |
| 分水警察局 | 丙 | | | 4 | | 1 | | | | |
| 合计 | | 14 | 194 | 254 | 1 | 118 | 8 | 67 | 3 | |

### 表 7-3-1　1946—1948 年浙江省警察数 [①]

| 县名 | 1946 年 9 月额定数 | 1947 年 7 月警察数 | | | 1948 年 4 月警察数 |
|---|---|---|---|---|---|
| | | 职员数 | 警长数 | 员警数 | |
| 安吉 | 100 | 14 | 13 | 110 | 113 |
| 昌化 | 100 | 17 | 13 | 132 | 148 |
| 常山 | 140 | 16 | 13 | 170 | 140 |
| 崇德 | 190 | 22 | 19 | 231 | 200 |
| 淳安 | 250 | 30 | 25 | 269 | 250 |
| 慈溪 | 300 | 37 | 30 | 367 | 334 |
| 德清 | 140 | 18 | 15 | 165 | 150 |
| 定海 | 300 | 39 | 35 | 434 | 350 |
| 东阳 | 430 | 38 | 32 | 400 | 231 |
| 分水 | 60 | 18 | 8 | 110 | 80 |
| 奉化 | 240 | 30 | 22 | 294 | 264 |
| 富阳 | 170 | 23 | 24 | 222 | 107 |
| 海宁 | 300 | 36 | 32 | 366 | 300 |
| 海盐 | 200 | 37 | 24 | 301 | 240 |
| 杭县 | 340 | 48 | 41 | 464 | 365 |
| 黄岩 | 500 | 54 | 42 | 521 | 500 |
| 嘉善 | 220 | 27 | 32 | 365 | 306 |
| 嘉兴 | 240 | 52 | 57 | 560 | 460 |
| 建德 | 130 | 19 | 16 | 161 | 200 |
| 江山 | 280 | 29 | 33 | 336 | 135 |
| 金华 | 240 | 33 | 25 | 264 | 215 |
| 缙云 | 200 | 22 | 17 | 208 | 170 |
| 景宁 | 120 | 14 | 12 | 146 | 120 |
| 开化 | 130 | 19 | 14 | 167 | 202 |
| 兰溪 | 280 | 38 | 34 | 346 | 292 |

---

① 该表数据源于:(1)《宁波警察》,1946 年第 7 期,宁波警察月刊社;(2)朱焯:《十年来浙江警政设施概述》,《浙警十年》,中华警察学术研究社浙江分社、中国警察学会浙江分会编,1947 年;(3)《浙江省政府工作报告(1947 年 11 月至 1948 年 5 月)》,浙江省政府秘书处编印。以上均为浙江图书馆孤山路古籍部藏。

续表

| 县名 | 1946 年 9 月 额定数 | 1947 年 7 月警察数 | | | 1948 年 4 月 警察数 |
|---|---|---|---|---|---|
| | | 职员数 | 警长数 | 员警数 | |
| 乐清 | 380 | 43 | 35 | 450 | 300 |
| 丽水 | 120 | 19 | 13 | 167 | 120 |
| 临安 | 100 | 16 | 10 | 110 | 140 |
| 临海 | 520 | 53 | 49 | 634 | 500 |
| 龙泉 | 140 | 17 | 13 | 183 | 152 |
| 龙游 | 180 | 17 | 15 | 163 | 151 |
| 宁海 | 230 | 29 | 24 | 260 | 240 |
| 磐安 | 100 | 13 | 10 | 123 | 100 |
| 平湖 | 260 | 32 | 27 | 318 | 260 |
| 平阳 | 720 | 63 | 53 | 664 | 409 |
| 浦江 | 230 | 19 | 16 | 197 | 163 |
| 青田 | 250 | 15 | 14 | 157 | 152 |
| 庆元 | 120 | 16 | 11 | 138 | 140 |
| 衢县 | 320 | 32 | 33 | 384 | 280 |
| 瑞安 | 530 | 60 | 40 | 488 | 240 |
| 三门 | 150 | 18 | 155 | 204 | 170 |
| 上虞 | 320 | 29 | 32 | 340 | 310 |
| 绍兴 | 810 | 82 | 97 | 990 | 900 |
| 嵊县 | 400 | 39 | 28 | 355 | 296 |
| 寿昌 | 90 | 15 | 9 | 96 | 78 |
| 松阳 | 120 | 19 | 15 | 140 | 139 |
| 遂安 | 140 | 17 | 13 | 171 | 150 |
| 遂昌 | 120 | 15 | 14 | 141 | 115 |
| 泰顺 | 160 | 18 | 16 | 194 | 155 |
| 汤溪 | 120 | 18 | 13 | 153 | 94 |
| 天台 | 250 | 25 | 15 | 191 | 140 |
| 桐庐 | 150 | 17 | 14 | 154 | 140 |
| 桐乡 | 150 | 20 | 16 | 196 | 168 |
| 温岭 | 500 | 47 | 32 | 449 | 402 |

续表

| 县名 | 1946 年 9 月额定数 | 1947 年 7 月警察数 | | | 1948 年 4 月警察数 |
|---|---|---|---|---|---|
| | | 职员数 | 警长数 | 员警数 | |
| 吴兴 | 550 | 52 | 46 | 528 | 535 |
| 武康 | 80 | 15 | 9 | 93 | 95 |
| 武义 | 100 | 16 | 12 | 146 | 140 |
| 仙居 | 220 | 30 | 21 | 254 | 200 |
| 象山 | 230 | 28 | 23 | 281 | 245 |
| 萧山 | 500 | 47 | 34 | 409 | 338 |
| 孝丰 | 100 | 14 | 9 | 105 | 122 |
| 新昌 | 250 | 30 | 24 | 275 | 250 |
| 新登 | 70 | 13 | 10 | 98 | 90 |
| 宣平 | 80 | 16 | 13 | 146 | 120 |
| 义乌 | 320 | 29 | 22 | 284 | 180 |
| 鄞县 | 800 | 67 | 53 | 683 | 560 |
| 永嘉 | 760 | 70 | 62 | 734 | 601 |
| 永康 | 270 | 24 | 20 | 242 | 200 |
| 於潜 | 80 | 15 | 8 | 90 | 96 |
| 余杭 | 120 | 17 | 14 | 171 | 150 |
| 余姚 | 980 | 72 | 70 | 748 | 680 |
| 玉环 | 200 | 18 | 14 | 210 | 284 |
| 云和 | 80 | 13 | 8 | 101 | 95 |
| 长兴 | 250 | 25 | 23 | 241 | 261 |
| 镇海 | 320 | 39 | 32 | 391 | 242 |
| 诸暨 | 480 | 46 | 39 | 380 | 246 |
| 合计 | 19820 | 2249 | 2026 | 21929 | 18206 |

表 7-3-3　保安警察总队编制表①

| 职别 | 阶级 | 员额 | 备考 |
|---|---|---|---|
| 总队长 | 简任或荐任 | 1 | |
| 副总队长 | 荐任 | 1 | |
| 总队副 | 荐任或委任 | 1 | |
| 警务组长 | 荐任或委任 | | 掌理剿匪,计划,警力配备,调遣,情报及一般警务事项 |
| 督练组长 | 荐任或委任 | | 掌理课练实施事项 |
| 经理组长 | 荐任或委任 | | 掌理经费,武器装备供应,补给保管事项 |
| 总务组长 | 荐任或委任 | | 掌理庶务医药、交通、通信、人事及文书事项 |
| 组员 | 委任 | 11 | 内警务、督练组员各2人;经理组员4人,其中1人担任警械管理;总务组员3人 |
| 办事员 | 委任 | 4 | 分配各组办事 |
| 雇员 | 雇佣 | 4 | 分配各组担任缮写工作 |
| 医疗主任 | 荐任或委任 | 1 | |
| 医官 | 委任 | 3 | 其中1人为兽医 |
| 司药 | 委任 | 2 | |
| 护士 | 雇员待遇 | 5 | |
| 司号长 | 雇员待遇 | 1 | |
| 传达警长 | 一等 | 1 | |
| 传达警士 | 一等 | 3 | |
| | 二等 | 6 | |
| 掌工工役 | 同警长警士待遇 | 1 | |
| | | 8 | |
| 饮夫 | 官佐长警工役 | 38 | |
| 饲养夫 | | 24 | |

---

①　韩延龙、苏亦工:《中国近代警察制度》,社会科学文献出版社,2000年,第629页,作者有删改。

表 7-3-4　1947 年 6 月国民政府各大城市人口警力比例①

| 城市名 | 人口数 | 警察数 | 人口与警力比 |
|---|---|---|---|
| 南京 | 1060037 | 8000 | 133：1 |
| 上海 | 3925621 | 18358 | 214：1 |
| 北平 | 1672433 | 12209 | 137：1 |
| 天津 | 1707670 | 11795 | 145：1 |
| 青岛 | 759057 | 3309 | 229：1 |
| 重庆 | 1002787 | 5010 | 200：1 |
| 沈阳 | 1175620 | 3548 | 331：1 |
| 汉口 | 679403 | 2842 | 239：1 |
| 广州 | 1126252 | 2797 | 403：1 |
| 西安 | 545405 | 2268 | 240：1 |
| 镇江 | 179848 | 1189 | 151：1 |
| 杭州 | 424356 | 1000 | 424：1 |
| 福州 | 347765 | 1001 | 347：1 |
| 桂林 | 168463 | 728 | 231：1 |
| 长沙 | 421616 | 1287 | 328：1 |
| 武昌 | 232614 | 2327 | 100：1 |
| 南昌 | 173090 | 2265 | 76：1 |
| 成都 | 766328 | 2254 | 340：1 |
| 贵阳 | 241933 | 1330 | 182：1 |
| 康定 | 11073 | 200 | 55：1 |
| 开封 | 282193 | 1729 | 163：1 |
| 保定 | 401442 | 2979 | 135：1 |
| 太原 | 255905 | 2699 | 95：1 |
| 兰州 | 174491 | 991 | 176：1 |
| 迪化 | 58000 | 450 | 129：1 |
| 长春 | 615668 | 648 | 950：1 |
| 安东 | 273000 | 632 | 432：1 |
| 台北 | 266121 | 520 | 512：1 |

① 数据来源《中国警政概况》,内政部警察总署编,1947 年 9 月 30 日。

表 7-6-2　平阳县历年税捐征收情况

| 年度 | 屠宰税 | | 房捐 | | 警捐 | | 实收率 |
|---|---|---|---|---|---|---|---|
| | 预算数 | 实收数 | 预算数 | 实收数 | 预算数 | 实收数 | |
| 1937 | 6881 | 7025.17 | 10009 | 10009.04 | 622 | 692.1 | 101.2% |
| 1938 | 3606 | 3511.61 | 4741 | 5266.3 | 311 | 338.4 | 105.3% |
| 1939 | 7800 | 7085.06 | 12024 | 7567.33 | 690 | 523.28 | 74.0% |
| 1940 | 8316 | 7263.2 | 31099 | 18005.43 | 783 | 565.29 | 64.3% |
| 1941 | 27000 | 29900.74 | 38076 | 41707.52 | 500 | 437.37 | 109.9% |
| 1942 | 5050 | 361605.28 | 2078 | 10760.27 | 2078 | 8990.22 | 4142.5% |
| 1943 | 1515000 | 1171005.96 | 415000 | 12369 | 415000 | 12369 | 51.0% |
| 1944 | 3530000 | 6198355.27 | 900000 | 694390.48 | 900000 | 694390.48 | 142.3% |
| 1945 | 7800000 | 9775390 | 2160000 | 1595929.35 | 2160000 | 1595929.35 | 107.0% |
| 1946 | 53413220 | 35430901 | 10560000 | 9497489.32 | 10560000 | 与房捐合 | 60.3% |

表 7-6-3　1948 年度浙江省各县配发稻谷实际额度①

| 县名 | 生活补助(米,斗数) | | | 县名 | 生活补助(米,斗数) | | |
|---|---|---|---|---|---|---|---|
| | 职员 | 长警 | 警士 | | 职员 | 长警 | 警士 |
| 杭县 | 3000 | 2100 | 1800 | 天台 | 2000 | 1400 | 1200 |
| 海宁 | 3000 | 2100 | 1800 | 仙居 | 2500 | 1700 | 1500 |
| 富阳 | 3000 | 2100 | 1800 | 磐安 | 1200 | 840 | 720 |
| 余杭 | 3000 | 2100 | 1800 | 金华 | 3000 | 2100 | 1800 |
| 临安 | 3000 | 2100 | 1800 | 兰溪 | 3000 | 2100 | 1800 |
| 於潜 | 2780 | 1950 | 1670 | 东阳 | 3000 | 2100 | 1800 |
| 新登 | 3000 | 1800 | 1800 | 义乌 | 3000 | 2100 | 1800 |
| 昌化 | 1450 | 1020 | 870 | 永康 | 3000 | 2100 | 1800 |
| 嘉兴 | 3000 | 2100 | 1800 | 武义 | 3000 | 2100 | 1800 |
| 嘉善 | 3000 | 2100 | 1800 | 浦江 | 3000 | 2100 | 1800 |
| 海盐 | 3000 | 2100 | 1800 | 汤溪 | 3000 | 2100 | 1800 |
| 崇德 | 3000 | 2100 | 1800 | 衢县 | 3000 | 2100 | 1800 |
| 平湖 | 3000 | 2100 | 1800 | 龙游 | 3000 | 2100 | 1800 |
| 桐乡 | 3000 | 2100 | 1800 | 江山 | 3000 | 2100 | 1800 |

---

① 《浙江省政府工作报告,1948 年 6 月至 1948 年 12 月》,浙江省政府秘书处编印,浙江图书馆孤山路古籍部藏。

续表

| 县名 | 生活补助(米,斗数) | | | 县名 | 生活补助(米,斗数) | | |
|---|---|---|---|---|---|---|---|
| | 职员 | 长警 | 警士 | | 职员 | 长警 | 警士 |
| 吴兴 | 3000 | 2100 | 1800 | 常山 | 3000 | 2100 | 1800 |
| 长兴 | 3000 | 2100 | 1800 | 开化 | 2000 | 1400 | 1200 |
| 德清 | 3000 | 2100 | 1800 | 建德 | 3000 | 2100 | 1800 |
| 武康 | 2000 | 1400 | 1200 | 淳安 | 3000 | 2100 | 1800 |
| 安吉 | 3000 | 2100 | 1800 | 桐庐 | 2500 | 1750 | 1500 |
| 孝丰 | 1800 | 600 | 600 | 遂安 | 2600 | 1300 | 1300 |
| 鄞县 | 3000 | 2100 | 1800 | 寿昌 | 3000 | 2100 | 1800 |
| 慈溪 | 3000 | 2100 | 1800 | 分水 | 1900 | 1330 | 1140 |
| 奉化 | 3000 | 2100 | 1800 | 永嘉 | 2000 | 1400 | 1200 |
| 镇海 | 3000 | 2100 | 1800 | 瑞安 | 3000 | 1800 | 1500 |
| 定海 | 1800 | 1300 | 1100 | 乐清 | 3000 | 2100 | 1800 |
| 象山 | 2500 | 1750 | 1500 | 平阳 | 3000 | 2100 | 1700 |
| 三门 | 2500 | 1800 | 1500 | 泰顺 | 1500 | 1000 | 1000 |
| 绍兴 | 3000 | 2100 | 1800 | 玉环 | 2000 | 350 | 350 |
| 萧山 | 3000 | 2000 | 1500 | 丽水 | 2500 | 1700 | 1500 |
| 诸暨 | 2000 | 1000 | 1000 | 青田 | 1200 | 600 | 600 |
| 余姚 | 2200 | 1500 | 1300 | 缙云 | 2900 | 1800 | 1500 |
| 上虞 | 3000 | 2100 | 1800 | 松阳 | 2000 | 1400 | 1200 |
| 嵊县 | 3000 | 2100 | 1800 | 遂昌 | 2700 | 1900 | 1600 |
| 新昌 | 940 | 654 | 565 | 龙泉 | 3000 | 2100 | 1800 |
| 临海 | 2400 | 1600 | 1400 | 庆元 | 3000 | 2100 | 1800 |
| 黄岩 | 3000 | 2100 | 1800 | 云和 | 2000 | 1400 | 1200 |
| 宁海 | 3000 | 1500 | 1500 | 景宁 | 1700 | 1300 | 1020 |
| 温岭 | 3000 | 2100 | 1800 | 宣平 | 1500 | 900 | 900 |

# 参考文献

## 一、文献、资料类

（一）综合

1. （清）商务印书馆编译所编.大清光绪新法令,宣统元年(己酉1909).

2. （台）中央警官学校校史编辑委员会编.中央警官学校校史,1973.

3. 甘厚慈.北洋公牍类纂.台北:文海出版社,1997.

4. 曾荣汾.中国近代警察史料初编.台北"中央"警官学校印行,1989.

5. 陈炽.庸书·外篇卷六·巡捕.上海书局,1897.

6. 陈铮.黄遵宪全集.中华书局,2005.

7. 大清法规大全.北京.政学社,1909.

8. 丁耀南.浙江警察志略.宁波警察月刊社,1947.

9. 二十世纪三十代国情调查报告第181～199卷.凤凰出版社,2012.

10. 甘厚慈.北洋公牍类纂.台北:文海出版社,1966.

11. 故宫博物院明清档案部.清末筹备立宪档案史料（上）.中华书局,1979.

12. 故宫博物院明清档案部.义和团档案史料(上册).中华书局,1979.

13. 郭嵩焘.郭嵩焘日记卷二.湖南人民出版社,1981.

14. 国家图书馆分馆.(清末)时事采新汇选(第15册).北京图书馆出版社,2003.

15. 杭州文史研究会,民国浙江史研究中心,浙江图书馆.辛亥革命杭州史料辑刊.国家图书馆出版社,2011.

16. 胡存忠.中国警察史.(旧)中央警官学校警政高等研究班讲演汇编,1994.

17. 黄遵宪.黄遵宪集下册.中华书局,2003.

18. 近代中国区域史研讨会论文集.台湾"中研院"近史所,1986.

19. 康有为.康有为全集(第二卷).上海古籍出版社,1992.

20. 康有为.康有为政论集(上).中华书局,1981.

21. 赖淑卿.警政史料:复员时期.台北"国史馆",1993.

22. 赖淑卿.警政史料第5册.台北"国史馆",1993.

23. 李鸿章.李文忠公全集·奏稿.卷24.1905.

24. 李秀生.中国警察行政(第四篇).(旧)中央警官学校第四分校讲义,1947.

25. 六十来的中国警察编辑委员会.六十来的中国警察.台北"中央"警官学校.1971.

26. 毛泽东选集第3卷.人民出版社,1991.

27. 民国史料丛刊第24、30-32、75、77卷.张妍、孙燕京主编.大象出版社,2009.

28. 秦孝仪.中华民国重要史料初编——对日抗战时期.续编(三).台北中国国民党中央委员会党史委员会,1981.

29. 清朝文献通考·卷二十二.职役考二商务印书馆,1936.

30. 沈云龙.近代中国史料丛刊.台北:文海出版社,1969.

31. 孙中山全集(第九卷).中华书局,1986.

32. 天津图书馆,天津社会科学院.袁世凯奏议.天津古籍出版社,1987.

33. 康有为政论集.中华书局,1981.

34. 夏东元.郑观应集·巡捕.上海人民出版社,1982.

35. 先总统蒋公思想言论总集.台北中国国民党中央委员会党史委员会,1984.

36. 冯桂芬.校邠庐抗议卷下.津河广仁堂校刻本.清光绪九年,1883.

37. 新生活运动促进总会编.近代中国史料丛刊三编.民国二十三新生活运动总报告.台北文海出版社,1989.

38. 徐白齐.中华民国法规大全(第1辑).商务印书馆,1936.

39. 徐绍真.浙江财政概要.杭州财务人员养成所,1931.

40. 陈铮.黄遵宪全集.中华书局,2005.

41. 张其昀.先总统蒋公全集(第2册).台北:中国文化大学出版社,1984.

42. 浙江省警官学校.浙江省警官学校一览,1935.

43. 浙江省政协文史资料委员会.浙江文史资料第1辑.2009.

44. 中共浙江省委党史资料征集研究委员会编.中共浙江党史大事记(1919—1949).浙江人民出版社,1990.

45. 中国国民党中央执行委员会宣传部编印.总裁言论选集第五卷"政治类".1942.

46. 中国史学会主编.戊戌变法(第四册).神州国光社,1953.

47. 中华民国现行法规大全.商务印书馆,1934.

48. 钟叔河主编.走向世界丛书.岳麓书社,1985.

49. 斌椿,谢清高.乘槎笔记.湖南人民出版社,1981.

50. 胡次威.重要县政问题改进意见.行政研究第一卷第二期.1936 年 11 月

51. 刘祖汉.水警必读.浙江省水上警察第一大队编,1933.

52. 浙江宁波警察厅警务概略.浙江宁波警察厅,1918.

53. 中国警政概况.内政部警察总署编,1947 年.

54. 陈贤.浙警十年.中国警察学会浙江分会,1947.

55. 胡次威.县政府制度的实地实验.兰溪实验县县政府,1934.

56. 内政部警政司.中国警察行政.商务印书馆,1935.

57. 内政部总务司.县政建设实验区资料汇要.南京大学图书馆藏,1935.

58. 兰溪实验县县政府.县政府制度的实地试验,1934.

59. 内政部总务司编印.县政建设实验区资料汇要,1935.

60. 重庆府札发整顿团练指陈厉害以励民团告示.同治朝.微缩号 5,卷 601.

(二)政府公报、报告.

1. 第二次全国内政会议秘书处.第二次全国内政会议报告书.1932.

2. 国民政府公报.

3. 杭州市政(季刊)(民国).

4. 杭州市政(民国).

5. 杭州市政府工作报告(1948-03—1948-05).警政部分.

6. 江苏省政府公报.

7. 江西省政府公报.

8. 警政顾问建议录要.

9. 宁波警察局工作报告·自民国三十四年九月十二日起至十一月十五日止.宁波警察局印刷,1945.

10. 瑞安县政府公报.

11. 武义县政府公报.

12. 县各级组织纲要浙江省实施总报告.浙江省民政厅编.1938.

13. 浙江财政.

14. 浙江财政月刊.

15. 浙江公报.

16. 浙江官报.

17. 浙江民政月刊.

18. 浙江省会公安局年刊.浙江省会公安局编.1935、1936 年.

19. 浙江省会公安局业务纪要.浙江省会公安局编.1933 年.

20. 浙江省三十一年度警政检讨会议纪录.1942 年 12 月.浙江省民政厅编.

21. 浙江省政府工作报告 1946 年 9 月至 1947 年 3 月.浙江省政府秘书处编印.

22. 浙江省政府工作报告 1947 年 11 月至 1948 年 5 月.浙江省政府秘书处编印.

23. 浙江省政府工作报告 1947 年 1 月至 1947 年 6 月.浙江省政府秘书处编印.

24. 浙江省政府工作报告 1948 年 6 月至 1948 年 12 月.浙江省政府秘书处编印.

25. 浙江省政府秘书处编.浙江省临时政治会议及中央政治会议浙江分会会议记录汇刊.1928.

26. 浙江省政概况.(伪)浙江省政府编.1943.

27. 政治官报.

(三)志书

1. 安吉地方志编撰委员会.安吉县志.浙江人民出版社,1994.

2. 常山县志编撰委员会.常山县志.浙江人民出版社,1990.

3. 陈伟.杭州公安大事记:1850—2002.杭州市公安局印,2003.

4. 陈文騄.杭州府志,卷 176·巡警.1915.

5. 淳安县公安志编撰委员会.淳安县公安志.中华书局,2000.

6. 淳安县志编撰委员会.淳安县志.汉语大词典出版社,1990.

7. 慈溪地方志编撰委员会.慈溪县志.浙江人民出版社,1992.

8. 慈溪市公安志编撰委员会.慈溪市公安志.方志出版社,1998.

9. 岱山县志编撰委员会.岱山县志.浙江人民出版社,1994.

10. 德清县志编撰委员会.德清县志.浙江人民出版社,1992.

11. 定海县志编撰委员会.定海县志.浙江人民出版社,1994.

12. 洞头地方志编撰委员会.洞头县志.浙江人民出版社,1993.

13. 富阳县地方志编纂委员会.富阳县志.浙江人民出版社,1993.

14. 富阳县公安志编撰办公室.富阳公安志.当代中国出版社,1995.

15. 海盐县志编撰委员会.海盐县志.浙江人民出版社,1992.

16. 杭州市公安志编纂委员会.杭州市公安志.中华书局,2001.

17. 湖州公安志编撰委员会.湖州公安志.新华出版社,1993.

18. 黄岩县志办公室.黄岩县志.三联书店上海分店,1992.

19. 建德市公安局.建德市公安志.当代中国出版社,1995.

20. 金华市地方志编撰委员会.金华市志.浙江人民出版社,1992.

21. 金华市公安志编撰委员会.金华市公安志.方志出版社,1997.

22. 金华县志编撰委员会.金华县志.浙江人民出版社,1992.

23. 缙云县志编撰委员会.缙云县志.浙江人民出版社,1996.

24. 开化县志编撰委员会.开化县志.浙江人民出版社,1988.

25. 兰溪市市志编撰委员会.兰溪市志.浙江人民出版社,1988.

26. 乐清市地方志编撰委员会.乐清县志.中华书局,2000.

27. 乐清县公安局编.乐清县公安志.海洋出版社,1993.

28. 丽水市志编撰委员会.丽水市志.浙江人民出版社,1994.

29. 临安县志编撰委员会.临安县志.汉语大词典出版社,1992.

30. 临海县志编撰委员会.临海县志.浙江人民出版社,1989.

31. 龙游县志编撰委员会.龙游县志.中华书局,1991.

32. 马新正主编.桐乡县志.上海书店出版社,1996.

33. 宁波公安志编撰委员会.宁波公安志.中华书局,1999.

34. 宁海县地方志编撰委员会.宁海县志.浙江人民出版社,1993.

35. 宁海县公安志编撰委员会.宁海县公安志.中华书局,2001.

36. 磐安县志编撰委员会.磐安县志.浙江人民出版社,1993.

37. 平阳县公安志编撰委员会.平阳县公安志.南开大学出版社,1997.

38. 浦江县公安志编撰委员会.浦江县公安志.浙江古籍出版社,1997.

39. 浦江县志编撰委员会.浦江县志.浙江人民出版社,1990.

40. 庆元县志编撰委员会.庆元县志.浙江人民出版社,1996.

41. 衢县志编撰委员会.衢县志.浙江人民出版社,1992.

42. 瑞安市地方志编撰委员会.瑞安市志.中华书局,2003.

43. 上虞市公安局.上虞市公安志.当代中国出版社,1994.

44. 上虞县志编撰委员会.上虞县志.浙江人民出版社,1990.

45. 绍兴市地方志编纂委员会.绍兴市志第3册.浙江人民出版社,1996.

46. 绍兴市公安局.绍兴市公安志.当代中国出版社,1993.

47. 嵊县志编撰委员会.嵊县志.浙江人民出版社,1989.

48. 遂昌县志编撰委员会.遂昌县志.浙江人民出版社,1996.

49. 泰顺县志编撰委员会.泰顺县志.浙江人民出版社,1998.

50. 天台县公安局,天台县公安志.方志出版社,1998.

51. 天台县志编撰委员会.天台县志.汉语大词典出版社,1995.

52. 桐庐县公安局.桐庐县公安志.浙江大学出版社,1995.

53. 桐庐县志编撰委员会.桐庐县志.浙江人民出版社,1991.

54. 温岭市公安局.温岭市公安志.方志出版社,1998.

55. 温州市公安志编撰委员会.温州市公安志.南开大学出版社,1997.

56. 翁礼华.浙江财政税务志.中华书局,2002.

57. 邬兴华,陈品贤.浙江警察简志.浙江省公安志编撰委员会.浙江省公安厅文印中心印刷.2000.

58. 吴庆坻.杭州府志(卷一百七十六:巡警).民国二十三影印本.

59. 武义县志编撰委员会.武义县志.浙江人民出版社,1990.

60. 仙居县志编撰委员会.仙居县志.浙江人民出版社,1987.

61. 象山县公安局.象山县公安志.象山第一印刷厂承印.1993.

62. 象山县志编撰委员会.象山县志.浙江人民出版社,1988.

63. 萧山县公安局.萧山县公安志.1986.

64. 萧山县志编撰委员会.萧山县志.浙江人民出版社,1987.

65. 金城.新昌县志(民国)卷1.建置·新制.1918.

66. 新昌县志编撰委员会.新昌县志.上海书店出版社,1994.

67. 义乌县志编撰委员会.义乌县志.浙江人民出版社,1987.

68. 佚名.续修浙江通志采访稿(不分卷).1916.

69. 张传保,汪焕章.鄞县通志(民国).政教志·警务.鄞县通志馆,1935.

70. 永嘉县地方志编纂委员会.永嘉县志.方志出版社,2003.

71. 永康县志编撰委员会.永康县志.浙江人民出版社,1991.

72. 余杭县志编撰委员会.余杭县志.浙江人民出版社,1990.

73. 余绍宋.重修浙江通志稿(标点本).浙江省地方志编撰委员会整理.方志出版社,2010.

74. 余绍宋.重修浙江通志稿·卷67.(旧)浙江省通志馆,1947.

75. 余姚市公安局.余姚市公安志.1990.

76. 玉环县编史修志委员会.玉环县志.汉语大词典出版社,1994.

77. 长兴公安志编撰委员会.长兴公安志.中华书局,2000.

78. 长兴县志编撰委员会.长兴县志.上海人民出版社,1992.

79. 浙江省江山县县志编撰办公室.江山县志简编.自印.1984.

80. 浙江省军事志编纂委员会.浙江省军事志.方志出版社,1999.

81. 浙江省文成县志编撰委员会.文成县志.中华书局,1996.

82. 浙江省鄞县地方志编撰委员会.鄞县志.中华书局,1996.

83. 诸暨县志编撰委员会.诸暨县志.浙江人民出版社,1993.

（四）杂志

1. 东方杂志

2. 广东警保月刊

3. 湖州（即湖州月刊）

4. 警察杂志

5. 警察之友

6. 临海警察

7. 上海警察（民国）

8. 新运月刊

9. 浙江潮

10. 浙江警察（民国）

11. 浙江警察杂志

12. 浙江警务丛报

13. 政治（第一卷）.江苏古籍出版社,1994.

14. 宁波警察（民国）

15. 中央警官学校校刊

（五）档案

1. "戡乱时期"警察中心工作实施方案.1947年9月浙江省警保处训令.L009-0-52-2-11.浙江省档案馆藏.

2. 1947年7月3日浙江省政府训令.L009-0-52-9.浙江省档案馆藏.

3. 1947年9月18日浙江省警保处训令.L00-0-52-18.浙江省档案馆藏.

4. 建警计划草拟经过之简述.中国第二历史档案馆馆藏内政部档案.

5. 民国34年5月2日浙江省保安司令部代电.L009-0-100-73.浙江省档

案馆藏.

　　6. 民国 36 年 8 月 4 日内河水上警察局呈浙江省政府、民政厅. L009-0-4-16. 浙江省档案馆藏.

　　7. 民国 36 年浙江省警保处工作报告. L016-0-709-56. 浙江省档案馆藏.

　　8. 民国时期杭州市政府档案史料汇编(1927 年—1945 年). 杭州市档案馆, 杭文出临(89)第 07 号.

　　9. 浙江省档案馆、中共浙江省委党史研究室编. 日军侵略浙江实录(1937—1945 年). 中共党史出版社, 1995.

　　10. 巡警部请饬各省照办巡警筹解协款有关文奏. 中国第一历史档案馆藏.

　　11. 中央警官学校二、三、四周年纪念合刊. 卷宗号: 3-2-183. 四川省档案馆.

　　12. 走近萧山——档案文化史料展. 杭州市萧山区档案局(馆), 2013.

　　13. 浙江省档案馆编. 浙江民国史料辑要. 2002 年印.

　　14. 中国第二历史档案馆. 李士珍拟建警计划草拟经过之简述. 民国档案, 2003.

　　15. 中国第二历史档案馆编. 中华民国史档案资料汇编. 江苏古籍出版社, 1991.

　　(六)报纸

　　1. 大公报

　　2. 东南日报

　　3. 新华日报(民国)

　　4. 国风报

　　5. 国闻周报

　　6. 杭州日报(民国)

　　7. 警政导报

　　8. 上海宁波日报

　　9. 申报

　　10. 时事公报

　　11. 时务公报

　　12. 湘报

　　13. 新闻报

　　14. 新运导报

15. 浙江日报(伪)

16. 镇海报

17. 新浙江日报(伪)

18. 江西民报

## 二、著作类

1. [美]杜赞奇. 文化、权力与国家:1900—1942 年的华北农村. 江苏人民出版社,1996.

2. [美]费正清. 剑桥中国晚清史(1800—1911)(上卷). 中国社会科学院历史研究所编译室译. 中国社会科学出版社,1985.

3. [美]费正清. 中国:传统与变迁. 吉林出版社,2008.

4. [美]费正清等编. 中国社会科学院历史研究所编译室. 剑桥晚清史下册. 中国社会科学出版社,2007.

5. [美]柯文. 在传统与现代性之间:王韬与晚清改革. 雷颐、罗检秋译. 江苏人民出版社,2003.

6. [美]列文森. 儒教中国及其现代命运. 郑大华等译. 中国社会科学出版社,2000.

7. [美]魏斐德. 间谍王:戴笠与中国特工. 梁禾[译]. 团结出版社,2004.

8. [美]魏斐德. 上海警察:1927—1937. 章红等译. 上海古籍出版社,2004.

9. [美]易劳逸. 流产的革命:1927—1937 年国民党统治下的中国. 陈谦平等译. 钱乘旦校. 中国青年出版社,1992.

10. [英]贝思飞. 民国时期的土匪. 上海人民出版社,1992.

11. [英]罗伯特·雷纳著. 警察与政治. 易继苍等译. 知识产权出版社,2008.

12. Gene E Carte. Police Reform in the United States: The Era of August Vollmer, 1905—1932. University of California Press. 1975.

13. 陈冠雄. 警察实务研究. 中华印刷厂,1947.

14. 酆裕坤. 现代警察研究. 商务印书馆(旧),1946.

15. 葛元煦. 沪游杂记. 上海书店出版社,2006.

16. 郭嵩焘伦敦与巴黎日记.

17. 郭宗荪. 中国警察法上册. 重庆警学编译社(旧),1947.

18. 韩延龙、苏亦工等. 中国近代警察史. 社会科学文献出版社,2000.

19. 韩延龙、苏亦工等.中国近代警察史.中国人民公安大学出版社,1993.

20. 郝遇林.模范乡村警察制度.上海独立出版社,1948.

21. 胡绳.从鸦片战争到五四运动(简本).人民出版社,1981.

22. 胡珠生.温州近代史.辽宁人民出版社,2000.

23. 黄绍竑.黄绍竑回忆录.广西人民出版社,1990.

24. 黄绍竑.五十回忆:浙江云和.云风出版社,1945.

25. 黄遵宪.日本国志.岳麓出版社,2016.

26. 李士珍.警察行政之理论与实际.中华警察学术研究社,1948.

27. 梁启超.戊戌政变记.广西师范大学出版社,2010.

28. 罗尔纲.绿营兵志.中华书局,1984.

29. 马振犊,邢烨.军统特务活动史.金城出版社,2016.

30. 年维佳.民国黑色警笛.长江文艺出版社,1997.

31. 潘国旗.民国浙江财政研究.中国社会科学出版社,2007.

32. 潘嘉钊,钟敏,李慕贞等.蒋介石警察密档.群众出版社,1994.

33. 冉光海.中国土匪1911—1950.重庆出版社,2004.

34. 任惠华.治安行政法学.法律出版社,2003.

35. 荣孟源.蒋家王朝.中国青年出版社,1981.

36. 施峥.中国近代警察教育研究.浙江人民出版社,2015.

37. 苏虹.旧温州轶事录.天马图书有限公司出版,1999.

38. 万川.中国警政史.中华书局,2006.

39. 汪勇.警管区制研究.中国人民公安大学出版社,2012.

40. 王大伟.欧美警察科学原理.中国人民公安大学出版社,2007.

41. 王大伟.英美警察科学.中国人民公安大学出版社,1995.

42. 王家俭.清末民初我国警察制度现代化的历程(1901—1928).台湾商务印书馆,1984.

43. 王亚男.中国官僚政治研究.中国社会科学出版社,1981.

44. 萧一山.清代通史(第四卷).华东师范大学出版社,2006.

45. 萧一山.清代通史.中华书局,1985.

46. 杨荫杭.老圃遗文辑.长江文艺出版社,1993.

47. 余秀豪.警察学大纲.商务印书馆,1946.

48. 余秀豪.现代警察行政.上海中华书局,1948.

49. 袁成毅.民国浙江政局研究（1927—1949）.中国社会科学出版

社,2007.

　　50. 苑书义等主编.张之洞全集(第6册).河北人民出版社,1998.

　　51. 张德彝.随使英俄记.岳麓书社,2008.

　　52. 张根福,岳钦韬.抗战时期浙江省社会变迁研究.上海人民出版社,2009.

　　53. 郑宗楷.警察法总论.商务印书馆,1938年.

　　54. 朱绍侯.中国古代治安制度史.河南大学出版社,1994.

　　55. 朱寿朋.光绪朝东华录.中华书局,1958.

## 三、论文类.

　　1. 白纯.简论抗战之前的新生活运动.党史研究与教学.2003(2).

　　2. 白贵一.论20世纪30年代南京国民政府的省制改革.河南师范大学学报(哲学社会科学版).2008(5).

　　3. 曹艺.新生活运动和国民精神总动员论析.民国档案(南京中国第二档案馆).1999(2).

　　4. 陈六才.留两浙正气成一代完人——论张载阳对浙江的贡献.绍兴师专学报.1995,15(2).

　　5. 陈之迈.漫游杂感(二).独立评论第224号.1931.

　　6. 董纯朴.民国水上警察制度考略.黑龙江史志.2009(4).

　　7. 郭玉家,马学春.清末新政与中国警政近代化.许昌学院学报.2003(3).

　　8. 何霜梅.县制沿革考.行政效率.1935,2(8).

　　9. 栗长江,吴新明.美国警察之职业化路径.人民公安.2015(11).

　　10. 刘锦涛.论清末创建近代警察制度的历史功效.兰台世界.2011(6).

　　11. 刘文楠.规训日常生活.新生活运动与现代国家的治理.南京大学学报(哲学·人文科学·社会科学).2013(5).

　　12. 孟奎,周宁.李士珍和抗战后期的五年建警计划.民国档案.2004(1).

　　13. 孟庆超,牛爱菊.试论近代中国警员警管区制.江西公安专科学校学报.2005(2).

　　14. 彭雪芹.近代中国早期警察观念探析.河南大学学报(社会科学版).2009(6).

　　15. 沈成飞.保甲制度与宗族势力的调适与冲突——以民国时期的广东地区为例.福建论坛(人文社会科学版).2016(6).

　　16. 汪荣祖.高瞻远瞩者的寂寞:郭嵩焘与晚清政局,史林.2017(2).

17. 王春梅.警察职业职业化探源——从英美警察的职业化谈起.公安学刊(浙江警察学院学报).2010(5).

18. 王宏伟.晚清州县保甲组织探析:以直隶为中心.求索.2006(3).

19. 王家俭.清末民初我国警察制度现代化的历程:1901—1916.台北.台湾师范大学历史学报.1982(10).

20. 王蔚佐.新县制实以后之保甲制度.政治建设.1943,8(1).

21. 王先明,常书红.晚清保甲制的历史演变与乡村权力结构——国家与社会在乡村社会控制中的关系变化.史学月刊.2005(5).

22. 王智军.警察的现代性:概念、发轫及特征.江苏警官学院学报.2004(5).

23. 夏敏.晚清时期中国近代警察制度建设.江苏警官学院学报.2003(4).

24. 谢闻歌.英美现代警察探源及其社会调控职能透析.世界历史2000(6).

25. 杨开道.农村自治的人才(续).农业周刊.1930(59).

26. 虞亚梅.李士珍拟改进中国警政建议计划三种.民国档案.2004(1).

27. 张锐.地方政制改善的途径.行政效率.1935,2(5).

28. 张锐.新政的透视和展望.1936 年 10 月 5 日行政研究创刊号.

29. 中国第二历史档案馆.李士珍《拟建警计划草拟经过之简述》.民国档案.2003(1).

30. 周联合.南京国民政府县政府裁局改科研究.晋阳学刊.2004(6).

31. 周兴旺.北伐战争中的浙皖苏战场.北京师范学院学报(社会科学版).1990(6).

32. 夏思.1927—1937 年浙江省县治安体系初探.浙江大学,2013.

33. 杨光,徐义君.北伐军进军浙江史略.浙江学刊.1981.05.

34. 张志琴.1945—1949 年浙江警政研究.杭州师范大学,2013.

35. 冯春晖.北京国民政府警政建设主要措施述论.贵州师范大学,2009 年.

36. 沈培菊.北洋政府时期的地方警政建设.警察实战训练研究.2012(6).

37. 施峥.北洋政府时期地方警察教育述评.山西档案.2016(3).

38. 袁成毅.地缘纽带中的蒋介石与浙江——以南京国民政府建立前后为时段的考察.史林.2011(4).

39. 杭消宣.杭州消防史话.浙江消防.2001(12).

40. 曹凛.北洋政府警船的安全检查与管理.中国船检.2017(1).

41. 虞亚梅.李士珍拟改进中国警政建议计划三种.民国档案.2004(2).

42. 冯筱才. 理想与利益——浙江省宪自治运动新探. 近代史研究. 2001 (3).

43. 白贵一. 论 20 世纪 30 年代南京国民政府县政改革. 江苏大学学报 (社会科学版). 2010(11).

44. 李可, 张丽萍. 论民国时期外事警察制度及其影响. 江苏警官学院学报. 2015(5).

45. 简究岸. 民国初年杭州军警火并警察防卫过当刺死兵士案. 观察与思考. 1999(5)

46. 徐志. 民国时期的税务警察. 涉外税务. 2002(6).

47. 张丽艳. 民国时期的女子警察. 民国春秋. 2001(12).

48. 李斌. 民国时期缉私警察的历史、功效及启示(1931—1949). 中山大学硕士学位论文. 2005.

49. 鄢定友. 民国时期警察的工资待遇考论. 沧桑. 2014(12).

50. 鄢定友. 民国时期警察的奖励机制建设问题考论. 学理论. 2014(11).

51. 鄢定友. 民国时期警察素质提高的路径依赖考论. 兰台世界. 2012 (11).

52. 管勤积, 杨焕鹏. 民国时期警察体系在乡村基层运作的实态研究——以浙江省为中心. 中国农史. 2011(6).

53. 邹剑锋. 民国时期宁波警察制度的一个断面——以宁波市公安局季刊的记载为分析对象. 犯罪研究. 2011(2).

54. 刘宝真, 李盛, 乐有金. 民国时期水上警察机构发展历程. 铁道警察学院学报. 2019(2).

55. 许方智. 民国时期浙江"警保合一"政策研究. 杭州师范大学, 2014.

56. 赖光洪. 南京国民政府警政研究(1927—1937). 贵州师范大学, 2014.

57. 许雪溢. 清末浙江警政建设述论. 浙江大学, 2008.

58. 管勤积, 杨焕鹏. 试论民国时期浙江省乡村基层警察之补助组织. 东方论坛. 2009.6.

59. 吕惠玲. 中国近代警政建设与发展的制度分析. 云南大学, 2007.

60. 施峥. 中国近代女子警察教育的兴起. 丽水学院学报. 2015(1).

61. 刘海年. 中国警察制度发展史略. 公安大学学报. 1985(8).

62. 曲凯南. 朱家骅传. 民国档案. 1991(12).

63. 刘克华, 陈晋胜. 民国山西警政建设研究. 山西警官高等专科学校学报. 2007(6).

64. 刘振华.民国时期江西警政研究(上).江西公安专科学校学报.2007(9).

65. 刘振华.民国时期江西警政研究(下).江西公安专科学校学报.2007(11).

66. 黄霞.二十世纪三四十年代四川警政建设.四川师范大学,2006.

67. 肖凝.近代东北地区警政发展考略.江苏警官学院学报.2016(3).

68. 黄珍德.南京国民政府初期地方自治制度探论.中南大学学报(社会科学版).2017(9).

69. 李铁明.论南京国民政府时期的县政改革.求索.2009(2).

70. 温伟伟.浙江党义教育概况(1927—1937).传承.2011(9).

71. 张骏.夏超独立事件浅析.军事历史研究.1990(7).

72. 必力.夏超之死.世纪.1995(1).

# 附　　录

## 附录1　1912—1937 年杭州市警察机关和历任长官变迁图

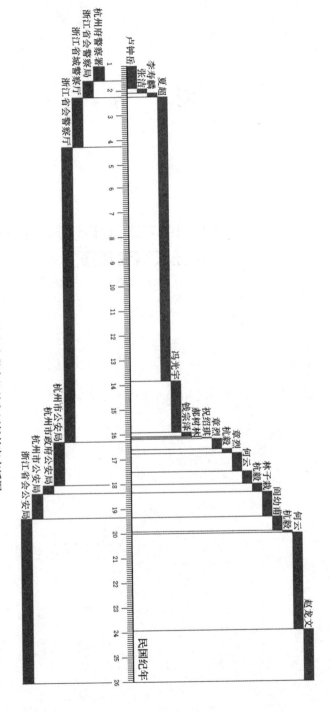

1912—1937年杭州市警察机关和历任长官变迁图

# 附录 2　浙江省各县政府改局为科暂行组织办法

　　一、各县政府改局为科之组织，均依本办法办理。

　　二、各县政府设秘书一人，掌理机要事件，总核文稿及其他不属各科事项，遇必要时，并得兼任科长。事务最繁之一等县得设助理秘书一人。

　　三、各县政府，视事务之繁简，酌设若干科，均以数字别之，称为第一第二等科，得酌量分股办事。各科设科长一人并得设置技士督学警佐等员额。

　　一等县设五科，二等县设四科至五科，三等县设四科。

　　四、各县政府设五科时，第一科掌理民政保甲事项，第二科掌理财政土地事项，第三科掌理公安保卫事项，第四科掌理教育事项，第五科掌理建设事项。

　　设四科时，第一第二第三第四科掌理事项与前项同，第五科事务设技士一人办理之隶属秘书室。

　　五、各县政府各科得由县长观实际之情形，互易其掌理之事务。

　　六、各县政府设置科数应先呈报省政府核定行之。

　　七、各县政府科员事务员书记员额，得由县长按照需要情形，呈报省政府核定。

　　八、县政府行文，概以县长名义行之。

　　九、县政府办事细则由县长拟定，呈报省政府备案。

　　十、县政府秘书科长，由县长遴选合格人员，呈请省政府委任，其他佐治人员，由县长委用合格人员，呈报省政府备案。雇员由县长雇佣之。

　　十一、本办法经省政府委员会议决通过后施行。

## 附录 3　《警察官任用条例》1935 年版和 1937 年修正版
## 关于荐任警察官和委任警察官资格的表述比较

| | 《警察官任用条例》1935 年版 | 《警察官任用条例》1937 年修正版 |
|---|---|---|
| 荐任警察官资格 | 一、经高等考试警察行政人员考试及格者;<br>二、现任或曾任警察机关或专办理警察行政事务之荐任警察官,经甄别审查或考绩合格者;<br>三、现任或曾任警察机关或专办理警察行政事务之最高级委任警察官三年以上,经甄别审查或考绩合格者;<br>四、民国二十年九月前在内政部直辖警官高等学校毕业并经国民政府核准发给荐任警察官候补证书者;<br>五、在内政部直辖警官高等学校正科或国外高级警官学校毕业,并有警察学专门著作经审查合格者;<br>六、在教育部认可之国内外大学法学科毕业,有警察专门著作经审查合格并在警察机关学习期满者。 | 一、经高等考试警察行政人员考试及格者;<br>二、曾任最高级委任警察官或专办理警察行政事务之荐任官,经铨叙合格者;<br>三、曾任最高级委任警察官或专办理警察行政事务之最高级委任官三年以上,经铨叙合格者;<br>四、在国内或认可之国外警官学校毕业,曾任最高级委任警察官或专办理警察行政事务之最高级委任官一年以上,经铨叙合格者;<br>五、在国内或认可之国外警官学校毕业,于本条例施行前曾任委任警察官或专办理警察行政事务之委任官三年以上,成绩卓著,经证明属实者;<br>六、在认可之国内外大学法律或政治学系毕业,曾任最高级委任警察官或专办理警察行政事务之最高级委任官二年以上,经铨叙合格者;<br>七、在认可之国内外大学法律或政治学系毕业,于本条例施行前曾任委任警察官或专办理警察行政事务之委任官四年以上,成绩卓著,经证明属实者;<br>八、在国内或认可之国外军事专门学校或军官学校毕业,曾任最高级委任警察官或专办理警察行政事务之最高级委任官二年以上,经铨叙合格者;<br>九、在国内或认可之国外军事专门学校或军官学校毕业,于本条例施行前曾任委任警察官或专办理警察行政事务之委任官四年以上,成绩卓著,经证明属实者;<br>十、在国内或认可之国外警官学校毕业,曾任委任警察官或专办理警察行政事务之委任官一年以上,并有关于警察学术之专门著作,经审查合格者;<br>十一、在认可之国内外大学法律或政治学系毕业,曾任最高级委任警察官或专办理警察行政事务之最高级委任官二年以上,并有关于警察学术之专门著作,经审查合格者;<br>十二、在国内或认可之国外军事专门学校或军官学校毕业,曾任最高级委任警察官或专办理警察行政事务之最高级委任官二年以上,并有关于警察学术之专门著作,经审查合格者。 |

| 《警察官任用条例》1935 年版 | 《警察官任用条例》1937 年修正版 |
|---|---|
| | 一、经普通考试警察行政人员考试及格者；<br>二、在国内或认可之国外警官学校毕业者；<br>三、曾任委任警察官或专办警察行政事务之委任官，经铨叙合格者；<br>四、在认可之国内外大学法律或政治学系毕业，曾任委任警察官或专办警察行政事务之委任官者；<br>五、在国内或认可之国外军事专门学校或军官学校毕业，曾任委任警察官或专办警察行政事务之委任官者；<br>六、在本条例施行前曾任委任警察官或专办警察行政事务之委任官三年以上，成绩卓著，经证明属实者；<br>七、在认可之中等以上学校毕业，曾充警察机关雇员三年以上，现支最高薪额，成绩优良，经证明属实者；<br>八、在认可之警士教练所、警察训练所或长警补习所毕业，现充警长三年以上，成绩优良，经证明属实者；<br>九、现充警察机关之雇员或警长，在本条例施行前曾充警察机关之雇员或警长三年以上，现支最高薪额，成绩优良，经证明属实者。 |

委任警察官资格 对应左列第一栏内容：

| 委任警察官资格 | 一、经普通考试警察行政人员考试及格者；<br>二、现任或曾任警察机关或专办理警察行政事务之委任警察官，经甄别审查或考绩合格者；<br>三、现充各级警察机关警长服务三年以上成绩优良者；<br>四、在内政部认可之国内外警官学校毕业者。 | |
| 其他 | 警察机关内所设保安警察队队长除依照荐任、委任规定之资格任用外，凡经军政部认可之国内外军官学校毕业在国民政府统治下任校官二年以上或尉官三年以上具有警察学识或经验者，但不能转任其他警察官。 | |

# 附录 4　1935 年 3 月 2 日"新生活运动"蒋介石电令原文

查警察之于民众，关系最为密切，必须严加教育，认真训练。使警察本身之品学，现有充分之修养，无愧为民众指导之教师，教育之保姆，对于管辖区城内之住户行人，除应尽力维护其治安与秩序外，即卫生清洁及行动态度一切等项，尤应切实注意负责纠正方足恪尽警察之职责。兹特不厌求详，将应行注意之事项，分别指示于下：

（1）嗣后各省市之警官学校及警察教练所等，应以《新生活运动纲要》与

《新生活须知》为唯一教育方针。务使警察本身对于新运项目,均能身体力行,然后再以警察之力,教导社会,劝诫民众。则模范既作,观感有资,自能奏以一化千之效。

(2)教导劝诫之方,不可专恃文告,尤须注意实际工作。例如,公安局或分驻所对所辖住户,应于每月初轮流举行清洁检查一次;其在上之局长,亦应于每月分区轮流抽查,以验所属办事是否认真,所报是否实在。每季季末,尤应有一总评,以定各警员之功过赏罚。

(3)每星期日早间或晚间,各区所巡长应集合其辖境内各住户之家长训话,并告以下境内所发生与所应改革各事,确切加以教导。并规定应做工作及负责之人,限期做到,至次周召集时,应即报告上周经过,并将遵办及违抗各住户,分别评定赏罚,使知劝惩。而组织民众,于征工办法,即可寓于此中行之。

(4)凡各公安局所员警及住户之赏罚情形与办理成绩,每一季终,应报告于县署或总局。每年年终,则县署或总局应呈报于主管之省或市政府。而省市政府应即一面统计其成绩,一面派员巡查、考察,评定各级负责官长员警之功过赏罚。

(5)凡公安局区所每月举行清洁检查时,首应注意其厕所安置之地点,与构造之形式。各住户门前之沟渠,亦必令疏通下水,勿使堵积污臭,务以不致妨害公共卫生为原则。

(6)对各住户之茅屋破房,应责贵令各房主设法修理整齐,并应指导其如何修理之方法,总以干燥面能蔽风用为服佳。限定此则,各该市县警察及乡村保甲长应切实注意办理,并于每年施行大检查一次。著为定律,不得违扰。

(7)凡茅屋之式样,应因地制宜。其卧室、厨房、厕所等,虽不能为严格之规定,但亦需有大略一定之位置。并应提倡村坊厕所,以重卫生。

以上各项,其推行之详章细则,应由各省市县各级官长,警政人员,因地制宜,妥为设计,切实施行。此乃改良社会,转移风气,组织民众,初步入手之要道,慎勿以琐屑,漫不注意。并希转递所属,一体切实遵照为要。

# 附录5　浙江省三十一年警政检讨会决议之警察制度改进案

## 关于加强县警察机构与职权者

**一、目标**

普设乡村警察,充分发挥警察效能,完成新警制度,达成管教养术目的。

**二、机构**

甲、县警察局或警佐

警额不满五十名县份设警佐,余均设局。

(一)一局等级及编制

(1)等级

一等局全县长警名额在二百名以上者;

二等局全县长警名额一百名以上,二百名以下者;

三等局全县长警名额在一百名以下五十名以上者。

(2)编制

一等局设局长一员,下设总务、行政、司法三科及督察处、特务股、训练室、会计室等各单位,并得视情形之需要设置警察队、消防队、侦缉队、水警队及其他必要之组织;

二等局设局长一员,下设二科及督察处、特务股、训练员、会计员等并得视情形之需要设警察队、消防组、侦缉组或其他必要之组织;

三等局设局长一员,下设二科(其中科长一人得由局长兼任之)及督察员、特务员、训练员、会计员等,并得视情形之需要设置侦缉组等或其他必要之组织。

编制表另定之

(二)警佐室之编制,警佐室设警佐兼城区警察长一人,科员一人至二人,督察员一人,巡管若干人。

乙、区警察所或分驻所

(一)区警察所之等级及编制,区著所在地或重要镇市设置警察所者等级如下：

（1）长警名额在五十名以上为一等所，内设所长一人，巡官二人，所员书记各一人；

（2）长警名额在五十名以下四十名以上者为二等所，内设所长所员巡官书记各一人；

（3）长警名额在四十名以下者为三等所，内设巡官书记各一人。

（二）分驻所之编制

不设警察所之区设置分驻所，内设巡官一人，长警名额至少二十名以上。

（三）乡镇派出所

各乡镇至少设派出所，一所内设警长一人并兼该乡镇公所之警卫股主任，长警名额至少应有十名以上

（四）保警

每保设警士一人兼保办公处警卫干事，管理保内警察事务，实施警官区制。

**三、职权**

甲、县警局或警佐之职权

（一）人事

设局县份，县各级警官由局长遴选合格人员先行派代，并于法定期间内报请县府派委；不设局县份上项警官由警佐签请县长核委之。

（二）经费

（1）在县预算中应占成数内，局长或警佐对分概算细数有支配权；

（2）县警察经费在保安经费中应占成数至少不得低于百分之五十。

（三）行文

（1）对县府用呈或报告；

（2）对区属关于警察事务范围内用令（理由相当省府各厅对专署用令）；

（3）对乡镇公所用令。

（四）业务

（1）警察局局长对于法令规定业务范围内得进行命令县属各级员警或分别函令各机关；

（2）警佐对外应以县长名义行之，但对县属各级员警得为工作上之指示。

乙、区警察所或分驻所之职权

（一）名义

区警察所定名应为某县警察局某某区警察所或分驻所。

（二）人事

区警察所或分驻所官警均由警察局委派之，惟区长对本区服务员警有指挥监督权。

（三）设局各县派驻区署所在地警察分驻所经费应列入整个警察经费下，统由警察局按月向县府具领转发。

（四）行文

（1）对县局及区署均用呈或报告；

（2）区警察所对乡镇公所关于警察职务范围内用令；

（3）但派驻区署分驻所巡官以区长名义行之。

（五）业务

区警察所长关于处理违警及法令规定职务范围内得进行处理；区分驻所巡官对于违警案件经呈准处理者，即由巡官处理之。

丙、乡镇派出所之职权

（一）人事

县警察局派委之。

（二）经费

（1）列入整个县警察经费，由区警察所按月向县局具领转发；

（2）乡镇警察经费，未列入预算者由乡镇公所负责筹措呈缴县府支配。

（三）行文

（1）警长以兼警卫股主任资格时，对乡镇长用呈或报告，以派出所地位时用函；

（2）对保长用通知。

（四）业务

关于违警案件及法令规定事务应进呈报上级主管机关核办。

丁、保警

每保由局派驻警士一人兼保警卫干事，秉承所长巡官意旨办理保内警卫事宜。

## 关于实施警管区制者（改进勤务制度）

### 一、目标

（1）为加强警察机能，发挥警察功效起见，订定推行警管区方案。

（2）各县警管区制之实行应与普设乡镇警察并行及配合原有保甲组织实

施警保联系。

**二、警管区之组织系统**

警管区之组织系统如下:

(1)警区

区设警察所应照县各级组织纲要所定原则,于分区设署之区域同。

(2)警段

段设分驻所或派出所,每一警区内视交通、人口、营业环境、各种状况划分若干警段,分设分驻所或派出所。

(3)警管区

为警士单独执行勤务之最小单位,每一警段内得分若干警管区以警士一人专司该管区内之一切警察事务。

**三、警管区人员之配备**

(1)警管区设警士一人

(2)派出所

合二个以上警管区成立派出所,增设警长或组长一人,负督查勤务之责。

(3)分驻所

合二个以上派出所成立分驻所,增设巡官一人,负督查所属各派出所勤务之责。

(4)警察所

为全区警察之主持及督促勤务之机关,除照编制设置所长、所员、巡官、办事员、书记外,并得酌设内勤长警等人员。

**四、警管区之区域划分**

警管区之划分标准如下:

(1)城镇区域

应以一百户以上二百户以下或二保以下为一警管区。

(2)乡村区域

应以纵横二、三里,在二小时内可以按步巡行于管区一周,或一保以上四保以下为一警管区。

**五、警管区之联络办法**

警管区之联络办法如下:

(1)巡守区

视时、事、地、人、物之需要,得合二个以上警管区为一巡守区,轮流分任守望巡逻勤务。

（2）联巡区

视时、事、地、人、物之需要，得合二个以上巡守区为一联巡区，实行联合巡逻（夜间减少守望）。

### 六、警管区警士重要勤务

（一）守望　守望勤务之方法如下：

（1）四人制勤务　合四个警管区所设之守望所为四人轮流应勤；

（2）三人制勤务　合三个警管区所设之守望所为三人轮流应勤；

（3）单人制勤务　警管区警士于规定时间在一定场所为固定之守望勤务。

（二）巡逻　巡逻勤务之方法如下：

（1）单独巡逻　警管区警士应于其管区内定期巡视（城镇区域每日最少一次，乡村区域隔日至少一次）；

（2）二人巡逻　以两个警管区域划定联合巡逻线，分别于规定时间轮流巡逻；

（3）联合巡逻　即为合两个以上巡守区制定联巡路线，实施之联合巡逻。

（三）户口调查　经常调查（或抽查）其管区内之一般户口并应特别注意特种居民。

（四）临检视差　经常管理或取缔其管区内之特种营业及特种户口。

### 七、警管区之实验

（1）民政厅得指定警政办理成绩优良县份先行试办，以期逐渐推及全省或全县。

（2）经指定实验警管区制之县或区，其实验经费得酌量增补之。

## 关于建立游击区警权者

### 一、组织

（1）在接近敌区地带应保持原有警察机构，惟须尽量采集中制并增其人数，加强武力照常行使职权；

（2）在敌后之警察机构应采部队形式，必要时得化整为零，潜伏民间待机活动；

（3）游击区警察机构得应事实需要随时加以扩充，其经费另筹。

### 二、活动

（1）密派干练忠实分子加入敌伪组织，经常担任情报工作，必要时从事内应行动；

(2)敌方奸伪分子,特别是警务人员应设法利用机会大量争取,使于适当时机内应或反正;

(3)鼓励敌后工作人员铲除奸伪分子,详定除奸奖励办法;

(4)敌后工作人员应使其不发生横的联络,并密令层层监视。

**三、待遇**

(1)敌后工作人员其待遇标准应较一般警务人员为高,如发生意外或遭危害应优予奖恤,另行详定奖恤办法;

(2)敌后工作人员于陷区收复后其职位应加以切实保障,不得任意撤免;

(3)敌后工作人员如有变节投敌者应设法尽先予以铲除。

**四、训练**

(1)派往敌后工作人员应先由游击区警察机构秘密选送省警察训练所予以短期训练,期满再行撤回原地工作;

(2)省警察训练所应为训练敌后工作人员特设专班,对外严守秘密。

## 关于警察政训制度者

**一、各县警察政训人员拟予一律裁撤**

理由:

(1)本省实施警察政训以来三年于兹成绩毫无;

(2)警察之政训为各级警官应负之责任可不必专设警察政训员;

(3)原有警官不愿参加政训工作,而目前之政训人员又无高深警察学识,故收效较少。

**二、县警察局视长警之名额及经费之多寡,得设置训练员一人至三人专负警察常年教育兼负政训**

# 附录6　浙江省警务处组织规程

## 第一章　总纲

第一条　本处管辖浙江外海、内河水上两警察局、省会警察局、各县市警察局所,处理全省一切警政事宜。

第二条　本处设处长一人(简任),秉承内政部及浙江省长命令综理全省警政。

## 第二章　秘书室

第三条　本处设秘书二人(荐任),秉承处长命令处理下列事项:

一、关于处理机要事项;

二、关于综核各项文件事项;

三、关于编审法规事项;

四、关于处长交办事项。

## 第三章　第一科

第四条　本科设科长一人(荐任)、科员若干人(委任),秉承处长命令处理下列事项:

一、关于全省警区划分事项;

二、关于全省警额、警费配置事项;

三、关于核订各项警察章制事项;

四、关于全省各局所官警升降、调遣、奖惩、抚恤事项;

五、关于全省各局所长警训育、学警教练之计划及考核事项;

六、关于撰拟文稿、收发文件及编档保管事项;

七、关于考绩及铨叙事项;

八、关于典守印信、复校文件事项;

九、关于款项出纳之统计、编制及审核事项;

十、关于物品购置保管、给发、工程勘估、修缮等事项；

十一、关于不属其他各科之一切事项。

## 第四章　第二科

第五条　本科设科长一人（荐任）、科员若干人（委任），秉承处长命令处理下列事项：

一、关于全省各局所行政警察考核事项；

二、关于全省各局所外事警察考核事项；

三、关于全省各局所办理户籍之成绩考核及统计事项；

四、关于全省各局所卫生考核事项；

五、关于全省各局所消防考核事项；

六、关于全省治安考核事项；

七、关于全省一切教济事项；

八、关于全省一切取缔及执行事项。

## 第五章　第三科

第六条　本科设科长一人（荐任）、科员若干人（委任），秉承处长命令处理下列事项：

一、关于全省各局所违警罚法及各项行政处罚、考核事项；

二、关于一切统计之搜集、编制及审核事项；

三、关于交涉引渡事项。

## 第六章　技术室

第七条　本室设技正一人（荐任）、技士若干人（委任），秉承处长命令处理下列事项：

一、关于一切设计事项；

二、关于其他技术事项。

## 第七章　视察室

第八条　本室设视察长一人(荐任)、视察员若干人(委任),秉承处长命令处理下列事项:

一、视察全省各局所官警办理警政优劣事项;

二、视察全省各局所警额、警费配置事项;

三、视察全省各局所划分警区事项;

四、视察全省各局所教练警察整齐警装事项;

五、视察全省警务应兴革事项;

六、视察全省各局所一切行政事项;

七、处长临时派遣密查事项。

第九条　本处因助理各科事务及缮写文件,得设办事员(委任)、录事(派充)各若干人。

第十条　本规程自公布日施行。

(原载 1938 年 6 月 28 日《新浙江日报》)

# 附录 7　《浙江省各级警察机关警官长警总登记办法》

一、本省各级警察机关现任警官长警,均须遵照本办法登记之。

二、凡现任各级警察机关警官长警在奉到本办法颁布命令之日起,一个月内应将前项登记全部办理完毕,呈送民政厅备查。

三、前项登记官警,如遇职务有转调解职时,应将动态依照部颁任用情形报告表,随时报告民政厅登记。

四、各县县政府及各级警察机关对于所属官警,如遇有更动及奖惩事项,未经民政厅核定者,应按月由主管机关汇报民政厅登记。

五、各项等级表,概由民政厅印制预发各县县政府及各级警察机关应用。

六、登记官警填写登记表时对于表内各栏均须遵照填表说明确实填明,监督长官对于所属官警之评语亦须综核名实,均不得有虚伪脱漏情事。

七、民政厅对于前项登记事宜,指定专员负责管理编号收藏。

八、本办法由浙江省民政厅颁布之。

# 附录 8　建警计划草拟经过之简述

## （1946 年 11 月）

（《李士珍拟〈建警计划草拟经过之简述〉》,《民国档案》2003 年 1 月）

各位官长、各位同学：

关于建警计划草拟之经过,本来还没有到报告的时候,因为这个计划经过三四年之久,到今天还没有确定实施,本来不必说明,但是在校的警政讲习班就要毕业,希望知道这个计划,各位同学也有同样的要求,因此在纪念周中提出来向各位同学说明一下。

## 甲、原始五年建警计划草稿

本稿于民国三十年起悉心研究、草拟,翌年（三十一年）完成,三十一年四月二十四日,校座莅校训话时,即将此计划面呈察核。兹将原报告暨五年建警计划原稿抄录于后:

## 报 告

三十二年四月二十四日在校面呈

窃生前呈建警管见,荷蒙采纳在案,现中美中英新约订立,为民族谋解放为万世开太平,实属历史上空前盛举。惟在如何保障新约实施,则有待于警察之努力。故建立现代化之正规警察,确为目前迫切需要。兹再拟具五年建警计划（自本年春至三十六年底完成）,恭呈如左:

### 甲、先决问题

#### 一、确定建警方针

军队应为领袖扬威于海外,警察应为领袖宣德于国内,故建警方针应以仁爱为精神,以法治为目标,采用正大光明方式,表现固有大国风度,以安定人心使中外人士无所借口（三十年七月,卡尔大使对生曾有郑重询问拟俟面呈）。

### 二、选拔人才

为政在人,选蒙钧座训示,警察系专门业务,似宜遵选军警兼备有毅力者负主持建警专责,并将警察专门人才广为延揽,尽量选拔。主持如能得人,建警易于成功。

### 三、改正长警名称

过去国人认警士为街署差役,因此优秀青年皆不愿为,而管察职权递因人员不健全,无法推行。相沿成习,影响甚巨。拟请将行政、外事、交通等警士名称,改为警员,警长改为巡佐(佐理巡官之意),以新耳目,而收人才。至保安警察部队,教育水准较差,仍暂沿用警长、警士名称。

### 四、提高警察地位

忆生奉赴欧美各国考察时,注意各国长警地位,均相等于我国委任官级,其素质多属高中或大学毕业。今日我国建警开始,似宜明定警员(原警士)地位为低级委任官,其资格必须初中毕业或高中程度,藉以转移外人士之观念。

### 五、政教密切配合

政教合一,各国皆然。即以建国而论,其基本部队军官,即军校所造就人才相需相因,始有今日之成绩。警察业务较繁,尤须用其所学,学有所用,建警前途,方有基础。

### 六、经费力求撙节

胜利逾接近,经济逾困难。建警经费,在抗战未结束前,除将原有经费全部扩充匀支外,竭力避免增加,俟复员后再行拨款充实,但现代化警察之设备及训练干部之教育费必须拨款补充。


## 乙、实施步骤


### 一、警察机构之建立

首先健全中央警政机构,然后由省而县而乡,自上而下,分期实施,易于收效。

(一)中央警察机构

战前各国警政机构,以德奥日办理最善。奥国之中央警察机构,设保安部,等于警政部,德设警察局,日设警保局,均相当于警政署。在战时不增加机构之原则下,拟请先将内政部之警政、户政两司合并,成立警政署,仍隶内政部,于本年(三十二年)六月前成立,俾专责成,以迅赴事功。

(二)省警察机构

省设警务处(民政厅之警政、户政两科并入该处),直隶省政府,并受警政署之监督指挥。该处编制分(甲)(乙)(丙)三种,俾与各省管区、范围及行政机构相配合。依照各省实际需要、政治环境及战事关系之不同,分别办理如左:

(子)云南设警务处多年,湖南、湖北两省则于今年改设完成,应即选派警察专才,加以充实。

(丑)贵州、陕西、甘肃、福建均属后方重区,应将保安处改为警务处,于三十二年底完成。四川政治环境不同,似应先与省当局洽商后办理,预定三十二年底改组成立。

(寅)广东、广西两省,现无保安处,拟将该两省民政厅之警政、户政两科合并,其现有之保安部队,已整训为保安警察队者,划归警务处节制。

(卯)江西、浙江、安徽、河南四省,均属战区,且原有保安处似可斟酌情形,于三十三年内分别改为警务处。

(辰)新疆、宁夏、西康、青海等省,地处边疆,拟先派专员前往视察,并与各省当局洽商办理,期于三十三年内成立。

(巳)各省保安部队一律遵照军委会、行政院于三十二年会颁整理办法,分别整训,改为保安警察队,负肃清盗匪之责。

(三)县区警察机构

县设局,亦分一、二、三等;区设所,由警政署依此原则,妥为计划,责成各省警务处监督实施,期于警务处成立后一年内完成。

(四)乡保警察机构

每乡或数乡设一分驻所,两保或数保设一警管区,使成立普遍完密之警察网。由警务处依此原则,妥为计划,责成县警察局监督实施,期于警务处成立后两年内完成。

(五)收复地区之警察机构

所需警察干部急宜预为准备,自收复之日起,依(二)(三)(四)项办法,自省县以至乡保之警察机构逐步实施,预于三十六年底建立完成。

(六)收回租界内之警察机构

相当于大都市警察局,于收复之日从速建立。

(七)特区及苗区之警察机构

由警政署考察各地情况,分别办理,预定于三十六年底完成。

### 二、都市警察之整理

都市警察，观瞻所系，拟先从繁盛之大都市整理：

（一）责令警政署先将重庆、成都、贵阳、昆明、西安、兰州、桂林七大都市，限于三十二年底整顿完善，其改进要点如左：

（子）慎重人选

过去都市警察办理未见成效，实因主持者不得其人，今日如欲整顿各都市警政，警察局长一职，拟请选派留学国外之警察专门人才主持之。

（丑）增设外事科

平等新约订立，外事警察日趋重要，拟于都市警察局增设外事科，兹规定外事警官为荐任级，外事警员为委任级（警员必须高中程度）。

（寅）改进素质

本重质不重量之原则，拟将都市长警裁减四分之一或三分之一，另行招取高中毕业者为警员，规定为低级委任级。每一警员可当现目不识丁之长警三人至五人之工作效率。

（卯）提高待遇

警员地位既为委任级，其待遇自应提高，并应改换庄严而美观之服装，振奋其精神，安定其生活。即以裁警所余之一切薪饷、米代金、服装等费分配之。必要时得请政府酌予津贴。

（辰）增加设备

现代警察所需交通、通讯、刑事、侦查及预防犯罪等设备，应请政府拨款补充。

（二）其他次要都市，如韶关、长沙、福州、洛阳、恩施、立煌等处，拟于三十三年底照上项办法整顿完成。至沦陷区内之各都市，拟自收复后依前办法整理之。

## 丙、干部来源与训练

全国警官约需十一万二千余人，其中可分行政警察之干部、保安警察之干部、收复地区之警察干部及特区、苗区、边区之警察干部四大类：

### 一、行政警察干部（中央以下各级警察局干部）

（一）高级警官（简任）

就国内外警察专门人才中选拔最优秀而有经验有毅力者补充之。生在警校七年，曾随时留意考核，现就考核所知，列单呈核。

（二）中级警官（荐任）

就中央警校及国内外各警校毕业生中选拔之。警校毕业员生每届高等考试录取颇多，皆为优秀分子，亦均一并列入。现就考核所知，列单呈核，余俟继续训练考核呈报。

（三）初级警官（委任）

由警校正科学生或调训现任警官补充之，预计三十六年可以补充完毕。

## 二、保安警察干部（保安部队、保安警察队之干部）

（一）高级干部（警务处正副处长）

在过渡时期，其因保安处改警务处者，请历任保安处长中之军校同学改任之，并配以警察专才为副处长，使警察业务得向正轨发展。其新成立警务处省份，似均以对于警察有经验有研究者派充为宜。此项干部，预备三十三年前准备调训完毕。

（二）中级干部

就警校毕业员生及调训保安团队干部中选拔之，预计三十四年补充完毕。

（三）初级干部

以调训毕业员生及调训保安团队干部中选拔之，预计三十四年补充完毕。

## 三、收复区之警察干部

（一）扩充警校训练，拟自三十三年起，警校学生人数，酌予增加，预为筹备。至警校原有之东南、西北两警官班，离沦陷区较近，拟于三十三年扩充为东南、西北分校，大量吸收沦陷区青年，加以警官训练。

（二）复员时考察宜于警察工作之军官一万至一万五千人，调入警校训练，改造使用，预计三十六年调训完毕（此时须再设分校数处，以利训练）。

## 四、特区、苗区及边区之警察干部

似宜视其需要，在警校另行开班训练专才派往之。

上列四种干部，其训练均须统一中央警校，使其接受领袖之精神感召，并研究现代警察之学术，集中精力，齐一步调，则事半功倍矣。


## 丁、急办事项


### 一、优秀干部及师资之补充

现代科学日新月异，抗战以来，欧美各国之警察均有长足之进步。拟请：

（一）考选警校精通外国语之优秀毕业生，赴欧美留学。三十二年拟派十人，此后每年增派六人或四人，以培养优秀新干部。

（二）选派警校教官五人，于三十二年内派往英美考察，为期一个或八个月，以吸收新近警政材料，藉资充分警校教材。

**二、成立各种警员教导队**

为配合抗战胜利，迅速完成现代化警察之建立，应即于警校内附设左列各种教导队，招收中学程度学生，加紧训练：

（一）甲种警员教导队

为备建立收复区大都市之警察，侧重于处理因战事而发生各种问题之训练。

（二）乙种警员教导队

为备设立接收租界之警察，侧重于外事警察训练。

（三）丙种警员教导队

为备建立赤区之警察，侧重于政治警察之训练。

以上所陈大纲，皆建警政作最迫切需要者。是否有当，敬祈鉴核施行。谨呈

总裁兼校长蒋

生李士珍

同年十月五日，南警政途〔?〕中复电呈请增列预备费，均蒙校座批交行政院研究。其代电内容如左：

"行政院张秘书长勋鉴：接中央警官学校教育长李士珍呈拟建警计划前来，并据酉微电称：年来考察各省警政，均因限于经费，无法改进。现抗战胜利在望，建警计划似应从速实施，以奠定建警基础，拟请于三十三年度国家总预算内增列建警预备费一万万元，以备将来按照计划分配，而免将来各省零星增加。等语。据此，查所陈计划，大体可用，但范围太大而时间太速，恐难奏效。开始之初，必须以最小范围与充足经费，选拔与培养高级优秀人才为将来各省市独当方面之幕僚主管人才。其次则扩充警察教育机关，培植中级与初级干部。先要人才充足，然后再求范围扩充。此可以四川与陕西为试验区，其警政则可照此计划，积极筹备，约以十年为完成之期。明年度预算对此应特加注意。兹将原计划随文抄发，即希会同内政部商酌研究签注，从速设计具体办法，并遵照以上指示要旨，在明年度预算内宽列建警经费呈核。中正。酉迥侍秘。"

校座于三十三年一月七日复手令内政部积极推行建警计划原令：

"内政部:为本年度特别注意之工作,特条例如左:

(一)限期完成户籍法之实施;

(二)推进地方自治;

(三)五年建警计划应照预定办法积极推进,如何实施,希详报;

(四)厉行彻底禁烟;

(五)推行公墓制度。

中正"

## 乙、十年建警计划摘录

遵照校长批示,重行拟定十年建警计划,内容大部相同,其补充者计有:

### 一、先决问题

1. 提高警察地位

省警务处长应与省政府各厅长平等,并明定警员为初级委任职,须初中毕业。

2. 确定经费来源

除将原有保安经费全部拨充外,省警察经费及建设期间经费以由中央统筹为原则,荐任以上警察及市警察局长、督察长由中央支薪,其余可酌为补助。

### 二、实施要点

1. 确定警察体制

为合乎国情并适应需要,以采国家警察为宜。

2. 改进勤务制度

以实行警管区制为原则,根据勤务原理及社会状况,分订都市、乡村、边区三种勤务制度。

3. 整训保安团队

各省保安团队,依本计划实施步骤及保安警察数额所定标准,切实整训后,改为保安警察队。

4. 确定警察职权

凡警察职务范围内之职权,均由警察机关统一执行,归并骈枝机构,并将职务范围以外事项一律交其他主管机关办理。

5. 确定人事制度

全国荐任以上之警官及县警察局长均由中央统一考核任免，并定警官为终身职，必须分别受警官教育及警员训练厘定保障奖惩福利等办法，以安职守，而绝幸进。

6. 充实科学设备

拨款补充交通通讯、刑事侦查、预防犯罪、修建局所、配备警械，分年次第办理。

7. 提倡学术研究

举办学术考课，奖励出版著述，甄选留学考察，推行国民警察教育。

8. 设厂制发服装

确定庄严简朴之警察服装，由中央设立被服厂及分厂，统筹制发，以资划一。

**三、订定警察数额**

1. 省警务处下，凡二十县以下之省，设一大队，五十县以下，一总队，百县左右，二总队，一百一十县以上，三总队。全国四十七总队，合约六万七千余人（每总队一千四百三十人）。

2. 都市与省会警察局下，平均设二大队或一大队，全国约四十四大队，合计约一万九千余人。

3. 普通市警察局下，设二中队，各县设一中队，全国二千中队，合计二十二万人。

4. 水上保警队，以海岸线及江河湖岸共长三万九千公里计，每公里约备一队，全国合计四万人。

5. 国境及铁路、公路警察隶属关系尚未确定，数额暂不列。

6. 保安警察各级干部，共需一万三千人。

**四、本计划简明进度表暨各种统计表（暂从略）**

旋奉校座三十三年一月二十一日批示："此建警计划最重要，应即着手实施，速交设计局审核及拟定实施步骤办法与预算数目详报呈核。"

三十五年一月七日，奉校长电示：

"中央警官学校李教育长鉴：迭据呈拟关于十年建警计划及建警意见各案，均交由中央设计局会商内政部并案审核在卷。兹据吴秘书长、张部长会呈称，业经约集该校代表数度开会商讨，最后拟具五年建警计划草案呈请鉴核，等情。经核示可准照办，除分令内政部照计划规定各项分别切实筹议、呈行政院核实施行外，特电知照。中正。寅虞。府文。"

# 丙、对于收复地区警官主管人员之保荐

## 子、第一次建议

1. 呈校座报告　三十四年三月五日

窃为协助军事反攻,配合盟军登陆,迅速建立收复地区重要都市之警察,以安定社会秩序,增进国际声誉,谨陈办法,敬祈采择。

(一)选派收复都市警察筹备主任

当第一期反攻,请先派○○○○○○○○○等,为首都、上海、广州、福州、杭州、汉口、武昌、长沙、南昌、镇江各大都市警察厅筹备主任(名单、简历另附),从速规划。

(二)集训先遣干部

将本校历届毕业之闽、粤、苏、浙、皖、赣、湘、鄂诸省籍,富有胆识、经验之学生,调集本校,加以特别训练(训练经费在本校匀支),配以外事人员,由各筹备主任率往适当地点,相机配合反攻部队,进入目的地,迅速维持秩序,建立警察(其实施步骤俟与各筹备主任会同研究呈核)。

(三)组织先遣干部训练委员会

以各筹备主任为训练委员(本校教育长、教务训练处长、政治部主任为当然委员),使筹备主任与先遣干部由师生进为部属关系,则精神一致,收效较大。

以上所陈,是否可行,理合报请核示祗遵。谨呈

主席兼校长蒋

中央警官学校教育长李士珍呈

谨拟收复各大都市警察厅局筹备主任简历表(略)

2. 校座批示　　　　三十四年三月十六日

"中央警官学校李教育长:三月五日报告及附表均悉。查所拟建立收复地区重要都市警察办法三项,大体皆可照办,但仍应由内政部主持办理,对于天津、北平、青岛、海州、烟台、山海关各地警察人选,亦应从速准备。除将原呈件抄交内政部张部长照此办理外,特复知照。中正。寅铣侍秘。"

## 丑、第二次建议

1. 呈校座报告　　　三十四年七月五日

窃生前拟建立收复地区都市警察办法三项，呈奉军事委员会侍秘字第二六七四九号电示，蒙准采纳，并蒙指示：对于天津、北平、青岛、海州、烟台、山海关各地警察人选，应从速准备。等因，遵再拟具平津等地警察局筹备主任名单一份，呈请核定。其中北平、天津、青岛、上海四大特别市，关系重要，各选拟两人请择一圈定。其余山海关、烟台、海州等地，仍照前例，拟具适当人选一人，并请于核定后连同前次核准之名单，分别电知有关战区及省政府与党政特派员，俾资密切联系，迅速策划进行，以期配合军事反攻，维持收复地区之治安秩序。以上所陈，是否有当，恭请钧座核示祗遵。谨呈

委座兼校长蒋

中央警官学校教育长李士珍呈

平津等地警察局筹备主任名单（略）

2. 校座批示　　　三十四年八月十六日

中央警官学校李教育长：七月五日呈悉。关于南京、北平、上海、天津各地警察局长人选，除○○○一员派往上海外，其余各省市人选，可并同前次所拟名单，先与各省市主管当局接洽，由其保请任命为要。中正。铣侍秘字第二九零一七号。中华民国三十四年八月十六日。

## 寅、第二次建议之二

1. 呈校座报告　　　三十四年八月十七日

顷奉铣侍秘字第二九零一七号代电，以各省市警察长人选，可并入前次所拟名单，先与各省市当局接洽，保请任命。等因。窃以时机万分紧迫，如由生一人逐一接洽，诚恐缓不济急，拟请钧座迅赐分别去电各省市当局征询同意，较为迅捷。又，上海警察局长既由○○○充任，则首都警厅拟由原名单中之○○○充任。以上所陈，是否有当，恭请核示祗遵。谨呈

委座兼校长蒋

中央警官学校教育长李士珍呈

2. 校座批示　　　三十四年八月十八日

中央警官学校李教育长：八月十七日签呈悉。所请分电各省市当局征询派任警察局长人选一节，可准照办。〇〇〇已派为河北省政府委员，准免兼威海卫警察局长外，其余各员已予分电征询矣。中正。侍秘字第二九零六号。中华民国三十四年八月十八日。

### 卯、第三次建议

1. 呈校长报告　　　三十四年八月二十日

窃本校对于东北警察高级干部，早已准备。兹谨拟具东北各省警务处长及各重要都市警察局长名单呈请核示。谨呈

委座兼校长蒋

中央警官学校教育长李士珍呈

名单附后（略）

2. 电东北行营　　　三十四年九月四日

东北行营熊主任勋鉴：东北接收在即，各省警务处长及各重要都市警察局长人选遵照委座侍秘字第二九零一七号代电嘱与各主管当局接洽保请任命。等因。兹就数年来本校考核东北籍高中级警察专门人才开列名单，除与各省市分别洽商外，谨先电我公分别考核任用为祷。中央警察学校教育长李士珍。印。

附拟选警务处长暨警察局长五十六员名单（从略）

## 丁、结语

以上所陈，都是士珍亲自经办的事项，其中例如警察精神（必诚必公必仁）之倡导，警察制度之建立（中央设警察总署，省设警保处，县设警察局，并以警管区为其基层），警察素质之提高（提高警士为警员，须初中毕业程度），警察待遇之改善（确立警员为委任级），复员人员转任警官之实施，警官分校之设立，优秀警官留学之派遣，等等，均蒙政府采纳实施。不过，整个计划尚未全部实施，警察职权也未明确划分，人事制度仍未确定，经费尚欠充足，设备也不齐全，须待我们加紧努力的地方很多。希望全体官生，秉承主席兼校长意志，适应环境需要，团结一致，力行不懈，以达成历史时代所赋予我们伟大的使命。

**图书在版编目（CIP）数据**

近代浙江警察史研究(1903—1949) / 易继苍,史奕著.
—杭州：浙江大学出版社，2019.10
　ISBN 978-7-308-19621-5

　Ⅰ.①近… Ⅱ.①易… ②史… Ⅲ.①警察－历史－
浙江－1903—1949 Ⅳ.①D691.6

中国版本图书馆 CIP 数据核字（2019）第 220734 号

**近代浙江警察史研究(1903—1949)**

易继苍　史　奕　著

| | |
|---|---|
| **责任编辑** | 冯社宁 |
| **责任校对** | 黄梦瑶　董雯兰 |
| **封面设计** | 刘依群 |
| **出版发行** | 浙江大学出版社 |
| | （杭州市天目山路 148 号　邮政编码 310007） |
| | （网址：http://www.zjupress.com） |
| **排　版** | 杭州好友排版工作室 |
| **印　刷** | 杭州良诸印刷有限公司 |
| **开　本** | 710mm×1000mm　1/16 |
| **印　张** | 22 |
| **字　数** | 395 千 |
| **版 印 次** | 2019 年 10 月第 1 版　2019 年 10 月第 1 次印刷 |
| **书　号** | ISBN 978-7-308-19621-5 |
| **定　价** | 45.00 元 |